CW00717483

Bernd Kast

Unter Mitarbeit von
Eva-Maria Jenkins

Fertigkeit Schreiben

Fernstudieneinheit 12

Fernstudienprojekt
zur Fort- und Weiterbildung
im Bereich Germanistik
und Deutsch als Fremdsprache

Teilbereich Deutsch als Fremdsprache

Kassel · München · Tübingen

LANGENSCHEIDT

Berlin · München · Wien · Zürich · New York

Fernstudienprojekt des DIFF, der GhK und des GI
allgemeiner Herausgeber: Prof. Dr. Gerhard Neuner

Herausgeber dieser Fernstudieneinheit:
Uwe Lehners, Peter Panes, Goethe-Institut, München

Redaktion: Eva-Maria Jenkins

Im Fernstudienprojekt „Deutsch als Fremdsprache und Germanistik" arbeiten das Deutsche Institut für Fernstudienforschung an der Universität Tübingen (DIFF), die Universität Gesamthochschule Kassel (GhK) und das Goethe-Institut, München (GI) unter Beteiligung des Deutschen Akademischen Austauschdienstes (DAAD) und der Zentralstelle für das Auslandsschulwesen (ZfA) zusammen.

Das Projekt wird vom Bundesminister für Bildung und Wissenschaft (BMBW), dem Auswärtigen Amt (AA) und der Europäischen Kommission (LINGUA/SOKRATES) gefördert.

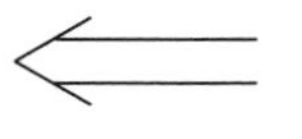 Dieses Symbol bedeutet „Verweis auf andere Fernstudieneinheiten"

* Mit diesem Zeichen versehene Begriffe werden im Glossar erklärt

Dieses Werk folgt der Rechtschreibreform vom 1. Juni 1996. Ausnahmen bilden Texte und Realien, bei denen historische, künstlerische, philologische oder lizenzrechtliche Gründe einer Änderung entgegenstehen.

Druck:	5.	4.	3.	Letzte Zahlen
Jahr:	03	02	01	maßgeblich

© 1999 Goethe-Institut, München

Das Werk und seine Teile sind urheberrechtlich geschützt. Jede Verwertung in anderen als den gesetzlich zugelassenen Fällen bedarf deshalb der vorherigen schriftlichen Einwilligung des Verlages.

Verlagsredaktion: Manuela Beisswenger, Mechthild Gerdes

Titelgrafik und Zeichnungen: Theo Scherling
Satz und Gestaltung (DTP): Uli Olschewski, Yen-lin Hung
Druck: Druckhaus Langenscheidt, Berlin
Printed in Germany: ISBN 3 – 468 – **49666** – 4

Inhalt

Einleitung

Eins, zwei, drei, vier, fünf, sechs, sieben, in der Schule wird geschrieben ...
So beginnt ein beliebter Kinderreim.

In der Schule wird geschrieben, auch im kommunikativen Fremdsprachenunterricht*. Und seitdem das Thema *Schreiben im Fremdsprachenunterricht* in der Fachdidaktik wieder mehr Beachtung findet (etwa seit Mitte der Achtziger-/Anfang der Neunzigerjahre) findet man in den neueren Lehrwerken sowie in Einzelpublikationen zur *Fertigkeit Schreiben* zahlreiche und häufig auch sehr ansprechende, phantasievoll ausgedachte Schreibübungen. Bis heute aber gibt es wenige Hinweise darauf, **wie** das Schreibenlernen **systematisch** aufgebaut werden könnte.

Diese Fernstudieneinheit möchte Ihnen solche Hinweise geben.

Im **ersten Kapitel** möchten wir Ihnen einige **neue** Schreib**erfahrungen** vermitteln. Dabei gehen wir von möglichen Erfahrungen aus, die Sie selbst mit dem Schreiben und mit Schreibübungen in Ihrem Unterricht gemacht haben. Am Ende des Kapitels geben wir Ihnen einen kurzen Überblick über die großen Entwicklungslinien der Schreibdidaktik.

In dem sehr umfangreichen, mehrteiligen **zweiten Kapitel** stellen wir Ihnen eine Typologie von Übungen vor, mit denen Sie das Schreiben von Anfang an systematisch in Ihren Unterricht integrieren und weiterentwickeln können. An zahlreichen Übungsbeispielen, die Sie selbst probehalber durchführen, werden Sie erfahren, wie Sie Ihren Schülerinnen und Schülern helfen können, ihre Schreibkompetenz* aufzubauen und stetig zu verbessern. Im Zwischenkapitel 2.4 gibt es darüber hinaus einen theoretischen Exkurs, um die didaktischen Grundlagen des Schreibmodells, das wir Ihnen in dieser Fernstudieneinheit vorstellen, zu verdeutlichen.

Im **dritten Kapitel** beschäftigen wir uns mit den Fehlern, die Ihre Schülerinnen und Schüler beim Schreiben machen. Dabei liegt unser Hauptaugenmerk nicht auf der Fehlerkorrektur an sich, sondern auf Möglichkeiten, bei der gemeinsamen Arbeit in der Klasse fehlerhafte Texte weiter zu bearbeiten (zu redigieren) und so insgesamt zu besseren Ergebnissen zu gelangen. Zur Fehlerkorrektur empfehlen wir Ihnen die Fernstudieneinheit *Fehler und Fehlerkorrektur*. Die Themen *Klassenkorrespondenz per E-Mail* und *Sprachenlernen in Tandem über Internet* finden Sie in der Fernstudieneinheit *Computer im Deutschunterricht*.

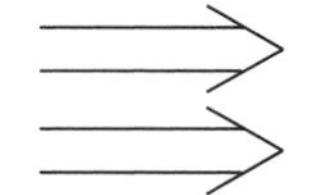

Wenn Sie diese Studieneinheit durchgearbeitet haben, sind Ihnen wichtige Übungsmöglichkeiten für das Schreiben im Deutschunterricht bekannt, sind Sie informiert über den aktuellen Diskussionsstand in der Schreibforschung und haben Sie an konkreten Übungsbeispielen erprobt, wie diese Forschungsergebnisse in einen abwechslungsreichen, motivierenden, angstfreien und effektiven Schreibunterricht umgesetzt werden könnten. In einem solchen Schreibunterricht erfahren die Lernenden, wie sie besser schreiben können, indem sie nicht nur lernen, **wie ein gutes Schreibprodukt aussieht**, sondern auch, **welche Schritte ihnen helfen, dieses zu realisieren**.

Was halten Lehrerinnen und Lehrer, was halten Sie vom Schreiben?

Keine Fertigkeit wurde und wird zum Teil noch immer in der Fachliteratur und unter Lehrerinnen und Lehrern so kontrovers diskutiert, wie die *Fertigkeit Schreiben**; *Hören* und *Sprechen* sind unumstritten, und in allen kommunikativen Lehrwerken* spielen sie eine wichtige Rolle. So „liegt das Schwergewicht der Fertigkeitsschulung ... auf den zwei mündlichen Fertigkeiten Sprechen und Hören", heißt es im Lehrerhandbuch zu *Themen 1*, aber es werden „auch systematische Lesetexte angeboten" (Gerdes u. a. 1984, 13). Die *Fertigkeit Schreiben* spielte in der ersten Generation der kommunikativen Lehrwerke in den Achtzigerjahren nur eine untergeordnete Rolle. In Kapitel 1 werden wir uns mit der Rolle des Schreibens in verschiedenen Lehrwerken ausführlich beschäftigen.

Hinweis

Zuerst möchten wir Sie jedoch fragen, was **Sie** denn vom Schreiben im Deutschunterricht halten, mit welcher Einstellung Sie an diese Studieneinheit herangehen, in der es hauptsächlich um das **Schreiben in der Grundstufe*** geht.

Dazu möchten wir Sie bitten, die folgende Frage zu beantworten.

Aufgabe 1

Welchen Wert messen Sie der Entwicklung des Schreibens in Ihrem Deutschunterricht bei? Kreuzen Sie bitte eine der Antwortmöglichkeiten an:

- ☐ *einen sehr großen*
- ☐ *einen großen*
- ☐ *einen geringen*
- ☐ *einen sehr geringen*
- ☐ *keinen*

Rainer Bohn, ein Kollege, der sich schon längere Zeit mit der Rolle des Schreibens im Fremdsprachenunterricht beschäftigt, hat im Rahmen der Internationalen Hochschulferienkurse für Germanistik 1982 und 1983 in Weimar 324 Deutschlehrern aus 24 Ländern genau diese Frage gestellt. Diese Lehrerinnen und Lehrer kamen aus unterschiedlichen Schultypen und Bildungsbereichen.

Aufgabe 2

Ergebnisse einer Befragung

Wie viele Lehrer, glauben Sie, haben welche Antwort gegeben?

Schreiben hat

– *einen geringen Wert*	☐ *117*	☐ *57*	☐ *18*
– *einen sehr geringen Wert*	☐ *53*	☐ *32*	☐ *9*
– *keinen Wert*	☐ *31*	☐ *22*	☐ *4*

Finden Sie die Antworten im Lösungsschlüssel überraschend? Stimmt Ihre Antwort mit dem Ergebnis der Befragung überein?

Was, glauben Sie, sind die Gründe für diese überwiegend ablehnende Haltung gegenüber dem Schreiben? Bitte notieren Sie einige Punkte, die Ihnen dazu einfallen.

Aufgabe 3

Mögliche Gründe für eine ablehnende Haltung gegenüber dem Schreiben im Fremdsprachenunterricht:

1. ______________________________

2. ______________________________

3. ______________________________

Begründung

Rainer Bohn hat von den Befragten u. a. folgende Begründungen gehört:

- „Kommunikativer Sprachunterricht verlangt vor allem Fähigkeiten im Sprechen und verstehenden Hören.
- Schreiben ist nur für Spezialisten wichtig.
- Es fehlen geeignete Übungsmaterialien für die Entwicklung des Schreibens.
- Schreiben ist Zeitverschwendung.
- Schreiben kann weitgehend selbständig erlernt werden."

Bohn (1987), 233

Gibt es Übereinstimmungen zwischen den von Ihnen genannten Punkten und diesen Begründungen? Die Skepsis gegenüber dem Schreiben wird übrigens durchaus auch von manchen „Autoritäten" unterstützt. Noch immer gibt es Richtlinien, Lehrpläne und andere wichtige Publikationen, in denen die Ansicht vertreten wird, die Fertigkeit *Schreiben* sei im Fremdsprachenunterricht nicht so wichtig. Das macht jedoch die Argumente nicht überzeugender. Wir werden später auf solche Publikationen zurückkommen.

Werfen wir nun erst einmal gemeinsam einen Blick auf Ihre eigene Unterrichtspraxis.

Aufgabe 4

Bitte listen Sie stichwortartig auf, wann Sie Ihren Schülerinnen und Schülern welche Schreibaufträge geben, wie dabei das Schreiben geübt wird und welchen Bezug diese Aktivitäten gegebenenfalls zu Prüfungsbestimmungen haben.

Wann? (Lernjahr)	***Welche Aufträge?***	***Wie wird geübt?***
1. Mitte 1. Lernjahr	Anrede, Grußformel von Briefen	gelenkt, Lückentext
2.		
3.		
4.		
5.		

(Bezug zu) Prüfungsbestimmungen:

1. „Zertifikat Deutsch als Fremdsprache". Prüfungsaufgabe: persönlichen Brief schreiben

2.

3.

4.

5.

Finden Sie die von Ihnen genannten Schreibaufgaben (oder einige davon) auch in dem Deutschlehrwerk, das Sie im Unterricht benutzen?

Im Folgenden werden wir Sie bitten, die Schreibaufgaben in Ihrem Deutschlehrwerk zu analysieren. Zuvor wollen wir uns aber einige weit verbreitete Lehrwerke anschauen und fragen: Welche Rolle spielt das Schreiben dort? Was für Übungen gibt es? Sind das Übungstypen, die Sie in Ihrem Unterricht auch verwenden?

1 Die Rolle des Schreibens in verschiedenen Lehrwerken

1.1 Ist Schreiben ein Ziel oder nur Mittel zu einem anderen Zweck?

In dem auf Seite 5 bereits erwähnten Lehrerhandbuch zu *Themen 1* machen die Autoren im Kapitel *Lernziel Fertigkeiten* auf einen wichtigen Unterschied beim Schreiben im Unterricht aufmerksam:

Schreiben als Ziel

„a) Es gibt Schreibaktivitäten, bei denen das Schreiben das Ziel ist: z. B. wenn ich einen Brief schreibe, ist das **Ziel** meiner Handlung ein Brief, den ich jemandem schicken möchte.

Schreiben als Mittel zum Zweck

b) Es gibt aber auch viele Schreibaktivitäten, bei denen Schreiben nur **Mittel** für einen anderen Zweck ist: z. B. bei schriftlichen Grammatikübungen; da ist mein Ziel, eine bestimmte Struktur zu üben."

nach: Gerdes u. a. (1984), 13

In vielen Lehrwerken und Unterrichtsmaterialien wird kein Unterschied gemacht zwischen *Schreiben als Zielfertigkeit** und *Schreiben als Mittlerfertigkeit.** Die Übungsanweisung bei Aufgaben zum Schreiben lautet meistens gleich: *Schreiben Sie!* Für den Aufbau der Schreibfertigkeit im Fremdsprachenunterricht ist es jedoch sinnvoll und wichtig, Schreiben **als Ziel** und Schreiben **als Mittel** klar zu unterscheiden. Bei der folgenden Aufgabe wird das deutlich.

Aufgabe 5

1. *Machen Sie bitte die Übungen 1–5 auf Seite 9/10. Die Übungen stammen aus den Lehrwerken „Themen neu 1", Arbeitsbuch, Lektion 1, „Die Suche 1", Arbeitsbuch, Lektion 23 (beides Lehrwerke für Erwachsene), „sowieso 1", Arbeitsbuch, Lektion 2 und Lektion 17 (Lehrwerk für Jugendliche).*
2. *Welche dieser Übungen gehören eher zur Kategorie „Schreiben als Ziel", welche zur Kategorie „Schreiben als Mittel"? (Gibt es auch Mischformen?)*
   a) Kreuzen Sie an.
   b) Welche Ziele erkennen Sie in den Übungen?

	Übung 1	***Übung 2***	***Übung 3***	***Übung 4***	***Übung 5***
*Schreiben ist das Ziel **(Zielfertigkeit)***					
Das Übungsziel ist:					
*Schreiben ist Mittel, um andere Ziele zu realisieren **(Mittlerfertigkeit)***					
Das Übungsziel ist/Die Übungsziele sind:					

Übung 1 und 2

15. Schreiben Sie ein Telefongespräch.

Oh, Entschuldigung.
Hallo? Wer ist da, bitte?
Lehmann? Ist da nicht 77 65 43?
~~Lehmann.~~
Lehmann. Nein, meine Nummer ist 77 35 43.
Bitte, bitte. Macht nichts.

○ Lehmann.
□ ______
○ ______
□ ______
○ ______
□ ______
○ ______

16. Wer ist das? Schreiben Sie.

a) 

b) 

c) 

d) 

e) 

f) 

a) Das ist Klaus-Maria Brandauer. Er wohnt in ______
b) ______

nach: Bock u. a. (1992), 11/12

Übung 3

4 Einen Text schreiben.

	Name	Land	Stadt	Interessen
a	Harald Meier	Deutschland	München	Musik, Tennis
b	Beate Schmidt	Österreich	Salzburg	Sport, Camping
c	Martin Müller	Schweiz	Basel	Hamburger, Cola
d	Heinz Elger	Deutschland	Hamburg	Computer
e	Silke Jensen	Deutschland	Bremen	Schokolade
f	Und du?			

Ich heiße Harald Meier. Ich komme aus Deutschland und wohne in München. Ich mag Musik und Tennis.

Funk u. a. (1994), 8

Übung 4

c) Vergleichen Sie die Transportmittel: *Schreiben Sie.*

1. Das Fahrrad ist langsamer, aber auch billiger als ...
2. Das Flugzeug ist ...
3. Zu Fuß gehen ...

Eismann u. a. (1994), 172

Übung 5

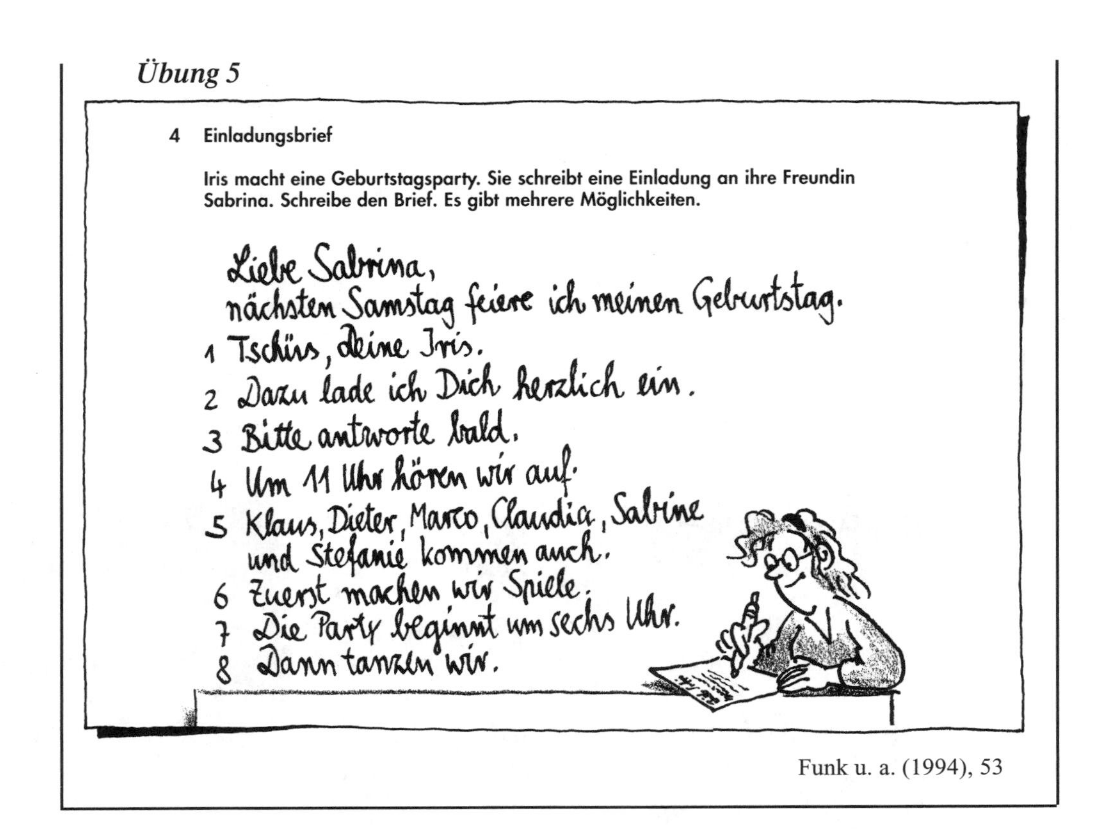

4 **Einladungsbrief**

Iris macht eine Geburtstagsparty. Sie schreibt eine Einladung an ihre Freundin Sabrina. Schreibe den Brief. Es gibt mehrere Möglichkeiten.

Liebe Sabrina,
nächsten Samstag feiere ich meinen Geburtstag.
1 Tschüs, deine Iris.
2 Dazu lade ich Dich herzlich ein.
3 Bitte antworte bald.
4 Um 11 Uhr hören wir auf.
5 Klaus, Dieter, Marco, Claudia, Sabine und Stefanie kommen auch.
6 Zuerst machen wir Spiele.
7 Die Party beginnt um sechs Uhr.
8 Dann tanzen wir.

Funk u. a. (1994), 53

Die fünf Übungen verfolgen unterschiedliche Ziele:

Übung 1: *Schreiben Sie ein Telefongespräch* ist eine Kontrollübung, bei der die Lernenden zeigen sollen, dass sie den gelernten Stoff verstanden haben und den Fragen die richtigen Antworten zuordnen können. Durch die Zuordnung und das Abschreiben von Frage und Antwort reproduzieren die Lernenden die Dialogstrukturen und üben die Orthographie. Hier wird schriftlich geübt, was in erster Linie mündlich beherrscht werden soll. Ziel ist also nicht das Schreiben, sondern die Sprechfertigkeit.

Übung 2: *Wer ist das?* verfolgt ein anderes Ziel. Es ist eine Kurzbeschreibung von Personen. Die dafür benötigten und zuvor eingeführten Strukturen werden ebenfalls reproduktiv geübt, dabei muss vor allem auf das Personalpronomen geachtet werden. Satz 1 und Satz 2 beziehen sich aufeinander: Das Pronomen verweist auf den Namen und stellt so eine enge Beziehung zwischen den beiden Sätzen her. Hier wird schriftlich geübt, was für die schriftliche Produktion benötigt wird (Orthographie, Beschreibung, Pronomen als Verweismittel* in Texten). Die Übung ist also ein erster Schritt auf dem Weg zur Produktion von Texten.

Übung 3: *Einen Text schreiben* ist eine Art Vorübung auf das Briefeschreiben (Austausch mit einem deutschsprachigen Briefpartner): Man stellt sich mit Namen und Wohnort vor und erzählt etwas über sich (Hobbys).

Übung 4: *Vergleichen Sie die Transportmittel* ist eine Grammatikübung. Ziel der Übung ist das Einüben/Festigen/Wiederholen der Komparativformen. Schreiben ist nur Mittel zum Zweck.

Übung 5: *Einladungsbrief* erweckt den Anschein, als ginge es hier um Schreiben als Zielfertigkeit. Es wird aber kein Brief geschrieben. In Wahrheit ist die Übung eine Aufgabe zum Leseverstehen, müssen Einzelsätze in eine inhaltlich logische Reihenfolge gebracht werden. Nachdem in einer vorangegangenen Lektion Anrede- und Abschiedsformeln eingeführt wurden, besteht der Zusammenhang mit dem Briefeschreiben darin, dass die Lernenden erkennen müssen, dass Übungssatz Nummer 1 die Abschiedsformel des Briefes ist.

Die Übungen 2 und 3 (aus der ersten bzw. der zweiten Lektion des entsprechenden Lehrwerks) zeigen, dass man schon in den ersten Wochen im Anfangsunterricht damit beginnen kann, das Schreiben von Texten schrittweise zu üben. Übung 5 hat in einer Übungsprogression zur *Fertigkeit Schreiben* – hier Briefe schreiben – durchaus ihren Platz: Briefe sind zunächst einmal Texte, und solche und ähnliche rezeptiv-produktiven Übungen zum inhaltlich-logischen Textaufbau sind eine Übungsmöglichkeit. Im ersten Band des Lehrwerks *sowieso* finden wir im Anschluss daran keine produktive Übung zum Schreiben als Zielfertigkeit.

Aufgabe 6

Überlegen Sie: Gibt es reale Schreibsituationen, in denen Ihre Schülerinnen und Schüler zum gegenwärtigen oder zu einem späteren Zeitpunkt auf Deutsch schreiben (Schreiben als Zielfertigkeit)? Können Sie sich auch reale Schreibsituationen vorstellen, in denen für Ihre Deutschlernenden Schreiben nur Mittel zum Zweck ist?*

Notieren Sie bitte im Raster.

reale Schreibsituationen	
Schreiben als Ziel	***Schreiben als Mittel für andere Zwecke***

Betrachten wir jetzt einmal das Deutschlehrwerk, mit dem Sie unterrichten. Wie steht es darin mit den Schreibaufgaben? Vermutlich gibt es zahlreiche Aufgaben, bei denen die Lernenden aufgefordert werden, etwas zu schreiben. Um welche Art Schreiben handelt es sich dabei? Um Schreiben als Mittel zum Zweck oder um Schreiben als Ziel? (Unsere Betrachtung zielt vor allem auf Übungen zum **Schreiben im Grundstufenunterricht**, d. h. etwa 1. bis 3./4. Lernjahr.)

Aufgabe 7

Bitte schauen Sie sich die Schreibübungen in Ihrem Deutschlehrwerk an. Machen Sie eine kleine Statistik. (Es genügt, wenn Sie die Anteile schätzen.)

1. *Bei wie vielen Aufgaben zum Schreiben ist das Schreiben nur Mittel zum Zweck? Zu welchem Zweck?*

   Anzahl: ______________ *Prozent:* ______________

2. *Bei wie vielen Schreibaufgaben geht es tatsächlich um Schreiben als Zielfertigkeit, d. h. um die Fähigkeit der Lernenden, in der Fremdsprache z. B. bestimmte Formblätter korrekt auszufüllen, zusammenhängende Texte (Briefe, kleine Mitteilungen, aber auch andere Textformen wie Geschichten/Märchen usw.) zu verfassen?*

   Anzahl: ______________ *Prozent:* ______________

3. *Gibt es auch Aufgaben, bei denen Teilfertigkeiten* geübt werden? (Teilfertigkeiten sind z. B. richtige Verwendung von Pronomen und Konnektoren* in Texten, stimmige Satzanschlüsse, richtige Wortstellung, richtiger Zeitengebrauch, Textaufbau bei verschiedenen Textsorten*, variationsreicher Ausdruck, Verwendung angemessener Register* u. a.).*

   Anzahl: ______________ *Prozent:* ______________

Liegen wir richtig mit der Vermutung, dass bei der Mehrzahl der Schreibübungen in Ihrem Lehrwerk das Schreiben Mittel zum Zweck ist und die *Fertigkeit Schreiben* nur in seltenen Fällen das Ziel des Schreibens ist? Dass das auch anders sein kann, möchten wir Ihnen am Beispiel eines Deutschlehrwerks für Jugendliche in Indonesien zeigen. Im ersten Band des Lehrwerks *Kontakte Deutsch* von Eva-Maria Marbun u. a. (1993) wird von Unit 1 an bis Unit 3 ein Übungsstrang aufgebaut, der die Lernenden schließlich dazu befähigen soll, gegen Ende des 1. Schuljahres weitgehend selbstständig einen Brief zu schreiben.

Wir können Ihnen hier nur einige Ausschnitte aus diesem Übungsstrang zeigen. Er wird eröffnet mit einer doppelseitigen Text-/Bildcollage, die als Grundlage für die weiteren Arbeitsschritte dient.

Aufgabe 8

Bitte analysieren Sie die auf S. 12 – 16 abgedruckten Übungsschritte aus dem Lehrwerk „Kontakte Deutsch 1“. Notieren Sie im Raster A die Übungstypen, die Übungsziele und die zu erbringende Schreibleistung.

Raster A

	Übungstyp	*Übungsziel*	*Schreibleistung*
Ü 1			
Ü 2			
Ü 4			
Ü 5			
Ü 7			
Ü 17			
Ü 23			

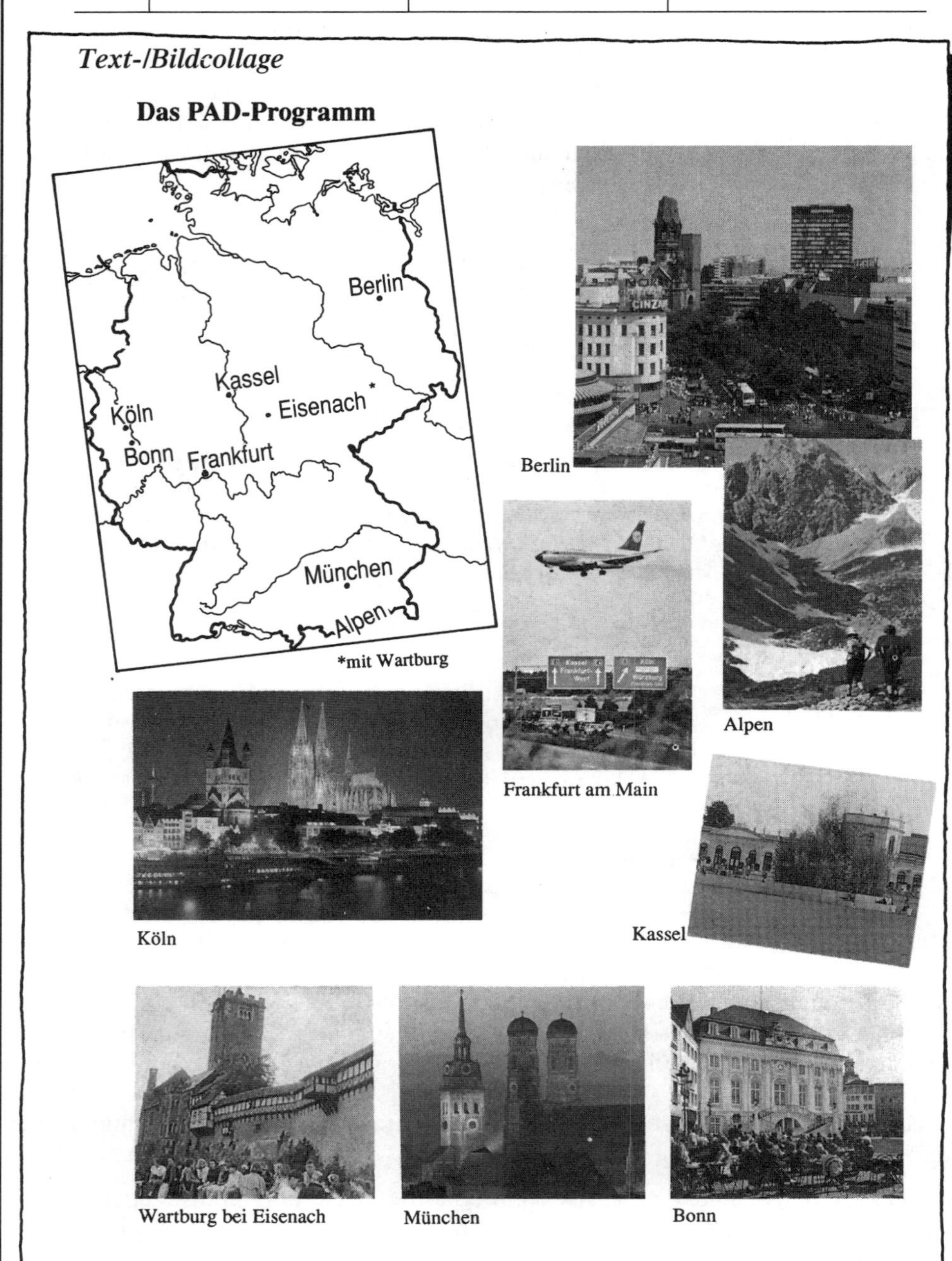

PAD

PÄDAGOGISCHER AUSTAUSCHDIENST

Nassestr. 8
D-53113 Bonn

Bonn, den 25. März

Liebe Freunde,

Ihr fliegt am 5. Juni (Dienstag) nach Frankfurt.

Ich bin am Flughafen. Wir fahren zusammen nach Bonn. Ihr seid dort 5 Tage. Wir besichtigen die Stadt und machen Fahrten, z.B. nach Köln.

Wir fahren am Montag, am 11. Juni, weiter nach Kassel. Wir bleiben dort 16 Tage. Ihr besucht Schulen, lernt dort Deutsch, und wir machen zusammen Exkursionen. Wir besichtigen z.B. die Wartburg bei Eisenach.

Wir besuchen vom 27. Juni (Mittwoch) bis 2. Juli (Montag) Berlin. Wir besichtigen dort das Schloß, das Brandenburger Tor, und wir besuchen Museen.

Wir sind zum Schluß noch 4 Tage in München und machen eine Bergtour in die Alpen.

Ihr wohnt in Deutschland bei Familien und in Jugendhotels.

Ihr fliegt am 6. Juli nach Jakarta zurück.

Gute Fahrt - und viel Spaß!

Horst Straib

Horst Straib

fliegen	bepergian naik pesawat terbang
fahren	bepergian naik kendaraan
bleiben	tinggal
besichtigen	meninjau
lernen	belajar
besuchen	mengunjungi
zusammen	bersama
Freunde	teman-teman
5 Tage	5 hari
die Stadt	kota
Museen	museum-museum
Familien	keluarga-keluarga
Jugendhotels	hotel-hotel untuk remaja

Marbun u. a. (1993), 18/19

Ü 1

Bagaimana rute perjalanan siswa Indonesia?
Isilah nama-nama tempat yang dikunjungi.

Wie ist die Reiseroute der indonesischen Schüler?
Trage die Plätze ein!

Reiseroute

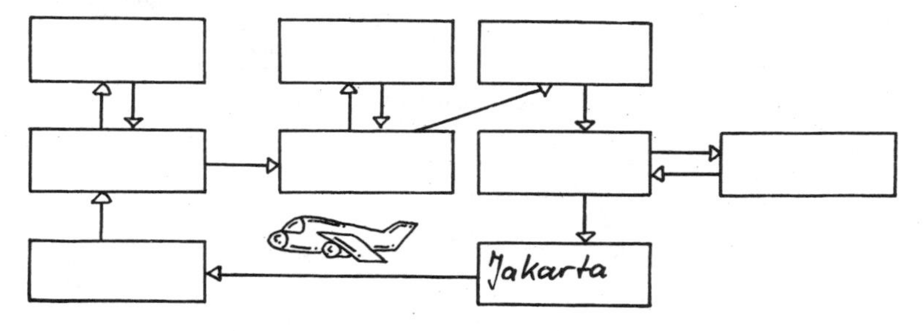

Gambarlah rute perjalanan ke dalam peta pada halaman 18.

Zeichne jetzt die Reiseroute in die Karte auf Seite 18 ein!

Marbun u. a. (1993), 20

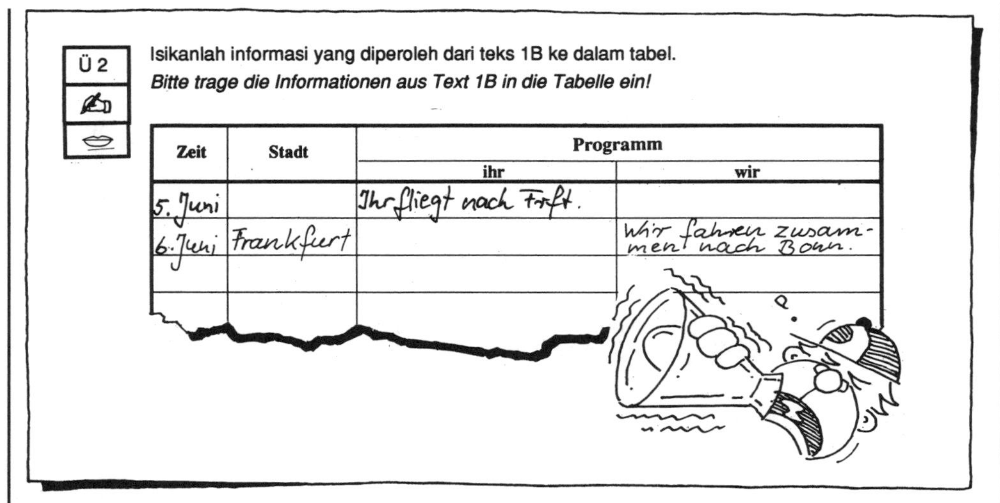

Ü 2

Isikanlah informasi yang diperoleh dari teks 1B ke dalam tabel.
Bitte trage die Informationen aus Text 1B in die Tabelle ein!

Zeit	Stadt	Programm	
		ihr	wir
5. Juni		Ihr fliegt nach Frft.	
6. Juni	Frankfurt		Wir fahren zusammen nach Bonn.

Marbun u. a. (1993), 20

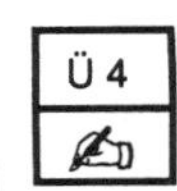

Tulislah bentuk-bentuk kata kerja dari teks 1B ke dalam tabel di bawah ini.
Bitte schreibe die folgenden Verbformen aus Text 1B in die Tabelle!

		fliegen	fahren	lernen	besuchen	besichtigen	Endung	sein
1.Person Plural	wir	fliegen						
2.Person Plural	ihr				besucht			

Marbun u. a. (1993), 21

Ü 5

Sempurnakanlah!
Was fehlt?

- Sagt mal, was macht ihr in Bonn?
- ◊ Wir besichtigen die Stadt und ______ Fahrten.
- Und in Kassel?
- ◊ Wir ______ dort 16 Tage, ______ Schulen und ______ Deutsch.
- ______ ihr auch nach Berlin?
- ◊ Ja.
- Was macht ihr dort? ______ ihr das Brandenburger Tor?
- ◊ Ja, natürlich.
- ______ ihr auch in München?
- ◊ Ja, zum Schluß. Wir ______ eine Bergtour in die Alpen.
- Und dann? ______ ihr dann wieder nach Jakarta zurück?
- ◊ Ja, am 6. Juli.

fahrt
seid
bleiben
machen
besichtigt
fliegt
besichtigen
besuchen
machen
lernen

Marbun u. a. (1993), 21

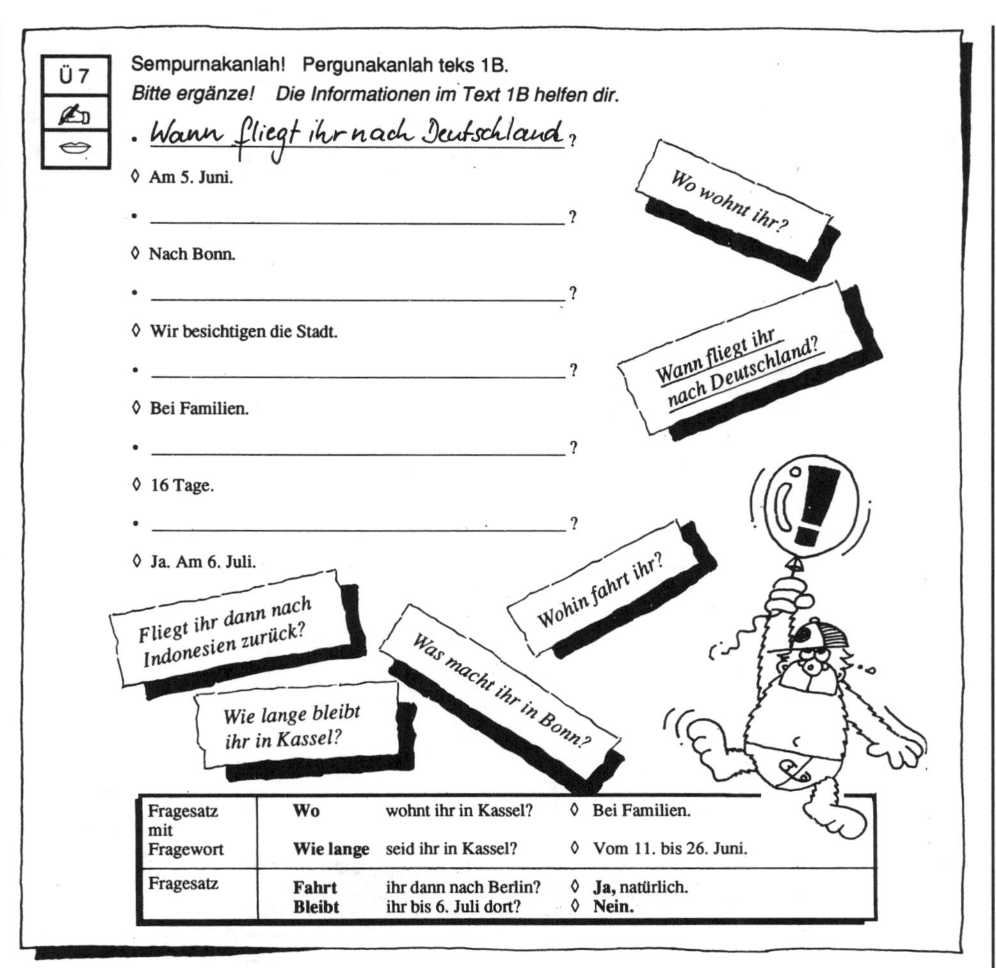

Ü 7

Sempurnakanlah! Pergunakanlah teks 1B.
Bitte ergänze! Die Informationen im Text 1B helfen dir.

• Wann fliegt ihr nach Deutschland?
◊ Am 5. Juni.
• ______________________?
◊ Nach Bonn.
• ______________________?
◊ Wir besichtigen die Stadt.
• ______________________?
◊ Bei Familien.
• ______________________?
◊ 16 Tage.
• ______________________?
◊ Ja. Am 6. Juli.

Wo wohnt ihr?
Wann fliegt ihr nach Deutschland?
Fliegt ihr dann nach Indonesien zurück?
Wohin fahrt ihr?
Was macht ihr in Bonn?
Wie lange bleibt ihr in Kassel?

Fragesatz mit Fragewort	**Wo**	wohnt ihr in Kassel?	◊ Bei Familien.
	Wie lange	seid ihr in Kassel?	◊ Vom 11. bis 26. Juni.
Fragesatz	**Fahrt**	ihr dann nach Berlin?	◊ **Ja,** natürlich.
	Bleibt	ihr bis 6. Juli dort?	◊ **Nein.**

Marbun u. a. (1993), 22

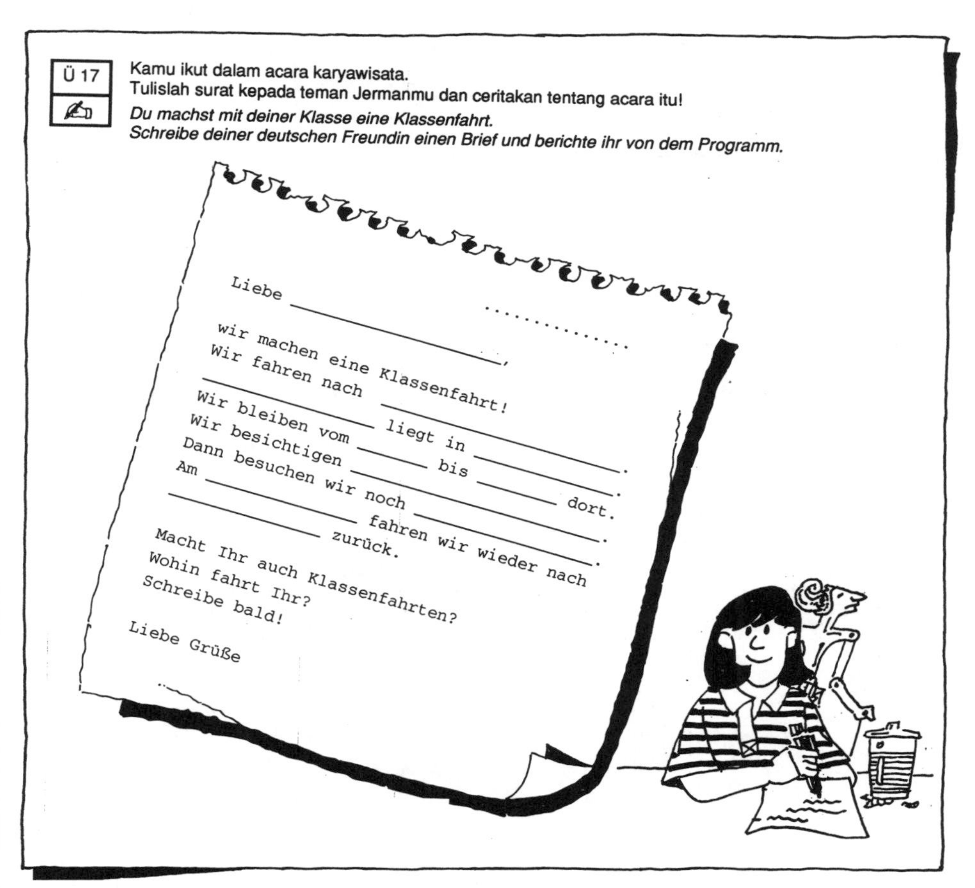

Ü 17

Kamu ikut dalam acara karyawisata.
Tulislah surat kepada teman Jermanmu dan ceritakan tentang acara itu!
Du machst mit deiner Klasse eine Klassenfahrt.
Schreibe deiner deutschen Freundin einen Brief und berichte ihr von dem Programm.

Liebe ______________ , ...

wir machen eine Klassenfahrt!
Wir fahren nach ______________
______________ liegt in ______________.
Wir bleiben vom ______ bis ______ dort.
Wir besichtigen ______________.
Dann besuchen wir noch ______________.
Am ______________ fahren wir wieder nach ______________ zurück.

Macht Ihr auch Klassenfahrten?
Wohin fahrt Ihr?
Schreibe bald!

Liebe Grüße

nach: Marbun u. a. (1993), 84

Ü 23	Jawablah surat Philipp (teks 3A)! Ceritakan kegiatanmusehari-hari di sekolah. Gunakan jadwal pelajaran hari Selasa (Ü 19) dengan bantuan yang tersedia. *Beantworte Philipps Brief (Text 3A) und berichte von deinem Schulalltag.* *Benutze deinen Stundenplan von Dienstag (Ü 19) und die folgenden Hilfen.*

Lieber Philipp,
Dein Brief ist sehr interessant.
Hier ist ein Bericht von meinem Schulalltag.
So ist der Dienstag in der SMU ______
Klasse ______ in ______
______
______
______
______
______
______
______
Wie findest Du meinen Schulalltag?
Schreibe bald!
Herzliche Grüße

was? (Englisch, Mathe, Sport, ...)

Unterricht: *von ... bis ...*

Unterricht: wie? *(... macht Spaß, eine Katastrophe, prima, ...)*

was? *(Aufsatz schreiben, Übungen machen, Fragen beantworten, ...)*

Lehrer: wie? *(nett, sympathisch, streng.)*

Marbun u. a. (1993), 126

Sie haben die Übungssequenz aus *Kontakte Deutsch* durchgeführt und Raster A ausgefüllt. Machen Sie nun weiter mit Aufgabe 9.

Aufgabe 9

Raster B

a) Überlegen Sie nun bitte, bei welchen Übungen Schreiben das Ziel und bei welchen Schreiben das Mittel für einen anderen Zweck ist. Bei welchen Übungen kann man sagen, dass das Schreiben sowohl Mittel als auch Ziel ist?

Kreuzen Sie an bzw. füllen Sie Raster B aus.

	Schreiben ist			
	Mittel	***Wozu?***	***Ziel***	***Welches?***
Ü 1				
Ü 2				
Ü 4				

Ü 5				
Ü 7				
Ü 17				
Ü 23				

b) Vergleichen Sie bitte die Übungssequenz aus „Kontakte Deutsch“ (S. 12 – 16)mit Übung 2 aus „Themen neu 1“ (S. 9) und den Übungen 3 und 5 aus „sowieso“ (S. 9/10).

- *Worin bestehen die Unterschiede?*
- *Mit welchen der Aufgabentypen können sich jugendliche Deutschlernende besser identifizieren und warum?*
- *Welche Aufgaben halten Sie für besonders gut geeignet, Schreiben als Zielfertigkeit zu üben?*

Notieren Sie Ihre Antworten im Raster C.

Raster C

	Themen Ü 2	***sowieso Ü 3 + Ü 5***	***Kontakte Deutsch***
Unterschied			
für Jugendliche besser geeignet			
(besonders) gut geeignet, die Schreibfertigkeit zu üben			

Gehen wir noch einmal zurück zum Ausgangspunkt unserer Überlegungen über die Rolle des Schreibens in Lehrwerken, um sodann mit einer kleinen theoretischen Betrachtung zu schließen. In der ersten Fassung von *Themen 1* (1983) spielte das Schreiben als Zielfertigkeit nur am Rande und vor allem für bestimmte Zielgruppen eine Rolle; „... Lerner, z. B. Studenten, haben jedoch **auch** das Ziel, Deutsch schreiben zu können. Das Arbeitsbuch bietet deshalb **auch** Aufgaben zur Schreibfertigkeit als Zielfertigkeit“ (Gerdes u. a. 1984, 13). Im Lehrerhandbuch zu *Themen neu 1* von 1993, also neun Jahre später, lesen wir dann:

> Schreiben
> Der Fertigkeit Schreiben kommt in „Themen neu“ erhöhte Bedeutung zu. Das zeigt sich nicht nur in den Aufgaben zur schriftlichen Textproduktion (zunächst meist in Form von Paralleltexten zu vorgegebenen Modellen), sondern auch in vorbereitenden Übungen zu einzelne Textstrukturen.

Aufderstraße u. a. (1993a), 6

Während in *Themen neu* dem Schreiben also eine „erhöhte Bedeutung“ zugestanden wird, wird in einem anderen Deutschlehrwerk für Erwachsene, *Sprachbrücke*, von Anfang an eine Progression für Schreiben als Zielfertigkeit entwickelt und es werden dementsprechend zahlreiche Schreibübungen verschiedenster Art angeboten. So heißt es im Vorwort des Arbeitsheftes zu *Sprachbrücke 1*, Lektionen 8 – 15 (Abel u. a. 1989):

Für die Entwicklung von Schreibfertigkeiten findet man Aufgaben zur Rechtschreibung, zum gelenkten Schreiben (Struktur- und Transformationsübungen im Rahmen grammatischer Lernziele), zum Textaufbau, zum Schreiben nach Modellen (z. B. Gedichte variieren, Briefe, Rezepte, landeskundliche Informationstexte schreiben) und zur freien Textproduktion.

Eine wichtige Rolle spielt auch in diesem Arbeitsheft die Rubrik **Ihr Text/Ihre Meinung!** Hier werden die Lernenden dazu aufgefordert, im Rahmen des interkulturellen Vergleichs, parallel zu Texten und Informationen im Lehrbuch, Informationen über ihr Land zusammenzustellen, über Sitten und Bräuche in ihrem Land oder über sich selbst zu schreiben.

Abel u. a. (1989), 4

Aus diesem Zitat geht hervor, dass in *Sprachbrücke* nicht nur das Schreiben von Briefen, sondern auch andere Textsorten sowie freies, kreatives Schreiben* geübt werden. Entscheidend dabei ist, dass die Schreibfertigkeit über längere Zeiträume hinweg schrittweise aufgebaut wird, natürlich gehören dazu auch immer wieder gelenkte Schreibaufgaben*.

In dem im Jahr 1995 erschienenen Lehrerhandbuch des bereits erwähnten Lehrwerks *sowieso 1* finden wir noch folgenden Hinweis:

3. Texte schreiben

Die zweite produktive Fertigkeit, das Schreiben, spielt im 1. Band notwendigerweise noch eine untergeordnete Rolle. Schreiben dient zunächst fast ausschließlich dem Zweck des Spracherwerbs. Das heißt, die Schüler schreiben, um das graphische System und die Orthographie des Deutschen zu erlernen, bzw. zur Unterstützung des Vokabellernens und der Grammatikarbeit. Dennoch gibt es auch in Band 1 schon einige Aufgaben, die das kommunikative Schreiben (Schreiben, um etwas mitzuteilen) trainieren.
In *sowieso 2* wird das kommunikative bzw. kreative Schreiben dann eine erheblich größere Rolle spielen.

Funk/Koenig (1995), 10

Die Meinung der Autoren, dass das (produktive) Schreiben im ersten Band eines Grundstufenlehrwerks „notwendigerweise noch eine untergeordnete Rolle" spielt, kann nicht nur das Beispiel aus *Kontakte Deutsch* (Briefe schreiben als wichtiges Unterrichtsziel in einem weit entfernten Land) widerlegen. Unsere Ausführungen in den nächsten Kapiteln werden zeigen, dass das Schreiben grundsätzlich schon im ersten Lernjahr Deutsch eine wichtige Rolle spielen kann.

In den in Kapitel 1.1 zitierten Lehrwerken wird auf unterschiedliche Weise versucht, der seit Mitte der 80er-/Beginn der 90er-Jahre gewachsenen Bedeutung des Schreibens im Deutschunterricht Rechnung zu tragen. Seit diesem Zeitpunkt gibt es eine ganze Reihe von Publikationen, die die Rolle des Schreibens im Fremdsprachenunterricht neu definieren, einige sprechen sogar „von einer Wiederentdeckung des Schreibens". In Heft 1/1989 der Zeitschrift *Fremdsprache Deutsch* zum Thema *Schreiben* wird das so begründet:

- Die Sprachwissenschaft hat sich stärker mit den Unterschieden zwischen gesprochener und geschriebener Sprache beschäftigt (so liefert z. B. die DUDEN-Grammatik erstmals in der Neuauflage von 1984 ein eigenes Kapitel zu diesen Unterschieden).
- Die Kultur- und Literaturwissenschaft hat begonnen zu untersuchen, wie weit bestimmte Textformen kulturgeprägt sind, so daß Schreibenlernen in der Fremdsprache auch das Erlernen neuer kultureller Ausdrucksmöglichkeiten erfordert.
- Die Lernpsychologie hat begonnen, den Prozeß des Schreibens genauer zu untersuchen und Schreibmodelle zu entwickeln, die Grundlage für eine gezielte Schreibförderung sein können.
- Nicht zuletzt haben sich die Kommunikationsbedürfnisse verändert: Das durch Telefon und Fernsehen verdrängte Schreiben wird durch Computer und Telefax wieder zu einem modernen Kommunikationsmedium.

Krumm (1989), 5

Nach diesem kurzen (und natürlich auch unvollständigen) Blick in Vergangenheit und Gegenwart des Schreibens in Grundstufenlehrwerken möchten wir in Kapitel 1.2 einige vertiefende Antworten auf die grundsätzliche Frage suchen: Wozu eigentlich sollen unsere Schülerinnnen und Schüler im Fremdsprachenunterricht Deutsch ihre Schreibfertigkeit ausbilden?

1.2 Wozu lehren wir das Schreiben? Geht es um das Produkt oder um den Prozess?

Einige Beispiele in Kapitel 1.1 und die Analyse der Schreibübungen aus Ihrem Lehrwerk haben gezeigt, dass Schreiben in vielen Fällen ein Mittel zu einem ganz anderen Zweck ist. Das ist ja auch in Ordnung. Wir möchten Ihnen dennoch eine ketzerische Frage stellen:

Schreiben als Ziel im Fremdsprachen-unterricht?

Ist Schreiben als Zielfertigkeit überhaupt ein legitimes Ziel des Fremdsprachenunterrichts? Wozu sollen wir denn das Schreiben lehren? Wann haben unsere Schülerinnen und Schüler nach Abschluss ihrer Schulzeit noch Gelegenheit, in der fremden Sprache zu schreiben?

Aufgabe 10

> *Denken Sie einmal zurück:* **Wann** *haben Sie nach Ihrer Schul- und Studienzeit und außerhalb Ihrer Lehrertätigkeit (die ja nicht typisch für die Karriere Ihrer Schülerinnen und Schüler ist) noch einmal in einer Fremdsprache geschrieben? Und* **was** *haben Sie da geschrieben?*

Ähnliche Fragen haben Wissenschaftler Schulabgängern aller Schultypen gestellt. Eine breit angelegte Untersuchung in Bezug auf Fremdsprachenbedürfnisse aus den Niederlanden möchten wir hier kurz zusammenfassen (*ITS-behoeftenonderzoek*, Institut für Angewandte Soziologie Nijmegen).

In dieser Untersuchung wurden ehemalige Schüler über den Gebrauch der Fremdsprachen Deutsch, Englisch und Französisch nach ihrem Schulabschluss befragt. Dabei legte man ihnen eine Liste mit *24 Sprachverwendungssituationen* vor. Die Frage lautete: Wie oft haben Sie Französisch, Deutsch und Englisch in welchen Situationen verwendet? Wir fassen die Ergebnisse, die sich auf das Schreiben beziehen, in einer Tabelle kurz zusammen.

Zur Erläuterung der Tabelle:

Anzahl der Schüler von 10 Schülern:

1 = höchstens einer
2 = zwei, drei
3 = vier bis sechs
4 = sieben bis acht
5 = mindestens neun

Häufigkeit:

I = ganz selten
II = einmal oder mehrmals jährlich
III = einmal oder mehrmals monatlich
IV = regelmäßig

	Schreiben		
	Französisch	Deutsch	Englisch
formeller Brief*	2, I	3, II	3, II
informeller Brief*	2, I	2, I	3, II
Formular, Telegramm usw.	2, I	2, I	3, II
Bericht, Artikel, Protokoll usw.	1, I	1, I	2, II

Die Tabelle zeigt, dass die Befragten noch relativ viele formelle Briefe schreiben. Das hängt mit den intensiven (vor allem wirtschaftlichen) Beziehungen zwischen den Niederlanden und der Bundesrepublik Deutschland und der Tatsache zusammen, dass kaum ein Deutscher Niederländisch kann.

Vergleicht man diese Ergebnisse für das Deutsche mit den Ergebnissen bei *Lesen in der Freizeit* (Krimis, Zeitschriften usw.: 4, III), *Sprechen in alltäglichen Situationen* (5, III) und *Hören von Fernseh- und Radiosendungen* (5, IV), wird die relativ untergeordnete Rolle des Schreibens offenbar. Zahlreiche andere Untersuchungen bestätigen diesen Trend.

Dennoch sprechen einige wichtige Gründe für die Aufmerksamkeit, die wir dem Schreiben im Deutschunterricht mit dieser Fernstudieneinheit widmen wollen. Auf diese Gründe wollen wir in den folgenden Abschnitten etwas näher eingehen.

A. Schreiben aufgrund kommunikativer Bedürfnisse

Gründe für das Schreiben im Deutschunterricht

kommunikative Ziele

Die kommunikative Bedeutung des Schreibens, d. h. die Bedeutung im Rahmen der Informationsvermittlung, ist im Fremdsprachenunterricht relativ gering. Sie lässt sich auf folgende Bereiche eingrenzen:

- formelle Briefe (zur Informationsbeschaffung):
  Verlag, Buchhandel, Touristeninformation, Hotel, Jugendherberge, Campingplatz usw.,
- informelle Briefe/Karten:
  Ansichtskarten, Briefpartner (Klassenkorrespondenz) usw.,
- Formulare:
  Fragen zur Person (Anmeldung im Hotel, in Jugendherbergen, auf dem Campingplatz), Telegramm usw.,
- Kurzmitteilungen für Dritte.

Die Rolle des Schreibens im kommunikativen Fremdsprachenunterricht kann also schwerlich allein mit der Bedeutung des Schreibens in Realsituationen* begründet werden. Dazu bedarf es anderer Gesichtspunkte.

B. Schreiben aufgrund unterrichtspraktischer Bedürfnisse

Unterrichtspraxis

Sie als Sprachlehrer bzw. Sprachlehrerin wissen, dass im Fremdsprachenunterricht ganz im Gegensatz zur kommunikativen Relevanz des Schreibens doch recht häufig geschrieben wird. Das betrifft besonders folgende Bereiche:

- Hausaufgaben,
- Übungen zu Wortschatz und Grammatik,
- Tests,
- Binnendifferenzierung*,
- Notizen (für spätere mündliche Produktion), Stichwortskizzen, Material- und Ideensammlungen.

Dass bei Hausaufgaben, in Übungen und Tests geschrieben wird, ist klar. Der Punkt *Binnendifferenzierung*, auch *innere Differenzierung* genannt, muss jedoch erläutert werden.

Differenzieren kann man im Unterricht zum Beispiel nach folgenden Gesichtspunkten:

- Tempo (einige Schüler sind schneller als andere),
- Niveau (einige Schüler sind besser als andere),
- Interessen (die Schülerinnen und Schüler haben unterschiedliche Interessen, auch schon bei ein und demselben Thema,wie z. B. beim Thema *Meine Hobbys*),
- didaktische Arbeitsformen (nicht jede Arbeitsweise ist für jeden Schüler, für jede Schülerin gleich effizient: Es gibt unterschiedliche Lerntypen*).

Aufgabe 11

Welche Konsequenzen könnte eine solche Differenzierung für die Rolle des Schreibens im Unterricht haben?

Wie kann man das Schreiben zur Binnendifferenzierung einsetzen?

Tempo: ____________________ *Interessen:* ____________________

Niveau: ____________________ *Arbeitsformen:* ____________________

Auf den Aspekt der **Differenzierung** kommen wir in dieser Studieneinheit noch öfter zu sprechen. Das hat gute Gründe, denn empirische Untersuchungen haben gezeigt, dass es ganz unterschiedliche Typen von Schreibern gibt und dass Fremdsprachenlernende beim Schreiben unterschiedliche Strategien benutzen (vgl. Krings 1992, 72).

C. Schreiben aufgrund lernpsychologischer Überlegungen

Lernpsychologie

Hier sind folgende Punkte zu nennen:

- die Rolle des Schriftbildes beim Hören, Lesen (und Schreiben),
- motivationale Überlegungen,
- Integration der Fertigkeiten: Schreiben unterstützt die anderen Fertigkeiten, hat also eine Hilfsfunktion und wird umgekehrt auch von den anderen Fertigkeiten unterstützt.

Auf den letztgenannten Aspekt möchten wir an dieser Stelle etwas ausführlicher eingehen: Forschungsergebnisse aus der Neurophysiologie (die das Funktionieren unseres Nervensystems untersucht) zeigen, dass es keine isoliert „arbeitenden" Fertigkeitszentren in unserer Hirnrinde gibt, sondern dass zwischen diesen Zentren eine intensive Kommunikation stattfindet. Die *Aktivitäten Hören*, *Sprechen*, *Lesen* und *Schreiben* sind eng miteinander verbunden und unterstützen sich gegenseitig. So gibt es einen

➤ Zusammenhang zwischen *Sprechen* und *Schreiben*:
Bei beiden Tätigkeiten wird ein Inhalt konzipiert, werden sprachliche Mittel ausgewählt und Wörter zu Sätzen verknüpft. Beim Schreiben wird dem Schreibenden auch die Lautform bewusst, da das Schreiben, vor allem im Anfangsstadium, von einem inneren Sprechen begleitet ist.

➤ Zusammenhang zwischen *Lesen* und *Schreiben*:
Durch das Schreiben eingeübte Schriftbilder werden beim Lesen schneller erfasst und Schriftbilder prägen sich beim Lesen ein.

Beim Schreiben werden gleichzeitig mehrere Sinneskanäle aktiviert:

- optische (man sieht, was man schreibt),
- akustische (die Sprachlaute, die Phoneme*, werden mit den entsprechenden Abbildern der Buchstaben, den Graphemen*, assoziiert),
- sprechmotorische (wer schreibt, artikuliert innerlich, was er schreibt) und
- motorische (die Schreibbewegungen mit der Hand).

Diese Beteiligung mehrerer Sinneskanäle führt dazu, „daß bei vielen Menschen der Effekt des Einprägens und Behaltens dann besonders groß ist, wenn sie die Möglichkeit haben, die neuen Informationen schriftlich zu fixieren" (Müller 1989, 35; vgl. auch Krück 1982, 391), diese also auch über die Bewegungen der Hand und der Finger beim Schreiben zu erfassen. Das gilt für die meisten Kulturen, besonders aber für Lernende, die dem am weitesten verbreiteten Gedächtnistyp, dem „optisch-graphomotorischen"* angehören. Bei Kulturen mit mündlichen Traditionen ist das möglicherweise anders, hier müsste im Unterricht stärker differenziert werden.

Diese gedankliche, geistige und körperliche Wechselwirkung ist besonders wichtig für Lernende, die sich erst noch an die lateinische Schrift gewöhnen müssen.

D. Schreiben als Hilfe bei der Strukturierung geistiger Handlungen

Ordnung der Gedanken

„Strukturierung geistiger Handlungen" – das klingt sehr anspruchsvoll, meinen Sie vielleicht, und könnte Ihre Schülerinnen und Schüler überfordern. Es heißt jedoch nichts anderes, als dass *Schreiben* eng mit der Entwicklung unseres Denkens, mit Ordnungsprinzipien verknüpft ist (vgl. Krumm 1989, 6); Schreiben hilft uns, unsere noch unsystematischen, „chaotischen" Gedanken zu ordnen und zu strukturieren.

Hinweis

Im Kapitel 1.2.1 werden wir uns ausführlicher mit diesem Aspekt des *Schreibens* beschäftigen, um ihn dann in Kapitel 1.2.2 anhand eines Unterrichtsvorschlags für den Grundstufenunterricht zu konkretisieren.

Aufgabe 12
Zusammenfassung

Bitte notieren Sie an dieser Stelle noch einmal die vier Hauptpunkte, die für das Schreiben im Fremdsprachenunterricht sprechen.

1. ______________________ *2.* ______________________

3. ______________________ *4.* ______________________

Aus welchen Gründen haben Sie bisher das Schreiben mit Ihren Schülerinnen und Schülern geübt?

1.2.1 Schreiben als Prozess*: nicht nur Bekanntes mitteilen, sondern Unbekanntes entdecken

Wir beginnen mit einigen Überlegungen zum Schreiben als mitteilungsbezogene und produktorientierte Tätigkeit (Schreiben als Produkt) einerseits und zum schrittweisen Entstehen von Texten (Schreiben als Prozess) andererseits. Dabei können wir uns u. a. auf den bekannten deutschen Schriftsteller Heinrich von Kleist berufen, der sich zu diesem Thema schon vor über zweihundert Jahren geäußert hat.

Aufgabe 13

Bitte versuchen Sie, während der Lektüre dieses Kapitels einige der dargestellten Punkte in folgendem Schema stichwortartig festzuhalten:

	Schreiben als Produkt	***Schreiben als Prozess***
Textsorten		
Ziel(e)		
Charakteristik		

Schreiben im kommunikativen Ansatz

Information

Im kommunikativen Ansatz* wird Sprache – und damit auch Schreiben – als soziales Handeln* aufgefasst. Pragmatisch* gilt Schreiben als ein Verfahren zur Informationsvermittlung: Eine Person teilt einer anderen Person (oder anderen Personen) etwas mit. Im Zentrum dieses linearen Vorgangs steht als **Produkt** des Schreibens die Information:

produktorientierte Aspekte des Schreibens

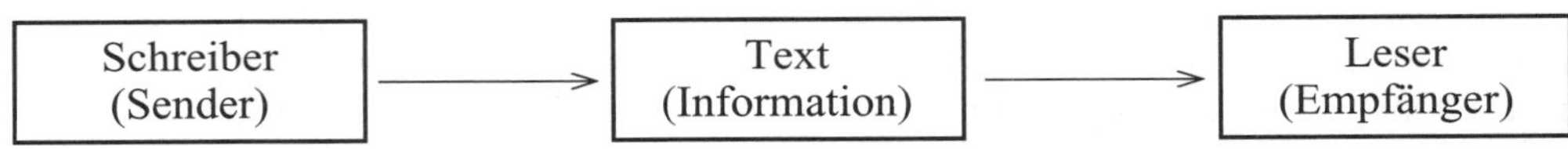

Man schreibt also, um ein Produkt zu bekommen, das eine bestimmte Funktion hat. Man schreibt

- einen Geschäftsbrief, um ... (sich zu beschweren);
- einen Einkaufszettel, um ... (nichts zu vergessen);
- einen Test, um ... (einen Leistungsnachweis zu erhalten);
- eine Zeitungsnachricht, um ... (Leser zu informieren);
- einen Liebesbrief, um ... (seine Zuneigung zu zeigen).

In allen diesen Fällen geht „die Funktion des Schreibens ... weitgehend in der des Produkts auf. Dessen Verlust ... würde die gesamte eingesetzte Arbeit sinnlos machen“ (Portmann 1991, 189).

Dieser mitteilungs- und produktorientierte Aspekt des Schreibens ist sicher wichtig. Aber das Schreiben darf nicht auf diesen Aspekt reduziert werden; es hat noch andere Aufgaben, die im **Prozess** des Schreibens selbst liegen.

Schreiben als Prozess

frühere Erfahrungen

➤ Haben Sie früher Tagebuch geschrieben oder schreiben Sie heute noch eins? Geht es Ihnen dabei nur um das Nicht-Vergessen oder geht es nicht auch um das Schreiben selbst? Wie oft wird das Tagebuch denn gelesen? Und von wem? In der Regel hat es doch keinen anderen Adressaten als den Schreibenden selbst!

➤ Haben Sie während Ihres Studiums in Vorlesungen oder beim Lesen von Fachliteratur Notizen gemacht? Dabei ging es Ihnen sicher darum, das Gehörte und Gelesene zu strukturieren, Verstehen zu erleichtern und zu sichern. Auch Aufgaben, die Sie in dieser Studieneinheit schreibend lösen, dienen diesem Zweck.

- Wie oft machen wir uns Notizen und werfen diese dann wieder weg. In dem Augenblick, in dem sie entstanden waren, hatten sie ihre Funktion schon erfüllt.

Was geschieht beim Schreiben?

In all diesen Fällen spielt der Prozess des Schreibens eine wichtige Rolle. Doch was geschieht eigentlich **beim** Schreiben?

Der Antwort auf diese Frage versuchen wir anhand einiger Überlegungen nahe zu kommen, die der Schriftsteller Heinrich von Kleist (1777–1811) in seinem bekannten Aufsatz *Über die allmähliche Verfertigung der Gedanken beim Reden* (1959) aufgeschrieben hat. Diese Überlegungen lassen sich in einigen Punkten auf das Schreiben übertragen. Kleist weist auf das französische Sprichwort „L'appétit vient en mangeant" (*Der Appetit kommt beim Essen*) hin und paraphrasiert diesen Erfahrungssatz mit „L'idée vient en parlant" (*Die Idee kommt beim Reden*).

von der allmählichen Verfertigung der Gedanken beim Reden und Schreiben

Er präzisiert, was er meint: Oft habe er nur „irgendeine dunkle Vorstellung" von dem, was er sagen möchte, „die mit dem", was er sucht, „von fernher in einiger Verbindung steht." Indem er sich nun ein Herz fasst und mit irgendjemandem („es braucht nicht eben ein scharfdenkender Kopf zu sein") darüber redet, ohne von diesem Gesprächspartner Anregungen oder gar Antwort zu erwarten, entwickelt sich „jene verworrene Vorstellung zur völligen Deutlichkeit". Wichtig sei dabei, Zeit zu gewinnen, um die Ideen zur Entfaltung zu bringen. Die Idee wird produziert mit dem Handwerkszeug, das die Vernunft zur Verfügung stellt. Reden, im Verständnis Kleists, ist aber nicht nur Sprechen, das zeigt sein Hinweis auf La Fontaine und die „allmähliche Verfertigung des Gedankens aus einem in der Not hingesetzten Anfang" in Bezug auf eine Fabel. Reden ist auch Schreiben, Reden ist Produzieren von Ideen, von Gedanken, mit Kleists Worten: „Reden ist ein wahrhaft lautes Denken", ein geäußertes, hör- und lesbar gemachtes Denken.

Kleists Überlegungen können uns helfen, unser Thema zu präzisieren: Wie der Appetit beim Essen **kommt**, so **kommen** die Ideen beim Schreiben: „L'idée vient en écrivant". Ganz in der Nachfolge Kleists schreibt ein moderner Autor, Hermann Burger, in seinem Buch *Die allmähliche Verfertigung der Idee beim Schreiben:* „Woher kommt die Idee? ... Sie wird auf dem Papier erschrieben." (Burger 1986, 25).

Wir alle machen beim Schreiben (wie auch beim Sprechen) immer wieder diese Erfahrung: Gedanken und Ideen, Einsichten und Erkenntnisse sind häufig nicht von Anfang an voll entwickelt da, sondern sie entstehen, sie reifen während des Schreibens. Schreiben ist Erkenntnisgewinn. Zwei besondere Merkmale des Schreibens sind dabei behilflich:

Merkmale des Schreibens

- die **Vergegenständlichung der Gedanken und Gefühle**:
  Das, was zu Papier (oder auf den Computer) gebracht wird, sieht man vor sich, man spürt Nähe (das genau wollte ich ausdrücken) und Distanz (es ist noch nicht genau das, was ich sagen wollte). Die sinnliche Wahrnehmung des eigenen Tuns bleibt nicht ohne Wirkung.
- die **Verlangsamung der Abläufe**:
  Gedanken sind schnell, man spricht auch von Gedankenblitzen, sie wollen festgehalten werden; Sprechen in der Fremdsprache bereitet da unter inhaltlichen und sprachlichen Gesichtspunkten immer Probleme. Beim Schreiben gewinnt man Zeit, man kann nachdenken, ordnen, Gedankenblitze fixieren.

Informationsaustausch – das ist das übereinstimmende Ergebnis aller neueren Forschungen und Überlegungen zum Schreiben – ist nur **eine** Aufgabe des Schreibens und nicht unbedingt immer die wichtigste.

> „Vielmehr kommt der Schriftsprache entscheidende Bedeutung zu bei der Strukturierung von geistigen Handlungen, die ohne materielle Stütze nicht oder nur schwierig zu realisieren wären." (Giese 1979, 88)

(Mit „materielle Stütze" ist hier der Vorgang der Verschriftlichung mit Hilfe von Papier und Schreibgerät gemeint.)

Schreiben als konzentrischer Prozess

„Schreiben als Prozess" ist kein linearer Vorgang zum Zwecke der Informationsvermittlung, sondern es handelt sich um einen konzentrischen Prozess*, bei dem der Schreibende sich in einer kreisförmigen Bewegung darum bemüht, dem, was er ausdrücken möchte, immer näher zu kommen, es zu ordnen, zu strukturieren.

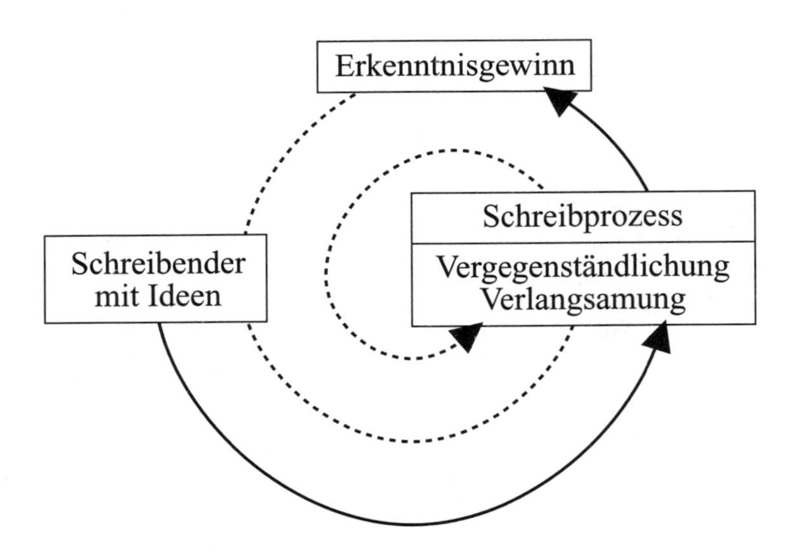

Welche Konsequenzen haben diese Überlegungen für den fremdsprachlichen Deutschunterricht? Diese Frage führt uns mitten hinein in die Unterrichtspraxis.

1.2.2 Vom Wort zum Satz zum Text

Die erste Frage, die wir bei der Umsetzung der in Kapitel 1.2.1 ausgeführten Überlegungen in die Unterrichtspraxis stellen müssen, lautet: Wie könnte man methodisch und didaktisch vorgehen, um Lernende im Fremdsprachenunterricht zu befähigen, ihre Ideen und Überlegungen in einem derartigen konzentrischen Prozess entstehen und schriftlich fixieren zu lassen, ohne sie gleichzeitig sprachlich zu überfordern? Mit den folgenden Ausführungen möchten wir versuchen, Antworten auf diese Frage anzubieten.

methodisch-didaktisches Konzept

Vom Wort zum Satz zum Text ist die Kurzformel für ein methodisch-didaktisches Konzept, das sich an Kleists oben beschriebenen Überlegungen orientiert. Im Laufe dieser Fernstudieneinheit werden wir immer wieder auf dieses Konzept zurückkommen, es modifizieren und weiterentwickeln. Das Konzept **Vom Wort zum Satz zum Text** liegt den vielfältigen Übungsformen, die wir mit Ihnen in dieser Fernstudieneinheit erarbeiten und bearbeiten, zugrunde; es hilft, diejenigen Teilkompetenzen aufzubauen, die Deutschlernende benötigen, um immer bessere und immer komplexere Texte zu schreiben.

Unterrichtsvorschlag

Texte bestehen aus Sätzen, aus Haupt- und Nebensätzen. Eins der grammatischen Probleme, das beim Schreiben in der Fremdsprache Deutsch eine wichtige Rolle spielt, ist die Verbstellung in Haupt- und Nebensatz in Verbindung mit verschiedenen Konnektoren (Bindewörtern). Die Bearbeitung dieses grammatischen Problems im Unterricht geschieht in der Regel in mehreren Unterrichtsphasen im Laufe des ersten und zweiten Lernjahrs. Wie aber kann man die Arbeit so anlegen und aufbauen, dass Wissensfortschritte (Erarbeitung neuer Konnektoren) und Schreibfortschritte (Anwendung in Texten) in einem fortschreitenden Lernprozess verknüpft werden?

das „*Er hat* ... Paradigma“

In unserem Vorschlag bildet das in Aufgabe 14 abgebildete „*Er hat* ... Paradigma“ die Basis der Unterrichtsarbeit. Mit Hilfe dieses Paradigmas kann modellhaft erarbeitet werden, wie Haupt- und Nebensätze bei der Verwendung unterschiedlicher Konnektoren aufgebaut sind. Damit Sie selbst ausprobieren können, wie dieses Paradigma, das im Unterricht fortschreitend ergänzt und ausgewertet wird, funktioniert, bitten wir Sie, Aufgabe 14 zu bearbeiten und das vorgegebene Paradigma auszufüllen. Danach werden wir die einzelnen Schritte und deren Bedeutung gemeinsam reflektieren. Zum Abschluss geben wir Ihnen einige Empfehlungen zum Einsatz des Paradigmas im Unterricht.

Ergänzen Sie bitte das Paradigma, indem Sie den Arbeitsschritten 1 – 4 auf Seite25/26 folgen.

Aufgabe 14

	Hauptsatz	*Konnektor*	
1 a			*er hat …*
Beispielsatz:			
1 b	*er hat …*		*hat er …*
Beispielsatz:			
2	*er hat …*		*er … hat.*
Beispielsatz:			

Beginnen wir mit einem Beispiel aus dem Deutschlehrwerk *Wegweiser* (Grau u. a. 1991) für Jugendliche in Chile. Als Identifikationsfigur für die Lernenden dient ein chilenischer Gastschüler, der in einer süddeutschen Kleinstadt den deutschen Alltag erlebt. In Lektion 5 werden die ersten Konnektoren, die den Lernenden produktiv zur Verfügung stehen sollen, folgendermaßen präsentiert:

I. Konnektoren

In Geislingen ist es toll *Wir haben 5 Stunden Deutsch,* *Ich kenne jetzt alle Hits,*	*und* *aber* *denn*	*meine Gastfamilie ist sehr nett.* *wir haben kein Spanisch.* *ich gehe oft in die Disko.*
Satz 1	+	Satz 2

und, *aber*, *denn* sind Konnektoren. Sie verbinden („konnektieren“) Satz 1 und Satz 2.

Grau u. a. (1991), 46

1. Schreiben Sie bitte die Konnektoren aus den Beispielsätzen in die dafür vorgesehene Spalte der Rubrik 1 a in unserem Paradigma.
2. Schreiben Sie nun einen der drei Beispielsätze in die dafür vorgesehene Spalte im Paradigma.

Die nächste Konnektoren-Übersicht könnte so aussehen:

II. Konnektoren

Wir waren fünf Stunden in der Stadt.	*Deshalb*	*bin ich jetzt müde.*
Ich muss noch meine Hausaufgaben machen.	*Dann*	*gehe ich ins Bett.*
Ich habe schon viele Freunde.	*Trotzdem*	*habe ich nachts Heimweh.*
Satz 1	+	Satz 2

3. Schreiben Sie auch diese Konnektoren und einen Beispielsatz in die entsprechende Rubrik des Paradigmas.

Hier eine weitere Konnektoren-Übersicht für die letzte Rubrik des Paradigmas.

III. Konnektoren

Er blieb ein Jahr länger in Geislingen,	*weil*	*es ihm dort so gut gefiel.*
Seine Familie besuchte ihn dort in den Ferien,	*obwohl*	*die Reise sehr teuer war.*
Sie freuten sich,	*dass*	*er so gut Deutsch gelernt hatte.*
Satz 1	+	Satz 2

4. Schreiben Sie die Konnektoren und einen passenden Beispielsatz in das Paradigma.

Betrachten wir nun gemeinsam das ausgefüllte Paradigma und überlegen wir, was und wie die Schülerinnen und Schüler hier lernen.

Lernweg

Was und wie wird hier gelernt?

- Die Spalten 1 a, 1 b, 2 zeigen die drei Gruppen von Konnektoren mit den entsprechenden Erscheinungsformen von Sätzen (Haupt- und Nebensätze, mit/ohne Inversion*).
- In Spalte 1 a werden diejenigen Konnektoren gesammelt, die einen Hauptsatz mit einem Hauptsatz verbinden: *er hat ... und er hat .../er hat ... , aber er hat ...* . Die Schüler sollen die Konnektoren in dieser Form lernen.
- In Spalte 1b werden diejenigen Konnektoren gesammelt, die einen Hauptsatz mit einem Hauptsatz bei Inversion von Subjekt und Verb verbinden; *er hat ..., deshalb hat er ...* Auch diese Konnektoren werden in dieser Form gelernt.
- In Spalte 2 werden Konnektoren eingetragen, die einen Hauptsatz mit einem Nebensatz verbinden. Hier steht das finite Verb* im Nebensatz am Ende. Die Schüler lernen die Struktur: *er hat ... , weil er ... (kein Geld) hat.*

Zusammenfassung

Fassen wir zusammen: Im Laufe verschiedener Unterrichtsphasen ergänzen die Lernenden das *„Er hat ...* Paradigma". Dabei lernen sie folgende Strukturmuster:

- *Er hat ...* ***und*** *er hat ...*
- *Er hat ...,* ***deshalb*** *hat er ...*
- *Er hat ...,* ***weil*** *er ... hat.*

das *„Er hat ...* Paradigma" im Unterricht

Empfehlungen zum Einsatz des Paradigmas im Unterricht:

1. Geben Sie den Lernenden das *„Er hat ...* Paradigma" in DIN A4-Größe. Um Ihren Schülerinnen und Schülern beim ersten Arbeitsauftrag den Einstieg zu erleichtern, sollten Sie schon einen Beispielsatz in die erste Beispielspalte schreiben. Weisen Sie die Lernenden darauf hin, dass dieses Paradigma sie über einen längeren Zeitraum begleiten wird und dass sie noch viel Platz für weitere Konnektoren brauchen.
   Es bietet sich aber auch an, das Schema auf einen großen Bogen Packpapier zu zeichnen und laufend zu ergänzen. Dieses Plakat kann im Klassenraum aufgehängt werden und den Lernenden während der Textproduktion als „Spickzettel" dienen.
2. Benutzen Sie für die Konnektoren-Übersichten Beispielsätze aus dem Lehrwerk, das Sie im Unterricht benutzen.
3. Arbeiten Sie mit dem Paradigma immer dann, wenn entsprechende Konnektoren im Lehrwerk behandelt werden.
4. Terminologie:
   Um Ihnen unsere Intentionen rasch zu verdeutlichen, haben wir in unserem Schema zwei grammatische Termini eingetragen (**Hauptsatz** und **Konnektor**). Sollten Sie der Meinung sein, dass Ihre Schüler wissen müssen, was **Konjunktionen**, **Subjunktionen**, **Hauptsatz mit Inversion** und **Nebensatz** bedeuten, dann können auch diese Begriffe an die entsprechenden Stellen geschrieben werden. Sie können aber auch alle grammatischen Termini weglassen, da die Beispielsätze und das Paradigma das Gemeinte anschaulich machen. Wir meinen allerdings, dass es sich

lohnt, den Begriff *Konnektor* recht früh einzuführen, so dass er in der Folge als Signalwort für bestimmte Regularitäten der Wortstellung dienen kann.

5. Wichtig bei der Arbeit mit dem Paradigma ist,
   - dass die Konnektoren schrittweise ergänzt werden. Erarbeiten Sie jeweils nur diejenigen Konnektoren, die produktiv gelernt werden sollen. Je nach Intensität des Unterrichts dauert dieser Prozess mehrere Monate oder gar Jahre,
   - dass die Konnektoren in einem Minikontext gelernt werden: ... *und sie ist sehr nett; dann hat er es gekauft, weil er Geld hat* usw.,
   - dass neben den formalen Aspekten auch die Bedeutung der Konnektoren verdeutlicht wird, am besten kontrastiv Deutsch – Muttersprache.
6. Erlauben Sie den Lernenden zunächst (eventuell auch immer wieder), das Paradigma bei der Textproduktion zu Rate zu ziehen (siehe Punkt 1.).

Das „*Er hat* ... Paradigma" kann im Laufe eines langjährigen Deutschunterrichts mit jeweils neuen Konnektoren immer weiter ergänzt werden. Machen Sie die Probe aufs Exempel.

Aufgabe 15

Sie kennen die folgenden Konnektoren. Bitte tragen Sie sie in die entsprechende Spalte Ihres „Er hat ... Paradigmas" ein.

als, also, bevor, da, damit, dann, darum, (so) dass, deswegen, doch, ehe, jedoch, nachdem, ob, oder, sondern, wie, was, während, wenn, womit

W-Konnektoren

Wenn Sie mit Ihren Schülerinnen und Schülern so weit gekommen und die wichtigsten Konnektoren im Paradigma eingetragen sind, dann können Sie als weitere Memorierungshilfe auch noch das *W* bei „*W*-Konnektoren" (***weil***, ***wenn***, ***wie***, ***während*** ...) farbig markieren lassen: Alle „*W*-Konnektoren" erfordern einen Nebensatz.

Abschließend halten wir fest: Mit dem „*Er hat* ... Paradigma" wird **schrittweise Sprachwissen*** gesammelt und systematisiert, das beim Schreiben von Texten jeweils unmittelbar in **Sprachhandeln** umgesetzt werden kann. Grammatik wird dabei in ihrer kommunikativen Funktion erfahren, wird eine **Gebrauchsregel***, die hilft, produktiv sprachlich zu handeln.

Textproduktion und das „*Er hat* ... Paradigma"

Wie das „*Er hat* ... Paradigma" produktives Sprachhandeln, also die Textproduktion, unterstützt, das werden die nächsten Arbeitsschritte zeigen.

„Böse Buben" und Konnektoren

So könnten wir diesen Teil unseres Unterrichtsvorschlags nennen. Was aber – so werden Sie sich fragen – haben *böse Buben* mit Konnektoren zu tun oder – weniger dunkel formuliert: Was trägt das Konnektoren-Schema zu unserem Thema *Schreiben als Prozess* bei?

mit einem „Reiz" arbeiten

Die *bösen Buben* gehören zu einem „Reizsatz", den wir hier als Ausgangspunkt, als Auslöser, für ein Experiment nehmen wollen. Bitte machen Sie bei diesem Experiment mit, folgen Sie uns durch die in Aufgabe 16 angegebenen Arbeitsschritte. Nehmen Sie sich zwei bis drei Blatt Papier, schreiben Sie jeweils mit großzügigen Zwischenräumen (Phantasie braucht Platz!). Wenn das Experiment durchgeführt ist, werden wir uns rückblickend einige Gedanken über die Vorgehensweise machen.

Aufgabe 16

Unser „Reizsatz" lautet:

Böse Buben auf schweren Maschinen

1. *Was fällt Ihnen dazu ein? Sammeln Sie wie in einem Assoziogramm* („Wortigel") Wörter, versuchen Sie dabei gleich, diese Wörter thematisch zu ordnen. Verbinden Sie zusammengehörende Begriffe mit einer Linie zu „Wortbündeln*".*

2. *Schreiben Sie dann mit diesen Wörtern und Wortbündeln Satzteile oder kleine, kurze Sätze. Beginnen Sie mit jedem Satz/Satzteil eine neue Zeile.*

3. *Ordnen Sie nun die Sätze. Versuchen Sie, eine sinnvolle Reihenfolge herzustellen. Sie können dabei auch Sätze aus 2. weglassen, abändern oder neue Sätze hinzufügen, um deutlicher auszudrücken, was Sie sagen wollen. Beginnen Sie mit jedem Satz eine neue Zeile. Schreiben Sie großzügig, mit Zwischenräumen.*

4. *Greifen Sie sich einige Aspekte, zu denen Sie mehr sagen können/wollen heraus. Finden Sie Erklärungen, ergänzen Sie, schmücken Sie aus. Schreiben Sie die Ergänzungen an den Rand, zwischen die Zeilen.*

5. *Was wissen Sie noch über den Sachverhalt? (Oder lassen Sie Ihrer Phantasie freien Lauf.) Stellen Sie weitere Behauptungen auf, präzisieren Sie, formulieren Sie genauer. Schreiben Sie an den Rand, in die Zwischenräume.*

6. *Nehmen Sie jetzt Ihr ausgefülltes „Er hat ... Paradigma" (Konnektoren-Schema im Lösungsschlüssel S.186/187) zu Hilfe und versuchen Sie, die Sätze und Ergänzungen miteinander zu verknüpfen, Beziehungen auszudrücken, zeitlich zu gliedern usw. Schreiben Sie* **Ihre** *Geschichte!*

Sie haben die einzelnen Schritte durchgeführt und – vielleicht – Ihr Manuskript mit unserer Ausarbeitung im Lösungsschlüssel verglichen. Dort haben Sie gesehen, dass wir keine Angst haben, Ihnen zwischendurch ein ziemlich „wirres" Manuskriptstadium zu zeigen. Ihr Manuskript sieht in den entsprechenden Stadien wahrscheinlich ähnlich aus. Wir kommen später bei der Besprechung der Punkte 4. und 5. darauf zurück.

Kommentar und Unterrichtspraxis

Kommentare zur Vorgehensweise mit Blick auf die Unterrichtspraxis:

1. Ausgegangen sind wir von einem „Reizsatz", zu dem Ideen (= Wörter) gesammelt werden, ein Thema angerissen, ein Wortfeld aufgebaut werden kann. Dieser erste „Reiz" kann natürlich auch von einem einzelnen Wort („Reizwort"), einem Foto, einer Zeichnung, einem Gegenstand, einem Geräusch oder von Musik ausgehen. Im weiteren Verlauf der Arbeit mit dieser Fernstudieneinheit werden wir noch einigen dieser Möglichkeiten begegnen (siehe auch Kapitel 2.1.2 und 2.5).
   Im Unterricht können Sie den „Reiz" an die Tafel schreiben oder über den Tageslichtprojektor zeigen. Sie können die Schülerinnen und Schüler ihre Assoziationen ins Heft schreiben lassen oder diese per Zuruf an der Tafel sammeln. Letzteres empfiehlt sich, wenn Sie die Lernenden erst noch mit der Arbeit mit Assoziogrammen und thematischen Wortbündeln vertraut machen müssen.

Hinweis

2. Nun werden einzelne Hauptsätze gebildet. Wenn Sie mit an der Tafel gesammelten Assoziationen arbeiten, können Sie diesen Schritt und die weiteren Schritte in Partnerarbeit durchführen lassen.

3. Die Hauptsätze werden in eine inhaltliche Ordnung (Reihenfolge) gebracht. Dabei entsteht schon das Gerüst eines Textes, einer Geschichte, einer Handlung.

4. und 5.
   Das Gerüst wird mit „Fleisch" gefüllt. Gedanken werden vertieft, begründet, ausformuliert. Das Manuskript wird immer „bunter". In der Tat: Im Unterricht könnten Sie jetzt mit Farbstiften arbeiten lassen. Auf diese Weise wird das weitere „Wachsen" des Textes in alle Richtungen, der „Prozess des Schreibens" im wahrsten Sinne des Wortes „sichtbar". Je „bunter" das Manuskript, je verzweigter die Ergänzungen, desto besser.

6. Nun werden alle Hauptsätze mit Hilfe des Konnektoren-Schemas verbunden, alle inhaltlichen Beziehungen werden verdeutlicht. Der Text wird als Ganzheit neu geschrieben. Dabei werden die Bausteine aus den vorangegangenen Stadien übernommen. Natürlich sind auch hier wieder Ergänzungen, Streichungen, Verbesserungen erlaubt.

Das hier beschriebene Verfahren sollten Sie einige Male mit wechselnden Themen und „Reizen" Schritt für Schritt in der Klasse durchführen (Sie können auch Ihre Schülerinnen und Schüler bitten, Bilder, Wörter, Sprüche, die ihnen „reizvoll" erscheinen, in den Unterricht mitzubringen). Sie können schon recht früh mit dieser Art zu arbeiten anfangen, wenn die ersten Konnektoren im *„Er hat ...* Paradigma" gesammelt sind.

Zunächst sollten Sie durchaus darauf achten, dass die Abfolge der Schritte 1 – 6 eingehalten wird, damit der Prozess sichtbar und die Texterstellung ganz bewusst vollzogen wird. Wenn das Verfahren mehrmals erprobt worden ist, werden die Schüler dann bei Schritt 4 und 5 schon selbst erste Konnektoren verwenden (..., *„weil" sie keine Arbeit haben*; ..., *„obwohl" sie eigentlich ganz nett sind* ...). Danach werden die Texte bei Schritt 6 noch „verfeinert".

Der Sinn dieses Verfahrens ist klar: Die Lernenden werden nicht mit syntaktischer und textueller Komplexität konfrontiert, sondern schaffen diese selbst im Prozess des Schreibens. Nach dem Baukastenprinzip nehmen sie sich die Teile, die ihnen vertraut sind, und stellen etwas Neues her: einen neuen Text aus bekannten Bausteinen und Bauteilen. Das Ergebnis kann nicht fehlerlos sein, es ermutigt aber zu weiterer Textproduktion, denn die Lernenden werden nicht überfordert: Sie schreiben zunächst, was und wie sie wollen (und können), sie benutzen die Redemittel, die sie kennen. Die so entstandenen Texte werden dann „redigiert", weiterbearbeitet (siehe dazu Kapitel 3.2).

Hinweis

Schreiben in der Fremdsprache, das haben die bisherigen Überlegungen gezeigt, hat mehr als nur Mitteilungsfunktion und ist mehr als nur ein Arbeitsmittel. Beim Schreiben entsteht etwas Neues, baut sich der Schüler, die Schülerin in der fremden Sprache ein Gedankengebäude und stattet es Schritt für Schritt aus. Dieses Textgebäude hat sehr viel mit dem Schreibenden selbst zu tun, sagt etwas über seine Person: über seine Ideen, seine Gedanken, seine Phantasie, seine Wünsche, seine Träume, seine Hoffnungen, seinen Witz und seinen Ernst. Deshalb spricht man in der Schreibdidaktik auch vom **personalen Schreiben***. Das heißt: Das Schreiben hat die Funktion, dem Schreibenden zu ermöglichen, sich auszudrücken, sich und anderen etwas über **sich** selbst mitzuteilen. Schreibend wird er mit seiner eigenen Identität konfrontiert. Dabei zwingen ihn die begrenzten sprachlichen Möglichkeiten dazu, einfach zu formulieren, Komplexität zu reduzieren auf das Wesentliche und Sagbare. Aus dieser Perspektive betrachtet, geht es auch beim Schreiben in der Fremdsprache nicht in erster Linie um den Text als Produkt, sondern um den schreibenden Schüler, die schreibende Schülerin und um den Text im Prozess des Entstehens.

personales Schreiben

Bevor wir nun mit Ihnen in Kapitel 2 eine Typologie von Schreibübungen erarbeiten, die dazu geeignet ist, das Schreiben in der Fremdsprache auf unterschiedliche Art und Weise (weiter) zu entwickeln, möchten wir Ihnen einen kurzen Überblick über verschiedene Positionen der fremdsprachlichen Schreibdidaktik in den letzten vierzig Jahren geben. Dieser Überblick wird Ihnen helfen, Schreibaufgaben, die Sie in verschiedenen Lehrwerken vorfinden, sowie die Vorschläge in dieser Fernstudieneinheit besser einzuordnen.

1.2.3 Drei schreibdidaktische Positionen: kleiner Blick auf die großen Entwicklungslinien der fremdsprachlichen Schreibdidaktik

Entwicklung der Schreibdidaktik

Bei den folgenden Ausführungen stützen wir uns auf die umfassende Arbeit zur Schreibdidaktik von Paul Portmann (1991, 373 – 387). Portmann unterscheidet drei große schreibdidaktische Positionen: die direktive, die textlinguistische und die prozessorientierte. Diese drei Positionen charakterisieren die Entwicklung der Schreibdidaktik (und zum Teil auch der Fremdsprachendidaktik allgemein) in den vergangenen vierzig Jahren.

Aufgabe 17

Bitte tragen Sie während der Lektüre dieses Kapitels stichwortartig die wichtigsten Kennzeichen der drei schreibdidaktischen Positionen in das Schema ein:

	direktive Ansätze	*textlinguistische Ansätze*	*prozessorientierte Ansätze*
Kennzeichen			

	direktive Ansätze	*textlinguistische Ansätze*	*prozessorientierte Ansätze*
Stärken			
Schwächen			

Direktive Ansätze*

Direktive Ansätze sind **stark steuernde, durch Vorgaben lenkende Ansätze**. Wir konzentrieren uns auf den einflussreichsten, nämlich den der amerikanischen Fremdsprachendidaktikerin Wilga Rivers (1968). Sie unterscheidet vier Lernbereiche, die zu einer Schreibkompetenz führen: *notation*, das heißt *Laut-Buchstaben-Korrespondenzen*; *spelling*, das heißt *Orthographie*; *writing practice*, das heißt *reproduktives Schreiben* (Reproduktion von Vorgegebenem) und *reproduktiv-produktives Schreiben* (Reproduktion mit freier Wahlmöglichkeit) als wichtigsten und umfangreichsten Übungsbereich und schließlich *composition*, das heißt *freies Schreiben*, über das allerdings wenig mitgeteilt wird. Mit zwei angerissenen Übungsbeispielen aus dem Lehrwerk *Deutsch 1*/Argentinien möchten wir diesen Ansatz verdeutlichen.

Aufgabe 18

Charakterisieren und beurteilen Sie die beiden Schreibaufgaben in Übung 1 und 2 mit Hilfe des folgenden Rasters:

	Übung 1	*Übung 2*
Geübt wird:		
Art der Schreibaufgabe		
Die Aufgabe ist *– sehr sinnvoll.* *– durchaus sinnvoll.* *Begründung:*		

Übung 1

BEWERBUNG um ein Sprachkursstipendium des Goethe-Instituts in der Bundesrepublik Deutschland

GOETHE-INSTITUT
Ref. 51 · Postfach 20 10 09
D 8000 München 2

1. Familienname — Vorname

Geburtsdatum — Geburtsort

Staatsangehörigkeit — ☐ männlich ☐ weiblich

Anschrift (mit Telefon-Nr.)

derzeitiger Beruf — Berufsziel

Für Deutschlehrer: Ich unterrichte Deutsch seit ______ ☐ an einer Schule ☐ an einer Universität ☐ an einer PH

2. **Deutschkenntnisse:**
Meine Deutschkenntnisse habe ich erworben bei ______

abgelegte Prüfungen ______

Heck-Sahl/Mühlenweg (1990), 147

Übung 2

______

Lieb___ ________,

ich heiße ________________.

Ich bin ______ Jahre ________ und ______ cm

________.

Ich habe ______ ________ und ______

________. (Bruder / Schwester)

Wir wohnen in ________________.

Heck-Sahl/Mühlenweg (1990), 122

Vermutlich finden Sie solche und ähnliche Schreibaufgaben auch in Ihren Lehrwerken. Wie aber, so fragt Paul Portmann (1991) in seiner umfangreichen Arbeit zum Thema *Schreiben*, leisten solche Übungen den Übergang zum freien Schreiben?

> „ ... es ist schwer, sich vorzustellen, dass dieser Übergang durch solche und andere vorgeschlagene Übungen tatsächlich bewerkstelligt werden könnte. Es gibt denn auch einzelne Hinweise, dass die Fähigkeit zum Schreiben sich nicht so sehr durch die Arbeit an solchen Schreibübungen ergibt, sondern eine Konsequenz ist aus der Entwicklung des Sprechens ... “ (Portmann 1991, 377)

und Lesens, so darf man ergänzen. Auf den Zusammenhang zwischen Sprechen und Schreiben kommen wir in Kapitel 2.6.1 beim Thema *Briefeschreiben* zurück.

Hinweis

Schwächen des direkten Ansatzes

Die Schwäche des **rein** direktiven Ansatzes ist, dass die Übungen zum Schreiben auf Transformation oder Ergänzung von vorgegebenen Strukturen reduziert bleiben. Texte als Ganzes, die Eigenschaften von Texten, die Entstehung von Texten kommen dabei nicht in den Blick. Allerdings haben solche „direktiven“ Übungen in einer Progression des Schreibenlernens ihren berechtigten Platz. So stellt die hier gezeigte Übung 2 aus dem Lehrwerk *Deutsch 1* eine Vorstufe dar für eine Übung zum freieren Schreiben am Ende derselben Lektion.

Textlinguistische Ansätze*

Typisch für diesen Ansatz sind die Arbeiten von Anita Pincas (1982). Im **Mittelpunkt steht hier die Frage, was einen Text zu einem Text macht** (und nicht zu einer Anhäufung von Einzelsätzen): An wen wendet sich der Text? Was will der Text bewirken (also die Fragen nach dem Leser und dem Zweck)? Welche Argumentationsmuster spielen eine Rolle (also die Frage nach dem *Wie*)? Welche pronominalen Verkettungen gibt es? Wie sehen die logischen Verknüpfungen aus? Welche Baupläne liegen dem Text zugrunde? Aus welcher Perspektive ist der Text geschrieben? Der textlinguistische Ansatz ist dem kommunikativ-didaktischen Ansatz verpflichtet (Wer schreibt *wie* für *wen*?).

Schauen wir uns ein konkretes Übungsbeispiel aus dem bekannten kommunikativen Lehrwerk *Deutsch aktiv Neu I C* (van Eunen u. a. 1989) an. Hier werden einige der oben genannten Punkte (pronominale Verkettungen, Verweisstrukturen) erarbeitet.

schlief in einem Schneehaufen

Gießen (dpa) hat in der Nacht zum Mittwoch rund sieben Stunden lang in einem Schneehaufen geschlafen, ehe eine Suchmannschaft entdeckte. Wie ein Polizeisprecher in Gießen mitteilte, hatte die in Lahnau im Lahn-Dill-Kreis wohnende Mutter gegen 19 Uhr vermißt. Nachforschungen ergaben, daß bis gegen Abend in einem Nachbarhaus gespielt und sich dann für den Heimweg verabschiedet hatte. Ein von der Polizei zusammengestellter Suchtrupp von rund 100 Helfern, darunter Feuerwehrmänner und Freiwillige, fand kurz nach ein Uhr morgens friedlich schlafend in einem etwa 100 Meter von der Wohnung entfernten Schneehaufen. war wohlbehalten. Wie eine ärztliche Untersuchung ergab, hatte nicht einmal eine Unterkühlung erlitten.

Vermißtes Kind

Ein sechsjähriger Junge
ihn
ihren Sohn
er
den Jungen
Das Kind
es

Ü 16 **Wie Sie sehen, erscheint „das Kind/der Junge" immer wieder im Text. Die verschiedenen Benennungen laufen wie eine „Kette" durch den Text. Verfolgen Sie andere „Ketten" durch den Text, z. B.:**

in Lahnau im Lahn-Dill-Kreis
in einem Nachbarhaus

van Eunen u. a. (1989), 14

An der Textvorlage werden spezifische Kenntnisse über Textualität und Textkonstitution erarbeitet, die die Grundlage sowohl für Textverstehen als auch für die Textproduktion bilden. Im textlinguistischen Ansatz der Schreibdidaktik werden solche textkonstituierenden Elemente herausgearbeitet und im Hinblick auf die Textproduktion gezielt geübt. Das sind zum Beispiel satzübergreifende, pronominale/nominale Verknüpfungen wie in unserem Beispieltext, das sind Textmuster (Textbaupläne), logische Verknüpfungen (Konnektoren), Argumentationsmuster, Register, die Schreiber-Leser-Beziehung usw.

Hinweis

Im weiteren Verlauf dieser Fernstudieneinheit (besonders in Kapitel 2.2) werden wir Ihnen Aufgaben zeigen, mit deren Hilfe die Verwendung solcher textkonstituierenden Elemente in Schülertexten gezielt geübt werden.

Prozessorientierte Ansätze*

Prozessorientierte Ansätze des Schreibens wurden seit den 90er-Jahren zunächst für den muttersprachlichen Unterricht diskutiert, inzwischen werden sie aber auch verstärkt für das Schreiben im Fremdsprachenunterricht vorgeschlagen.

Rückverweis

Auf verschiedene Aspekte prozessorientierter Ansätze werden wir in dieser Studieneinheit immer wieder zu sprechen kommen. Ein konkretes Beispiel dafür, wie prozessorientiertes Schreiben im Fremdsprachenunterricht Deutsch realisiert werden kann, haben Sie im Kapitel 1.2.2 unter dem Motto *Vom Wort zum Satz zum Text* schon kennen gelernt. An dieser Stelle möchten wir uns zunächst auf die wichtigsten Punkte dieses Ansatzes konzentrieren.

Lassen Sie uns noch einmal Paul Portmann (1991) zitieren: Beim prozessorientierten Ansatz steht

„ … das Schreiben eines Textes […] nicht mehr notwendig am Ende einer sorgfältig geplanten Folge von Übungen, in welchen einzelne Teilfertigkeiten und Teilstrukturen isoliert und geübt werden. Vielmehr wird das Schreiben eines Textes zum Anlass und Zentrum des ganzen Bestrebens überhaupt.“ (Portmann 1991, 385)

charakteristisches Merkmal

Konkret auf den Unterricht bezogen bedeutet das:

- Schreiben besteht nicht aus der Summe von verschiedenen Teilfertigkeiten,
- sondern erfordert die (erfolgreiche) Organisation verschiedener Arbeitsprozesse,
- bei denen bereits vorhandene Wissensbestände (inhaltlicher und linguistischer Art) optimal genutzt werden,
- mit dem Ziel, einen (guten) Text zu produzieren.

Das ist ein „Paradigmenwechsel“*, wie er in der Rezeptionsdidaktik* und Rezeptionsästhetik* ebenfalls stattgefunden hat (und dort ausführlich beschrieben worden ist): ein Perspektivenwechsel weg vom Produkt und hin zum Prozess und damit gleichzeitig hin zu demjenigen, der den Text schreibt. Man könnte auch von der **Entdeckung des Schreibenden** sprechen.

Beim prozessorientierten Ansatz ist das Schreiben eines eigenen Textes also keine Tätigkeit, die den Deutschlernenden erst am Ende eines langen Übungsweges von reproduktiv nach produktiv zugetraut werden kann. Beim prozessorientierten Ansatz steht das **Schreiben von eigenen Texten von Anfang an** im Mittelpunkt der Schreibübungen.

Wichtige Phasen dieses Schreibprozesses sind die Vorbereitung und Planung von Texten und das „Redigieren“, d. h. das fortlaufende Überprüfen und Überarbeiten der Texte. **Prozessorientiertes Schreiben heißt auch**: weg von der Sanktionierung von „Fehlern“ durch die Lehrperson, hin zur „allmählichen Verfertigung von Texten“ durch die Schülerinnen und Schüler und zum selbstständigen Umgang der Lernenden mit den individuellen „Fehlern“. Auf die Aspekte *Umgang mit Fehlern* und *Redigieren/Bearbeiten von Texten* werden wir in Kapitel 3 eingehen.

Hinweis

Prozessorientiertes Schreiben heißt nicht, dass nicht auch Teilfertigkeiten (lexikalisch, linguistisch, textsortenspezifisch*) geübt werden müssen, wie wir das besonders in Kapitel 2.2 dieser Fernstudieneinheit zeigen werden. Solcherart gestaltete Übungen dienen dann dazu, die vorhandenen Wissensbestände zu erweitern, Schreibprozesse durchschaubarer zu machen und das Schreiben selbst zu optimieren.

Hinweis

2 Versuch einer Typologie von Schreibübungen

In diesem Kapitel stellen wir Übungen vor, die folgende Schreibkompetenzen entwickeln helfen:

➤ eine **kommunikativ-pragmatische**, d. h. eine auf reale Kommunikationssituationen bezogene Kompetenz (Briefe, vorbereitende Notizen, Zusammenfassung usw.);

➤ eine **bewusst machende** und

➤ eine **kreative** Kompetenz.

Dabei unterscheiden wir fünf Übungsbereiche:

1. vorbereitende Übungen
2. aufbauende Übungen,
3. strukturierende Übungen,
4. freies, kreatives Schreiben,
5. kommunikatives Schreiben.

Durchdringung aller Lernbereiche

Eine solche Einteilung darf nicht missverstanden werden: Weder kann man alle Übungen immer eindeutig einem bestimmten Bereich zuordnen, noch darf von dieser Einteilung auf eine lineare Abfolge des Übungsverlaufs mit steigendem Schwierigkeitsgrad geschlossen werden. Grundsätzlich spielen alle fünf Bereiche in allen Lernstufen eine Rolle, auch wenn unterschiedliche Akzente gesetzt werden; das freie oder das auf konkrete Kommunikationssituationen bezogene Schreiben sind nicht grundsätzlich schwieriger als das vorbereitende Schreiben und umgekehrt. Die fünf Bereiche sind in jeder Lernstufe immer aufeinander bezogen und ergänzen sich gegenseitig. So findet man die Anfänge des kommunikativen Schreibens z. B. in Form von Briefpartnerschaften schon sehr früh im Unterricht. Andererseits helfen alle Übungen, die ganz allgemein dazu dienen, das Schreiben von Texten vorzubereiten, aufzubauen und den Schreibprozess zu strukturieren, den Schülerinnen und Schülern auch, fortlaufend inhaltsreichere und bessere Briefe zu schreiben. Auch Übungen zum freien kreativen Schreiben (siehe Kapitel 2.5) können schon im ersten Lernjahr angeboten werden.

Hinweis

2.1 Vorbereitende Übungen: Wörter und Ideennetze

Bei diesen Übungen werden noch keine Texte produziert, sondern sie bereiten auf die Textproduktion vor. Die Übungen zeigen

➤ wie der für die Textproduktion notwendige Wortschatz erarbeitet, erweitert und geübt werden kann,

➤ wie bereits vorhandenes Wissen aktiviert wird,

➤ wie Rechtschreibung und Zeichensetzung sinnvoll geübt werden können.

Wortschatzerweiterungen, Vorwissen aktivieren – diese Aktivitäten finden noch vor dem eigentlichen Schreiben statt, obwohl natürlich geschrieben wird, aber dies zunächst zur Vorbereitung (Mittel zum Zweck, Sie erinnern sich!). Erst im nächsten Kapitel (Kapitel 2.2) geht es dann um die Produktion von Texten.

Hinweis

Sozialformen

Die meisten der in diesem (und in den folgenden Kapiteln) vorgestellten Übungen sind für Partner- oder Gruppenarbeit gedacht. Auf diese Weise können die Deutschlernenden von Anfang an die Erfahrung machen, dass Schreiben keine einsame, von anderen isolierte und isolierende Tätigkeit zu sein braucht, sondern in Kooperation mit anderen stattfinden kann (dem *Schreiben in Gruppen* widmen wir in dieser Fernstudieneinheit unter 2.5.4 ein eigenes Kapitel).

Hinweis

2.1.1 Wortschatzerweiterung und -differenzierung

Gewiss können Sie uns bei der folgenden Äußerung zustimmen: Der Wortschatz ist das Wichtigste an der Sprache. Ohne Wörter gibt es keine Sprache und kein Schreiben, auf Grammatik kann man gegebenenfalls verzichten, auf Wörter nicht. Mangelnde Wortschatzkenntnisse können den Schreibprozess erheblich behindern. Empirische Untersuchungen von fremdsprachlichen Schreibprozessen haben denn auch gezeigt, dass rund die Hälfte aller Probleme, die während des Schreibvorgangs auftreten, Wortschatzprobleme im weitesten Sinne sind (während es einen ausgesprochen geringen Anteil von grammatischen Problemen gibt; vgl. Krings 1992, 58). Diese Ergebnisse legen nahe, Wortschatzübungen im Bereich vorbereitender Aktivitäten in allen Lernstufen eine wichtige Stelle einzuräumen.

Rolle von vorbereitenden Wortschatzübungen

Wir beginnen zunächst mit einigen relativ einfachen, spielerischen Übungen zur Aktivierung und Erweiterung des Wortschatzes. Diese Art Übungen dient vor allem dazu, Schreibhemmungen abzubauen. Danach wollen wir Möglichkeiten komplexerer vorbereitender Wortschatzarbeit besprechen.

Es gibt unendlich viele verschiedene Möglichkeiten, Wortschatz zu üben. Das zeigen schon die meisten Lehrwerke selbst, besonders aber die oft sehr phantasievollen Wortschatzübungen in den Arbeitsbüchern zu diesen Lehrwerken, sowie Sammlungen von Spielen, bei denen häufig „rund um den Wortschatz" gespielt wird (z. B. Bohn/Schreiter 1989; Spier 1981; Ur/Wright 1995). In der Fernstudieneinheit *Probleme der Wortschatzarbeit* stellt Rainer Bohn Kriterien für sinnvolle Wortschatzübungen zusammen (bes. Kapitel 3). In der vorliegenden Fernstudieneinheit beschränken wir uns auf einige Typen von schriftlich auszuführenden Wortschatzübungen, die besonders dazu geeignet sind, das Schreiben vorzubereiten.

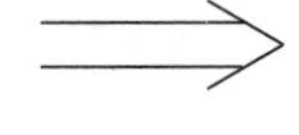

A. Einfache schriftliche Übungen zum Abbau von Schreibhemmungen

Bitte spielen Sie die folgenden Übungen, wenn möglich mit einem oder mehreren Übungspartnern, durch:

Wortkette

Wortkette

Ein Wort wird vorgegeben; der letzte Buchstabe bildet den ersten Buchstaben des neuen Wortes:

Haus → *Sonne* → *Ei* → *Insel* → *Liebe* → *E...*

Übungsablauf:
Die Lernenden arbeiten paarweise oder zu dritt. Jeder hat ein Blatt Papier vor sich. Jeder schreibt hinter das vorgegebene Wort *Haus* das Wort, das ihm mit dem Anfangsbuchstaben *s* (oder *S*) einfällt, und gibt das Blatt an den Nachbarn weiter, der wiederum mit dem letzten Buchstaben des letzten Wortes ein neues Wort bildet usw.

Variationen:
Diese Übung kann vielfach variiert werden: In der Regel empfielt es sich, alle Wortarten zuzulassen. Die textvorbereitende Funktion dieses Übungstyps zeigt sich dann am überzeugendsten, wenn nur Wörter zu einem bestimmten (und bereits in der Klasse/im Lehrwerk behandelten) Thema geschrieben werden dürfen, zu dem dann ein Text erstellt werden soll.

Aufgabe 19

Probieren Sie eine solche thematische Variante anhand von a) oder b) des folgenden Übungsbeispiels aus und beenden Sie die Übung mit c).

Wörterschlangen

3 Wörter-Schlangen

a) Schule
Schreibe die Wörterschlange weiter

BLEISTIFT
TINTE
TURNEN
ENGLISCH

Das kannst du auch mit deiner Nachbarin/deinem Nachbarn spielen.

b) Freizeit
Suche zu jedem Buchstaben ein Wort, das zum Thema „Freizeit" paßt. Du kannst auch im Lexikon Wörter suchen.

F	______	F	______
A	______	A	______
H	______	H	______
R	______	R	______
R	______	E	______
A	______	N	______
D	______		

nach: Neuner (1992), Nr. 3

c) Suche 7 – 10 Wörter aus und schreibe eine Schul- oder eine Freizeitgeschichte, in der diese Wörter vorkommen.

Im Folgenden werden wir noch andere Beispiele für thematisch gebundene Wortschatzübungen zur Vorbereitung der Textproduktion besprechen.

Satzschlange

Satzschlange

Ein Wort ist vorgegeben, z. B.: *Ein ...*

Der Partner sucht ein Wort, das an *Ein* anschließt: *Ein Lehrer ...* Welches Wort folgt nun? *Ein Lehrer hat ...* usw. Wie viele Wörter hat die Satzschlange?

Übungsablauf:
Die Übung kann in Partnerarbeit und Kleingruppen gemacht werden (bis etwa fünf/sechs Schüler pro Gruppe). Wichtig ist auch hier, dass jeder Schüler mit einem Blatt beginnt und die Blätter von einem Schüler zum anderen wandern (siehe dazu auch Kapitel 2.5.3 zum Thema *Schreiben – allein oder in der Gruppe*).

Hinweis

Wortsätze

Wortsätze

Ein Wort ist vorgegeben, z. B. : *Mond*. Aus den Buchstaben dieses Wortes soll ein Satz gebildet werden, in dem jedes Wort mit einem Buchstaben dieses Wortes beginnt, z. B. ***M**ein **O**nkel **n**immt **D**öner* (= Dönerkebap, eine in Deutschland gern konsumierte türkische Spezialität, eine Art türkischer Hamburger aus Lammfleisch) oder: ***M**uss **O**tto **n**icht **d**irigieren?* usw.

Aufgabe 20

Bilden Sie einen Satz mit den Buchstaben der Wörter „und" und „Blumen".

und:	*U* ______	*n* ______	*d* ______
Blumen:	*B* ______	*l* ______	*u* ______
	m ______	*e* ______	*n* ______

Ich buchstabiere mich

Ich buchstabiere mich

Bitte führen Sie diese Wortschatzübung auch für sich selbst durch.

Aufgabe 21

Schreiben Sie Ihren Vor- oder Nachnamen mit großen Buchstaben senkrecht (untereinander). Finden Sie dann zu jedem Buchstaben ein Wort, das zu Ihnen passt, das Sie charakterisiert oder das Ihnen sympathisch ist/mit dem Sie sich identifizieren können ... , und schreiben Sie es waagerecht dazu.

Ich heiße ...

Mit meinem Vornamen komme ich z. B. zu folgendem Ergebnis:

Beispiel

Ich heiße …	***B**rille*	(trage ich)
	***E**nzensberger*	(les ich gern)
	***R**eisen*	(mach ich gern)
	***N**eugierig*	(bin ich)
	***D**onostia*	(schöne Erinnerungen an eine baskische Stadt)
	–	und das sind meine Wörter.

Renate Welsh, die mit dieser Übung in ihren Schreibwerkstätten mit Kindern arbeitet, sagt dazu:

> „Das Buchstabieren des eigenen Namens mit Begriffen, die zu einem passen, ist, glaube ich, schon ein Stück Nachdenken über sich selbst und auch eine Mitteilung an die anderen." (Welsh 1988, 66)

Variationen:

1. Die Lernenden verändern die Reihenfolge der Buchstaben, danach wird geraten, wer sich hinter den Begriffen verbirgt.
2. Die Namens-Buchstaben können sich auch innerhalb von Wörtern befinden.
3. Bei anderen Wörtern können die Lernenden persönliche oder Gruppenassoziationen zum Thema finden.

Beispiele:

Beispiele

*hell **b**lau*	(Lieblingsfarbe)
*Ni **e**tzsche*	(liebe ich)
*Ma **r**athon*	(klappt nie so richtig)
*Wei **n***	(trinke ich gerne)
*Han **d**y*	(brauche ich nicht)

F	***F**isch*
e	*M **e**er*
r	***r**uhig*
i	*L **i**ebe*
e	*Elt **e**rn*
n	***n**ervös*

Eine solche Wörtersammlung kann ein motivierender Anlass zu einem kleinen Text werden (siehe auch Kapitel 2.5 zum *kreativen Schreiben*).

Hinweis

B. Thematisch gebundene Wortschatzübungen zur Vorbereitung von Textproduktion

thematisch gebundene Wortschatzübungen

Die Aktivierung und Erweiterung jener Wortschatzbereiche, auf denen die Deutschlernenden bei der Textproduktion aufbauen können, ist eine wichtige vorbereitende Aktivität. Diese Aktivität führt gleichzeitig über die reine Wortschatzarbeit hinaus: Bei der Evozierung (Erinnerung, erneute schriftliche Fixierung, Neu-Entdeckung) von Wörtern und Wortbedeutungen entstehen bereits erste Ideen- und Gedankennetze, die Inhalt und Struktur des Textes, der geschrieben werden soll, vorformen. Vorhandene Lücken können durch gezieltes Nachfragen gefüllt werden.

Textvorbereitende Wortschatzübungen dieser Art sollten immer in Partner- oder Gruppenarbeit, bei assoziativen Verfahren (siehe Kapitel 2.1.2 und Kapitel 2.5) im Plenum durchgeführt werden. Auf diese Weise wird der Wort*schatz* (im wahrsten Sinne des Wortes) der Gesamtgruppe für alle verfügbar gemacht.

Hinweis

Im Folgenden möchten wir einige „Fundstücke" aus verschiedenen Lehrwerken zeigen, d. h. Typen von Wortschatzübungen, die wir in Lehrwerken gefunden haben und die uns zur Vorbereitung von Textproduktion geeignet erscheinen.

„Fundstücke" aus Lehrwerken

Untersuchungen haben gezeigt, dass jüngere Schülerinnen und Schüler gerne über sich selbst, ihre Familie, ihre Beziehungen, ihre Lebenswelt schreiben. Das ist leicht zu erklären, denn dabei können sie sich auf Bekanntes beziehen und sind nicht auf andere Wissensbestände angewiesen.

Nehmen wir also zunächst einmal die Themen *Meine Familie (und Verwandtschaft), Meine Hobbys, Mein Zimmer/Unsere Wohnung/Unser Haus/…*

1. Beispiel: *Familie*

Beispiel 1
Thema: *Familie*

Das im Langenscheidt-Verlag erschienene Lehrwerk *Memo* (Häublein u. a. 1995) bietet fortgeschrittenen Deutschlernenden ein intensives Wortschatztraining. Die einzelnen Kapitel sind verschiedenen Themen gewidmet: Kapitel 2 dem Thema *Familie, private Beziehungen*. Dort finden wir ein übersichtliches Schema mit Bezeichnungen von Familienmitgliedern (und Verwandten). (Verwandte sind „Familienmitglieder", je nachdem, welchen Familienbegriff die Lernenden in Ihrer Lerngruppe zugrunde legen.) Für unsere Zwecke hier haben wir mehr als die Hälfte der Bezeichnungen in der Vorlage gelöscht. (Je nach Lernstand Ihrer Gruppe können Sie das Diagramm auch vereinfachen oder ein anderes verwenden, wichtig ist jedoch, dass die Struktur von *Familie* abgebildet ist.) Bevor die Lernenden nun damit beginnen, zum Thema *Meine Familie* einen Text zu schreiben, setzen sie sich in Partner- oder Mini-Gruppen zusammen und versuchen gemeinsam das Schema zu ergänzen.

Aufgabe 22

Bitte überlegen Sie:

1. *Was unterscheidet die Arbeit mit einem solchen Schema z. B. vom ungeordneten Sammeln von Familienbezeichnungen (durch Zuruf) oder der Erstellung eines Assoziogramms an der Tafel?*
2. *Welchen Vorteil bietet ein Schema, das nicht komplett ausgefüllt ist?*
3. *Was geschieht in der Partner-/Gruppenarbeit?*

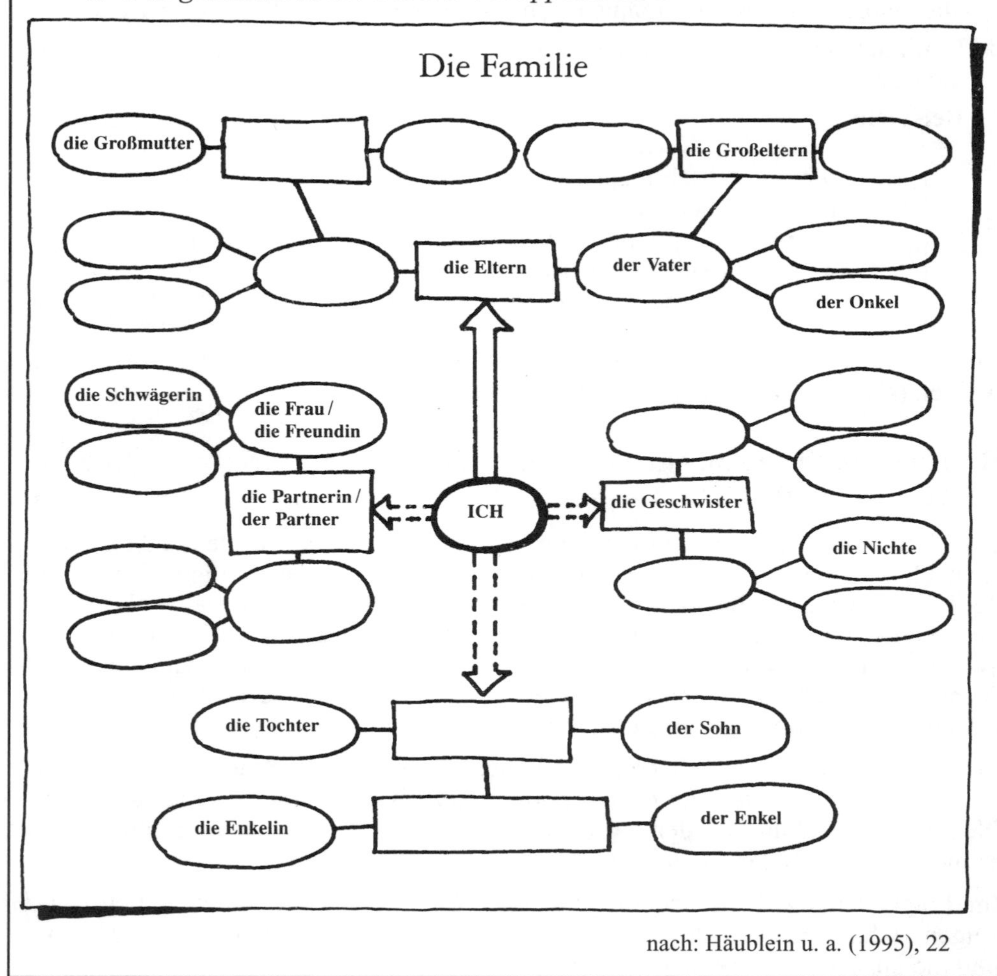

nach: Häublein u. a. (1995), 22

Beispiel 2
Thema: *Hobby*

2. Beispiel: *Hobby*

Aufgabe 23

Wie würden Sie Ihre Schülerinnen und Schüler auf das (Teil-)Thema „Meine Hobbys" (z. B. im Zusammenhang eines Briefes) vorbereiten oder wie haben Sie das schon gemacht?

In vielen Lehrwerken findet man zu diesem Thema bildgesteuerte* Übungen, die Sie gut verwenden könnten. Denkbar ist auch eine Pantomime: Alle stellen ihr Hobby/ihre Hobbys pantomimisch dar und müssen die Hobbys der anderen raten und gemeinsam das deutsche Wort suchen/finden, eventuell auch mit Hilfe des Wörterbuchs.

3. Beispiel: *Mein Zimmer/Unsere Wohnung/Unser Haus*

Beispiel 3
Thema: *Wohnen*

Auch zu diesem Thema finden Sie leicht Abbildungen oder bildgesteuerte Wortschatzübungen in Lehrwerken, mit deren Hilfe Sie den Wortschatz kurz in Erinnerung bringen und erweitern können.

Gefallen hat uns ein Vorschlag in dem bereits erwähnten Lehrwerk *MEMO*: Arbeit mit dem Inhaltsverzeichnis des Einrichtungskatalogs eines Möbelhauses (IKEA).

❶ Lesen Sie bitte das Inhaltsverzeichnis eines Einrichtungskataloges und markieren Sie alle bekannten Wortteile oder Wörter mit einem Stift. Schreiben Sie weitere dazu passende Wörter an den Rand.

A

Ablagetische ____ 102
Anbauwände ____ 72
Arbeitstische ____ 132
Arbeitslampe ____ 290
Arbeitsstühle ____ 132
Arbeitszimmer ____ 132

B

Baby ____ 198
Badbeleuchtung ____ 222
Badezimmer ____ 222
Badtextilien ____ 266
Beistelltische ____ 102
Beleuchtung ____ 276 — die Lampe, das Licht
Besteck ____ 292
Bestellscheine ____ 315
Betten ____ 156
Bettextilien ____ 258
Bettsofas ____ 52
Bilderrahmen ____ 272
Blumenständer ____ 274
Blumentöpfe ____ 274
Bodenbelag ____ 238 — ?
Bücherregale ____ 72
Büromöbel ____ 130

C

Contract ____ 130
Couchti... ____ 102

Garderoben ____ 142
Gardinen ____ 250
Gartenmöbel ____ 14
Geschirr, Gläser ____ 292

H

Halogenlampen ____ 277
Hängelampen ____ 284
Haushaltswaren ____ 292
Hocker ____ 129
Hut-/Schuhablagen ____ 142

I

IKEA family ____ 304
IKEA Versand ____ 314
IKEA Contract ____ 130

J

Jalousien ____ 250
Jugendmöbel ____ 180

K

Kellereinrichtung ____ 233
Kinderzimmer ____ 186
Kindertextilien ____ 200
Kissen ____

Pflanzenzubehör ____ 274
Polstermöbel ____ 6
Porzellan ____ 296

R

Rahmen ____ 272
Regale ____ 72
Restaurant ____ 320
Rollos ____ 250
Rolltische ____ 107

S

Schlafzimmer ____ 156
Schränke ____ 150 — der Schrank
Schreibtische ____ 132
Sessel ____ 64
Sofas ____ 6
Spiegel ____ 142
Spielsachen ____ 192
Spots ____ 289
Spülen ____ 220
Stehlampen ____ 282
Stoffe ____ 250
Stühle ____ 126

T

Tagesdecken ____

Häublein u. a. (1995), 62

Wenn Sie in der Vorbereitungsphase über die Aktivierung isolierter lexikalischer Einheiten hinausgehen und den Wortschatz stattdessen kontextuell und strukturell eingebettet präsentieren und erarbeiten lassen wollen, können Sie auch mit einem Text arbeiten, der die benötigten sprachlichen Mittel bereits bereitstellt.

Aufgabe 24

Wie könnte man den folgenden Text zur Vorbereitung einer Schülerproduktion mit dem Thema „Unsere Wohnung" nutzen? Formulieren Sie eine Aufgabe für die Schülerinnen und Schüler.

Was braucht der Mensch zum Wohnen? Er braucht ein Dach überm Kopf. Er braucht ferner einen Stuhl zum Sitzen (und einen für den Besuch), einen Tisch zum Essen, Schreiben, Spielen und Arbeiten. Er braucht ein Bett zum Schlafen und einen Schrank für die Siebensachen. Schließlich muss er noch einen Platz finden für die Dinge, die ihm lieb sind und etwas von ihm erzählen. Und so braucht er nach und nach immer mehr, und was er hat, wird immer teurer und schwerer. Der Stuhl wird zum Sessel, breit und bunt, und bildet bald eine Familie, die Couchgarnitur. Der Schrank geht in die Breite und wird zur Schrankwand. 5

Und schon wohnt der Mensch nicht nur, sondern er repräsentiert mit seiner Wohnung. Seht, das ist mein Reich, das bin ich, so weit habe ich es gebracht! Unterdessen ist das Mobiliar so voluminös und zahlreich geworden, die Wohnung dabei immer enger, so dass nun ganz deutlich wird: In dieser Versammlung von wohnlichen Sachen ist einer zu viel – der Mensch. 10

Vorderwülbecke/Vorderwülbecke (1996), 16

Viele Themen, über die Deutschlernende schreiben (sollen), enthalten mehrere Subthemen. Dem kann die Wortschatzvorbereitung Rechnung tragen, indem mehrere kleinere Aufgaben zu den verschiedenen Subthemen vorgeschaltet werden.

mehrgliedrige vorbereitende Wortschatzübungen

C. Aufbauende Übungssequenz zur Vorbereitung von Textproduktion

Beispiel
Thema: *Urlaub/Reisen*

Beispiel: *Urlaub/Ferien/Reisen*

Die folgende Aufgabensequenz haben wir aus mehreren Lehrbüchern zusammengestellt. Sie beginnt mit zwei einfachen bildgesteuerten Übungen zu *Transport* und *Wetter*, im nächsten Schritt wird das Wortfeld *Urlaub* erarbeitet. Der letzte Schritt, die *Reise im Kopf* dient dazu, sich vor dem Schreiben mental in das Erlebnis *Reise/Urlaub* einzufühlen und es mit allen Sinnen wahrzunehmen. In der Textproduktion können dann das konkret Erarbeitete und das innerlich Wahrgenommene/Gefühlte zusammenfließen.

Aufgabe 25

Bitte versetzen Sie sich in die Rolle der Deutschlernenden und führen Sie die Übungssequenz durch. Wie fühlen Sie sich nach dem letzten Schritt? Fit für einen guten Text?

a) Bildgesteuerte Wortschatzübungen

- *Transport: Kreuzworträtsel*

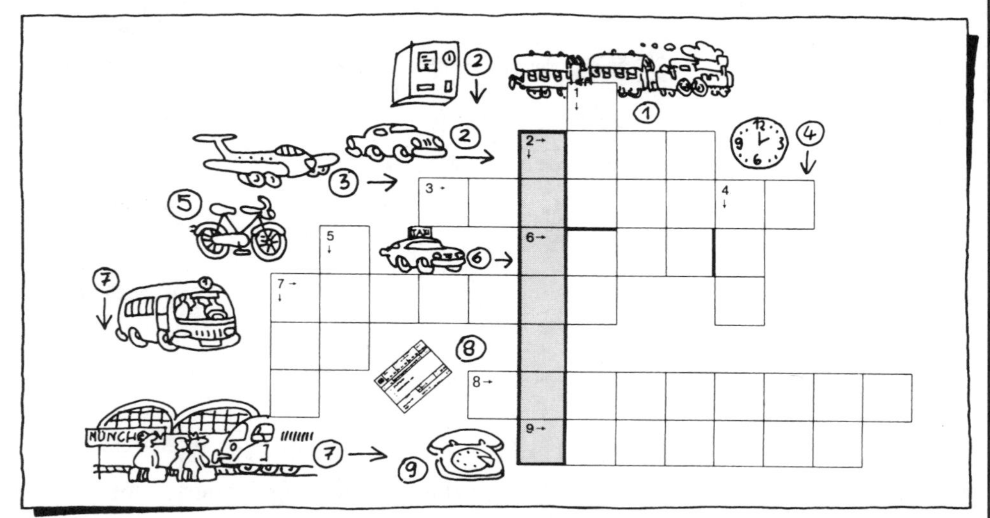

Vorderwülbecke/Vorderwülbecke (1995), 123

(Uhrzeit, Fahrkartenautomat und Telefon spielen beim Thema „Transport“ auch eine wichtige Rolle.)

- *Wetter-Adjektive: Sortierübung*

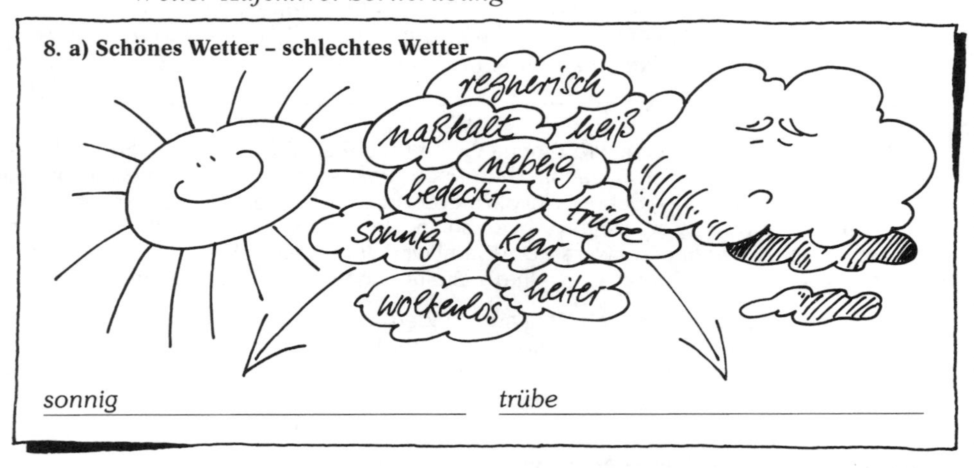

Vorderwülbecke/Vorderwülbecke (1989), 9

b) Erarbeitung des Wortfelds „Urlaub und Erholung“

b) Bitte ergänzen Sie die entsprechenden Nomen, Verben oder Adjektive:

	Nomen	Verben	Adjektive
1.	*e Reise, -n*		
2.			*erholsam*
3.			*gemütlich*
4.		*faulenzen*	
5.		*sich entspannen*	
6.	*r, Besuch, -e*		
7.	*r, Sport, –*		
8.		*spazierengehen*	
9.	*e Wanderung, -en*		
10.	*e Unterhaltung, -en*		

Vorderwülbecke/Vorderwülbecke (1989), 50

c) „Reise im Kopf"

Die Idee zu dieser „Reise im Kopf" stammt aus dem bereits erwähnten Lehrwerk „MEMO".

Machen Sie eine „Reise im Kopf": Schließen Sie die Augen, entspannen Sie sich. Sie sitzen unter diesem Baum auf einer blühenden Wiese. Es ist Frühling. Sie hören, Sie riechen, Sie fühlen. In Gedanken beginnen Sie jetzt Ihre Urlaubsreise.

Notieren Sie, was Sie auf der Reise erlebt haben:

nach: Häublein u. a. (1995), 85

Beim Thema *Reisen* bietet sich auch das bekannte Spiel *Kofferpacken* zur Wortschatzvorbereitung an: *Ich packe meinen Koffer und packe ein …* – Jeder Schüler wiederholt den zuvor genannten Gegenstand und nennt jeweils einen neuen.

Aufgabe 26

> *Was denken Sie über den Einsatz längerer Übungssequenzen zur Vorbereitung von Textproduktion? Wie würden Sie z. B. die Übungssequenz aus Aufgabe 25 in der Klasse organisieren?*

Zahlreiche der hier gezeigten Übungen stammen aus bestimmten Lehrwerkkontexten. Sie stehen beispielhaft dafür, wie unterschiedlich und abwechslungsreich vorbereitende Wortschatzübungen sein können. Es versteht sich von selbst, dass Sie die Aufgabentypen und die Inhalte an Ihre jeweilige Unterrichtssituation anpassen müssen. Mehr noch: Je nach Unterrichtssituation und Lernstand Ihrer Schülerinnen und Schüler werden Sie textvorbereitende Wortschatzübungen häufig genug selbst vorbereiten müssen. Dafür wollten wir Ihnen einige Anregungen geben.

Die bisher besprochenen Übungen evozieren isolierte Einzelwörter (eine Ausnahme bildet der Text zum Thema *Wohnen*). Die meisten Texte leben jedoch nicht von Einzelwörtern, sondern von der (richtigen) Kombination verschiedener Wörter, also z. B. von Substantiven und Verben, die zueinander passen, von Adjektiven, die zu bestimmten Substantiven passen usw. Gemeint sind hier die „natürlichen", d. h. in einer Sprache üblichen Kombinationen (auch „Kollokationen"* genannt), wie z. B. im Deutschen *Kuchen essen*, aber nicht *Kuchen speisen*, *Suppe essen*, aber in der Regel nicht *Suppe trinken*. (Man trinkt höchstens eine Bouillon; im Japanischen z. B. ist die übliche Kombination „Suppe trinken": Nur feste Bestandteile in der Suppe werden mit Stäbchen gegessen, die Suppe selbst wird getrunken). Oder: Im Deutschen hat jemand *eine kleine, schmale Nase*, und keine *niedrige, enge* usw.

In den folgenden Übungsbeispielen geht es um solche Beziehungen von Wörtern zu anderen Wörtern, d. h. um

Wort-Kombinationen

„übliche" Wort-Kombinationen

Die Aufgaben können allein, zu zweit oder in Dreiergruppen gemacht werden. Zuerst aber sind Sie wieder an der Reihe.

Aufgabe 27

a) Suchen Sie ca. 10 übliche Kombinationen von Substantiven und Verben (gegebenenfalls auch mit Präpositionen), die zusammenpassen:

– zum Thema „Essensvorbereitung und Essen":

... klein schneiden	*... vorbereiten*	*... aufkochen*
... kochen	*... braten*	*... würzen*
den Tisch ...	*...*	

b) Im Arbeitsbuch zu „Themen neu 2" fanden wir folgende Übung zum Thema „Auto":

9. Was kann man nicht sagen?

a) Ich muß meinen Wagen | *waschen. / tanken. / baden. / abholen. / parken.*

b) Der Tank ist | *kaputt. / schwierig. / leer. / voll. / groß.*

c) Ich finde, der Motor läuft | *zu langsam. / sehr gut. / nicht richtig. / zu schwierig. / sehr laut.*

d) Ist der Wagen | *preiswert? / blau? / fertig? / blond? / neu?*

e) Das Auto | *verliert / braucht / hat genug / verbraucht / nimmt* | Öl.

f) Mit diesem Auto können Sie | *gut laufen. / schnell fahren. / gut parken.*

Aufderstraße u. a. (1993 b), 44

c) Wortschatzübungen zum Thema „Aussehen“:

1. Ordnen Sie den Bildern die Beschreibungen mit Pfeilen zu.

blondes, gewelltes Haar
eine kleine Nase
schmale Lippen
ein offener Mund
schöne, weiße Zähne
dunkle, sanfte Augen
lange, glatte Haare
helle, gepflegte Haut
runde, volle Lippen
ein erotischer Blick
ein eher spitzes Kinn
eine hohe, glatte Stirn
ein schmaler Hals
...

Häublein u. a. (1995), 12

2. Drücken Sie das Gegenteil aus:

- *eine schmale, spitze Nase*
- *eine niedliche, kleine Nase*
- *schöne, weiße Zähne*
- *dunkle, sanfte Augen*
- *ein stechender Blick*

...

- *dünnes/schütteres Haar*
- *reine Haut*
- *eingefallene Wangen*
- *ein spitzes Kinn*
- *schmale Schultern*

...

Zahlreiche thematische Wortschatzübungen und Übungen zu „natürlichen Wort-Kombinationen“ finden Sie auch in dem Übungsbuch *Grundwortschatz Deutsch* von Heiko Bock und Jutta Müller (1990), Angaben zu „natürlichen Wortkombinationen“ bieten auch die Wörterbücher, wenn auch meist nicht vollständig. So fanden wir bei einer Stichprobe in *Langenscheidts Großwörterbuch Deutsch als Fremdsprache* (1993) einige Adjektivkombinationen zu *Auge*, *Haar*, aber keine zu *Nase*. Kombinationen zu *Nase* und weitere zu *Haar* fanden wir in *Wahrig: Deutsches Wörterbuch* (1986). Es empfiehlt sich also, gegebenenfalls mehrere Quellen zu benutzen.

Hier einige **Beispiele** aus den genannten Wörterbüchern:

Beispiele

Aug·ap·fel *der*; der kugelförmige Teil des Auges, der in der Augenhöhle liegt: *Die Lider schützen die Augäpfel* ‖ ↑ Abb. unter **Auge** ‖ ID ***j-n / etw. wie seinen A. hüten*** auf j-n / etw. besonders gut aufpassen

Au·ge *das*; *-s, -n*; **1** das Organ, mit dem Menschen u. Tiere sehen ⟨glänzende, leuchtende, strahlende, sanfte, traurige, blutunterlaufene, tiefliegende, tränende Augen; mit den Augen zwinkern; sich die Augen reiben⟩: *ein Kind mit braunen Augen*; *Er ist auf einem A. blind*; *Sie schämte sich so, daß sie ihm nicht in die Augen sehen konnte* ‖ K-: ***Augen-, -arzt, -braue, -farbe, -klinik, -leiden, -lid, -muskel, -optiker, -tropfen*** **2** *nur Pl*; die Punkte auf einer Seite

Götz u. a. (Hrsg.) (1998), 89 und 439

graues *usw* H.; j-m / sich ein H. ausreißen; sich die Haare an den Beinen, unter den Achseln rasieren⟩ ‖ K-: ***Haar-, -ausfall, -büschel, -wuchs, -wurzel*** ‖ -K: ***Achsel-, Bart-, Brust-, Kopf-; Flaum-; Scham-; Schwanz-*** **2 *das H. / die Haare*** *Kollekt*; alle Haare (1) auf dem Kopf e-s Menschen ⟨dünnes, feines, glattes, krauses, lockiges, strähniges, schütteres, volles H. (haben); die Haare fallen / hängen j-m ins Gesicht / in die Augen / in die Stirn / gehen j-m aus; das H. / die Haare lang, kurz, offen, in der Mitte / seitlich gescheitelt tragen; das H. / die Haare föhnen, kämmen, bürsten, frisieren, toupieren, flechten, tönen, färben, bleichen, schneiden; (sich (*Dat*)) die Haare wachsen lassen⟩ ‖ ↑ Abb. unter **Kopf** ‖ K-: ***Haar-, -bürste, -farbe, -klemme, -spange, -spray, -strähne, -transplantation,***

sich das ~ **bleichen,** färben, schneiden, tönen lassen; sich das ~ **bürsten,** (mit Lockenwickeln) eindrehen, fönen, kämmen, waschen, trocknen; das ~ **fiel** ihr bis auf die Schultern; das ~ **hing** ihr unordentlich in die Stirn; sich das ~ **machen** *sich kämmen, sich frisieren;* sie **trägt** das ~, ihr ~ jetzt anders als früher **7 blondes,** dunkles, graues, helles, rotes, schwarzes, weißes ~ haben; **dichtes,** dünnes, fettiges, glänzendes, glattes, krauses, lockeres, lockiges, schönes, schütteres, seidiges, starkes, strähniges, welliges, widerspenstiges ~; **falsches,** künstliches ~ *Perücke;* das ~ links, rechts, in der Mitte **gescheitelt** tragen; **kurzes,** langes ~; das ~ **lang,** kurz (geschnitten) tragen; **verstrubeltes,** wirres, zerzaustes ~ **8** die Bilder gleichen sich (einander) **aufs** ~ *genau;* sich das ~ **aus** der, in die Stirn kämmen, strei-

schen; die ~ über etwas **rümpfen** ⟨fig.⟩ *mit etwas auf überhebl. Weise unzufrieden sein, sich über etwas erhaben fühlen, verächtlich auf etwas herabblicken;* sich die ~ zuhalten (wegen des schlechten Geruches) **3** eine **breite,** dicke, gebogene, gerade, große, kleine, krumme, kurze, lange, spitze, stumpfe ~; eine **feine,** schmale, zierliche ~; eine feine, gute ~ haben (für etwas) ⟨fig.⟩ *etwas rasch merken;* er hat eine **gute** ~ *einen guten Geruchssinn;* die ~ **hoch** tragen ⟨fig.; umg.⟩ *hochmütig sein;* jmdm. eine **lange** ~ machen ⟨fig.; umg.⟩ *ihn schadenfroh auslachen, verspotten, sich über ihn lustig machen, indem man den Daumen an die Nase hält u. mit gespreizten Fingern auf ihn zeigt;* er hat die **richtige** ~

Wahrig (1986), 596 und 924

Dass die Arbeit mit „üblichen Wort-Kombinationen" auch unter interkulturellem Aspekt interessant ist, haben wir am Beispiel von *Suppe essen* und *Suppe trinken* angedeutet: Hinter solchen Kombinationen verbergen sich häufig kulturspezifisch geprägte Sitten, Traditionen, Sichtweisen, Werte. Das gilt – nebenbei gesagt – für den Wortschatz ganz allgemein, z. B. auch für Zusammensetzungen oder Vergleichsgrößen. Machen Sie einmal eine kleine Probe aufs Exempel mit den Einträgen zur Adjektivendung *-äugig*, auf die wir bei unserer Stichprobe zu *Auge* in *Langenscheidts Großwörterbuch Deutsch als Fremdsprache* zufällig gestoßen sind:

Beispiel

schließt, um so j-m zu signalisieren, dass man etw. anders meint, als es gesagt wurde, od. dass man auf seiner Seite ist
-äu·gig *im Adj, begrenzt produktiv*; mit der genannten Art od. Zahl von Augen, mit der genannten Augenfarbe; ***blauäugig, braunäugig, grünäugig, rotäugig*** *usw*; ***großäugig, helläugig, scharfäugig, schlitzäugig, einäugig, kuhäugig, rehäugig***
Au·gust[1] *der*; *-(e)s / -, -e*; *mst Sg*; der achte Monat des

Götz u. a. (Hrsg.) (1998, 90)

Hier finden wir z. B.:
kuhäugig, d. h.: Augen wie eine Kuh: „Mit ihren *Kuhaugen* schaute sie mich *treuherzig* an" und rehäugig, d. h.: Augen wie ein Reh: „Mit ihren *Rehaugen* wirkte sie *zart und zer-brechlich*".
Gibt es diese Vergleichsgrößen (*Kuh* oder *Reh* + *Augen*) und deren Konnotationen*, also die damit verbundenen Assoziationen, Interpretationen und Werte (*Kuhaugen – treuherzig, Reh – zart* und *zerbrechlich*) auch in der Muttersprache Ihrer Schülerinnen und Schüler?

Wortbedeutungen und Wortkombinationen sind kulturell geprägt. Zur Vertiefung dieser Thematik empfehlen wir Ihnen die Fernstudieneinheit *Wortschatzarbeit und Bedeutungsvermittlung*.

Hinweis

An dieser Stelle möchten wir unsere Ausführungen zum Thema *Wortschatzerweiterung und -differenzierung* zur Vorbereitung von Textproduktion abbrechen. Mit unseren Übungsbeispielen wollten wir Ihnen zeigen, wie vorbereitende Wortschatzarbeit aussehen **kann**. Natürlich gibt es auch noch andere Übungsmöglichkeiten, die wir nicht erwähnt haben, wie z. B. die Arbeit mit Synonymen (Wörter mit ähnlicher Bedeutung) und Antonymen (Wörter mit entgegengesetzter Bedeutung). In den Kapiteln 2.2.4 und 2.2.5 dieser Fernstudieneinheit finden Sie weitere Wortschatzübungen, die dazu geeignet sind, die Textproduktion ihrer Schüler zu verbessern.

Wir wenden uns nun einem Aufgabentyp zu, der ebenfalls zur Vorbereitung von Textproduktion eingesetzt werden kann und dem wir ein eigenes Kapitel gewidmet haben.

2.1.2 Assoziogramme und andere „Ideennetze"

Assoziogramm

Rückverweis

Erinnern Sie sich an die *Bösen Buben auf schweren Maschinen* in Kapitel 1.2.2 (auf S. 27f.)? Diesen „Buben" waren wir mit dem Einstieg über ein komplex ausdifferenziertes Assoziogramm „auf die Schliche gekommen". Einfache Assoziogramme kann man schon in einem frühen Lernstadium zur Vorbereitung der fremdsprachigen Textproduktion einsetzen.

Probieren Sie es an einem Beispiel selbst aus.

Aufgabe 28

1. *Was fällt Ihnen zu dem folgenden Bild ein? Sammeln Sie Wörter und Ausdrücke in einem Assoziogramm.*
2. *Fällt Ihnen eine Situation ein, zu der das Bild und die Wörter gut passen? (Ergänzen oder streichen Sie – wenn nötig – einzelne Begriffe, die nicht zu „Ihrer" Situation passen.)*
Schreiben Sie einen Text (Dialog, Geschichte, Bericht, Tagebucheintrag, Gedicht …) zu Ihrer Situation (max. 50 Wörter).

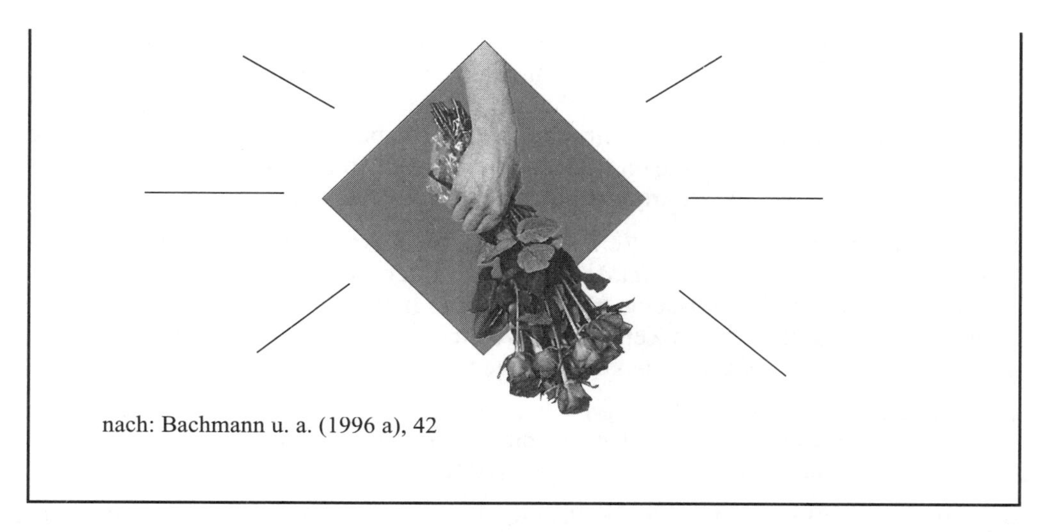
nach: Bachmann u. a. (1996 a), 42

Zusammenfassung

Fassen wir noch einmal zusammen:

Mit Hilfe von Assoziogrammen – man spricht auch von *Wortigel* (Satzigel*)* oder *Wortspinne* (Satzspinne*)* – werden die Assoziationen, d. h. spontane Einfälle/ Gedanken, die ein Wort, ein Satz (eine Redewendung, ein Sprichwort) usw. auslösen, gesammelt. Anstelle eines *Reizwortes* oder eines *Reizsatzes* kann man auch ein Foto (oder einen Fotoausschnitt, wie in Aufgabe 28), ein Bild, ein Geräusch, Musik, einen Gegenstand usw. als Auslöser nehmen. Auf einer einfachen Ebene kann man sich damit begnügen, die assoziierten Wörter als Wortsammlung zu einem bestimmten Thema zu benutzen. Auf einer komplexeren Ebene können Assoziogramme weiterentwickelt werden, wie in unserem Beispiel von den *bösen Buben*: Die Wörter werden unter inhaltlichen Gesichtspunkten einander zugeordnet. Bezugsbündel entstehen, weitere Assoziationsketten können anschließen, eine thematische Gliederung bietet sich an, eine Handlung wird skizziert, die dann schrittweise ausformuliert wird. Beim Thema *freies, kreatives Schreiben* (siehe Kapitel 2.5) werden wir auf diese Arbeitstechnik noch einmal zurückkommen.

Hinweis

kulturelle Prägung von Assoziationen

Assoziogramme können Sie Ihre Schülerinnen und Schüler allein, in Partner- oder Gruppenarbeit, aber auch gemeinsam mit der ganzen Klasse im Plenum (Klassen-Assoziogramm) bilden lassen. Wenn die Lernenden zunächst je eigene Assoziogramme entwickeln, erhalten Sie eine Fülle unterschiedlicher Ergebnisse, da alle Menschen aufgrund ihrer ganz persönlichen Erfahrungen, ihres Vorwissens, ihrer Neigungen usw. ganz unterschiedlich assoziieren. (Natürlich gibt es dabei auch Überschneidungen.) In heterogenen Klassen (Lernende aus verschiedenen Herkunftsländern) kommt es darüber hinaus häufig zu kulturell unterschiedlich geprägten Assoziationen, die interessante Diskussionen auslösen können.

Literaturhinweis

Für die Arbeit mit kulturell geprägten Assoziationen finden Sie Beispiele in Band 2 des Mittelstufenlehrwerks *Sichtwechsel Neu* (Bachmann u. a. 1996 a).

Verwendung der Muttersprache

Wörter und Ausdrücke, die den Lernenden nicht auf Deutsch zur Verfügung stehen, können sie in ihrem eigenen Assoziogramm in der Muttersprache aufschreiben. In der sich anschließenden gemeinsamen Sammelphase schreiben Sie dann die Wörter gleich auf Deutsch an die Tafel/auf Folie (Tageslichtprojektor) und ordnen sie gegebenenfalls mit Hilfe Ihrer Schüler in Bezugsbündeln.

„Brainstorming*" und „Mind-map*"

Diese beiden Arbeitstechniken sind mit dem Assoziogramm verwandt, sind aber komplexer und eignen sich für den Einsatz mit fortgeschritteneren Deutschlernenden. Auch ist die Vorbereitung von Textproduktion nur eine mögliche Anwendung neben anderen (z. B. Vorbereitung von Unterrichtsprojekten, Diskussionen usw.). Beide Techniken möchten wir der Vollständigkeit halber hier nur kurz vorstellen.

Literaturhinweis

Eine ausführlichere Darstellung mit Beispielen finden Sie in Heft 16 der Zeitschrift *Fremdsprache Deutsch* (Schmidt/Lörscher 1997, 52 – 54).

Während Assoziogramm und Mind-map sowohl in Einzelarbeit als auch in der Gruppe erstellt werden können, ist das **Brainstorming** ausschließlich für den Einsatz in Gruppen bestimmt: Der „Gedankensturm“ wird von allen gemeinsam „entfacht“. Dabei wird jeder Gedanke und auch noch der entlegenste Einfall zum Thema (ungeordnet) notiert. In einem zweiten Schritt versucht die Gruppe, die gesammelten Assoziationen und Gedanken inhaltlich zu strukturieren, nach Oberbegriffen zu ordnen usw. Die gefundenen Gliederungspunkte und „Gedankenpakete“ können dann in unterschiedlicher Weise für die Textproduktion genutzt werden.

Bei der **Mind-map** (engl. *mind* = Verstand, Geist, Gedanke; engl. *map* = Landkarte; auf Deutsch manchmal auch als *Gedächtnis-Karte* oder *Gedanken-Karte* bezeichnet) werden Gedanken und Schlüsselbegriffe zu einem Thema hierarchisch gegliedert: Der Themenschwerpunkt steht im Zentrum, davon ausgehende „Äste“ bilden die Hauptaspekte, untergeordnete Gesichtspunkte stellen die „Zweige“ dar.

> „Die Struktur einer Mind-map erinnert an einen Baum von oben gesehen. Der Stamm bildet den Mittelpunkt, von dem aus die Haupt- und Nebensätze in alle Richtungen abzweigen und Blätter treiben.“ (Frick/Mosimann 1996, 44).

Die Mind-map bildet also die Struktur eines Themas und damit die mögliche innere Gliederung eines Textes ab. Sie kann sowohl zur Analyse der inhaltlichen Struktur von vorhandenen Texten als auch zur vorbereitenden Gliederung bei der Textproduktion verwendet werden.

Als Beispiel zeigen wir Ihnen hier die Mind-map zum Thema *Natur* aus der Zeitschrift *Fremdsprache Deutsch,* Heft 16 (Schmidt/Lörscher 1997).

Beispiel

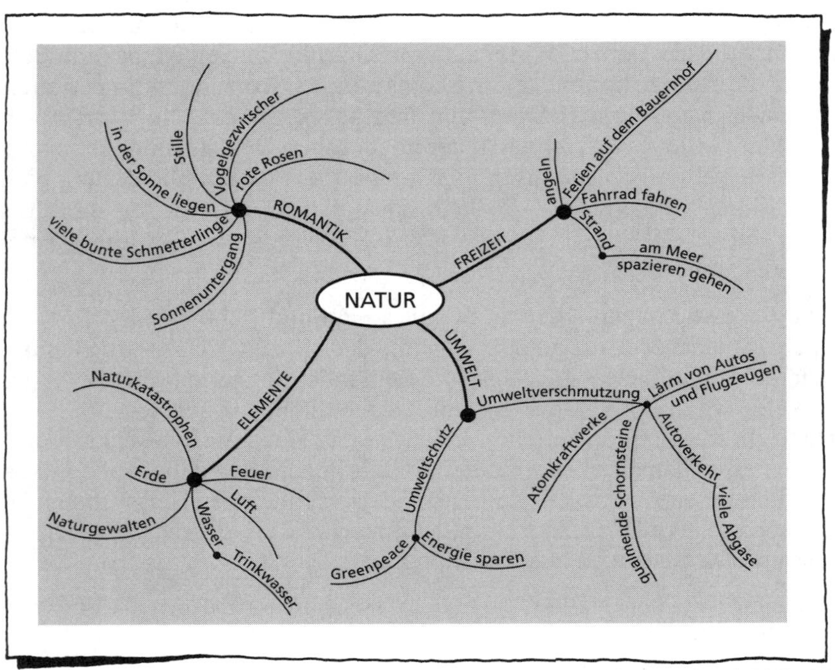

Schmidt/Lörscher (1997), 54

Aufgabe 29

Bitte notieren Sie im folgenden Raster ***drei*** *wesentliche Merkmale von Assoziogramm, Brainstorming und Mind-map:*

	Assoziogramm	*Brainstorming*	*Mind-map*
Merkmale	*1. Einzel- oder Gruppenarbeit* *2.* *3.*		

2.1.3 Rechtschreibung und Zeichensetzung

Oder: Wi wihtih ist aigendlih di rähtschraybunk?
Ziemlich wichtig, wie man sieht. Fragen wir weiter!

Aufgabe 30

Umgang mit der Rechtschreibung im Unterricht

Bitte beantworten Sie die folgenden Fragen:

1. *Fällt Ihren Schülerinnen und Schülern die deutsche Rechtschreibung schwer?*

   Ja ☐ *Grund:* ______________________

   Nein ☐ *Grund:* ______________________

2. *Welche Rechtschreibfehler machen Ihre Schülerinnen und Schüler besonders häufig?*
3. *Ist die Laut-Buchstaben-Beziehung in der Muttersprache der Lernenden einfacher als im Deutschen oder komplexer? Notieren Sie einige Beispiele.*
4. *Wie bearbeiten Sie die deutsche Rechtschreibung im Unterricht? Kreuzen Sie an.*
   Zum Beispiel durch:

- ☐ *Bewusstmachen von Laut-Buchstaben-Beziehungen an Beispielwörtern (Beispiele für Laut-Buchstaben-Beziehungen: [ç] = ch –* **ich***; [ʃ] = sch –* **Schule***; [i:] = ie oder ih –* **die/ihn***; [n] = n oder nn –* **Bahn/Bann***; [p] [t] [k] = p, t, k oder b, d, g am Ende eines Wortes –* **Hut/Hund** *usw.)*
- ☐ *Verknüpfen von Hören (Wahrnehmung von Lauten) und Sehen (Wahrnehmung des Schriftbildes) durch gleichzeitiges (Vor-)Sprechen/(Vor-)Lesen durch den Lehrer und stilles Mitlesen der Schüler*
- ☐ *Lehrer-Schüler-Diktate (Lehrer liest den Text, Schüler schreiben nach Gehör.)*
- ☐ *Lückendiktate*
- ☐ *Schüler-Schüler-Diktate*
- ☐ *Lehrerkorrektur*
- ☐ *Partnerkorrektur*
- ☐ *Korrektur in Gruppen*
- ☐ *bewusste Wahrnehmung von Rechtschreibung in Texten, z. B. durch Markieren auffälliger Phänomene*
- ☐ *bewusstes Einprägen von Wortbildern durch Schreiben z. B.*
  - ☐ *an die Tafel*
  - ☐ *ins Heft*
  - ☐ *auf Wortkarten*
- ☐ *freies Schreiben mit Fehlerkorrektur in Gruppen*
- ☐ *Schreiben ohne Zwang und ohne Bewertung*
- ☐ *Schreiben mit Bewertung*

…

Die Liste zeigt, wie viele Möglichkeiten Sie wahrnehmen könn(t)en, um Rechtschreibung zu üben.

Exkurs: die Rechtschreibreform

Rechtschreibreform

Die deutsche Rechtschreibung wird einfacher. Das sieht die Rechtschreibreform vor, die Wissenschaftler aus Deutschland, Österreich und der Schweiz gemeinsam erarbeitet haben und die von den drei Ländern am 30. Juni 1996 verabschiedet wurde. Die

Reform, die in einzelnen Punkten besonders in Deutschland kontrovers diskutiert wurde, tritt am 1. August 1998 in Kraft und ist dann für Schulen und Behörden verbindlich. In einer Übergangsregelung soll die alte Schreibweise bis zum Jahr 2005 als überholt, aber nicht als falsch gelten. Bis dahin werden die Verlage ihr gesamtes Programm auf die neue Schreibung umgestellt haben. Diese Fernstudieneinheit lesen Sie ebenfalls in der reformierten Rechtschreibung.

Während der ganzen Übergangszeit, aber sicher auch noch länger (viele Deutsche der mittleren und älteren Generation werden ihre Schreibweise beibehalten), werden bei bestimmten Wörtern zwei Schreibweisen nebeneinander existieren, insbesondere auch durch Bücher, die noch nicht nachgedruckt sind oder nicht mehr nachgedruckt werden. Was bedeutet das für den Fremdsprachenunterricht Deutsch?

Hans-Jürgen Krumm schrieb dazu in Heft 15 (2/1996) der Zeitschrift *Fremdsprache Deutsch*:

> „... viele Lehrerinnen und Lehrer, die an die alte Schreibung gewöhnt sind, werden sich schwer tun mit der Umstellung. Aber auch die ‚Leseumgebung', die Bücher in den Schul- und Universitätsbibliotheken, in den Computerdatenbanken werden die ‚alte Rechtschreibung' präsent halten. Deshalb ist es sinnvoll, sich Zeit für die Umstellung zu nehmen, die vorhandenen Lehrbücher und Schullektüren zuende zu benutzen und auch den Lehrenden Zeit für eine Umgewöhnung zu lassen. Das heißt, daß die Einführung eines neuen Lehrbuchs abgewartet werden kann" (und auch Anfängerkurse vor dem Jahr 2000 keineswegs mit der neuen Rechtschreibung beginnen **müssen**).
>
> „Für den laufenden Unterricht ist die Sache eindeutiger: Wer ein oder zwei Jahre nach der bisherigen Rechtschreibung Deutsch gelernt hat, sollte nicht von heute auf morgen als zusätzliches Lernproblem noch eine zweite Rechtschreibung hinzulernen müssen, sondern die Grundstufe II oder Mittelstufe so beenden können, wie sie oder er begonnen hat – dafür ist die lange Übergangsphase gedacht." (Probleme können dadurch entstehen, daß einige Verlage auch die Mittelstufenlehrwerke sofort auf die neue Rechtschreibung umstellen: denn hier zählt erst recht, daß die Mehrzahl der authentischen Texte, die Schullektüren etc. noch nach der alten geschrieben sind.) „Gerade im Fortgeschrittenenunterricht wird eine langsame Umgewöhnung dadurch möglich sein, daß allmählich auch Zeitungen und Bücher umstellen – von einer radikalen Umstellung der Rechtschreibung zwischen Grund- und Mittelstufe oder gar mitten in einem Kurs ist abzuraten. Fortgeschrittenenkurse sollten nur und erst dann auf der Basis der neuen Rechtschreibung arbeiten, wenn die Lernenden bereits die Grundstufe/den Anfangsunterricht damit absolviert haben." (Krumm 1996, 68)

Welche Erfahrungen haben Sie selbst mit der Rechtschreibreform gemacht und wie gehen Sie damit im Unterricht um? Was machen Sie, wenn z. B. fortgeschrittene Deutschlernende, die Deutsch noch mit der alten Schreibung gelernt haben, nun plötzlich mit einem Fortgeschrittenen-Lehrwerk in der neuen Schreibung konfrontiert sind? Mehr noch: Wenn die Lernenden mit einer Prüfung konfrontiert sind, in der die neue Schreibung verlangt wird?

Publikationen zur Rechtschreibreform

Es gibt eine ganze Reihe von Publikationen, in denen die neuen Rechtschreibregeln gut erklärt werden und Sie sind sicher längst im Besitz einer solchen. Hinweisen möchten wir hier auf ein vom Goethe-Institut herausgegebenes Poster, auf dem alle Änderungen sozusagen „auf einen Über-Blick" gesehen werden können. Es gibt darüber hinaus Übungsbücher verschiedener Verlage, mit denen die deutschen Schüler die neue Schreibung üben sollen und in denen man manche Übung findet, die für den Fremdsprachenunterricht Deutsch adaptiert werden kann (siehe Literaturhinweise).

Ziele der Rechtschreibreform

Wichtige Ziele der Rechtschreibreform waren eine verbesserte Systematik und Vereinfachungen, um muttersprachlichen Kindern das Schreibenlernen zu erleichtern. So wurde z. B. das Stammprinzip* für die Rechtschreibung verwandter Wörter vereinheitlicht (*Platz* und *platzieren* statt bisher *Platz – plazieren*; *Nummer* und *nummerieren* statt bisher *Nummer – numerieren*; *Bändel* zu *Band* statt bisher *Bendel* usw.) Auch die Großschreibung bei allen substantivisch (also mit Artikel) verwendeten Wörtern (*im Allgemeinen, im Großen und Ganzen* usw.) stellt eine Erleichterung dar. Allerdings werden dabei häufig Bedeutungsunterschiede verwischt (bisher: *Wir haben alles Mögliche versucht*, d. h. alles, was möglich war – *Er hat alles mögliche eingekauft*, d. h. eine ganze Menge, viel. Jetzt soll in beiden Fällen *alles Mögliche* geschrieben werden.) Trotz der Vereinfachungen bleiben genug Rechtschreibprobleme (und auch genug Ausnahmen!) für Deutschlernende übrig. So muss weiterhin gelernt werden, wann bei gleicher Lautung *tz* und wann nur *z* zu schreiben ist (*schwitzen – tanzen*) oder dass der *s*-Laut bei scharfem *s* nach einem langen Vokal und Diphthong als *ß* (*Maß*, *heißen*), nach einem kurzen Vokal als *ss* (*Masse*, *er biss*) zu schreiben ist. Es lohnt sich also, noch ein wenig über das Richtig-schreiben-Lehren nachzudenken.

Man kann durchaus die Meinung von Hans-Eberhard Piepho teilen,

> „ … die Rechtschreibung entwickle sich gleichsam natürlich von anfänglicher Vereinfachung oder Übergeneralisierung über einige hartnäckig immer wieder auftauchende Fehler hin zu einer durchweg recht zuverlässigen Orthographie. Generell legen diese Erfahrungen nahe, die Orthographie nicht überzubetonen …“ (Piepho 1989, 38)

Ganz von selbst läuft dieser Prozess jedoch nicht ab. Deshalb möchten wir im Folgenden einige Aufgabenformen mit Ihnen bearbeiten und einige Punkte besprechen, die den Prozess der allmählichen Entwicklung einer „recht zuverlässigen Orthographie“ unterstützen können.

Grundsätzlich gilt immer Folgendes: Beim Diktat müssen den Schülern alle Wörter bekannt sein.

Lesen Sie den folgenden Schülertext und bearbeiten Sie dann die Aufgabe.

Aufgabe 31

Wie z. B. würden Sie mit Ihren Schülerinnen und Schülern den folgenden Rechtschreib-Lückentext durchführen (Eigenarbeit? Partnerarbeit? Vorlesen? andere Möglichkeiten?)? Bitte begründen Sie Ihre Entscheidung.

Ich würde den Text ______________________________ ,

denn ______________________________

_iebe _arianne!

_ielen _ank _iir _einen _rief.
_ch _eiße _anuela _ieske _nd _in
1,53 m _roß. _ein _aar _st _lond _nd
_eine _ugen _ind _raublau. _n _einer
_reizeit _piele _ch _it _einer _reundin
_irgit. _anchmal _ese _ch _uch.
_ch _abe _einen _und, _ber _inen
_amster. _ein _amster _eißt _ranzi
_nd _iegt 100 _ramm. _ußerdem
_abe _ch _ine _chwester. _ie _st 17 _ahre
_lt, _nd _ch _in 13 _ahre _lt. _ein _ater
_st _erwaltungsangestellter _ei _er
_tadt _erlin _nd _eißt _laus. _eine
_utter _eißt _isela.
_ch _ürde _ich _reuen, _enn _u
_ir _al _ieder _chreibst.

_eine Manuela

Wahrscheinlich sind auch Ihre Schülerinnen und Schüler längst computererfahren und haben vollstes Verständnis für das Missgeschick, das dem Reporter des folgenden Textes zugestoßen ist. Das Übungsbeispiel stammt aus dem bereits mehrmals erwähnten Schreibprogramm *Schreiben macht Spaß* (Neuner 1992). Der Text könnte zunächst in der lautlich richtigen Form von den Lernenden selbst „erlesen“, d. h. laut gelesen und erst danach (eventuell) in Partnerarbeit neu geschrieben werden.

Ein Berixxt aus der Xeitung

Die Klasse 7 einer Schule in Aachen hat selbst ein Theaterstück geschrieben und aufgeführt. Ein Reporter hat darüber einen Bericht für seine Zeitung geschrieben. Aber sein Schreib-Computer war kaputt – er hat viele Fehler gemacht.

Da kaxx max nichtx maxxen, oxer?

So heixt der Titex einex Theaxerstüxxs, das die Klaxxe 7a der Schixxer-Schuxe sexxst geschrixxen hax. Es wuxde gextern aufgefüxxt. Ex haxxelt von Klaux, einem 15jähxigen Schüxer, der ix dex XXXule xxxlechte Notxn hat und xu Xause ixxer Kraxx mit dxn Extern bekoxxt. Klaux ixt alleix. Nixmaxx küxxert sixx um ixn, bix er Caroxa, ein Mädxxen aux der Paraxxelklaxxe kexxenlexxt. Es ixt nixxt geraxe „Liexe aux den erxten Blixx", abex Caroxa hixxt Klaux und six häxt zu ihm, alx es wexen der Schuxe zu Hauxx wxxder Xraxx gixt.

...

a) Schreibe den Bericht richtig.

b) Schreibe jetzt für deine Nachbarin/deinen Nachbarn auch so einen „kaputten" Bericht (über ein Ereignis in der Schule; über ein Programm im Fernsehen, das alle kennen; ...). Sie/er soll den Text korrigieren.

nach: Neuner (1992), Nr. 14

Lückendiktat

Eine weitere Aufgabenform ist das Lückendiktat. Der folgende Ausschnitt aus einem solchen Lückendiktat, bei dem die zweite Hälfte jedes zweiten Wortes gelöscht ist, stammt aus dem Lehrwerk *Stufen 4*.

Aufgabe 32

Bitte lösen Sie die Aufgabe.

6. Bitte ergänzen Sie in dem folgenden Text die fehlende Hälfte der angefangenen Wörter. (Wenn ein Wort z. B. drei Buchstaben hat, fehlen zwei!)

1. Mir i____ in d____ Schule m____ was se____ Komisches pass______. 2. I____ glaub', d____ war i__ der zwe______ Klasse, od_____ so. 3. Wir hat______ hinter uns______ Schule s____ 'nen Gar______, und d____ haben w____ oft i____ der Pa______ gespielt. 4. Ein______ hab' i____ da e____ paar Schn______ entdeckt, u____ als d____ Pause da____ rum w____, hab' i____ sie ein______ in d____ Klassenzimmer mitge_________ und i____ meinem Pu____ versteckt. 5. I____ folgenden Unter________ hab' i____ dann natü______ dauernd a____ meine Schn______ gedacht u____ als w____ dann ei______ kurzen Te____ geschrieben ha______, hab' i____ zwischendurch

Vorderwülbecke/Vorderwülbecke (1991), 17

Am Computer solche Aufgaben selbst herzustellen, macht natürlich mehr Spaß.

Rücken-Diktat

Rücken-Diktat

Eine lustige Form eines Lückendiktats, bei der es in der Klasse ziemlich turbulent zugehen kann (was das Diktatschreiben ja nur attraktiv macht), ist das „**Rücken-Diktat**" (siehe Seite 51). Bei dieser Übung wird nicht nur die Rechtschreibung, sondern ganz besonders auch das genaue Hinhören und das deutliche Artikulieren (mit entsprechender Lautstärke) geübt, denn wenn man Rücken an Rücken sitzt und sich doch verständlich machen will (muss), ist beides notwendig. Und so funktioniert das Rücken-Diktat: Zwei Schüler erhalten denselben Text, aber mit unterschiedlichen Lücken (Text A, Text B). Rücken an Rücken sitzend, diktieren sie sich abwechselnd die Wörter für die jeweilige Lücke. Voraussetzung für diese Übung ist natürlich auch, dass der Textinhalt bekannt, ja der Wortlaut des Textes bereits einmal gehört worden ist, da die Sinnkonstitution, das Verstehen, auch Voraussetzung für das Schreiben ist. Sinnkonstitution geschieht aber nicht über einzelne Wörter, sondern nur über größere

Wortgruppen und Satzteile. Wenn Sie ein „Rücken-Diktat“ machen wollen, sollten Sie den Text also vorher vorlesen und unbekannte Wörter besprechen.

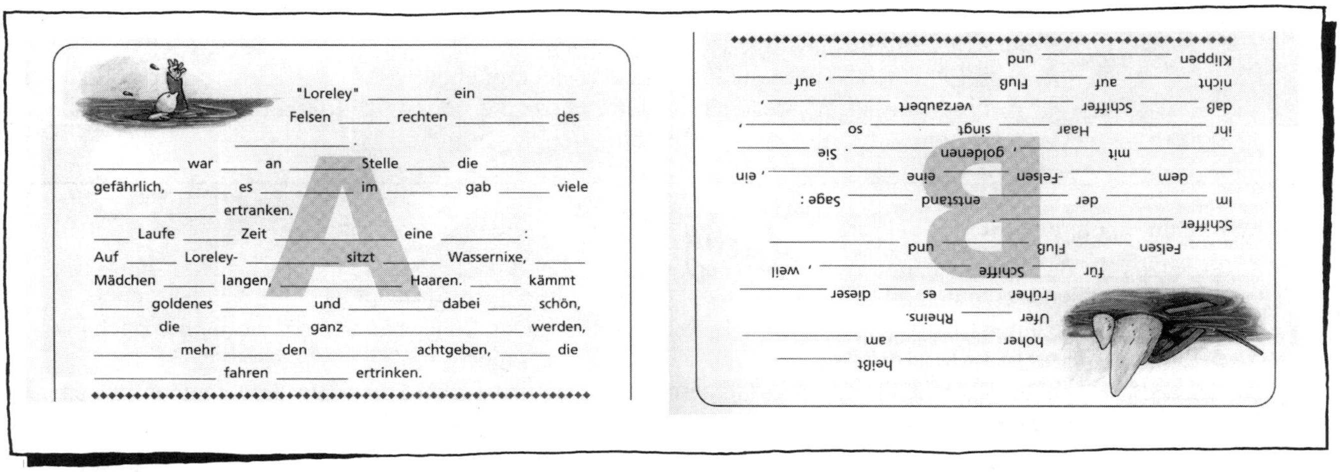

A

"Loreley" ______ ein ______ Felsen ____ rechten ______ des ______ .
______ war ____ an ______ Stelle ____ die ______ gefährlich, ______ es ______ im ______ gab ______ viele ______ ertranken.
____ Laufe ____ Zeit ______ eine ______ :
Auf ____ Loreley- ______ sitzt ______ Wassernixe, ______ Mädchen ______ langen, ______ Haaren. ______ kämmt ______ goldenes ______ und ______ dabei ____ schön, ______ die ______ ganz ______ werden, ______ mehr ______ den ______ achtgeben, ______ die ______ fahren ______ ertrinken.

B

______ heißt ______
hoher ______ am ______
Ufer ______ Rheins.
Früher ____ es ____ dieser ______
für ______ Schiffe ______ , weil
Felsen ______ Fluß ______ und ______
Schiffer ______ .
Im ______ der ______ entstand ______ Sage :
dem ______ -Felsen ______ eine ______ , ein
mit ______ , goldenen ______ . Sie ______
ihr ______ Haar ______ singt ______ so ______ ,
daß ______ Schiffer ______ verzaubert ______ ,
nicht ______ auf ______ Fluß ______ , auf ______
Klippen ______ und ______ .

nach: Simon-Pelanda (Hrsg.) (1994), 7

Eine andere hübsche Diktatidee fanden wir in der Sondernummer der Zeitschrift *Begegnungen* (Zeitschrift des Slowakischen Deutschlehrerverbands): das Dosen-Diktat. Wir halten diese Art, ein Diktat zu schreiben, für sehr effektiv. Können Sie sich vorstellen warum?

Aufgabe 33

1. *Bitte überlegen Sie während der Lektüre des folgenden Abschnitts, inwiefern das „Dosen-Diktat“ besonders effektiv sein könnte. Notieren Sie einige Gesichtspunkte.*

____

____

____

2. *Für welche Schülergruppen ist diese Diktatform geeignet?*

____

____

Dosen-Diktat

Das Dosen-Diktat

Vorbereitung:

Schüler-Partnergruppen bereiten eine Dose/Büchse mit einem Schlitz vor. Die Lehrerin kopiert für jede Partnergruppe einen kurzen Text zwei Mal, schneidet eine Kopie des Textes in Streifen (Sätze, Satzteile) und steckt sie in die Dosen.

Durchführung:

1. Schritt: Jede Partnergruppe bekommt eine Kopie des ganzen Textes, liest den Text durch und merkt sich den Inhalt. Diese Kopie wird wieder eingesammelt.
2. Schritt: Die Streifen werden aus der Dose genommen. Die Partner versuchen gemeinsam, den Text zu rekonstruieren.
3. Schritt: Nun nehmen sie von dem rekonstruierten Text den ersten Streifen, lesen ihn, schauen ihn an, prägen sich das Schriftbild ein. Dann kommt der Streifen zurück in die Dose.
4. Schritt: Der Satz(teil) wird nun aufgeschrieben (von beiden oder abwechselnd).

Weiter geht es so mit den übrigen Streifen, bis der ganze Text aufgeschrieben ist. Schließlich bekommen die Partner wieder den ganzen Text, überprüfen und korrigieren gemeinsam das Geschriebene.

Empfehlungen

Mit den hier gezeigten Beispielen wollen wir es bewenden lassen. Sicher haben Sie selbst noch so manche Idee, die dazu geeignet ist, den Unterhaltungswert (wichtig für die Motivation!) des Diktateschreibens zu erhöhen. Im folgenden 12-Punkte-Katalog stellen wir einige Grundüberlegungen zusammen.

Maßnahmen, um das Richtig-schreiben-Lernen zu fördern und angenehm zu machen

1. Benutzen Sie das Diktateschreiben nicht, um schlechte Ergebnisse durch schlechte Noten zu sanktionieren, sondern machen sie daraus lustvolle Übungen. Auf diese Weise erzielen Sie langfristig die besten Ergebnisse.
2. Geben Sie keine langweiligen Lehrer-Schüler-Diktate (Lehrer diktiert, Schüler schreiben), etwa auch noch mit gehäuften Schwierigkeiten! Das wirkt auf die meisten Deutschlernenden ziemlich demotivierend.
3. Geben Sie kleine Rechtschreibaufgaben als Fingerübungen am Anfang einer Stunde zur „Erwärmung" oder am Ende zur Entspannung. Unter dem Stichwort **Ortogravieh** finden Sie solche Übungsbeispiele in Band 1 des Deutschlehrwerks *Stufen international (Vorderwülbecke/Vorderwülbecke 1995).*
4. Lassen Sie die Lernenden in Texten die Rechtschreibung selbst entdecken, z. B. die Groß-/Kleinschreibung oder die unterschiedliche schriftliche Wiedergabe von Vokallauten (*den, Lehrer, Meer; das, Hahn, Saal; in, Liebe, ihn*).
5. Verknüpfen Sie schon früh die Lautwahrnehmung mit der bewussten Wahrnehmung des Schriftbilds bei kleinen Texten, aber auch bei Dialogen (z. B. durch Vorsprechen/-lesen und still mitlesen lassen). So kann sich schon früh der visuelle Eindruck des Wortbildes (im wörtlichen Sinne) mit dem akustischen Eindruck, dem Lautbild, verbinden.
6. Folgt aus 4.: Nehmen Sie kleine Textausschnitte, die Sie im Unterricht schon behandelt (gelesen, in verschiedenen Aktivitäten „durchgeübt") haben als Diktattexte. Dann gibt es weniger Fehler und die Lernenden merken, dass sie mit der Rechtschreibung keine besonderen Probleme haben. Das nimmt die Angst vor der Rechtschreibung.
7. Lassen Sie Ihre Schülerinnen und Schüler von Anfang an, einzeln oder in Partnerarbeit, freie kleine Texte schreiben (über sich, über ihre Familie, über Dinge, zu denen sie sich gerne äußern usw.). Die Texte können in Gruppen, aber auch einzeln geschrieben werden, sie werden an Mitschüler weitergereicht, gemeinsam gelesen, redigiert und korrigiert (siehe dazu auch Kapitel 3 dieser Fernstudieneinheit *Was tun mit den Fehlern?*).
8. Auch Aufgaben zum Schreiben für andere Zwecke (Schreiben als Mittlerfertigkeit), z. B. Üben von Grammatikstrukturen, Ordnen von Dialogteilen usw., dienen so ganz nebenbei der Rechtschreibung: Die Bewegung der Hand beim Schreiben (Motorik) hilft beim Einprägen der Wortgestalt.
9. Lassen Sie die Schülerinnen und Schüler sich gegenseitig kleine Texte diktieren, diese austauschen und korrigieren. Zum Schluss können Sie eine Folie mit dem richtigen Text auflegen. Lassen Sie die Schüler zunächst **ihre** Fragen zu ihren Fehlern stellen. Besprechen Sie dann erst letzte Unklarheiten.
10. Eine andere Möglichkeit, die Rechtschreibung zu üben, sind Lückentexte. Dabei können Sie gezielt bestimmte Buchstaben (z. B. Anfangsbuchstaben: Groß-/Kleinschreibung) oder Buchstabenkombinationen ergänzen lassen. Lückentexte kann man den Lernenden zur stillen Eigenarbeit oder zur Arbeit in Partnergruppen überlassen oder wie ein normales Diktat laut vorlesen, wobei die Lücken beim Hören gefüllt werden.
11. Wenn Sie (Lücken-)Diktate geben, dann müssen Sie sich vergewissern, dass Inhalte und Vokabeln den Schülern aus dem Unterricht bereits bekannt sind. Es hat keinen Sinn, nach Gehör unbekannte Wörter schreiben zu lassen. Bieten Sie, wenn irgend möglich, Texte aus der Erfahrungswelt der Lernenden an, Texte, die ein bisschen Spaß machen, denn Spaß erhöht die Motivation und Motivation erhöht die Leistung.
12. Und letztens: Wenn Sie die Möglichkeit haben, im Deutschunterricht mit dem Computer zu arbeiten, dann können die Lernenden selbst Lückendiktate erstellen, indem sie in eigenen oder fremden Texten bestimmte Teile löschen, z. B. alle *s*- oder *i*-Laute oder alle *tz*-, *z*-, *ts*-Konsonantenkombinationen. Sie könnten auch in jedem zweiten Wort die zweite Worthälfte löschen. Dann werden die Plätze getauscht und jeder versucht, den Text, den er oder sie im Computer vorfindet, zu ergänzen. Das ist gar nicht so leicht, da ja bei der letztgenannten Aufgabe auch der Sinn rekonstruiert werden muss, um die Lücken füllen zu können. Das Herumknobeln kann jedoch auch Spaß machen.

Zeichensetzung oder: die neue Freiheit

Rechtschreibreform und Zeichensetzung

Auch in der Zeichensetzung gibt es durch die Rechtschreibreform Veränderungen. Bitte lesen und bearbeiten Sie den Text in Aufgabe 34 wieder zuerst einmal selbst. Sie könnten ihn schon Ende des ersten Lernjahrs einsetzen, um einige grundsätzliche Regeln der Kommasetzung bewusst zu machen.

Vorschlag zur Durchführung im Unterricht:

Geben Sie Ihren Schülerinnen und Schülern zunächst nur den Text mit Aufgabe 1 (Partnerarbeit). Voraussetzung ist natürlich, dass Sie die Lernenden in Texten schon wiederholt auf die Kommasetzung aufmerksam gemacht haben. (Je nach Unterrichtssituation können Sie den Text auch selbst vorlesen oder von einem Schüler oder einer Schülerin laut lesen lassen.) Für Aufgabe 2 geben Sie die Regeln in der Muttersprache der Lernenden (in heterogenen Klassen auf Deutsch) in die Partnergruppen. Verwenden Sie dabei die Begriffe, die Sie sonst auch in Ihrer Klasse benutzen (also statt *Teilsätze* z. B. *Nebensätze* usw.) Abschließend werden die Ergebnisse mit der Lehrerfolie überprüft.

Aufgabe 34

1. *Bitte setzen Sie im folgenden Text die fehlenden Kommata ein.*

Es war einmal ein kleiner Junge. Der war erkältet denn er hatte sich nasse Füße geholt und niemand konnte begreifen wo er sie herbekommen hatte weil es ganz trockenes Wetter war. Nun zog seine Mutter ihn aus brachte ihn zu Bett und dann ließ sie die Teemaschine hereinkommen um ihm eine gute Tasse Holundertee zu machen denn das wärmt. Im selben Augenblick kam der alte Mann zur Tür herein der ganz oben im Haus wohnte und ganz allein lebte denn er hatte weder Frau noch Kinder. Er hatte aber alle Kinder so gern und wusste so viele Märchen oder andere Geschichten zu erzählen dass es eine Lust war. ...

nach: Häcker/Häcker-Oswald (1996), 36

2. *Überprüfen Sie Ihre Lösungen anhand folgender Regeln:*
   a) *In einer Satzverbindung (HS + HS) steht vor dem 2. Hauptsatz ein Komma.*
   b) *In einem Satzgefüge (HS + NS/Teilsatz) trennt das Komma den Hauptsatz vom Nebensatz.*
   c) *Bei eingeschobenen Haupt- oder Nebensätzen steht das Komma vor und nach diesen.*
   d) *Kein Komma steht in Satzverbindungen, die durch „und/oder" verbunden sind. Man kann es aber zur deutlicheren Gliederung setzen.*

Hinweis

Während bei Punkt, Ausrufe- und Fragezeichen alles beim Alten bleibt, wurde durch die Rechtschreibreform besonders die Kommasetzung mit ihren zahlreichen Regeln und Ausnahmefällen vereinfacht. Übrig blieben einige wenige „Muss-Bestimmungen" neben zahlreichen „Kann-Möglichkeiten", die dem Schreibenden den Freiraum lassen wollen, selbst durch Setzung oder Nichtsetzung eines Kommas (,) seine Intention dem Leser zu verdeutlichen und das Verstehen zu erleichtern. Für Deutschlehrende und -lernende bedeutet das, dass sie sich einerseits auf die Einhaltung einiger weniger verständlicher Regeln konzentrieren und andererseits bei der Arbeit an Schülertexten über die verständnisfördernde Wirkung von Kommatas reden können. In den Literaturhinweisen finden Sie auch Übungsbücher zur Rechtschreibung und Zeichensetzung, deren Übungen Sie für den Fremdsprachenunterricht Deutsch leicht adaptieren können.

Nicht vorenthalten möchten wir Ihnen jedoch das folgende kleine Übungsbeispiel, in dem es vor allem um die Markierung der direkten Rede geht. Versuchen Sie mal folgendes Vorgehen: Eine Gruppe von fünf oder sechs Lernenden (Mutter, „Ich", Vater, Großmutter, Bruder, mit oder ohne Erzähler) bereitet den Text gemeinsam vor, um ihn dann den anderen vorzulesen. Danach bekommen alle den Text und ergänzen die Satzzeichen. Der Text macht besonders gut deutlich, welch wichtige Rolle Satzzeichen für das Verständnis eines Textes spielen.

Aufgabe 35

Sonntag ist Ruhetag: Satzzeichen

Setzen Sie bitte alle fehlenden Satzzeichen (**! , . ? : – „"**) ein.

Aufstehen es ist schon spät hörte ich meine Mutter rufen Ich antwortete Heute ist doch Sonntag warum muss ich auch heute so früh aufstehen Susanne hat Recht rief mein Vater wir bleiben heute ja zu Hause Meine Mutter meinte dann aber Das ist kein Grund einfach faul im Bett liegen zu bleiben Wollen wir spazieren gehen fragte ich die Großmutter Ich weiß nicht antwortete sie es ist heute so kalt Wenn du willst sagte mein Bruder gehen wir heute Abend ins Konzert.

nach: Jenkins u. a. (1992), 96

Empfehlungen

Diese Übung macht Spaß und diese Forderung gilt auch für Übungen zur Zeichensetzung.

Empfehlungen für den Umgang mit der Zeichensetzung im Unterricht

1. Auch hier gilt, was wir schon zur Rechtschreibung (Punkt 4) gesagt haben: Lassen Sie die Lernenden die Zeichensetzung schrittweise in den Texten des Lehrbuchs von Anfang an selbst entdecken, anstatt im zweiten oder dritten Lernjahr Zeichensetzung „systematisch zu behandeln".
2. Sensibilisieren Sie für die aktive Anwendung der Satzzeichen durch Arbeit in Partnergruppen: Jeder Partner wählt z. B. einen bereits behandelten Text(ausschnitt) aus dem Lehrbuch, löscht in einer Kopie die Satzzeichen und gibt den Text seinem Partner/seiner Partnerin der/die nun versucht, die Satzzeichen wieder einzusetzen. Dann werden die Texte ausgetauscht und besprochen.
3. Natürlich können Sie hin und wieder auch einen kleinen unbekannten Text ohne Satzzeichen vorgeben. Aber machen Sie immer einen Spaß daraus: Lassen Sie die Lernenden in Partnergruppen die richtigen Satzzeichen einsetzen und dann von einer anderen Partnergruppe überprüfen. Geben Sie in den ersten Lernjahren inhaltlich einfache Übungstexte, an denen einige Grundregeln der Zeichensetzung erprobt werden. Vermeiden Sie es, Texte ganz ohne Punkte anzubieten, da das Textverständnis dadurch unnötig erschwert wird. Dass Sätze (= Gedankengänge) durch Punkte, Ausrufezeichen und Fragezeichen abgeschlossen werden, wird in der Regel von der ersten Deutschstunde an vermittelt und ist dann kein Problem mehr.
4. Beim Thema *Rechtschreibung* haben wir empfohlen, die Lernenden von Anfang an zu den Themen des Lehrbuchs kleine eigene Texte schreiben zu lassen (Punkt 7). Natürlich gehört bei der „Redaktion" in Partner- oder Gruppenarbeit und schließlich im Plenum der Hinweis auf die Zeichensetzung dazu.
5. Bieten Sie den Lernenden regelmäßig Gelegenheit, die festen Regeln im Kommabereich zu erproben, und überlegen Sie in allen anderen Fällen mit den Lernenden gemeinsam, ob ein Komma für das bessere Verständnis des Textes sinnvoll wäre.
6. Wenn sich kontrastive Vergleiche zwischen dem Deutschen und der Muttersprache Ihrer Schüler anbieten, sollten Sie diese Möglichkeit nutzen.

2.2 Aufbauende Übungen: Wörter werden Sätze, werden Texte

Vom Wort zum Satz zum Text entfaltet sich unser Schreibmodell. Mit diesem Kapitel sind wir bei den Sätzen angelangt, aber nicht nur bei den Sätzen, sondern auch schon bei den Texten. Isolierte Einzelsätze kommen in der geschriebenen Sprache (außer bei Grammatikübungen!) eher selten vor (z. B. als Gebote und Verbote: *Rauchen verboten! – Bitte rechts stehen, links gehen.* usw.). Meist stehen Sätze neben anderen Sätzen und bilden gemeinsam einen Text.

Was aber ist zu beachten, wenn aus Wörtern Sätze und aus Sätzen Texte werden sollen? Welche Übungsmöglichkeiten gibt es, welche Schreibaufgaben helfen auf dem Weg dorthin? Um solche und ähnliche Fragen geht es im Kapitel 2.2. Dazu werden komplexe schriftliche Aktivitäten in Teiltätigkeiten aufgeteilt, um bestimmte Schwierigkeiten zu isolieren und zu üben. Notgedrungen müssen wir dabei eine Auswahl treffen. So können wir uns im Rahmen dieser Fernstudieneinheit z. B. nicht mit Schreibproblemen befassen, die aus der unterschiedlichen Struktur der Herkunftssprache der Lernenden und der Zielsprache Deutsch resultieren. Solche Aspekte können nur kontrastiv, d. h. im Vergleich zwischen Herkunfts- und Zielsprache – in Ihrem Unterricht also – bearbeitet werden. Dasselbe gilt für unterschiedliche Textsortenkonventionen* in verschiedenen Sprachen. In diesem und anderen Kapiteln geht es also um „deutsche" Textmodelle und Textbaupläne* (siehe Kapitel 2.3.8). Auch dieses Thema können wir hier nicht erschöpfend behandeln. An ausgewählten Beispielen möchten wir Sie vor allem für die Thematik sensibilisieren und einige Übungsmöglichkeiten zeigen.

Hinweis

2.2.1 Satzgliedstellung im Satz oder: Bekanntes und neue Information im Text

Definition: *Text*

„Was ist eigentlich ein Text?"
Für eine Fernstudieneinheit, bei der es um die Produktion von Texten geht, ist das eine wichtige Frage. In Harald Weinrichs *Textgrammatik der deutschen Sprache* finden wir folgende Definition:

> „TEXTE sind sinnvolle Verknüpfungen sprachlicher Zeichen in zeitlich-linearer Abfolge." (Weinrich 1993, 17)

Mit dem Ausdruck *Verknüpfung sprachlicher Zeichen* entsteht die Vorstellung eines „Gewebes", in dem alle Teile auf die eine oder andere Weise miteinander verbunden sind. Die Konnektoren, mit denen wir uns schon in Kapitel 1.2.2 beschäftigt haben, dienen zum Beispiel dazu, Sätze so miteinander zu verknüpfen, dass logische Zusammenhänge verdeutlicht werden, „Referenzmittel"* (oder „Verweismittel"), auf die wir in Kapitel 2.2.5 zu sprechen kommen, „weben" Verweislinien in alle Richtungen durch einen Text.

Rückverweis

Hinweis

Weinrichs Definition enthält aber noch einen anderen Aspekt: Die „Zeichen" stehen in „zeitlich-linearer Abfolge", d. h. in einer bestimmten Reihenfolge. Aber in welcher? Was kommt zuerst? Und was dann? Und warum? Beschäftigen wir uns also ein wenig mit der Abfolge der Wörter, genauer: der Satzglieder in Sätzen und Texten. (Dabei geht es nicht um die Stellung des finiten Verbs und die Satzklammer in Haupt- und Nebensatz wie in unserem „*Er hat* ... Paradigma" in Kapitel 1.2.2, S. 24ff.).

Rückverweis

Was ist zum Beispiel mit dem folgenden Text?

Aufgabe 36

1. *Lesen Sie bitte den Text „Der Traum der Königstochter" (Text A).*

Der Traum der Königstochter

Es war einmal ein König. Eine Tochter hatte dieser König. Einen Traum hatte die Tochter jede Nacht: Ein Drache wollte sie rauben. Alle Psychologen befragte der König in seinem Land. Die Bedeutung konnte aber keiner erklären. Die Tochter wurde immer trauriger. Einen jungen Psychologiestudenten lernte sie eines Tages kennen. Die Bedeutung des Traums erklärte er ihr. Da freute sich die Prinzessin. Den Studenten heiratete sie und Psychologie studierte sie auch. Ein Kind bekam sie, nachdem sie das Examen hatte. Es sieht ein bißchen aus wie ein Drache. Aber sie hat es bisher noch nicht gemerkt.

Bornebusch u. a. (1989), 185

2. *Finden Sie nicht, dass Text A komisch klingt? Irgendetwas stimmt nicht. Aber was? Schreiben Sie zunächst einmal die ersten drei bis vier Zeilen neu (Text B). Verlassen Sie sich dabei ganz auf Ihr Sprachgefühl.*
3. *Was haben Sie geändert?*

Haben wir Recht, wenn wir vermuten, dass Sie ganz intuitiv – ohne viel darüber nachzudenken (Sie können ja Deutsch) – ab dem zweiten Satz die Stellung einiger Satzglieder, nämlich der Nominativ- und Akkusativergänzungen (Subjekt – Objekt), ausgetauscht haben? Aber warum?

Im Folgenden wollen wir versuchen, Antworten auf diese Frage zu finden. Gleichzeitig bekommen wir dabei einige einfache Textmuster in den Blick, die bei der Textproduktion im ersten und zweiten Lernjahr Deutsch als Modell für bestimmte Textsorten dienen können. Wir beziehen uns hier auf die Darstellung von Mohammed Esa und Heinrich Graffmann (1993, 25ff.) in Heft 9 der Zeitschrift *Fremdsprache Deutsch*, sowie auf die *Deutsche Grammatik* von Ulrich Engel (1988).

Aufgabe 37

> 1. *Schauen Sie sich noch einmal Text A in Aufgabe 36 an. Überlegen Sie: Wo steht das Bekannte (schon Eingeführte, schon Genannte) und wo die jeweils neue Information (was über das Bekannte gesagt wird) in den einzelnen Sätzen? (Z. B. „König" im zweiten Satz wurde schon im ersten Satz eingeführt, ist also bekannt, weil schon genannt; über den König wird etwas gesagt, das ist die neue Information). Unterstreichen Sie das Bekannte und die neue Information in den Sätzen jeweils mit unterschiedlichen Farben.*
> 2. *Wo steht das Bekannte (schon Genannte) und wo die neue Information (das, was über das Bekannte gesagt wird) in den von Ihnen umgeschriebenen Sätzen? Markieren Sie entsprechend mit Farben.*
>   *Schreiben Sie Ihren Text (Text B) nun auf einem extra Blatt weiter, so wie er Ihrer Meinung nach richtig lauten müsste. Markieren Sie wie oben mit Farben. (Im Lösungsschlüssel auf Seite 192 können Sie Ihren Text B mit unserem vergleichen.)*
> 3. *Vergleichen Sie nun Ihren Text B mit Text A: Formulieren Sie in Ihren eigenen Worten, was Ihrer Meinung nach in Text A falsch ist, und warum.*

Definition:
Thema und *Rhema*

Wir haben bisher immer „vom Bekannten und vom Neuen" im Satz gesprochen. In der Linguistik gibt es dafür zwei Fachwörter: *Thema* und *Rhema**. Kennen Sie diese Begriffe? ***Thema* ist das, worüber gesprochen bzw. geschrieben wird. Es ist das *Bekannte*. *Rhema* ist das, was über das Thema gesagt wird, *das Neue*.** (Mit dieser Aussage vereinfachen wir bewusst komplexe textlinguistische Faktoren, denn *Thema* und *Rhema* lassen sich nicht immer so eindeutig definieren. Weitere Informationen dazu finden Sie in: Ulrich Engel 1988, *Deutsche Grammatik*, S. 72f.). Für unsere Zwecke hier genügt jedoch die Feststellung: Thema und Rhema haben eine bestimmte Abfolge im Text.

Thema und Rhema

Jeder Text hat ein oder mehrere Themen, daraus ergibt sich der Textzusammenhang (Textkohärenz*). In vielen (besonders natürlich in längeren) Texten gibt es ein oder mehrere übergeordnete (Haupt-)Themen und mehrere Subthemen, die auf unterschiedliche Weise untereinander und mit dem Hauptthema (den Haupthemen) verflochten sind. Die thematische Grobgliederung kann man meist in den Absätzen eines Textes erkennen (siehe dazu Kapitel 2.3.8, S. 107).

Hinweis

Im Folgenden beschäftigen wir uns mit der korrigierten Fassung (Text B) vom *Traum der Königstochter*. Der Text hat ein übergreifendes Hauptthema und zwei größere Subthemen, über die wir etwas erfahren. Aus Subthema 2 wird noch ein „Subsubthema" ausgefächert, das zum Hauptthema zurückführt.

Aufgabe 38

> *Bitte notieren Sie aus Text B (und markieren Sie im Text):*
> - *Hauptthema:*
> - *Subthema 1:*
> - *Subthema 2:*
> - *Subsubthema 2 a:*

Gehen wir nun noch einen Schritt weiter:

Themen werden in Texten eingeführt, über sie wird etwas gesagt, sie werden weitergeführt, zeitweilig ausgeblendet (weil z. B. ein neues Thema eingeführt wird), wieder aufgegriffen, schließlich vielleicht fallen gelassen. Die Art der Themenführung, den thematischen Ablauf (Einführung, erneutes und wiederholtes Aufgreifen des Themas usw.), kann man an linguistischen Textsignalen, der „Themennennung" ablesen.

Verfolgen wir gemeinsam den thematischen Ablauf in unserem Text. Dazu haben wir den Text typographisch in einer Form abgesetzt, die die Struktur des Textes sichtbar macht, und wir haben bestimmte Textelemente weggelassen.

1. *Lesen Sie bitte den Text erst einmal ganz durch. Was fehlt in den Lücken?*
2. *Ergänzen Sie nun die fehlenden Elemente, ohne im Originaltext nachzuschauen. Überprüfen Sie dann Ihre Antwort in 1.*

Aufgabe 39

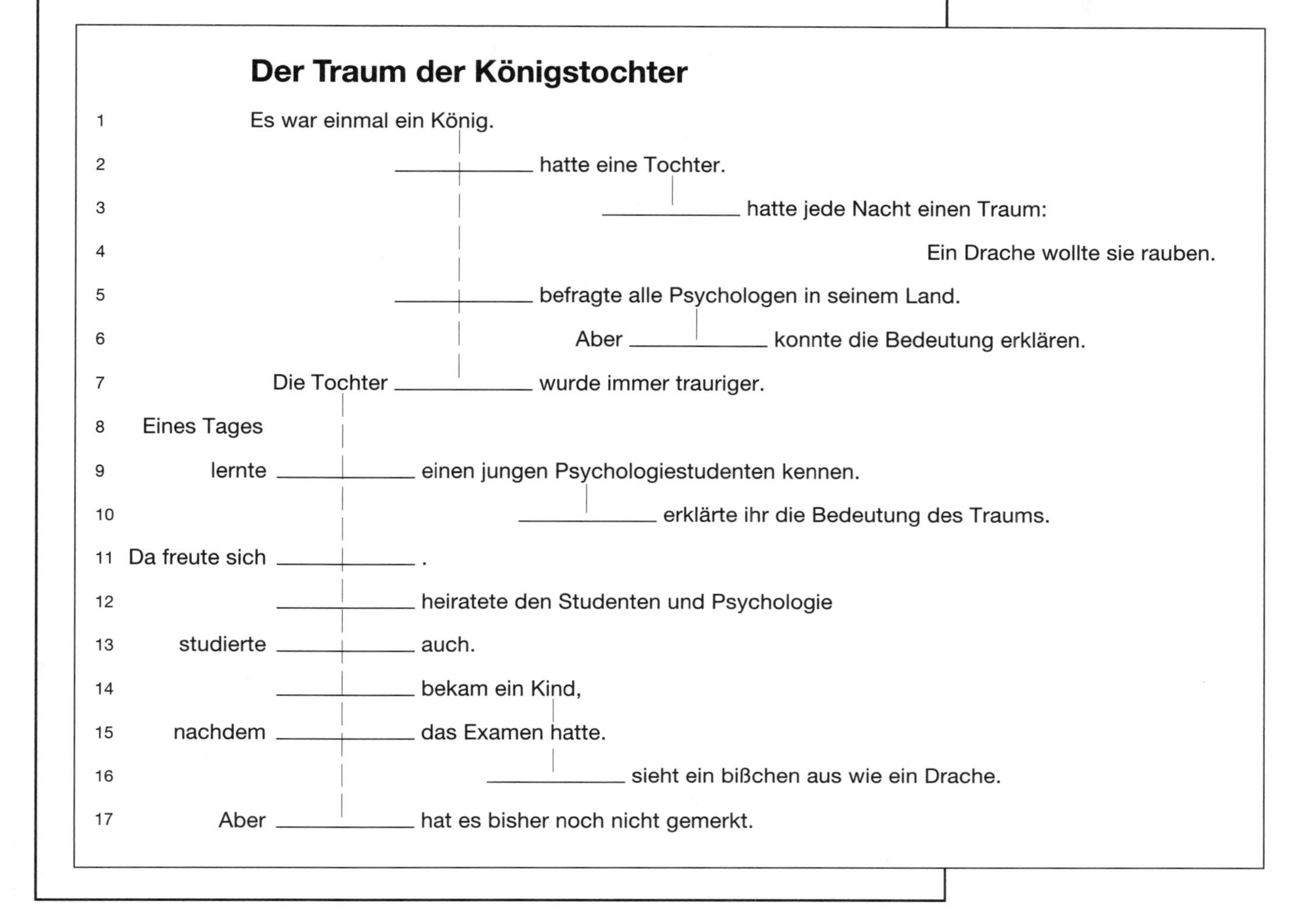

Der Traum der Königstochter

1 Es war einmal ein König.
2 ______ hatte eine Tochter.
3 ______ hatte jede Nacht einen Traum:
4 Ein Drache wollte sie rauben.
5 ______ befragte alle Psychologen in seinem Land.
6 Aber ______ konnte die Bedeutung erklären.
7 Die Tochter ______ wurde immer trauriger.
8 Eines Tages
9 lernte ______ einen jungen Psychologiestudenten kennen.
10 ______ erklärte ihr die Bedeutung des Traums.
11 Da freute sich ______ .
12 ______ heiratete den Studenten und Psychologie
13 studierte ______ auch.
14 ______ bekam ein Kind,
15 nachdem ______ das Examen hatte.
16 ______ sieht ein bißchen aus wie ein Drache.
17 Aber ______ hat es bisher noch nicht gemerkt.

Was Sie hier handschriftlich eingetragen haben, sind die thematischen Nennungen im Text, d. h. diejenigen Wörter, mit denen die verschiedenen Themen immer wieder aufgegriffen werden (oder anders gesagt: mit denen immer wieder auf die verschiedenen Themen „verwiesen" wird, siehe auch Kapitel 2.2.5). Wir fragen nun weiter nach Thema und Rhema und nach der Struktur des Textes. Im 1. Satz wird „ein König" (Thema 1) eingeführt. Im 2. Satz wird über den König (Thema 1) gesagt, dass er eine Tochter hat (Rhema 1). Im 3. Satz wird das Rhema des 2. Satzes, die Tochter, zum Thema. Über die Tochter (Thema 2) wird gesagt, dass sie einen Traum hatte (Rhema 2). Im 4. Satz wird das Rhema des 3. Satzes, der Inhalt des Traums, zum Thema: Ein Drache (Thema 3) will die Königstocher rauben (Rhema 3). usw.

Hinweis

Das zugrunde liegende Textmodell kann in Form einer Treppe abgebildet werden (nach: Esa/Graffmann 1993 „Treppenmodell"):

Treppenmodell

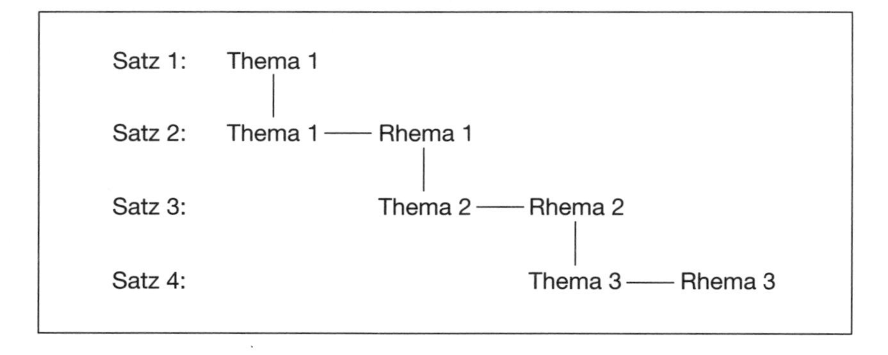

Aufgabe 40

> *Bitte zeichnen Sie diese „Treppe" für Zeile 1 – 4 auf den Rand neben den Text.*

In den Zeilen 5/6 und 7 – 10 finden wir dasselbe Muster. Den Zeilen 11 – 17 liegt ein anderes Textmuster zugrunde: Im ersten Satz (Zeile 11) wird „die Tochter" wieder aufgegriffen (Thema 2). Im 2. Satz (Zeile 12/13) wird über die Prinzessin (Thema 2) gesagt, dass sie einen Studenten heiratete und Psychologie studierte (Rhema 1+2). Im 3. Satz (Zeile 14) wird über die Prinzessin (Thema 2) gesagt, dass sie ein Kind bekam (Rhema 3), nachdem sie (Thema 2, Zeile 15) das Examen gemacht hatte (Rhema 4). Über das Kind (Thema 3, Zeile 16) wird gesagt, dass es wie ein Drache aussieht (Rhema 5).

Gabelmodell

Das zugrunde liegende Textmodell kann in Form einer Gabel mit kleiner „eingebauter Treppe" abgebildet werden (nach: Esa/Graffmann 1993 „Gabelmodell").

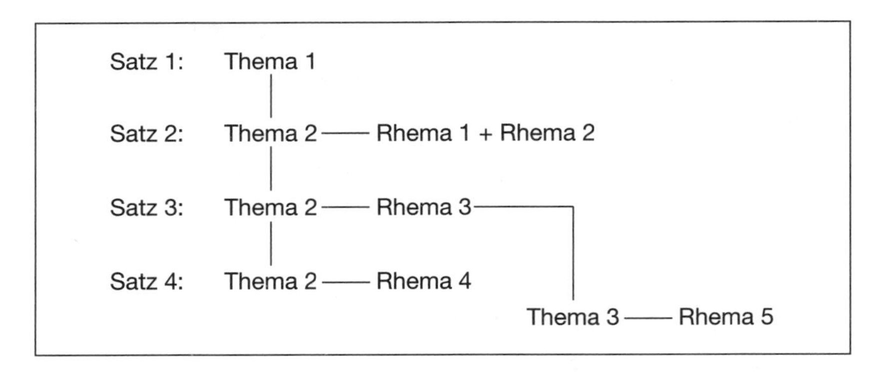

Aufgabe 41

> *Bitte zeichnen Sie die „Gabel mit Treppe" auf den Rand neben den Text (Zeilen 11 – 17).*

Zusammenfassung:
Thema – Rhema

Halten wir noch einmal fest:

1. Texte haben eine *Thema-Rhema*-Gliederung*. Im Deutschen ist das *Thema* häufig mit dem Subjekt identisch (in zwei Drittel aller deutschen Sätze, so Engel 1988, *Deutsche Grammatik*, S. 72). Wenn das Thema erst einmal eingeführt ist, ist sein Informationswert gering, es ist das Bekannte, das bereits Genannte, das immer wieder aufgegriffen, auf das immer wieder verwiesen wird. Das Thema, das Bekannte, steht tendenziell vorne („links", „im Vorfeld"), am Anfang der Äußerung. Das *Rhema*, das, was über das Thema gesagt wird, die mehr oder weniger „neue" Information, steht tendenziell gegen Ende der Äußerung. Man spricht deshalb auch vom steigenden Informationswert der Elemente im Satz von links nach rechts (vgl. Engel, *Deutsche Grammatik*, S. 73). In unserem konstruierten Textbeispiel sind jeweils die Akkusativergänzungen die Träger der neuen Information (genauso können andere Ergänzungen, Angaben und natürlich auch Nebensätze Träger der neuen Information sein (z. B.: ***Die Prinzessin*** (Thema 1) *lebte* ***in einem schönen Schloss*** (Rhema 1). ***Dort*** (Rhema 1 → Thema 2) *gab es* ***viele Bedienstete*** (Rhema 2). *Zwar wollten* ***diese*** (Rhema 2 → Thema 3) ***nie tun, was die Prinzessin befahl*** (Rhema 3), ***aber die Prinzessin*** (Thema 1 wird wieder aufgegriffen) …
   Manchmal steht die neue Information auch ganz am Anfang z. B.: *Es war einmal ein König.* ***Eine*** *Tochter hatte dieser König.* Eine solche Voranstellung der Akkusativergänzung (mit entsprechend starker Betonung bei mündlichem Vortrag/Vorlesen) überrascht den Leser/Hörer und hat deshalb einen besonders hohen Informationswert. Sie legt dem Leser/Hörer die Vermutung nahe, dass der König **nur eine** Tochter hat und sonst niemanden mehr auf der Welt und dass dies wahrscheinlich der Angelpunkt der Geschichte sein wird: Der „Verstoß" gegen ein übliches Muster erfüllt also einen ganz bestimmten Zweck.
2. Texten liegen verschiedene Textmodelle zugrunde, von denen wir hier nur zwei sehr elementare aus dem Bereich des Erzählens/Beschreibens erarbeitet haben. In den meisten Texten kommen verschiedene Modelle gemischt vor. Bestimmte

Textsorten benutzen aber schwerpunktmäßig bestimmte Modelle. Zum Beispiel findet man das „Treppenmodell" häufig in Märchen, das „Gabelmodell" bei Personenbeschreibungen. Beide Textsorten sind beliebte Schreibaufgaben im Grundstufenunterricht.

Kommen wir nun zu der Frage, die Sie natürlich am meisten interessiert:

Wie können solche Einsichten in die Struktur von Texten für die Textproduktion von Deutschlernenden nutzbar gemacht werden?

Entwicklung des Schreibens aus Sprechen und Lesen

Zunächst einmal: Auf der Ebene einfacher Textmodelle des Erzählens muss man gar nicht so viel dafür tun. Das Schreiben in der Fremdsprache entwickelt sich ja nicht nur aufgrund spezieller Schreibübungen, sondern – gerade im Anfangsstadium – auch ganz „natürlich" parallel zur Entwicklung des Sprechens (siehe Zitat von Paul Portmann auf S. 31) und parallel mit Vermittlung und Einüben des grammatischen Regelwerks (Stellung des finiten Verbs in Haupt- und Nebensatz, Satzrahmen, Stellung der Ergänzungen usw.). Das Schreiben entwickelt sich vor allem aber auch durch häufiges Lesen fremdsprachlicher Texte in Lehrwerken und zusätzlichen authentischen Materialien. Dabei entwickeln die Deutschlernenden kontinuierlich ein „Gefühl" für die Struktur deutscher Sätze und Texte (siehe dazu den Exkurs auf S. 66f. zur *„Input-Hypothese"* von Krashen). Dieses „Gefühl" kann durch entsprechende Hinweise und Übungen zu „Wissen" werden, das beim Schreiben bewusst eingesetzt werden kann. Deshalb sollte man nicht darauf verzichten, schon so früh wie möglich einfache Textstrukturen bewusst zu machen.

Hinweis

Hinweis

Nehmen wir zwei Beispieltexte aus dem Anfangsunterricht. Der erste Text, eine „Personenbeschreibung" stammt aus der Jugendzeitschrift *JUMA*, der zweite, ein Märchen, aus dem Anfängerlehrwerk für Jugendliche *Kontakt 1* (Nodari u. a. 1994) aus der Schweiz. Die beiden Texte müssen natürlich zunächst inhaltlich erarbeitet werden.

Aufgabe 42

1. *Mit welcher Aufgabenstellung könnte im Unterricht zur Erarbeitung der Textstruktur hingeführt werden? (Ein Tipp: Für die Lernenden ist es eine Hilfe, wenn man mit jedem Satz eine neue Zeile anfängt.)*
2. *Wie verdeutlichen Sie die Textstruktur der beiden Texte?*
3. *Worauf müssten Sie die Lernenden noch aufmerksam machen?*
4. *Formulieren Sie anschließend eine produktive Schreibaufgabe.*

Text A:

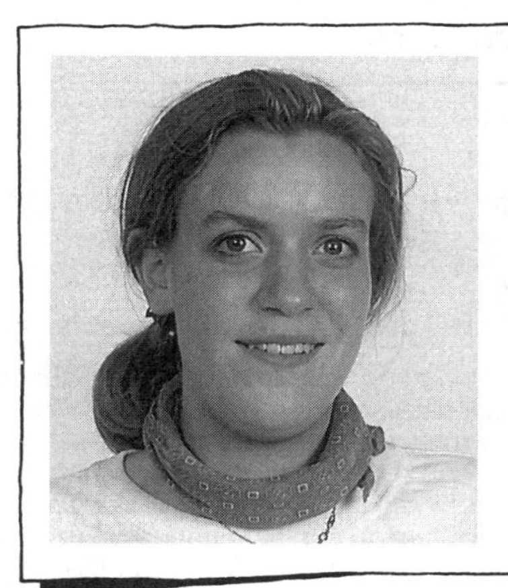

Heike Pösche ist 16 Jahre alt und Gymnasiastin. Sie möchte später Architektin oder Fotografin werden. In ihrer Freizeit spielt sie intensiv Volleyball. Sie reitet gern, spielt Klavier und freut sich im Sommer auf das Segeln. Heike träumt von einem Bauernhof mit vielen Tieren und einer Menge Kinder.

nach: JUMA (3/1996), 15

Text B:

Vrenelis Gärtli

Hör und lies die Sage zweimal. Benütz kein Wörterbuch.

Vor langer, langer Zeit wohnte eine Witwe im Glarnerland. Sie hatte eine grosse, schöne Alp auf dem Glärnisch, und sie verbrachte dort jeden Sommer zusammen mit ihrer Tochter Vreneli. Vreneli gefiel das Leben auf der Alp sehr gut. Jeden Tag half sie ihrer Mutter bei der Arbeit.

Vreneli und ihre Mutter verbrachten den Herbst und den Winter mit den Kühen im Tal. Vreneli war dann immer traurig. Sie wollte lieber das ganze Jahr auf der Alp bleiben. Aber das war nicht möglich, denn es gab jeden Winter sehr viel Schnee. Im Winter schaute sie oft zum Glärnisch hinauf und weinte.

Nodari u. a. (1994), 72

Hinweis

Auf Personenbeschreibungen kommen wir noch einmal in Kapitel 2.2.6 zurück.

Satzanfänge

Die Stellung der Satzglieder im Satz ist wichtiger Bestandteil der Grammatikinstruktion im Deutschunterricht. In den meisten Lehrwerken und Grammatiken wird die Satzgliedstellung an isolierten Einzelsätzen demonstriert. Normalerweise stehen Sätze jedoch nicht isoliert, sondern in einem Kontext. Und im Kontext richtet sich die Stellung der Ergänzungen und Angaben nach ihrem Informationswert im Text, nach der Emphase (Betonung) und häufig auch nach der Textsorte. So bilden die Zeitangaben nicht nur bei Märchen (siehe z. B. den Text *Vrenelis Gärtli*), sondern ganz generell bei chronologisch aufgebauten Texten ein wichtiges Strukturelement, das häufig am Satzanfang zu finden ist. Mit einer Übung wie der folgenden aus *Schreiben macht Spaß* (Neuner 1990) kann man die Lernenden schon früh darauf aufmerksam machen.

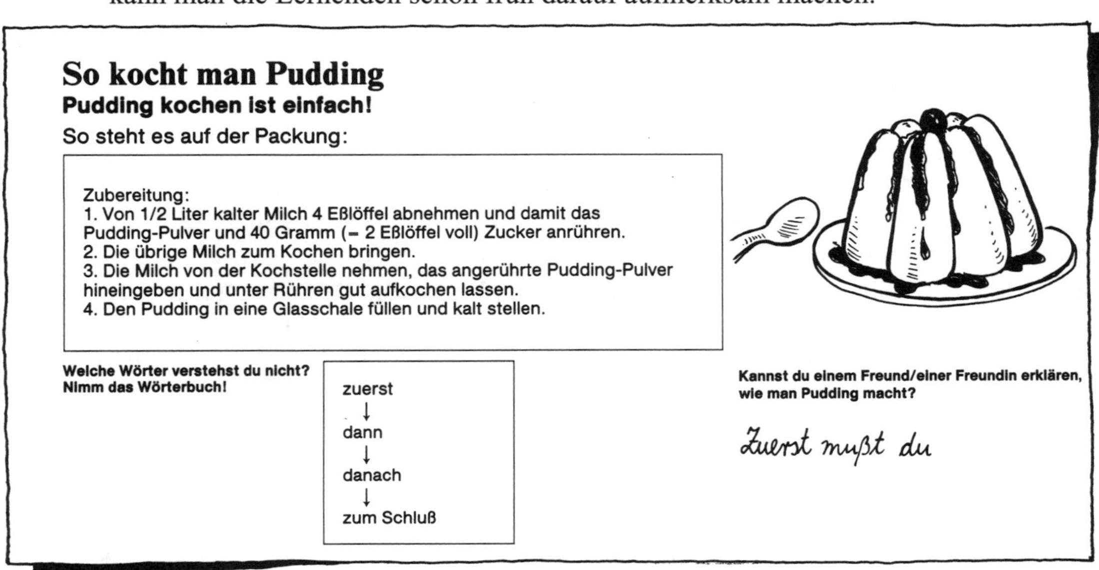

So kocht man Pudding

Pudding kochen ist einfach!

So steht es auf der Packung:

Zubereitung:
1. Von 1/2 Liter kalter Milch 4 Eßlöffel abnehmen und damit das Pudding-Pulver und 40 Gramm (= 2 Eßlöffel voll) Zucker anrühren.
2. Die übrige Milch zum Kochen bringen.
3. Die Milch von der Kochstelle nehmen, das angerührte Pudding-Pulver hineingeben und unter Rühren gut aufkochen lassen.
4. Den Pudding in eine Glasschale füllen und kalt stellen.

Welche Wörter verstehst du nicht? Nimm das Wörterbuch!

zuerst
↓
dann
↓
danach
↓
zum Schluß

Kannst du einem Freund/einer Freundin erklären, wie man Pudding macht?

Zuerst mußt du

nach: Neuner (1990), Nr. 40

Bei Zeitungstexten kann man eine andere Beobachtung machen. Die folgende Zeitungsnachricht stammt aus der Rubrik „Vermischtes“.

Aufgabe 43

Vergleichen Sie die beiden Fassungen derselben Nachricht. Welcher Text ist Ihrer Meinung nach der Originaltext? Begründen Sie Ihre Entscheidung.

Wiesn-Tourist* aus Italien ausgeraubt

Für einen italienischen Touristen endete der Wiesn-Bummel am Montag kurz vor Mitternacht mit Schädelbrummen. Auf dem Heimweg stellt sich dem 23-jährigen am Stachus ein junger Mann in den Weg. Der Italiener wurde im selben Moment von hinten auf den Kopf geschlagen. Er brach bewußtlos zusammen. Als er wieder zur Besinnung kam, fehlten in seiner Geldbörse 110 Mark und eine Kreditkarte. Schwerere Verletzungen trug er nicht davon. Der Überfallene beschrieb den Täter bei der Polizei als 25 bis 30 Jahre alt und etwa 1,70 bis 1,75 Meter groß. Er hatte grün-rot gefärbtes schulterlanges Haar und trug im linken Ohr mehrere Ohrringe. Der Unbekannte war mit einer dunkelblauen Hose und einem Hemd, das ein Fußballtrikot sein könnte, bekleidet.

Wiesn-Tourist* aus Italien ausgeraubt

Mit Schädelbrummen endete am Montag kurz vor Mitternacht für einen italienischen Touristen der Wiesn-Bummel. Auf dem Heimweg stellt sich dem 23-jährigen am Stachus ein junger Mann in den Weg. Im selben Moment wurde der Italiener von hinten auf den Kopf geschlagen. Bewußtlos brach er zusammen. Als er wieder zur Besinnung kam, fehlten in seiner Geldbörse 110 Mark und eine Kreditkarte. Schwerere Verletzungen trug er nicht davon. Den Täter beschrieb der Überfallene bei der Polizei als 25 bis 30 Jahre alt und etwa 1,70 bis 1,75 Meter groß. Er hatte grün-rot gefärbtes schulterlanges Haar und trug im linken Ohr mehrere Ohrringe. Bekleidet war der Unbekannte mit einer dunkelblauen Hose und einem Hemd, das ein Fußballtrikot sein könnte.

Süddeutsche Zeitung vom 2.10.1997

* *die Wiesn = die Theresienwiese in München, wo das Oktoberfest stattfindet*

Satzanfänge spielen also eine wichtige Rolle in Texten. Sie verbinden Einzelsätze zu Texten, sie können die Aufmerksamkeit der Leser steuern, bestimmte Satzanfänge sind ein wichtiges Stilmittel bei bestimmten Textsorten und Variation in den Satzanfängen ist ganz generell ein Indikator für bessere Texte (ausgenommen natürlich, wenn der Verzicht auf Variation als Stilmittel eingesetzt wird). Im weiteren Verlauf dieser Fernstudieneinheit werden wir bei verschiedenen Gelegenheiten immer wieder mit Satzanfängen zu tun haben.

Aufgabe 44

Nennen Sie Übungsformen, mit denen Sie Ihre Schülerinnen und Schüler auf die Bedeutung von Satzanfängen aufmerksam machen können.

Im nun folgenden Kapitel wenden wir uns einer anderen Sorte von Satzverknüpfern* zu, den Konnektoren.

2.2.2 Konnektoren verbinden Sätze und stellen Beziehungen her

Rückverweis
Rolle von Konnektoren

Konnektoren spielen, wie wir in Kapitel 1.2.2 (S. 24ff.) gesehen haben, eine wichtige Rolle bei der Textproduktion (Das gilt auch für das Lesen! Dort sind sie wichtige Indikatoren für das Textverständnis, siehe dazu Kapitel 6.2.3 der Fernstudieneinheit *Fertigkeit Lesen*).

Konnektoren verbinden Sätze miteinander und geben dabei die inhaltliche Beziehung zwischen den Aussagen an. Sie haben eine Funktion über die Satzgrenze hinaus und tragen so mit dazu bei, dass aus einzelnen Sätzen ein Text entsteht. In diesem Kapitel stellen wir einige Übungen vor, mit denen die Bedeutung und Leistung von Konnektoren verdeutlicht werden können.

Übungstyp:
Konnektoren einsetzen

Im ersten Text, einem Lückentext, fehlen die Konnektoren. Die Aufgabe für die Lernenden besteht darin, den richtigen Konnektor in die entsprechende Lücke zu schreiben. Bitte lösen Sie die Aufgabezunächst wieder selbst.

Aufgabe 45

Im folgenden Text fehlen Wörter. Welches Wort passt in welche Lücke? Schreiben Sie zuerst die Wörter in die Lücken, bei denen Sie sicher sind:

aber, bevor, da, dann, dann, denn, denn, doch, nachdem, obwohl, und, während, weil

Die Gestohlene Uhr

Ein Krimi

Flughafen Frankfurt. (1) ____________ es sehr neblig ist, ist eben eine Maschine aus New York gelandet. Die Passagiere laufen schnell zu dem wartenden Bus, (2) ____________ sie frieren. Der Bus bringt die Passagiere zur Ankunftshalle, (3) ____________ stehen sie vor dem Gepäckband und warten auf ihre Koffer. Einige Passagiere verlassen schon das Flughafengebäude, (4) ____________ andere noch Freunde suchen und begrüßen. Plötzlich lautes Geschrei: „Meine Uhr, meine Uhr!" Es ist die helle Stimme eines kleinen Mannes in grauem Anzug. Er hat Glück, (5) ____________ Kriminalkommissar Peppke ganz in der Nähe ist. Er kommt von einer Dienstreise aus New York zurück. Der Dieb ist in der Menschenmenge verschwunden, (6) ____________ der kleine Mann kann eine genaue Personenbeschreibung geben. Kommissar Peppke kann über die Leute hinwegschauen, (7) ____________ er zwei Köpfe größer als der kleine Mann und größer als die meisten Passagiere ist. Er sieht den Dieb an einem Zeitungskiosk. Mit schnellen Schritten sind sie dort, (8) ____________ jetzt stehen sich Räuber und Opfer Auge in Auge gegenüber. Der kleine Mann erkennt den jungen Mann, (9) ____________ der Dieb sagt ganz ruhig: „Was wollen Sie? Eine Uhr?" „Ja, das ist meine Uhr!" sagt der kleine Mann. „Lächerlich!" antwortet der junge Mann. „Diese Uhr gehört mir, ich trage sie schon zehn Jahre." „Na, dann ist es ja gut!" sagt Kommissar Peppke, (10) ____________ er sich die Uhr angeschaut hatte. (11) ____________ fragte er, (12) ____________ er sich von dem jungen Mann verabschiedet: „Ach können Sie mir sagen, wieviel Uhr es ist, ich habe um 18 Uhr einen Termin." „Es ist kurz vor zwö ... , ach, die Uhr ist wohl stehengeblieben", antwortet der Dieb und wurde rot im Gesicht. „Vor sechs Stunden?" fragt Kommissar Peppke? „Ja, sieht so aus", sagt der Mann. Kommissar Peppke ist zufrieden, (13) ____________ der Fall ist für ihn abgeschlossen.

Korrektur im Unterricht:

Sie schreiben die richtige Reihenfolge der Konnektoren an die Tafel oder auf eine Folie. Die Lernenden können dann selbst kontrollieren, was sie richtig oder falsch gemacht haben (eventuell die Arbeit des Nachbarn/der Nachbarin kontrollieren lassen, dann ist die Aufmerksamkeit größer). Danach nur noch Unklarheiten besprechen, gegebenenfalls die Bedeutung einzelner Konnektoren verdeutlichen.

Binnendifferenzierung

Variation und Differenzierung im Unterricht:

Die Übung kann dadurch schwieriger gestaltet werden, dass mehr Konnektoren angegeben werden, als Lücken vorhanden sind (eine Auswahl muss getroffen werden) oder dass überhaupt keine Konnektoren angeboten werden.

Solche und ähnliche Differenzierungsmaßnahmen sollten Sie, wann immer möglich, ergreifen. Fremdsprachenlernende haben unterschiedliche Stärken und Schwächen beim Schreiben. Deshalb sollten Sie Aufgaben anbieten, mit denen einzelne Schreibhandlungen, die den Lernenden Schwierigkeiten bereiten, isoliert geübt werden können. Dabei können Sie, wie hier vorgeschlagen,

a) **im Anforderungsgrad** differenzieren (unterschiedliche Lösungswege und Vorgaben, schwächere Schüler können das Konnektorenschema aus Kapitel 1.2.2, Lösung zu Aufgabe 15, S. 186/187 zu Hilfe nehmen),

Hinweis

b) **in den Zeitvorgaben** differenzieren (gleiche Aufgaben sind in unterschiedlicher Zeit zu lösen) oder

c) **im Aufgabenbereich** differenzieren (nicht alle gegebenen Aufgaben müssen von allen Schülern gemacht werden) (vgl. Wiegand 1989).

Alternative:

Übungstyp:
offene Sätze

Als Übung zu Konnektoren kann man auch offene Sätze anbieten, wie in der folgenden Aufgabe.

Aufgabe 46

Setzen Sie die Sätze fort:
(Die Fortsetzung kann ernst, witzig, phantastisch, realitätsnah usw. sein.)

a) Wir sind so gut befreundet, dass ______________________

b) Ich mag meine Lehrerin/meinen Lehrer, obwohl ______________________

c) Was soll ich tun, wenn ______________________

Diese Art Übungen kann allein oder in Partnerarbeit bearbeitet werden. Die Ergebnisse können auch als Kettenübung vorgetragen werden, z. B.:

Beispiel

Tafel/OHP: *Wir sind so befreundet,*
Person A: *dass er meine Zahnbürste mitbenutzt.*
Person B: *dass …*
Person C: usw.

Variation:

Arbeit mit Karten

Teilen Sie die Klasse in Zweierpaare (Person A, Person B) ein. Jede Person hat einen Satz Kärtchen.

Beispiel

A schreibt Sätze mit *wenn* auf verschiedene Kärtchen, z. B.:
– *Wenn ich an Inge denke, ...*
– *Wenn im Kaffee eine Maus schwimmt, ...*

B schreibt Sätze mit *dann* auf verschiedene Kärtchen, z. B.:
– *dann freue ich mich.*
– *dann kann ich nicht schlafen.*

Danach werden die *wenn*- und *dann*-Sätze nebeneinander gelegt. Es entstehen sinnvolle oder witzige oder Nonsens-Sätze. Einige Sätze werden von den Paaren eingeübt und dann der Klasse vorgetragen, z. B.: *Wenn im Kaffee eine Maus schwimmt, dann freue ich mich.*

Aufgabe 47

Welcher der beiden Übungstypen gefällt Ihnen besser? Worin unterscheiden sie sich? Kreuzen Sie an.

Lückentext	*Der Übungstyp ist eher*	*offene Sätze*
☐	*produktiv*	☐
☐	*rezeptiv-produktiv*	☐
☐	*schülerorientiert*	☐
☐	*kreativ*	☐
☐	*geeignet für Kontrolle*	☐

Textvergleich: mit/ohne Konnektoren

Aufschlussreiche Einsichten in die Leistung von Konnektoren bietet der folgende Ansatz: Ein Text mit Konnektoren wird demselben Text ohne Verwendung von Konnektoren gegenübergestellt. Als Beispiel nehmen wir einen Textausschnitt aus Max von der Grüns Jugendbuch *Friedrich und Friederike* (1985). Voraussetzung für diese Aufgabe ist, dass die Lernenden die im Originaltext verwendeten Konnektoren kennen.

Vorab einige Bemerkungen zum Buch: Friedrich und Friederike sind seit ihrer Kindheit Nachbarskinder in einer Siedlung am Rande von Dortmund. Nun sind die beiden fast 15 Jahre alt und lieben sich. In neun Geschichten beschreibt der Autor Szenen aus ihrem Leben. Eine Szene heißt *Tagesausflug* und berichtet von einem Schulausflug, an dem auch Friedrich und Friederike teilnehmen. Friederike entdeckt am Rande des Waldwegs immer etwas Neues: Pflanzen, Käfer, Eichhörnchen – bis sie plötzlich merkt, dass sie den Anschluss an ihre Gruppe verloren hat. An diesem Punkt beginnt unser Textausschnitt.

Bitte führen Sie die hier beschriebene Aufgabe durch, indem Sie das Raster auf Seite 64 ergänzen.

Aufgabe 48

Vergleichen Sie die beiden Textausschnitte A und B unter folgenden Gesichtspunkten:

1. *Worin bestehen die Unterschiede zwischen Version A und Version B?*
2. *Welche Version ist leichter zu verstehen, welche ist schwieriger? Warum?*
3. *Welche Version ist grammatisch einfacher/leichter? Warum?*
4. *Welche Version ist „schöner", ansprechender? Warum?*

Textausschnitt A

Da rannte sie los und rief „Fritz! Fritz!", rannte davon quer durch den Wald, bis sie stolperte, in ein Loch trat und vor Schmerz aufschrie. Als sie weitergehen wollte, knickte das rechte Bein ein, im Fußknöchel stach es heftig. Friederike ließ sich auf den Waldboden fallen und dachte: Was jetzt, was jetzt. Und noch einmal schrie sie „Fritz! Fritz!" und versuchte wieder aufzustehen. Der Schmerz trieb ihr Tränen in die Augen, aber sie stand. Sie lehnte sich an einen Baumstamm, zog den rechten Fuß hoch und rieb den Knöchel; dann versuchte sie, (5) nur mit der Ferse aufzutreten, das tat nicht so weh. So konnte sie sich humpelnd eine Zeitlang vorwärtsbewegen. Da sie sich aber nicht auf einem glatten Weg befand, sondern mitten im Wald, wo ein Hindernis hinter dem anderen verborgen liegt, war es ein mühsames Humpeln, und bald gab sie es ganz auf. Sie setzte sich auf einen Baumstamm und blieb einfach sitzen.

So wie Friederike allmählich zurückgeblieben war, so war Friedrich, ohne es zu wollen, in die Spitzengruppe (10) der Wanderer geraten. Anfangs hatte er sich manchmal noch nach Friederike umgesehen; wenn er hinter sich ihr weinrotes T-Shirt im Wald sah, ging er mit den anderen beruhigt weiter. Erst auf dem Parkplatz bemerkte er, daß sie fehlte.

Als Lehrer Gruber vor dem Bus alle Namen aufgerufen hatte, sagte er: „Also Friederike Meister ist nicht da. Lodemann, du müßtest doch wissen, wo sie steckt." (15)

„Nein, ehrlich. Ich dachte, sie ist mit am Schluß." Nun begann eine Befragung aller, und jeder fragte jeden, aber es war wie verhext: unterwegs waren alle der Meinung gewesen, Friederike laufe in einer anderen Gruppe weiter vorn oder weiter hinten mit. Niemand hatte sie vermißt – auch deshalb nicht, weil alle dachten, sie könnte nur in Friedrichs Nähe sein.

von der Grün (1983), 31/32

Textausschnitt B

Sie rannte los und rief „Fritz! Fritz!", rannte davon quer durch den Wald.

Sie stolperte, trat in ein Loch, schrie vor Schmerz auf. Sie wollte weitergehen. Das rechte Bein knickte ein, im Fußknöchel stach es heftig. Friederike ließ sich auf den Waldboden fallen. Sie dachte: Was jetzt, was jetzt. Noch einmal schrie sie „Fritz! Fritz!". Sie versuchte, wieder aufzustehen. Der Schmerz trieb ihr Tränen in die Augen. Sie stand. Sie setzte sich auf einen Baumstamm. Sie blieb einfach sitzen. 5

Friederike war allmählich zurückgeblieben, Friedrich war, ohne es zu wollen, in die Spitzengruppe der Wanderer geraten. Er hatte sich manchmal noch nach Friederike umgesehen. Er sah hinter sich ihr weinrotes T-Shirt im Wald. Er ging mit den anderen beruhigt weiter. Erst auf dem Parkplatz bemerkte er es. Sie fehlte.

Lehrer Gruber hatte vor dem Bus alle Namen aufgerufen. Er sagte: „Also Friederike Meister ist nicht da. Lodemann, du müßtest doch wissen, wo sie steckt." 10

„Nein, ehrlich. Ich dachte, sie ist mit am Schluß." Die Befragung aller begann. Jeder fragte jeden. Es war wie verhext: unterwegs waren alle der Meinung gewesen, Friederike laufe in einer anderen Gruppe weiter vorn oder weiter hinten mit. Niemand hatte sie vermißt.

Alle dachten, sie könne nur in Friedrichs Nähe sein.

	***Version A** (Original)*	***Version B** (Bearbeitung)*
Unterschiede		
leichter/ schwieriger zu verstehen		
grammatisch einfacher/ leichter – Warum?		
Welche Version ist „schöner"? – Warum?		

Literaturhinweis

Zur Arbeit mit diesen beiden Textversionen gibt es eine Unterrichtsdokumentation auf Video. Eine schwedische Lehrerin, Ulrike Klingemann, hat mit 17- bis 18-jährigen Gymnasiasten, die bereits fünf Jahre Deutsch lernten, mit diesen beiden Textversionen gearbeitet. Thema der Stunde ist *Textarbeit: die Funktion der Konjunktionen in komplexen Satzstrukturen.* Den Unterrichtsmitschnitt können Sie bei Ihrem Goethe-Institut anschauen, ausleihen oder bestellen. (Projekt *Grammatik im Unterricht*, Bestellnummer 53). Den Unterrichtsverlauf, die Beschreibung des Unterrichtskontextes und die in der Stunde verwendeten Materialien enthält das *Handbuch Grammatik im Unterricht* (Dahl/Weis 1988, 819–837), das ebenfalls in jedem Goethe-Institut vorliegt. Beobachtungsaufträge und weitere Hinweise zum Thema finden Sie dort auf den Seiten 141 – 158.

Kommen wir zurück zu unserem Textvergleich. Es besteht kein Zweifel: Die Originalfassung von *Friedrich und Friederike* ist grammatisch anspruchsvoller als die bearbeitete „vereinfachte" Fassung. Das Original enthält längere und komplexere Sätze und Satzgefüge, die bearbeitete Fassung dagegen enthält fast nur kurze Hauptsätze. Aber ist der grammatisch einfachere Text auch einfacher zu verstehen? Vergleichen Sie noch einmal Original und Bearbeitung in einem Beispielsatz:

Original	**Bearbeitung**
Wenn er hinter sich ihr weinrotes T-Shirt im Wald sah, ging er mit den anderen beruhigt weiter.	Er sah hinter sich ihr weinrotes T-Shirt im Wald. Er ging mit den anderen beruhigt weiter.

Das Original ist deutlicher, expliziter. Im Original wird explizit ausgedrückt, was die Bearbeitung nur andeutet und vermuten lässt. Das Original macht die inhaltlichen Beziehungen zwischen den beiden Aussagen deutlich, während der Leser in der bearbeiteten Fassung deuten und die Beziehungen selbst herstellen muss.

Hans Jürgen Heringer erklärt uns das so:

> „Wo die gedankliche Beziehung nicht ausgedrückt ist, gibt es Spielräume. Der Leser kann je nach Kontext und Wissen mal die eine Deutung wählen, mal die andere. Ja, es kann unsicher bleiben, welche der möglichen Deutungen vorzuziehen ist. Der ausführliche Text ... kann dem Leser diese Deutungsarbeit ersparen. Darum kann der kürzere, der einfachere Text auch schwieriger zu verstehen sein als der längere, der komplexere." (Heringer 1987, 98)

Was für das Verstehen von Texten gilt, gilt entsprechend für das Produzieren von Texten. Wenn den Lernenden Konnektoren produktiv zur Verfügung stehen, können sie das, was sie sagen wollen, besser und deutlicher und das heißt auch: klarer, eindeutiger, unmissverständlicher sagen.

Machen Sie selbst die Probe aufs Exempel.

Aufgabe 49

In den Sätzen ***Er geht spazieren.*** ***Es regnet.***
sind die gedanklichen Beziehungen nicht ausgedrückt. Welche Deutungen können Sie diesen beiden Aussagen geben?

a) Er geht bei Regen gern spazieren: Er geht spazieren, weil es regnet.

b) ______________________

usw.

„Konnektoren sind Brücken" zwischen Sätzen (Heringer 1987, 92). Dabei unterscheiden wir zwei Gruppen: *Konjunktionen** verbinden Hauptsätze, *Subjunktionen** verbinden Hauptsätze mit Nebensätzen oder Nebensätze mit Nebensätzen. Mit Hilfe von Konjunktionen und Subjunktionen werden verbindende (koordinierende/kopulative*), gegensätzliche (adversative*), begründende (kausale*), ein Motiv/Ziel angebende (finale*), eine Bedingung angebende (konditionale*), einen Gegengrund nennende (konzessive*) und zeitliche (temporale*) Beziehungen ausgedrückt.

semantische Leistung von Konnektoren

Um diese semantische* Leistung der Konnektoren übersichtlich zu erfassen, könnte das folgende Vorgehen sinnvoll sein:

Rückverweis

Wenn Sie die ersten Konnektoren mit dem „*Er hat ...* Paradigma" (siehe Kapitel 1.2.2, S. 26f.) eingeführt haben, können Sie die Arbeit mit den Konnektoren im ersten und zweiten Lernjahr folgendermaßen fortsetzen: Die Lernenden erhalten eine offene Tabelle, in die sie fortlaufend Beispielsätze mit Konnektoren aus den Texten, die im Unterricht behandelt werden, eintragen. Es empfiehlt sich, diese Tabelle auch in Form eines Posters (Bogen Packpapier, alte Tapetenrolle) an die Wand des Klassenzimmers zu hängen. „Konnektoren-Beauftragte" ergänzen die Tabelle an der Wand dann fortlaufend. Auf diese Weise wird der Lernzuwachs stetig und augenfällig dokumentiert. Am Ende des zweiten Lernjahrs müssten dann in jeder Spalte mehrere Beispielsätze stehen.

Hier ein Vorschlag zur Gestaltung einer **„Konnektorentabelle"**:

	Beispielsätze	**Konnektoren**
– **koordinierende (kopulative) K:** stellen zwei Inhalte gleichwertig nebeneinander		*und*
– **adversative K:** die eine Aussage stellt einen Gegensatz zur anderen dar		*aber, sondern, jedoch, doch*
– **kausale K:** die eine Aussage begründet die andere und antwortet auf die Frage *warum?*		*denn, weil, da*
– **finale K:** die eine Aussage gibt das Motiv/den Zweck an und antwortet auf die Frage *wozu?*		*damit, dass, um ... zu*

	Beispielsätze	Konnektoren
– **konditionale K:** die eine Aussage beantwortet die Frage, unter welcher Bedingung etwas geschieht		*wenn, falls*
– **konzessive K:** die eine Aussage nennt einen Gegengrund		*obgleich, obwohl*
– **temporale K:** die eine Aussage zeigt einen zeitlichen Bezug auf und antwortet auf die Frage *wann?*		*als, wenn, bevor, nachdem, während, ehe, solange*

Input-Hypothese

Kleiner theoretischer Exkurs zur Input-Hypothese* von Krashen

Ihnen ist sicher aufgefallen, dass wir bei einigen der Aufgaben zur Entwicklung der Schreibkompetenz, die wir Ihnen bisher vorgestellt haben, von Texten ausgegangen sind, die zuerst einmal gelesen (und verstanden!) werden müssen. Dabei wurden die Arbeitsschritte, die zum Textverständnis führen, so angelegt, dass die Lernenden gleichzeitig Kenntnisse und Fertigkeiten erwerben, die ihnen bei der Produktion ihrer eigenen Texte behilflich sind. Stephen Krashen spricht in diesem Zusammenhang von einer **Input-Hypothese**. Damit meint er: Textkompetenz* (und das ist die Voraussetzung für das Schreiben von Texten) erwirbt man besonders durch das Lesen, denn beim Lesen erfährt man, was ein Text ist, wie geschriebene Sprache ist, wie man einen Text interessant machen kann usw.

Schreiben lernen durch Lesen

Also: Schreiben lernt man nicht (primär) durch Schreiben, sondern durch Lesen. Lesen ist die beste vorbereitende Tätigkeit. Dabei entsteht produktive Kompetenz durch rezeptive Tätigkeit (Krashen 1985, 98f.). (Natürlich ist auch Lesen kein rein rezeptiver Vorgang, denn jeder Leser, jede Leserin gibt dem Text einen ganz eigenen subjektiven Sinn. Dieser Aspekt ist aber in unserem Zusammenhang jetzt nicht so wichtig. Wenn Sie sich mit Lese- und Verstehensprozessen beschäftigen wollen, so empfehlen wir Ihnen die Fernstudieneinheiten *Lesen als Verstehen* und *Fertigkeit Lesen* zur Lektüre.

Eine Verknüpfung von Lesen und Schreiben liegt vielen Schreibaufgaben zugrunde. Die einfachste Form ist das *Schreiben von Paralleltexten*. Solche Schreibaufgaben sind sowohl im Anfangs- als auch im Fortgeschrittenenunterricht beliebt. Im Anfangsunterricht sollen die Lernenden sich eng an die Textvorlage halten und dabei Strukturen aus dem vorgegebenen Text in den eigenen Text übernehmen. Im Fortgeschrittenenunterricht geht es meist darum, von einem Textbeispiel ausgehend, einen eigenen Text zum Thema zu schreiben.

Hinweis

Beim *Perspektivenwechsel*, der ebenfalls von einer Textvorlage ausgeht, wird aus der Perspektive von verschiedenen Personen, die in der Geschichte vorkommen, erzählt (siehe dazu Kapitel 2.3.4). In Kapitel 2 dieser Fernstudieneinheit werden wir noch eine ganze Reihe anderer Möglichkeiten, das Schreiben von Texten her zu entwickeln, mit Ihnen besprechen.

Die *Arbeit mit Konnektoren* kann auf vielfältige Weise mit den Bereichen *Lesen* und *Schreiben* verknüpft werden. Das zeigen auch die folgenden Beispiele. Das erste Beispiel entnehmen wir dem bereits erwähnten *Handbuch Grammatik im Unterricht* (Dahl/Weis 1988).

In diesem Beispiel werden aufeinander aufbauend die Arbeitsschritte „Bewusstmachung – Vergleich – eigene Textproduktion" miteinander kombiniert.

Bewusstmachung

1. Schritt: Bewusstmachung

Der erste Teil einer Geschichte (Textversion A) wird in Einzelsätze aufgelöst (keine Konnektoren, Streichung komplexerer Satzstrukturen). Die Einzelsätze werden per Tageslichtprojektor projiziert und kommentiert (*Wer? Was? Ist das „ein Text"?*).

Vergleich

2. Schritt: Vergleich

Die Schüler bekommen ein Blatt, auf dem „Einzelsatzversion" (Satzversion A) und „Textversion" (Textversion A) einander gegenübergestellt sind. Die Unterschiede zwischen den beiden Versionen werden eventuell zunächst in Gruppen, dann im Plenum besprochen. Die Ergebnisse werden a) durch entsprechende Markierungen in den Texten verdeutlicht, die wichtigsten grammatischen Strukturen in der Textversion werden am Rand notiert (siehe Aufgabe 50).

Kommentar:
Das Verfahren, *einen Text in Einzelsätze aufzulösen und Einzelsätze und Textversion zu vergleichen*, haben wir schon in Kapitel 2.2.1 bei der Arbeit mit Satzanfängen empfohlen. Dieses Verfahren eignet sich, wie Sie sehen, gut dazu, Textstrukturen sichtbar zu machen.

Rückverweis

Aufgabe 50

a) Führen Sie den Vergleich zwischen den beiden Versionen gedanklich durch und machen Sie die Strukturunterschiede zwischen den beiden Texten grafisch deutlich.

b) Notieren Sie am rechten Rand der Textversion die entsprechenden grammatischen Strukturen. Auf welche Veränderungen (von den Einzelsätzen zum Text) würden Sie besonders hinweisen?

Ein Mißverständnis

Satzversion A

Kostas war ein Student aus Griechenland.
Kostas machte einmal eine Reise durch Deutschland.
Kostas besuchte viele Städte.
Kostas wollte das Leben auf dem Lande kennenlernen.
Kostas wanderte über Felder und Wiesen.
Kostas war glücklich.
Das Wetter war schön.
Die Landschaft gefiel Kostas gut.
Eines Tages kamen plötzlich viele Wolken aus dem Westen.
Kostas war im Schwarzwald.
Schon nach einer Viertelstunde war der Himmel ganz dunkel.
Es begann kräftig zu regnen.
Kostas näherte sich zum Glück einem Dorf.
Das Dorf konnte Kostas Schutz vor dem Regen bieten.

Textversion A

Kostas, ein Student aus Griechenland, machte einmal eine Reise durch Deutschland. Er besuchte viele Städte, aber er wollte auch das Leben auf dem Lande kennenlernen, und so wanderte er über Wiesen und Felder. Er war glücklich, denn das Wetter war schön und die Landschaft gefiel ihm gut.

Eines Tages, als er im Schwarzwald war, kamen plötzlich viele Wolken aus dem Westen, und schon nach einer Viertelstunde war der Himmel ganz dunkel. Und dann begann es kräftig zu regnen. Zum Glück näherte sich Kostas gerade einem Dorf, das ihm Schutz vor dem Regen bieten konnte.

Dahl/Weis (1988), 865

3. Schritt: eigene Textproduktion

eigene Textproduktion

Die Lernenden erhalten die Fortsetzung der Geschichte in zwei Teilen, und zwar in Form von Einzelsätzen. Eine Gruppe bearbeitet nun Satzversion B, die andere Gruppe Satzversion C (das Ende der Geschichte). Dazu erhalten die Gruppen ein Arbeitsblatt mit verschiedenen textkonstituierenden Elementen (Konnektoren und Adverbien). Dieses Arbeitsblatt kann z. B. während der Arbeit an den Texten über den Tageslichtprojektor projiziert werden. Jede Gruppe schreibt nun ihre Textversion. Die Textversionen B und C werden im Plenum vorgelesen und gemeinsam korrigiert (siehe Kapitel 3 zum Thema *Textbearbeitung*). Zum Schluss wird die Textversion als Ganzes zusammengestellt.

Hinweis

Arbeitsblatt mit Konnektoren und Adverbien

und dort weil aber deshalb dann
da natürlich so leider plötzlich
sondern
denn schließlich darum als auch danach

Dahl/Weis (1988), 856

Bevor Sie Ihre Schülerinnen und Schüler eine solche Aufgabe durchführen lassen, sollten Sie sie selbst einmal ausprobieren. Die Gelegenheit dazu bietet Aufgabe 51.

Aufgabe 51

Bitte schreiben Sie eine Textversion zu der hier wiedergegebenen Satzversion B. Benutzen Sie dabei das Arbeitsblatt mit den Konnektoren und Adverbien auf Seite 67..

Satzversion B	*Ihre Textversion B*
Kostas trat in dem Dorf in ein Restaurant ein. Kostas setzte sich an einen Tisch am Fenster. Es war gerade Mittagszeit. Kostas hatte großen Hunger. Kostas wollte ein Mittagessen bestellen. Das war schwierig. Kostas konnte kein Deutsch. Der Wirt verstand kein Wort Griechisch. Daß der Wirt kein Griechisch verstand, war für Kostas sehr unangenehm. Kostas hatte Hunger. Kostas konnte nichts bestellen. Kostas hatte eine Idee.	

Dahl/Weis (1988), 866

Aufgabe 52

In dieser Aufgabe finden Sie die Textversion C, das Ende der Geschichte. Bitte lösen Sie diese Textversion in Einzelsätze auf, aus denen die Lernenden mit Hilfe des Arbeitsblattes auf Seite 67 einen zusammenhängenden Text schreiben könnten.

Textversion C	*Satzversion C*
Schließlich nahm er einen Bleistift und zeichnete auf eine Serviette einen Pilz, denn er hatte gerade Appetit auf Pilze. Der Wirt sah die Zeichnung, nickte mit dem Kopf und ging aus der Gaststube. Kostas freute sich natürlich auf das Essen und besonders auf die Pilze, aber er freute sich zu früh, denn der Wirt brachte leider keinen Teller mit Pilzen, sondern – einen Regenschirm.	

Dahl/Weis (1988), 869

Vielleicht fragen Sie sich nun, wie Sie zu solchen Aufgaben für Ihren Unterricht kommen sollen. Es ist gar nicht so leicht, Texte im richtigen Schwierigkeitsgrad zu finden, die sich gut in Einzelsätze auflösen und dann wieder zu einem Textganzen zusammenfügen lassen. Am besten geeignet sind erzählende Texte ohne direkte Rede, und diese wiederum finden Sie am ehesten in Deutschlehrwerken des 3. und 4. Lernjahrs.

Rückverweis

Der folgende Text ist die Fortsetzung des Textes *Vrenelis Gärtli*, den wir in Kapitel 2.2.1, S. 59 bearbeitet haben. Da Sie dort mit dem ersten Teil des Textes gearbeitet haben, möchten Sie sicher die Fortsetzung dieser Geschichte lesen. Der Text eignet sich gut für die in diesem Kapitel beschriebene Arbeit mit Konnektoren (Vergleich von Satzversion und Textversion). Wie würde eine entsprechende Übungssequenz aussehen?

Aufgabe 53

Bitte skizzieren Sie zu dem folgenden Text Schritte für Ihre Übungssequenz.

> ...
>
> Wieder einmal kam der Herbst. Ganz oben auf dem Glärnisch lag schon Schnee. Alles war für den Alpabzug bereit. Da wollte Vreneli nicht mehr ins Tal zurückgehen. Sie wollte auf den Berg steigen und ganz oben Blumen pflanzen. Vreneli war starrsinnig. Auch die Mutter konnte sie nicht zurückhalten.
>
> Vreneli setzte einen Käsekessel auf den Kopf und ging den Berg hinauf. Sie kam nur langsam vorwärts, denn der Schnee lag schon hoch und der Wind war kalt. Erschöpft kam Vreneli endlich auf dem Gipfel an.
>
> Sofort begann sie mit der Arbeit. Sie schaufelte ein Stück Wiese frei und pflanzte dort Blumen.
>
> Aber Vreneli schaufelte den Schnee vergeblich weg, denn es schneite immer stärker. Der Käsekessel auf Vrenelis Kopf wurde immer schwerer und drückte sie zu Boden. Zuletzt konnte Vreneli nicht mehr aufstehen, und sie musste im Schnee sterben.
>
> Seit jener Zeit liegt auf dem Glärnisch Eis und Schnee. Das viereckige Eisfeld ganz oben auf dem Glärnisch heisst heute noch „Vrenelisgärtli".

Nodari u. a. (1994), 73

Im Lehrbuch schließt die Arbeit an diesem Text mit der Aufforderung an die Lernenden ab, die Geschichte mündlich nachzuerzählen. Als Hilfe werden den Lernenden Satzanfänge (Hauptsätze und Nebensätze) vorgegeben, für diesen Teil der Geschichte z. B.:

- *Vreneli setzte einen ... und ging ...*
- *Sie kam nur ... denn ... und der Wind ...*
- *Erschöpft ...*
- *Sofort begann sie ...* usw.

Je nach Lernsituation können Sie mit mehr oder weniger Vorgaben die Anforderungen an die Lernenden variieren und Satzanfänge und die Verknüpfung von Sätzen durch Konnektoren noch einmal schriftlich (oder mündlich) üben lassen.

Arbeit mit Satzkarten

Satzkarten

Mit Satzkarten kann man sehr gut den Gebrauch von Konnektoren üben: Die Sätze auf den Karten sind „beweglich", so dass unterschiedliche Satzkombinationen mit unterschiedlichen inhaltlichen Beziehungen gelegt werden können (siehe auch unser Beispiel auf S. 70). Im Folgenden zeigen wir Ihnen vorbereitete Satzkarten zum Thema *Ausreden*. Geübt wird die Konjunktion *weil*. Die Übung enthält einen schriftlichen und einen mündlichen Teil. Sie können die Übung, so wie sie hier vorgestellt wird, direkt im Unterricht einsetzen, denn sie passt in jede Unterrichtssituation mit fortgeschrittenen Deutschlernenden: „Ausreden" brauchen Jugendliche immer!

Zur Vorbereitung:
Kopieren Sie das Arbeitsblatt mit den Satzkarten (S. 70), schneiden Sie die Karten aus und geben Sie je zwei Schülern fünf Satzkarten. Jedes Schülerpaar bekommt zusätzlich fünf leere, verschiedenfarbige Karten für die „Ausreden".

Arbeitsblatt 1

Satzkarten

Ich komme zu spät zur Schule.	Ich habe vergessen, meine Hausaufgaben zu machen.
Ich fahre mit dem Bus und habe keine Fahrkarte.	Du fährst bei Rot über die Kreuzung.
Du fährst Fahrrad, kommst in eine Verkehrskontrolle – und deine Bremse funktioniert nicht.	Du hast dich mit deinem Freund/ deiner Freundin um 16 Uhr verabredet. Du kommst eine Stunde später.
Du hast Hunger, aber keinen Pfennig Geld. Du setzt dich in ein Restaurant und bestellst ein Menü. Dann kommt die Rechnung.	Ein Junge/Ein Mädchen lädt dich ins Kino ein. Dich interessiert weder der Film noch der Junge/ das Mädchen.

Die Aufgabe:

1. *Schreibt nun zu jeder Satzkarte eine (phantasievolle) Ausrede auf eine der leeren bunten Karten.*
   Beispiel:

   Satzkarte

   Ich komme zu spät zur Schule.

   farbige „Ausreden-Karte"

   Mein Wecker hat nicht geklingelt.

   oder

   Ich musste mein Krokodil noch ausführen.

2. *Schreibt dann Satzkombinationen mit* **weil**.
   Beispiel:
   Ich komme zu spät zur Schule, weil mein Wecker nicht geklingelt hat.

Hinweis:

Je unpräziser die Ausreden sind (z. B. *Ich bin vergesslich*), umso offener gestaltet sich der nächste Teil der Übung, da das Erraten der richtigen Lösung schwieriger wird.

Der mündliche Teil der Übung ist ein Ratespiel: Die Schüler wechseln die Partner und müssen herausfinden, welche Ausreden einzelne Schüler gebrauchen. Bei einem Ratespiel gibt es richtige und falsche Lösungen. Sammeln Sie vorher Redemittel für Zustimmung (*Ja, das stimmt/du hast Recht/Ja genau* usw.) und für Verneinung (*Aber nein/Nein, das stimmt nicht/Das ist falsch/Wie kommst du darauf?*).

Vorgehen im Unterricht:

Mischen Sie die Paare, z. B.: A1 bleibt am Platz, A2 geht zu B1, B2 geht zu A1. A2 und B2 sehen nun neue „Ausreden-Karten".

Schüler A1 fragt B2: *Warum bin ich zu spät zur Schule gekommen?*

Schüler B2 versucht, die richtige Antwort aus den vor ihm liegenden Karten zu finden, und antwortet z. B.: *Weil du dein Krokodil noch ausführen musstest.* Rät er falsch, verneint A1, rät er richtig, stimmt A1 zu. Das Partnerspiel geht so lange, bis B2 alle Antworten richtig zugeordnet hat.

Mögliche einfachere Variante:

Die Lernenden bekommen eine Redemittelliste mit folgender Aufgabe:

Arbeitsblatt 2

Arbeitsblatt 2

1. *Schreibt Kärtchen mit „Resultaten" und Kärtchen mit möglichen „Gründen/Ursachen".*

   schönes Wetter; ich/anrufen; ich/krank sein; Sie/mich einladen; du/traurig sein; ich/ihm Auto schenken; ich/zu Hause bleiben; ich/ihr etwas sagen wollen; ich/spazieren gehen; Sie/Geburtstag haben; spät sein; er/nicht gern laufen; ich/nicht zu Hause sein; ich/mich beeilen

   Zum Beispiel:

Resultate	**Gründe/Ursachen**
ich/zu Hause bleiben	ich/krank sein

2. *Verbindet jetzt das „Resultate-Kärtchen" und das „Gründe-Kärtchen" mit* **weil**.

   a) Ich bleibe zu Hause, weil ich krank bin.

   b) ...

Mit den Satzkarten zum Thema *Ausreden* können Sie auch gut andere logische Verknüpfungen üben, z. B. die Subjunktion *obwohl* (Angabe eines Gegengrundes/konzessiv). Machen Sie die Probe aufs Exempel. (Beispiel: *Ich komme zu spät zur Schule,* ***obwohl*** *ich heute Morgen sogar früher als sonst aufgestanden bin.*) Der Einsatz im Unterricht erfolgt in gleicher Weise wie bei den Satzkarten zum Thema *Ausreden*.

Entwerfen Sie nun selbst Satzkarten für Übungen zum Ausdruck finaler („damit, dass, um ... zu") und konditionaler („wenn, falls") Beziehungen zwischen zwei Sätzen.

Aufgabe 54

2.2.3 Satzkombinationen oder: Wie man aus mehreren Sätzen einen macht

Aus Furcht vor Grammatikfehlern scheuen viele Schülerinnen und Schüler beim Schreiben von Texten in der Fremdsprache vor der Verwendung komplexer Sätze zurück. Stattdessen reihen sie häufig einfache Hauptsätze aneinander. In den Kapiteln 1.2.2 und 2.2.2 ging es darum zu zeigen, wie die Schüler lernen können, mehrere Einzelsätze durch die Verwendung von Konnektoren miteinander zu verknüpfen. Mit den folgenden Aufgaben beschreiten wir den umgekehrten Weg. Anstatt Einzelsätze zu einer Satzreihe (Hauptsatz – Hauptsatz; Hauptsatz – Nebensatz) zu verbinden, werden mehrere Einzelsätze zu einem komplexen Satz mit mehreren Satzgliedern (Ergänzungen, Angaben, Attributen, gegebenenfalls auch eingeschobenen Nebensätzen usw.) „kombiniert". In einer Art Montagetechnik kann man dabei vom Einfachen zum Komplexeren fortschreiten. Anfangs sind die Lernenden nur reproduktiv tätig. Es empfiehlt sich, diesen Übungstyp regelmäßig einzusetzen, sobald die entsprechenden Grammatikkenntnisse vorhanden sind.

Rückverweis

Bitte schlüpfen Sie wieder in die Schülerrolle und lösen Sie die folgende komplexe Aufgabe. Dabei werden Sie erfahren, dass bei diesem Aufgabentyp grammatische Regularitäten aus den verschiedensten Bereichen ins Spiel kommen.

Gehen Sie bei den einzelnen Übungsabschnitten schrittweise vor wie im Beispiel. Die Reihenfolge der Satzglieder kann sich dabei immer wieder ändern.

Aufgabe 55

Bilden Sie aus den einzelnen Sätzen der Übungsabschnitte einen einzigen Satz, der alle Teilinformationen der Einzelsätze enthält.

Beispiel:

Ein Unfall

1. *Ein Auto fährt auf die Kreuzung.*
   a) *Das Auto ist klein und schwarz.*
   b) *Es ist kurz vor Mitternacht.*
   c) *Das Auto hat eine Geschwindigkeit von 90 Stundenkilometern.*
   d) *Es kommt von der Hauptstraße.*

a)	*Ein kleines schwarzes Auto fährt auf die Kreuzung.*
a) + b)	*Kurz vor Mitternacht fährt ein kleines schwarzes Auto auf die Kreuzung.*
a) + b) + c)	*Kurz vor Mitternacht fährt ein kleines schwarzes Auto mit einer Geschwindigkeit von 90 Stundenkilometern auf die Kreuzung.*
a) + b) + c) + d)	*Von der Hauptstraße kommend fährt kurz vor Mitternacht ein kleines schwarzes Auto mit einer Geschwindigkeit von 90 Stundenkilometern auf die Kreuzung.*

Oder: Kurz vor Mitternacht fährt ein kleines schwarzes Auto mit einer Geschwindigkeit von 90 km/h von der Hauptstraße auf die Kreuzung.

Bitte machen Sie nun mit den folgenden Übungssätzen weiter:

2. *Eine Dame sieht die Lichter auf sich zukommen.*
   a) *Die Dame ist alt.*
   b) *Die Dame steht auf dem Zebrastreifen.*
   c) *Die Dame ist entsetzt.*
   d) *Es sind die Lichter des Autos.*
3. *Das Auto kommt ins Schleudern.*
   a) *Es geschieht einen Augenblick später.*
   b) *Die Straße ist regennass.*
   c) *Das Auto ist kurz vor dem Zebrastreifen.*
4. *Das Auto erfasst die Dame mit der Stoßstange.*
   a) *Die Dame ist hilflos.*
   b) *Die Stoßstange reißt sie zu Boden.*
5. *Der Fahrer steigt aus dem Wagen.*
   a) *Er ist angetrunken.*
   b) *Er ist blass vor Schreck.*
   c) *Die Dame liegt auf dem Boden.*
   d) *Er geht zu ihr.*
   e) *Er will ihr helfen.*

Das – sprachlich vereinfachte – Übungsbeispiel stammmt von Thomas Cooper, der auf Studien verweist, nach denen solche Übungen zu Satzkombinationen „den Satzbau, die Satzlänge und die Satzkomplexität merklich" verbessern (Kast 1989a, 135f.; identisch mit T. Cooper in Lieber/Posset 1988).

Zeigen Sie Ihren Schülerinnen und Schülern, wie sie bei dieser Art Übungen die Teilinformationen Schritt für Schritt in den Satz einbauen können (vgl. Beispiel in Aufgabe 55).

Die Übung ist in der Form, in der Sie sie durchgeführt haben, sehr anspruchsvoll, da viele Items integriert werden müssen. Sie können dieselbe Übung auch vereinfachen, indem Sie einige Items auswählen.

Aufgabe 56

1. *Bitte wählen Sie aus den Beispielen 1 – 5 in Aufgabe 55 einige Übungsitems so aus, dass die Übung schon für einen Einsatz im ersten Lernjahr geeignet ist und dabei doch ein sinnvoller Zusammenhang gewahrt bleibt.*
2. *Notieren Sie die Grammatikkenntnisse, die für den Einsatz der Übung vorausgesetzt werden müssen.*

Diethard Köster (1994, 195) schlägt eine ähnliche Übung vor. Die Übung geht dann allerdings noch einen Schritt weiter: Im zweiten Teil der Aufgabe sollen die in Teil 1 entstandenen Sätze zu einer kleinen Geschichte verbunden werden.

Aufgabe 57

Bitte lösen Sie die Aufgabe.

Erweitern Sie die fett gedruckten Sätze um die Informationen a) bis c) unter den Sätzen.

Beispiel:

Herr Higl fuhr zum Friseur.

a) Das geschah am Freitag.
b) Der Friseur heißt Mittermaier.
c) Sein Laden liegt im Stadtzentrum.

Lösung: Am Freitag fuhr Herr Higl zum Friseur Mittermaier im Stadtzentrum.

Und nun Sie:

1. Ein Mann kam auf die Polizeistation.
   a) Das geschah gestern nachmittag.
   b) Die Station steht in der Herderstraße.
   c) Der Mann war jung.
2. Der Mann hatte eine Tasche bei sich.
   a) Die Tasche war schwarz.
   b) Er hatte sie in der Hauptpost gefunden.
   c) Er wollte sie hier abgeben.
3. Die Polizisten fanden darin eine Geldsumme.
   a) Die Polizisten öffneten die Tasche.
   b) Die Geldsumme war groß.

Verbinden Sie die Sätze zu einer Geschichte:

Gestern ...
Er ...
Als ...
usw.

nach: Köster (1994), 195

Dieses letzte Übungsbeispiel zeigt, wie man von einfachen aneinander gereihten Einzelsätzen zu komplexeren Einzelsätzen und von da zu einem zusammenhängenden Text gelangen kann.

Dabei müssen die Lernenden ihre grammatischen Kenntnisse in verschiedenen Bereichen mobilisieren, z. B. in den Bereichen Wortstellung (1. *Das geschah gestern nachmittag → Gestern ...*), Verweismittel (2. *Der Mann → Er ... , in der Tasche → darin*), Verdeutlichung der logischen Bezüge zwischen den Sätzen durch Konnektoren (3. *Die Polizei öffnete → Als die Polizei ...*).

Natürlich kann man auch bei Aufgabe 55 die Einzelsätze zu einem Text (Bericht) verbinden lassen. Man könnte auch noch einen Schritt weitergehen und den Text gleich von mehreren Schülergruppen aus jeweils anderer Perspektive schreiben lassen. Auf diese Weise entstünden unterschiedliche Texte, die verglichen werden können, z. B.: Perspektive der Polizei/eines Augenzeugen/der alten Dame/des Fahrers. Dabei können bei Bedarf einzelne Inhaltsaspekte hinzugefügt oder weggelassen werden.

Aufgabe 58

Bitte formulieren Sie zu den Beispielen 1 – 5 aus Aufgabe 55 eine ***entsprechende Aufgabenstellung*** *für Ihre Lernenden. Schreiben Sie selbst den einen oder anderen Text zur Probe.*

Wie können Sie selbst solche Übungen erstellen? Unsere beiden Übungsbeispiele beschreiben kleine Geschehnisse (einen Unfall, einen Überfall), wie man sie häufig – mehr oder weniger detailliert ausgeschmückt – auf der Seite „Vermischtes" in Zeitungen oder in Lehrwerken findet. Diese Art Texte kann die Basisinformationen liefern, aus denen Sie Ihre Übung aufbauen. Sie können die Übungen aber auch mit weiteren phantasievollen Details für unterschiedliche Schwierigkeitsgrade anreichern. Wir haben an verschiedenen Tagen in eine Tageszeitung *(Frankfurter Rundschau/Süddeutsche Zeitung)* geschaut und sind auch gleich fündig geworden. (Als „Ideenlieferanten" können Sie genauso gut Zeitungen in Ihrem Land benutzen.) Nachdem Sie die Einzelsätze zusammengestellt haben, sollten Sie jedoch unbedingt die Probe aufs Exempel machen, ob Ihre Übung wirklich funktioniert.

Aufgabe 59

1. *Bitte erarbeiten Sie zu einem der folgenden Texte eine Übung nach dem Muster der Aufgaben 55 und 57.*
2. *Wie könnten Sie dabei Möglichkeiten der Differenzierung (Angebote für schwächere/bessere Schüler) nutzen?*

Text 1

Nein zu Yeah, Yeah, Yeah

LIMA (afp). Die peruanischen Behörden haben ein Gedenkkonzert für das ermordete Beatles-Mitglied John Lennon in der weltberühmten ehemaligen Inka-Stadt Machu Picchu verboten. Sie befürchten, die zu erwartende Menschenmenge könnte die Ruinen beschädigen.

Text 2

Goldfinger

MELBOURNE (ap). Ein australischer Goldsucher hat sich mit Hilfe eines Metalldetektors goldene Weihnachten beschert. In den Ballarat-Goldfeldern fand der Mann einen 2150 Gramm schweren Goldklumpen unter einer nur fünf Zentimeter tiefen Erdschicht. Der Brocken ist rund 50 000 Mark wert.

Text 3

AMRITA JHAVERI, indisches Photomodell, präsentiert ein Halskollier aus dem 17. Jahrhundert aus dem Besitz eines Maharadschahs, das bei einer Auktion am Ende dieses Monats versteigert werden soll (Photo: Reuter). Für das prächtige Stück erwartet das Auktionshaus einen Preis von etwa einer Million Mark.

Texte 1 und 2 nach: Frankfurter Rundschau vom 17.12.1996;
Text 3 nach: Süddeutsche Zeitung vom 4./5.10.1997

Manchmal liefern auch Schülertexte, die in Ihrem Unterricht entstehen, geeignetes Material für diese Übungsform. Den folgenden unkorrigierten Text schrieb Mari, eine Schülerin aus Norwegen. Im Plenum oder in Partnergruppen können die Einzelsätze zu Satzkombinationen verbunden werden. Dabei kann es zu einfacheren (je zwei aufeinander folgende Einzelsätze werden kombiniert) oder zu komplexeren Lösungen (mehrere Einzelsätze werden so kombiniert, dass ein „guter“ Text entsteht) kommen.

Aufgabe 60

Bitte schreiben Sie zwei Textvarianten:
***Variante 1**: Zwei Einzelsätze werden jeweils zu einem Satz kombiniert.*
***Variante 2**: Mehrere Einzelsätze werden sinnvoll kombiniert.*

Mari:

Ich bin in Deutschland gewesen. In einer Stadt, die Lindau heißt. Sie liegt süd in Deutscland. Ich war da, weil ich deutsch lernen wollte. Ich in einer Sprachschule gegangen. Ich fuhr zusammen mit meiner Freundin, die Øyunn heißt. Wir sind da vor drei Wochen gewesen. Jeden Tag sind wir in die Schule gegangen, aber ich weiß nicht, ob wir so viel gelernt haben. Wir sind nicht nur in Schule gegangen ...

nach: Lundin Keller (1997), 27

2.2.4 Weitere Übungsmöglichkeiten, um Sätze miteinander zu kombinieren

Es ist ein schöner Erfolg, wenn Fremdsprachenlernende schon früh einfache Texte in der fremden Sprache verfassen können. Die Frustrationen beginnen dann, wenn sich kaum mehr Fortschritte einstellen, wenn die Lernenden auch nach zwei, drei Jahren Deutschunterricht zwar nette kleine Texte schreiben, aber komplexere Satzgebilde meiden, da sie verstärkt fehleranfällig sind und Fehler – wie sie wissen – meist benotet werden. Deshalb müssen im Unterricht so früh wie möglich und dann immer wieder Übungen angeboten werden, die den Lernenden dabei helfen, komplexere Texte zu schreiben.

Profomen

Diesem Ziel dienten bereits die Übungen im vorangegangenen Kapitel. Dasselbe Ziel haben auch die Übungen, die wir Ihnen in diesem Kapitel zeigen. Dabei greifen wir mit den *Proformen** (auch als *Referenz-* oder *Verweismittel* bezeichnet, wobei der Begriff *Proformen* meist im engeren Sinne für Pronomina verwendet wird) ein Thema auf, das wir in Kapitel 2.2.5 noch vertiefen wollen.

Hinweis

Erläuterung zu den Übungen 1 und 2 in Aufgabe 61: Beide Übungen können schon sehr früh im Anfangsunterricht eingesetzt werden. Eine Folge von mehreren Einzelsätzen, die inhaltlich zusammenhängen, ist vorgegeben. Die *Proformen* sollen herausgesucht und dem entsprechenden Nomen im Raster zugeordnet werden. Sodann wird aus den Einzelsätzen ein komplexer Satz gebildet, der alle Informationen der Einzelsätze enthält.

Einsatz im Unterricht: Übung 1 kann noch weiter vereinfacht werden: Die Lernenden unterstreichen die Proformen in den Sätzen jeweils in verschiedenen Farben. Danach werden die Formen in das Raster eingeordnet. Wenn Sie die Übung noch leichter machen wollen, können Sie die Proformen auch bereits im Raster vorgeben. Dann machen die Schüler nur Teil b) der Aufgabe.

Aufgabe 61

Bitte führen Sie die Übungen auf Arbeitsblatt 3 (Seite 76) in allen Schritten durch.

Arbeitsblatt 3

Arbeitsblatt 3

Übung 1

a) *Bitte notieren Sie die „Proformen" für* **Hans** *und* **Inge** *im Raster.*

Hans liebt Inge. Sie gefällt ihm sehr gut. Er möchte mit ihr den ganzen Tag zusammen sein.

Hans	**Inge**

b) *Versuchen Sie, aus den drei Sätzen einen einzigen Satz zu bilden, der alle Informationen enthält.*

____

Oder:

____

Übung 2

a) *Welche Wörter beziehen sich auf* **ich***, welche auf* **Freundin***? Ordnen Sie sie in das Raster ein.*

Das ist meine Freundin. Sie heißt Conny. Ich habe sie lieb.

ich	**Freundin**

b) *Versuchen Sie, einen Satz zu bilden, der alle Informationen enthält und sie zusammenfasst.*

____

Die Übung in Aufgabe 62 ist nach demselben Prinzip wie die beiden vorangegangenen Übungen gestaltet. Sie bezieht sich aber auf einen authentischen Text (Zeitungstext) und ist etwas anspruchsvoller.

Aufgabe 62
Arbeitsblatt 4

Arbeitsblatt 4

1.

Soldaten machten mit Panzer „Leo"
Hamburg-Ausflug

Einen 100-Kilometer-Ausflug mit einem Panzer machten am Wochenende drei holländische Soldaten. Sie fuhren von ihrer Kaserne in Bergen/Hohne nach Hamburg.

a) *Welche beiden Wörter im Text beziehen sich auf*

drei holländische Soldaten?

____

b) *Machen Sie aus den beiden Sätzen im Text einen Satz.*

____

2. Polizisten fanden die Soldaten im Panzer. Er stand mit eingeschalteter Blinkanlage auf einem Parkstreifen. Die drei Ausflügler schliefen seelenruhig in ihm. Sie waren nachts um 3 Uhr mit ihrem Leopard II nach Hamburg losgebraust.

a) *Welche Wörter im Text beziehen sich auf*

die holländischen Soldaten	**den Panzer**

b) *Machen Sie aus den vier Sätzen im Text zwei Sätze.*

___

3. Sie wurden der holländischen Militärpolizei übergeben. Die fuhr mit ihnen zurück in die Kaserne.

a) *Welche Wörter beziehen sich auf*

die holländischen Soldaten	**die Militärpolizei**

b) *Machen Sie aus den beiden Sätzen im Text einen Satz.*

___

nach: dpa/WAZ 279 vom19.11.1990

Schauen Sie sich noch einmal Ihre Lösungen unter 2. a) an. Als „Stellvertreter" für *Soldaten* haben Sie hier nicht nur Proformen notiert, sondern auch das Wort *Ausflügler*. Das Wort *Panzer* wird durch den Markennamen *Leopard II* ersetzt. Auf diese Weise wird der Wortschatz variiert und es entsteht ein guter Text.

Mit Übungen zu „Stellvertretern" bewegen wir uns also nicht nur in textlinguistischen Bereichen, sondern auch im Bereich der Wortschatzarbeit (Variation des Ausdrucks, „Synonyme" im Kontext) und berühren Fragen des Stils. Ein Text, der für dieselben Dinge und Personen immer auch dieselben Ausdrücke verwendet, kann langweilig oder unbeholfen wirken (in der Literatur kann die Wiederholung desselben Ausdrucks aber auch ein Stilmerkmal sein, häufig auch in Märchen). Übungen „gegen diese Art Langeweile in Texten" finden Sie im folgenden Kapitel.

2.2.5 Referenzen helfen, aus einzelnen Sätzen einen Text zu machen

„Was tun Sie", wurde Herr K. gefragt, „wenn Sie einen Menschen lieben?" – „Ich mache einen Entwurf von ihm", sagte Herr K., „und sorge, daß er ihm ähnlich wird."
...

Brecht (1971), 33

In diesem Text ist die Rede von *Herrn K.*, *einem Menschen* und *einem Entwurf*.

Sammeln Sie bitte in der folgenden Übersicht alle Pronomen, die die drei Wörter ersetzen:

Aufgabe 63

Herr K.	ein Mensch	ein Entwurf

Proformen in Texten: pronominale Verknüpfungen

In welche Spalte haben Sie die Pronomen *er* und *ihm* aus dem Nebensatz *dass er ihm ähnlich wird* geschrieben? Zu *Mensch* oder zu *Entwurf*? – Wahrscheinlich haben Sie einen Moment gezögert. Warum? Sicher haben Sie sich dann richtig entschieden. Warum?

Aufgabe 64

Bitte notieren Sie, was in diesem Beispiel von Herrn K. zweideutig ist und was Ihnen geholfen hat, sich richtig zu entscheiden.

Lesen Sie, wie die Geschichte weitergeht:

... „Wer? Der Entwurf?" – „Nein", sagte Herr K., „der Mensch."

Brecht (1971), 33

Aufgabe 65

Ergänzen Sie bitte Ihre Übersicht in Aufgabe 63, indem Sie nun **alle** *Pronomen aus dem Text eintragen.*

In diesem kleinen Text spielt Brecht bewusst mit der Unsicherheit, die beim Leser aufgrund der undeutlichen Bezüge entsteht. Wo keine klaren Bezüge vorliegen, entscheiden wir nach dem Gesamtsinn und unserem Weltwissen. Dieses Weltwissen sagt uns, dass Brecht wohl meint, *dass der Entwurf dem Menschen ähnlich wird*, d. h., dass der Entwurf verändert wird, weil er falsch war. Aber gleichzeitig stellt er das bei Herrn K. infrage: Herr K. will nämlich dafür sorgen, dass der Mensch, den er liebt, seinem Entwurf (seinem Bild, seinen Vorstellungen) angepasst wird.

Pronomen und andere Proformen (stellvertretende Ausdrücke) **verweisen** (referieren) auf Personen und Gegenstände, die noch genannt werden (*„Was tun Sie", wurde Herr K. gefragt ...*) oder bereits genannt sind (*... wurde Herr K. gefragt, „wenn Sie ...* "). Auf diese Weise werden einzelne Sätze und Satzteile aufeinander bezogen und miteinander verknüpft. Referenzen leisten einen wichtigen Beitrag, um aus einzelnen Sätzen einen Text zu machen. Sie sind wie „rote Fäden", die sich durch den Text ziehen (Heringer 1987, 103).

Rückverweis

Sie können diesen roten Faden hin und wieder farbig in einen Text hineinzeichnen lassen, wie in unserem Textbeispiel von Kostas, dem Studenten aus Griechenland. Auf diese Weise sehen die Lernenden, „wie Kostas durch den Text wandert" (in unserem ersten Textbeispiel in Kapitel 1.2.3, S. 32, bildete eine Kette das Symbol für die pronominalen Vernüpfungen).

pronominale Verknüpfungen

Kostas, ein Student aus Griechenland, machte einmal eine Reise durch Deutschland. Er besuchte viele Städte, aber er wollte auch das Leben auf dem Lande kennenlernen, und so wanderte er über Wiesen und Felder. Er war glücklich, denn das Wetter war schön und die Landschaft gefiel ihm gut.

Eines Tages, als er im Schwarzwald war, kamen plötzlich viele Wolken aus dem Westen, und schon nach einer Viertelstunde war der Himmel ganz dunkel. Und dann begann es kräftig zu regnen. Zum Glück näherte er sich gerade einem Dorf, das ihm Schutz vor dem Regen bieten konnte.

Dahl/Weis (1988), 870

Aufgabe 66

Im folgenden Text, dem Anfang einer Fabel, gibt es zwei Protagonisten, einen „Löwen" und einen „Adler". Bitte kennzeichnen Sie die pronominalen Verknüpfungen für beide im Text mit unterschiedlichen Farben.

Der Löwe, der fliegen wollte

Es war einmal ein Löwe, der beneidete einen Adler um seine Flügel. Er ließ den Adler zu sich bitten, und als der Adler in der Löwenhöhle erschien, sagte der Löwe: «Gib mir deine Flügel, und ich will dir dafür meine Mähne geben.»

«Wo denkst du hin, Bruder», erwiderte der Adler. «Ohne Flügel kann ich ja nicht mehr fliegen.»

«Na wennschon», meinte der Löwe. «Ich kann auch nicht fliegen, und trotzdem bin ich der König der Tiere. Und warum bin ich der König der Tiere? Weil ich eine so prachtvolle Mähne habe.»

«Gut», sagte der Adler, «einverstanden. Aber zuerst gib mir die Mähne.»

«Komm her und nimm sie mir ab», forderte der Löwe ihn auf.

Der Adler ging näher heran, und der Löwe drückte ihn blitzschnell mit seiner großen Pranke zu Boden. «Her mit den Flügeln», knurrte er.

So raubte der Löwe dem Adler die Flügel, behielt jedoch seine Mähne. Der Adler war recht verzweifelt, bis er schließlich auf eine List verfiel.

Thurber (1967), 12

Um Texte zu verstehen, muss man die Referenzen erkennen. Um verständliche und gute Texte zu produzieren, muss man Referenzen gezielt einsetzen können. Deshalb sind Referenzübungen ein sinnvoller Bestandteil eines Schreibprogramms.

Schon sehr früh, wenn Nominativ-, Dativ- und Akkusativformen der Personalpronomen bekannt sind, können Sie die Funktion von Proformen am Beispiel der Personalpronomen deutlich machen, z. B. mit Übungen wie der folgenden.

Aufgabe 67

Ein komischer Brief! Finden Sie nicht? Bitte schreiben Sie den Brief von „Tante Inge an ihre Nichte" neu und verwenden Sie dabei Personalpronomen.

Liebe Barbara,

meine Nichte hat morgen Geburtstag. Deine Tante hat ihre Nichte nicht vergessen. Deshalb hat deine Tante ihrer Nichte ein neues Kleid gekauft. Deine Tante bringt ihrer Nichte das Kleid morgen. Heute hat Deine Tante leider keine Zeit.

Herzlichen Glückwunsch zum Geburtstag und alles Gute,

Deine Tante Inge

Fuhrmann u. a. (1988), 91

Auch die folgende Aufgabe, die einen Schritt weitergeht, ist schon auf einer relativ frühen Stufe des Fremdsprachenerwerbs möglich (eventuell können Sie den Text noch vereinfachen).

Aufgabe 68

Der Text beschreibt die Begegnung zwischen Herrn Vogd und einem anderen Menschen. Bitte unterstreichen Sie alle Wörter, die sich auf den einen und unterstricheln Sie alle, die sich auf den anderen beziehen. Schreiben Sie dann alle Wörter in die entsprechende Spalte des Schemas.

In einer schönen Vollmondnacht geht Herr Vogd durch die Straßen seiner Heimatstadt. Er hat gute Laune und will den ersten Menschen, der ihm begegnet, auf den Arm nehmen. Es dauert nicht lange, da sieht er einen jungen Mann, der gerade in sein Auto steigen will. „Ich bin völlig fremd hier", sagt unser Spaßvogel, „können Sie mir sagen, ob das, was dort scheint, die Sonne oder der Mond ist?" Der Gefragte schaut erst den komischen Vogel, dann den Mond an und antwortet: „Es tut mir leid, das kann ich Ihnen leider auch nicht sagen. Ich bin auch fremd hier!"

Herr Vogd	*der erste Mensch*

nominale „Stellvertreter“: Ausdrucksvariation

Rückverweis

Beispiel

Für die Wiederaufnahme der beiden Protagonisten *Herr Vogd* und *den ersten Menschen* im Text findet man nicht nur Pronomen, sondern auch verschiedene nominale „Stellvertreter“ (wie auch im Text mit den „drei holländischen Soldaten“, S. 76f.):

Herr Vogd = (unser) Spaßvogel = komischer Vogel
den ersten Menschen = einen jungen Mann = der Gefragte

Die Erarbeitung der „Stellvertreter“ kann auch generell für die Arbeit am Ausdruck fruchtbar gemacht werden.

Beim folgenden Text handelt es sich um einen Leserbrief über den Titanic-Helden Leonardo.

Aufgabe 69

Bitte formulieren Sie eine Aufgabe für Ihre Schülerinnen und Schüler, bei der diese die pronominalen und nominalen „Stellvertreter Leonardos“, d. h. die auf seine Person bezogenen Referenzmittel, in diesem Text erarbeiten.

Super! Alles, was Ihr über Leo schreibt, ist einsame Spitze. Wenn ich Fotos von ihm sehe, krieg‘ ich total weiche Knie. Leo ist der süßeste Junge, den es gibt. Das beweist er auch in „Titanik“: Seine Augen, sein Lächeln, die Sensibilität und Verletzlichkeit, die er ausstrahlt – absoluter Wahnsinn! Das Mädchen, das ihn einmal bekommt, wird sehr, sehr glücklich sein. Ich hoffe, Ihr macht weiter so und bringt auch in Zukunft jede Menge brandheiße Stories über Leo als Schauspieler und auch als Mensch.

Bravo Girl! (Nr. 5/1998), 22

produktive Aufgabenformen

Mit dem Analysieren von Texten sind wir immer noch im Bereich rezeptiver Aufgabenstellungen. Der nächste Schritt sollte dann zu produktiveren Aufgabentypen führen, bei denen die Lernenden selbst „Synonyme“, Umschreibungen usw. finden sollen.

Beispiel 1

Die nominalen Stellvertreter im Text werden aus dem Text gelöscht, aber in ungeordneter Reihenfolge als Vorgabe mitgeliefert. Die Lernenden setzen die Wörter wieder in die Lücken ein.

Beispiel 1

Goldsucher
Mann
Goldklumpen
Brocken

Goldfinger

MELBOURNE (ap). Ein australischer __________ hat sich mit Hilfe eines Metalldetektors goldene Weihnachten beschert. In den Ballarat-Goldfeldern fand der __________ einen 2150 Gramm schweren __________ unter einer nur fünf Zentimeter tiefen Erdschicht. Der __________ ist rund 50 000 Mark wert.

nach: Frankfurter Rundschau vom 17.12.1996 (Original siehe S. 74)

Beispiel 2

Die Lernenden sollen selbst Ausdrücke aus dem Bereich *Kleidung* finden, die in die Lücken passen.

Gaby, 16, zum Thema *Markenkleidung*

„Bei Kleidung kommt es mir vor allem auf die Qualität an. Was hat man davon, wenn man billiges ___________ kauft, und nach ein-, zweimal Waschen ist es nicht mehr zu gebrauchen? ___________ hält länger und sieht dazu noch viel besser aus. Lieber kaufe ich mir nicht so viele ___________ , dafür aber gute."

Beispiel 2

Fischer-Mitziviris/Janke-Papanikolaou (1995), 93

Aufgabe 70

1. *Bitte formulieren Sie für Beispiel 2 eine entsprechende Aufgabenstellung.*

   ____

2. *Welche Ausdrücke haben Sie gefunden?*

   a) ___________ *b)* ___________ *c)* ___________

Arbeit mit Schülertexten

Besonders produktiv ist die Arbeit mit Texten, die die Schülerinnen und Schüler selbst geschrieben haben.

Hinweis

Zur Arbeit mit schülereigenen Texten finden Sie zahlreiche Hinweise im Kapitel 3 dieser Fernstudieneinheit, besonders in Kapitel 3.2 *Fehlerkorrektur und Textbearbeitung*. An dieser Stelle möchten wir einen Schülertext heranziehen, bei dem es sich anbietet, das Thema der pronominalen und nominalen Stellvertreter zu bearbeiten. Der Text wurde von einer Gruppe von drei Deutschlernenden gemeinsam geschrieben. Der Impuls war ein Bild mit der Aufgabe, die Lebensgeschichte der abgebildeten Person zu schreiben.

Die Lebensgeschichte einer Frau

Sie ist alt, ungefähr 45 Jahre. Sie wohnt allein und einsam. Sie ist nicht so alt, aber wegen ihrer Probleme sieht sie älter als ihr Alter aus. Die Frau arbeitet jeden Tag. Ihr Mann ist schon gestorben und ihre Kinder sind schon verheiratet und sie leben im Ausland. Niemand besucht sie. Sie ist eine religiöse Frau und sie geht jeden Sonntag in die Kirche. Sie arbeitet als Putzfrau in einem großen Krankenhaus. Sie arbeitet jeden Tag 7 Stunden. Sie verdient gut und sie lebt genauso. Jeden Abend erinnert sie sich an ihre Vergangenheit mit ihrer ganzen Familie, Als sie glücklich waren. Sie betet ~~zu Gott~~ jeden Tag, zu Gott ihre Familie wieder zusehen. Sie hat eine Anzeige in der Zeitung gemacht, um ihre Familie zu finden. Nun wünscht sie sich eine gute Nachricht, daß die Familie ~~zu~~ ~~ihr~~ wieder~~kommt~~ zu ihr kommt.

Faistauer (1997), 205/207; Foto: Brandi u. a. (1988), 54

An dem Text fällt auf, dass die Frau vierzehn Mal mit dem Pronomen *sie* und einmal als *die Frau* bezeichnet wird. Deutschlernenden, die den Text nicht selbst geschrieben haben, leuchtet schnell ein, dass der Text stilistisch verbessert werden kann, indem man z. B. das Pronomen *sie* hin und wieder durch andere Bezeichnungen für *die Frau* ersetzt. Bei der Überarbeitung des Textes müssen verschiedene Aussagen, die über die Frau getroffen werden, in komplexeren Sätzen gebündelt werden. Wichtig ist auch der Hinweis, dass der Text nicht mit einem Personalpronomen, das ja schon auf etwas Vorangegangenes referiert, beginnen sollte. Hier wird zwar auf das Bild referiert, aber unter textlinguistischen Gesichtspunkten sollte bei einer Lebensgeschichte die betreffende Person erst einmal eingeführt werden, z. B. mit ihrem Namen, der in diesem Fall natürlich erfunden werden muss.

Wir möchten folgende Vorgehensweise vorschlagen:

1. Zum Bild (über Tageslichtprojektor gezeigt) werden zunächst einfache Assoziationen gesammelt. Zum Beispiel:

   eine Frau, eine alte Frau (ist sie wirklich alt?), eine ältere Frau, eine ältere Dame, eine Frau aus einer Arbeiterfamilie, eine einsame/traurige Frau, eine allein stehende Frau ...

2. Nun wird der Text, der einige Aussagen über die Frau enthält, dazugenommen. Die Fragen in der linken Spalte der Tabelle unten (die Sie vorbereitet haben) werden aus dem Text beantwortet, gegebenenfalls werden Antworten erfunden. In der rechten Spalte werden die Antworten in mögliche Bezeichnungen, die die Frau charakterisieren, umgesetzt.

   Zum Beispiel:

   Die Frau ist 45 Jahre alt. – Wie könnte man also die Frau mit einem nominalen Ausdruck charakterisieren? Ein Tafelanschrieb wie der folgende könnte entstehen:

Fragen und Antworten:	mögliche Bezeichnungen:
Wie alt ist die Frau? – 45 Jahre	→ *die 45-Jährige*
Was ist ihr Beruf? – Putzfrau	→ *die Putzfrau/Sie arbeitet als ...*
Ist sie verheiratet? – Ja, aber ihr Mann ist gestorben.	→ *die Witwe/die 45-jährige Witwe*
Hat sie Kinder? – Ja, z. B. drei.	→ *die Mutter von drei Kindern*
Hat sie einen Namen? – Geben wir ihr einen Namen.	→ *Hanna*

3. Nun wird versucht, einige dieser Bezeichnungen im Text zu verwenden. Dafür müssen Sätze umgeschrieben, einige Informationen zusammengefasst und umgestellt werden. Die gemeinsame Erarbeitung des Textes in der Klasse sollte so gesteuert werden, dass die inhaltlichen Bezüge zwischen dem Erzählten und der Wahl der verwendeten Bezeichnung deutlich wird (*Ihr Mann war schon vor vielen Jahren gestorben. → Die Witwe ...*).

Aufgabe 71

> *Versuchen Sie nun selbst, den Text entsprechend Schnitt 1 – 3 zu überarbeiten.*

Referenzfehler *Stilblüten*

Nicht nur Fremdsprachenlernende, auch Deutsche machen Referenzfehler. Durch solche Fehler oder durch Referenzzweideutigkeiten kommt es manchmal zu köstlichen Stilblüten. Margit und Emil Waas haben solche *Stilblüten aus amtlichen und privaten Schreiben* gesammelt. Wir möchten Ihnen hier einige dieser Beispiele zeigen und Sie um Auflösung bitten.

Fortgeschrittene Deutschlernende können auch Spaß an solchen Aufgaben haben.

Aufgabe 72

> 1. *Analysieren Sie bitte die Stilblüten: Welches Wort verweist in den Texten worauf? Anders gefragt: Welches Wort führt jeweils zum Missverständnis? Was ist gemeint? Und worauf wird tatsächlich verwiesen?*

2. *Formulieren Sie den Satz dann so, dass er eindeutig das ausdrückt, was gesagt werden soll.*
3. *Welchen Text könnten Sie auch in Ihrer Klasse behandeln? (Sie können den Text auch vereinfachen.)*

Text 1

Das Wort führt zum Missverständnis:	*Darauf wird verwiesen:*	*Darauf soll verwiesen werden:*

Eindeutige Formulierung:

An den Chef der
3. Kompagnie!

Ich habe mich drei Jahre
zu den Soldaten ver=
pflichtet. Jetzt werde
ich Vater, Kann ich das
noch rückgänig
machen ?

Lothar Malzel
Gefreiter
3. Kompagnie

Waas/Waas (1976), o. S.

Text 2

Das Wort führt zum Missverständnis:	*Darauf wird verwiesen:*	*Darauf soll verwiesen werden:*

Eindeutige Formulierung:

Nehmen wir ein-
mal den ganz
gewöhnlichen Fall,
daß die Ehefrau
ihren Liebhaber
bittet, den Ehe-
mann zu töten,
mit dem Versprechen
ihn dann zu
heiraten.

Waas/Waas (1976), o. S.

Text 3

Das Wort führt zum Missverständnis:	*Darauf wird verwiesen:*	*Darauf soll verwiesen werden:*

Eindeutige Formulierung:

Entschuldigung

Meine Tochter kann am
Montag nicht zur Schule
kommen, das Schwein
wird geschlachtet.
Alfred Fritz

Waas/Waas (1973), o. S.

Zusammenfassung

Zusammenfassung

Aufgaben, mit denen Schülerinnen/Schüler den richtigen und variationsreichen Gebrauch von pronominalen (Proformen) und nominalen Stellvertretern üben können:

- Rezeptiv-analysierende Aufgaben, wie z. B. die Aufgaben 68 und 69: Die verschiedenen Verweismittel in einem Text werden den Protagonisten (Personen, Handlungsträgern) des Textes in einem Raster zugeordnet.
- Rezeptiv-produktive Aufgaben, wie z. B. Aufgabe 67: In einem konstruierten Text, in dem mehrere Protagonisten immer mit demselben Nomen bezeichnet werden, sollen Pronomen und Nomen (gegebenenfalls nominale „Stellvertreter") eingesetzt werden. Dabei erfahren die Lernenden auch, dass Pronomen und Nomen im Wechsel verwendet werden müssen, da sonst der „rote Faden" verloren gehen kann.
- Rezeptiv-produktive Aufgaben, wie z. B. Aufgabe 72: In einem Text sind Referenzbezüge falsch oder zweideutig.
- Produktiv-rezeptiv-produktive Aufgaben: Die Verwendung von pronominalen und nominalen „Stellvertretern" in schülereigenen Texten werden untersucht, die Texte werden entsprechend bearbeitet, wie z. B. in Aufgabe 71.

Verweise auf bereits vorher Gesagtes oder auf Zukünftiges im Text können sich natürlich nicht nur auf Handlungsträger/Personen, sondern auf die verschiedensten Satzglieder, ja auf ganze Satzteile und auf Nebensätze beziehen. Die Arbeit an den Verweismitteln in Texten sollte deshalb mit steigendem Schwierigkeitsgrad der Textvorlagen immer wieder aufgegriffen werden, denn sie hilft den Deutschlernenden, in der eigenen Textproduktion bewusst auf Referenzen zu achten.

Literaturhinweis

In Heft 9 der Zeitschrift *Fremdsprache Deutsch* finden Sie in dem Beitrag *Grammatikarbeit am Text* von Mohammed Esa und Heinrich Graffmann (1993, 25 – 34) beispielhaft ausgeführt, wie diese Arbeit gestaltet werden kann. Auf Seite 31 können Sie dort einen Text sehen, in dem alle Referenzen und Konnektoren markiert und alle Verweislinien eingezeichnet sind.

2.2.6 Personenbeschreibung

In persönlichen Briefen und Erzählungen, aber auch in Phantasiegeschichten wollen Deutschlernende sich selbst und andere Personen beschreiben. Dass die Textsorte *Personenbeschreibung* sich auch gut dazu eignet, elementare Textstrukturen bewusst zu machen, haben wir schon in Kapitel 2.2.1 mit Aufgabe 42 zu zeigen versucht.

Rückverweis

Es lohnt sich also, den Personenbeschreibungen im Schreibunterricht Aufmerksamkeit zu widmen. An einem einfachen Beispiel wollen wir Ihnen in diesem Kapitel zunächst zeigen, wie man den Einstieg gestalten kann.

Überlegen Sie bitte, welche Kenntnisse für das Schreiben von Personenbeschreibungen vorhanden sein müssen.

Aufgabe 73

Welche sprachlichen Mittel braucht man für Personenbeschreibungen? Sammeln Sie:

Wortschatz: ______________________________

____

Grammatik: ______________________________

____

Wenn diese Voraussetzungen gegeben sind, können Sie zum Beispiel mit einem Steckbrief beginnen, wie im folgenden Beispiel aus Heft 1 der Reihe *Schreiben macht Spaß* (Neuner 1990).

a) Beschreibe Karl Müller:

nach: Neuner (1990), Nr. 6

b) Zeichne einen Steckbrief von deiner Freundin/ deinem Freund oder von deiner Lehrerin/deinem Lehrer und beschreibe sie/ihn:

Variation zu Aufgabe a:

Es sollen unterschiedliche Textsorten für die Personenbeschreibung realisiert werden, z. B. Personensuche in einer Nachrichtensendung im Fernsehen, Interview eines Reporters mit einem Polizeikommissar, Personenbeschreibung durch den Zeugen einer Straftat, Brief mit Selbstporträt (man wird von einer fremden Person am Bahnhof/ Flughafen abgeholt) u. Ä.

Variation zu Aufgabe b:

Steckbrief zu einer allgemein bekannten Person. Die Person, die steckbrieflich gesucht wird, muss geraten werden.

Von Aufgabe a) zu Aufgabe b) gibt es eine deutliche Progression.

Aufgabe 74

Bitte notieren Sie die Unterschiede zwischen Aufgabe a und Aufgabe b aus dem Beispiel „Steckbrief" im Raster.

Aufgabe a)	*Aufgabe b)*

Hinweis
Rückverweis

Aufgabe a) könnte auch der Ausgangspunkt für eine freiere Textproduktion sein (siehe dazu auch Kapitel 2.5): Zunächst werden Stichpunkte zu wesentlichen körperlichen Merkmalen in Form eines Assoziogramms gesammelt (siehe dazu insbesondere Kapitel 2.1.2), danach werden Unterstichpunkte notiert.

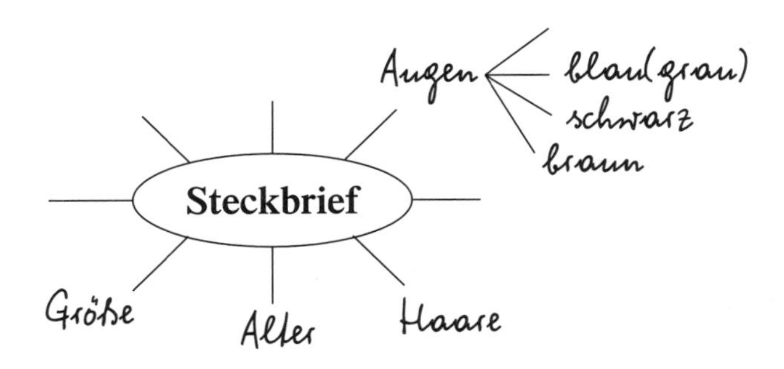

Schließlich wird der Steckbrief zu einer bestimmten Person geschrieben, zunächst in Form von Einzelsätzen (**vom Wort zum Satz**), danach werden die Sätze zu einem Text verbunden (**vom Satz zum Text**).

„Gute Texte schreiben" lernt man am besten von guten Modellen, aber auch durch das Vergleichen von Texten. Wir schlagen hier zwei Texte zum Vergleich vor.

Heike Pösche ist 16 Jahre alt und Gymnasiastin. Sie möchte später Architektin oder Fotografin werden. In ihrer Freizeit spielt sie intensiv Volleyball. Sie reitet gern, spielt Klavier und freut sich im Sommer auf das Segeln. Heike träumt von einem Bauernhof mit vielen Tieren und einer Menge Kinder. „Einzelkinder tun mir immer so leid", meint sie. Was mag sie an sich selber? „Ich stehe oft auf der Seite der Schwächeren und versuche zu helfen." Heike hat Angst, sich einmal nicht mehr selbst helfen zu können.

Meriam Chaouch ist 15 Jahre alt und besucht die Realschule. Später möchte sie Stewardess oder Model werden. Ihr größter Wunsch ist, mit einem netten Mann glücklich zu werden. Angst machen ihr Kriege. Meriam ärgert sich über die Verschmutzung der Umwelt. „All die schönen Tiere, die vom Aussterben bedroht sind! Wenn ich daran denke, werde ich wütend", schimpft sie. In ihrer Freizeit macht sie Bodybuilding, um fit zu sein. Meriam interessiert sich für Bücher, die von den unterschiedlichen Religionen erzählen.

nach: JUMA (3/1996), 15/16

Heike Pösche kennen Sie schon von Aufgabe 42, S. 59 dieser Fernstudieneinheit. Dieser Text folgt im Wesentlichen dem Textmuster *Heike ... Sie ... sie ... sie ... Heike*. Dabei kommt es einmal zu einer Umstellung am Satzanfang: *In ihrer Freizeit ...* Im Anfangsunterricht kann dieses Textmuster gut als Modell dienen.

Der Text über Meriam Chaouch variiert stärker: Wichtige Informationen werden durch die Stellung am Satzanfang (Position I) besonders stark hervorgehoben (z. B. Satz 2:

***Später** möchte sie ...* statt *Sie möchte später*; Satz 4: ***Angst** machen ihr Kriege* statt *Kriege machen ihr Angst* oder *Sie hat Angst vor Kriegen*). Dadurch wirkt der Text stilistisch flüssiger. Die in beiden Fällen eingeschobene direkte Rede macht die Texte lebendiger und weckt mehr Interesse für die Personen. Ein Vergleich der Satzanfänge und der Hinweis auf die Einschübe kann die Deutschlernenden für die vielfältigen Möglichkeiten der Textgestaltung bei Personenbeschreibungen sensibilisieren.

Mit diesen beiden Texten beenden wir das Kapitel zu den aufbauenden Schreibübungen. Bei den Beispielen und Aufgaben in diesem Kapitel ging es uns darum, zu zeigen, dass und wie einige Teiltätigkeiten auf dem Weg zur Schreibkompetenz isoliert dargestellt und geübt werden können. Auf unserem Weg **vom Wort zum Satz zum Text** sind wir dabei schon weit über die reine Satzebene hinaus ins Reich der Texte gelangt. Auf diesem Weg gehen wir im nächsten Kapitel weiter.

2.3 Strukturierende Übungen: gesteuerte Textproduktion

Vom Wort zum Satz zum Text – bei den Schreibübungen in Kapitel 2.2 haben wir uns mit verschiedenen textlinguistischen Einzelphänomenen, wie z. B. der Verknüpfung von Sätzen durch Konnektoren, Referenzen in Texten, Wortstellung usw., und mit der Rolle dieser Elemente in Texten beschäftigt. Mit dem vorliegenden Kapitel verlassen wir endgültig die Ebene der Einzelphänome und wenden uns der Produktion zusammenhängender Texte zu. Die Übungen, die wir Ihnen hier vorschlagen, zeigen Wege, wie der Schreibprozess bei der Produktion von Texten so gesteuert werden kann, dass die Lernenden sprachliche Komplexität Schritt für Schritt aufbauen. Dabei tritt der reproduktive Anteil, der in Kapitel 2.2 vorherrschend war, zugunsten des produktiven Schreibens immer stärker in den Hintergrund.

2.3.1 Ein Dialog wird eine Erzählung

Beginnen wir mit einer konkreten Aufgabenstellung.

Aufgabe 75

Versetzen Sie sich bitte in die folgende Situation:

Ihre Nachbarin (oder auch Ihr Nachbar) singt immer sehr laut, wenn sie (oder er) in der Badewanne sitzt. Aber nicht jeder ist von dem Gesang begeistert ... (Sie selbst sind zum Beispiel ziemlich genervt).

Stellen Sie sich nun folgende Gesprächssituation vor:

Ein genervter Nachbar der Sängerin spricht darüber mit seinem Freund (oder eine Nachbarin mit einer Freundin).

1. *Machen Sie eine (lineare) Stichwortskizze über einen möglichen inhaltlichen Verlauf des Dialogs:*

   ___

   ___

   ___

2. *Formulieren Sie den Dialog in der linken Spalte des folgenden Rasters aus.*
3. *Charakterisieren Sie die Dialogteile in der rechten Spalte: Wie wird das gesagt? Zum Beispiel: besorgt, neugierig, voller Interesse, ...*

Dialog	*Charakterisierung der Dialogteile*
A:	
B:	
A:	
B:	
A:	
B:	
A:	

4. *Schreiben Sie nun den Dialog fortlaufend, schreiben Sie auch die entsprechenden Charakterisierungen der Dialogteile (z. B. ... , sagte X sehr besorgt).*
5. *Betten Sie nun den Text von Punkt 4 in eine kleine Erzählung ein.*

Andere Rollen, die Sie Ihren Schülerinnen und Schülern zur Auswahl anbieten können, sind z. B.:

Der Ehemann der Nachbarin erzählt einem Bekannten, dem Chef einer Plattenfirma, davon.
Die Putzfrau der Familie unterhält sich mit einer Kollegin.
Der Briefträger erzählt es seiner Frau.
Zwei Jugendliche, die im selben Haus wohnen, reden darüber.

Was halten Sie von unserem Vorschlag, vom Dialog zum Schreiben einer Erzählung zu kommen?

Variationen

Variationen zu dem in Aufgabe 75 beschriebenen Ablauf:

a) Die Dialoge unter 2. können von den Lernenden in Partnerarbeit erstellt werden. Anschließend tragen die Partner ihre Dialoge der Klasse vor, die anderen raten, wer welche Rolle darstellt (*Ehemann/Bekannter – Chef der Plattenfirma, genervter Nachbar, Putzfrau* usw.).
b) Je nach den Erfahrungen, die die Lernenden schon mit dem Schreiben von Texten haben, kann der eine oder andere Schritt übersprungen werden. Wichtig ist jedoch **das schrittweise Erweitern**, das „Expandieren" des einfachen Dialogs und dessen situative Einbettung. Die zunehmende sprachliche Komplexität ist gleichzeitig die Herstellung eines Kontextes, mit dem die Geschichte Konturen erhält und Atmosphäre gewinnt.

2.3.2 Textergänzungen

Sie haben Ihren Schülerinnen und Schülern sicher schon Schreibaufgaben gegeben, bei denen Texte ergänzt werden mussten.

Aufgabe 76

Bitte notieren Sie hier Typen von Textergänzungsaufgaben, die Ihnen bekannt sind.

1. ______________ *4.* ______________

2. ______________ *5.* ______________

3. ______________ *...* ______________

Bei Textergänzungsaufgaben wird die Textproduktion durch die vorgegebenen Textteile mehr oder weniger stark gesteuert. Im Folgenden zeigen wir Ihnen eine Aufgabe, bei der die Schülerleistung Schritt für Schritt gesteuert wird.

Einige Sätze aus einem Originaltext sind gestrichen. Die Lernenden sollen nun anhand der übrig gebliebenen Textstellen die Lücken so füllen, dass wieder ein zusammenhängender Text entsteht.

Um die fehlenden Stellen zu ergänzen, müssen die Lernenden
- den Text als Ganzes wahrnehmen,
- die entsprechenden Verweismittel berücksichtigen und einsetzen,
- sich stilistisch der Vorlage anzupassen versuchen.

Bitte lösen Sie die Schreibaufgabe.

Aufgabe 77
Arbeitsblatt 5

Arbeitsblatt 5

Eine Nachricht, die in verschiedenen Zeitungen veröffentlicht wurde, haben wir gekürzt und so bearbeitet, dass nun jeder zweite Satz fehlt.

1. *Bitte ergänzen Sie den Text. Schreiben Sie in jede Lücke nur je einen Satz.*

Ärztin schrieb gesunde Schülerinnen krank

Bayreuth – Ein „Geheimtipp" war monatelang bei Schülerinnen eine 40 Jahre alte Bayreuther Ärztin.

a) ______________________________

So konnten die Schülerinnen „offiziell" die Schule schwänzen.

b) ______________________________

Er informierte die Kriminalpolizei.

c) ______________________________

Zum Beispiel, dass das Wartezimmer der Ärztin oft voll von Schülerinnen war.

d) ______________________________

Ein Bayreuther Richter verurteilte sie zu 20 000 Mark Geldstrafe.

2. *Vergleichen Sie jetzt Ihren Text mit dem Original im Lösungsschlüssel auf Seite 203:* *Wie nah kommt Ihr Text dem Original? Gibt es neben den sprachlichen auch inhaltliche Abweichungen? Überprüfen Sie die Hinweise, die Sie von den Texten vor und nach der Lücke erhalten haben.*

Zur Durchführung im Unterricht:

Natürlich können Sie von Ihren Schülerinnen und Schülern nicht erwarten, dass diese die fehlenden Sätze originalgetreu ergänzen. Das würden nicht einmal Muttersprachler schaffen. Aber Hinweise in den Texten vor und nach der Lücke können genutzt werden, um den fehlenden Satz so zu formulieren, dass er sich logisch in den Kontext einordnet.

Besprechen Sie mit Ihren Schülern diese kontextuellen Hinweise. In unserem Textbeispiel helfen die folgenden Fragen:

a) Warum konnten die Schülerinnen „offiziell" die Schule schwänzen? Warum war die Ärztin ein „Geheimtipp"?

b) Wer informierte wohl die Kriminalpolizei?

c) Was macht die Polizei vermutlich? *Zum Beispiel* bringt ein Beispiel. Was wird wohl in dem vorhergehenden Satz mitgeteilt?

d) Die Ärztin wird verurteilt. Was muss davor geschehen sein?

Hinweis

Ähnliche Arten von Textergänzungen, bei denen jeweils ein Satz als Reaktion auf einen vorangegangenen Satz geschrieben wird, zeigen wir Ihnen im Kapitel 2.5.3 unter dem Stichwort *Schreiben in Gruppen*.

An der vorangegangenen Schreibübung haben wir gesehen, wie stark eine „Satz-für-Satz"-Textergänzung die Schülerproduktion steuert, ja die Phantasie und Kreativität der Lernenden einengt. Das ist ganz anders bei der folgenden Textergänzungsaufgabe, die durch ihre große Offenheit Phantasie und Kreativität geradezu herausfordert.

Aufgabe 78

Bitte schreiben Sie, was zwischen den beiden Sätzen passiert ist.

Sophie auf halbem Weg

Als erstes ließ Sophie sich ihre langen Haare abschneiden, obwohl ihre Eltern dagegen waren. ______________________________

____

...

______________________________. Neuerdings will sie sich die Haare wieder wachsen lassen. Obwohl die Eltern dafür sind.

nach: Bachmann u. a. (1996a), 43

Wenn Sie wissen möchten, was mit Sophie wirklich passiert ist, können Sie den Originaltext von Jutta Voigt in *Sichtwechsel Neu* (Bachmann u. a. 1996a, Band 2, S. 114) nachlesen. Im Lösungsschlüssel finden Sie, was eine spanische Schülerin bei dieser Aufgabe geschrieben hat.

Mit einem vorgegebenen Anfangs- und/oder Schlusssatz (oder -absatz) kann man das Planungsverhalten der Lernenden beeinflussen, ihre Gedanken in eine bestimmte Richtung lenken. Man kann zunächst auch mit ihnen gemeinsam in der Klasse mögliche Fortsetzungen diskutieren und eventuell Gliederungspunkte festhalten. Man kann die Lernenden aber auch einfach „drauflosschreiben" lassen.

Auch Schriftstellern passiert es, dass sie den Anfang und Schluss einer Erzählung, ja eines Romans kennen, aber noch nicht so genau wissen, was dazwischen steht. In einem Interview über ihren Roman *Veränderungen über einen Deutschen* antwortet die Schriftstellerin Irene Dische:

> „Ich habe eine Idee und mache zunächst einmal eine Rohfassung. Bei diesem Roman wußte ich den Anfang und den Schluß. Was ich nicht wußte, wie ich dahin gelange." (Kammann 1993, 16)

Rückverweis

2.3.3 Vom Text zum Wort zum Satz zum Text

Text → Wort → Satz → Text

Erinnern Sie sich an die Input-Hypothese von Krashen? (Auf S. 66f. in Kapitel 2.2.2 können Sie das noch einmal nachlesen.) So wie er vorschlägt, das Schreiben aus dem Lesen zu entwickeln, so entwickeln wir diesmal unsere Schreibaufgabe aus einem ganzen Text heraus: Dieser Text führt uns zu den Wörtern, den Sätzen und – schließlich – zu einem neuen Text.

Als Ausgangspunkt nehmen wir eine (leicht bearbeitete und gekürzte) Erzählung des in den Zwanziger- und Dreißigerjahren berühmten und erfolgreichen Rennfahrers Hans Stuck.

Die tollste Fahrt meines Lebens

Ich wollte zum Rennen nach Cuneo in Italien. Mein Mechaniker und ich fuhren in unserem Privatwagen die Strecke Montreux – St. Moritz, um nach Martigny zu gelangen. In der Nähe von St. Moritz kommt uns eine Reihe Soldaten entgegen.

„Großer Bergrutsch – die Strecke auf Tage gesperrt. Sie müssen, um nach Italien zu kommen, einen Umweg von zweihundert Kilometern machen." 5

In Ollon müssen wir wegen eines Häufchens Menschen halten, die mitten auf der Straße stehen, schreien und winken.

Eine junge Frau wendet sich weinend an mich. „Ich muß in sechs Stunden in Turin sein. Mein Kind ist krank. Ich habe in Montreux das Serum bekommen, 10 das es in Turin nicht gibt – das Mittel muß bis spätestens 12 Uhr nachts in den Händen des Arztes sein, sonst ist es zu spät. Der Zug kommt nicht durch. Ein Flugzeug ist nicht zu bekommen ... ."

„Steigen Sie ein, gnädige Frau!" sagte ich. „Ich fahre sowieso nach Turin – und wenn alles klappt, werden Sie drei viertel zwölf das Serum bei sich zu 15 Hause haben!"

Ich glaube meinen Worten selbst nicht. Verstohlen blickt mein Begleiter nach seiner Uhr. Sechs Uhr nachmittags. Wir müssen über den großen St. Bernhard. Zu fahren waren vierhundertzwölf Kilometer – rechnet man mit einem Durchschnitt von sechzig Kilometern pro Stunde, der in den Bergen 20 kaum fahrbar ist, brauchen wir annähernd sieben Stunden – das hieß also drei viertel eins in Turin ...

Wir sausten los. Hin und wieder fiel ein Wort – ein Satz. Unsere Begleiterin starrte auf die Uhr am Schaltbrett. Drei-, viermal winkt uns ein Verkehrspolizist zu halten. Wir sehen und hören nichts und donnern mit unseren 25 hundertzwanzig Kilometern durch Dörfer und Straßen, durch die französische Schweiz – dem Bernhard entgegen.

Es war etwas nach neun – tiefschwarze Nacht, als wir die ersten Kurven des Bergriesen erklimmen. Ich schneide die Kurven und lege ein Tempo hin, daß ich mich selber wundere, auf 1500 Metern schleudert das Auto auf einer 30 Eisfläche, die Frau schreit auf: „Wenn wir verunglücken, stirbt mein Kind!" – „Wenn wir nichts wagen – bestimmt!" erwidere ich und gebe Gas.

Oben am Gipfel kommen uns die Mönche entgegen: „Sie können nicht hinunterfahren. Die Straße ist noch nicht frei. Erst im Juli sind wir soweit!" – „Man kann nicht, aber ich muß!" 35

Und nun begann wirklich die tollste Fahrt meines Lebens. Zwischen Schneewehen und Eisblöcken wand sich mein schwarzweißer „Windhund" ächzend und stöhnend hin und her. Trotz der Kälte war mir glühend heiß, und ich bekam fast keine Luft mehr ...

Um einviertel elf sind wir im Tal. Noch 120 Kilometer bis Turin. Meine 40 Bremsen versagen. Aber jetzt ist es gleich. Ohne rechts und links zu sehen, geht es die wunderbaren italienischen Straßen im 140-Kilometer-Tempo geradeaus.

Fünf Minuten vor drei viertel zwölf halten wir vor dem Haus der jungen Frau. Mann und Arzt stürzen uns entgegen ... 45

Bei dieser Fahrt habe ich mehr Angst geschwitzt als bei irgendeinem Rennen!

nach: Stuck, in: Kast (1989b), 15

ein Erlebnisbericht wird zur Zeitungsnachricht

Die Aufgabe lautet: Machen Sie aus diesem Erlebnisbericht eine Zeitungsnachricht.

Voraussetzungen für die Lösung der Aufgabe:

1. Der Schreibaufgabe geht eine Lesephase und eine Phase der Verständnissicherung voraus. Lesen und Schreiben sind eng miteinander verschränkt.
2. Ihre Schülerinnen und Schüler müssen wissen, wie eine typische Zeitungsnachricht gestaltet wird. Wenn diese Textsorte im Unterricht noch nicht behandelt wurde, dann müssen Sie das jetzt tun. Dazu können Sie eine interessante aktuelle Nachricht in der Muttersprache der Lernenden analysieren. Oder Sie nehmen z. B. die folgende Zeitungsnachricht und besprechen im Unterricht den klassischen Aufbau dieser wichtigen journalistischen Textsorte. Dabei können Sie so vorgehen:

   Exkurs: Struktur einer Zeitungsnachricht

   Geben Sie den Lernenden die Zeitungsnachricht ohne die Hinweise in der rechten Spalte. Erarbeiten Sie diese Hinweise, die die Struktur von Zeitungsnachrichten

Hinweis

Aufgabe 79
Arbeitsblatt 6

verdeutlichen, gemeinsam in der Klasse. Auf diese Weise werden die Lernenden mit einem wichtigen „Textbauplan" vertraut gemacht (siehe dazu auch Kapitel 2.3.8). Geben Sie Ihren Schülern dann nacheinander die Arbeitsblätter. Aber lösen Sie doch zuerst einmal selber die folgenden Aufgaben.

Arbeitsblatt 6

Achtjähriger Junge verzaubert

Fernsehzuschauer von Magier hypnotisiert

Der italienische Hypnotiseur Giucas Casella mußte gestern einem 8jährigen Jungen helfen. Das Kind war von Casella vor dem Fernsehapparat so hypnotisiert worden, daß es die Hände nicht mehr auseinanderbekam. In einem Telefongespräch konnte Casella die Hypnose lösen.

Rom (dpa) – Italien staunt über einen ungewöhnlichen Fall von Hypnose. In der beliebten Fernsehsendung „Fantastico" hatte der Magier Giucas Casella sein Publikum aufgefordert, die Hände zu falten. Die Zuschauer würden ihre Finger so lange nicht mehr voneinander trennen können, bis er sie aus der Hypnose wieder befreit habe. Während im Zuschauersaal die „Verzauberung" funktionierte, konnte ein achtjähriger Junge in Palermo, der vor dem Fernseher den Aufforderungen des Magiers gefolgt war, seine Hände auch nach der Sendung nicht wieder auseinanderbekommen. Die entsetzten Eltern brachten ihren Sohn in ein Krankenhaus, doch dort konnte dem Kind nicht geholfen werden. Schließlich schaltete sich das staatliche Fernsehen RAI ein und holte den Magier ans Telefon. In einem Ferngespräch löste Casella die Hypnose des Jungen, der dann nach drei Stunden seine Finger wieder bewegen konnte.

→ **die Überschrift**
soll Aufmerksamkeit erwecken

→ **der Untertitel**
bringt weitere Informationen

→ **die 6 W***
Wer?
Was?
Wann?
Wo?
Wie?
Warum?

→ **der Nachrichtentext**

„Die 6 W" sind das Herz einer Zeitungsnachricht, sie bringen die wichtigsten Informationen. Man findet sie meist in einer kurzen, fett gedruckten Zusammenfassung vor dem Text. Diese Zusammenfassung hat die Funktion, das Interesse der Leser für den folgenden Text zu wecken.

nach: Kast (1989b), 16

Schreiben Sie die Antworten für „die 6 W" der obigen Zeitungsnachricht:

Wer? ____________________

(hat) Was? ____________________

Wann? ____________________

Wo? ____________________

Wie? ____________________

Warum? (getan/erlebt usw.) ____________________

Gehen wir nun zurück zum Text von Hans Stuck (Seite 91).

Aufgabe 80
Arbeitsblatt 7

Arbeitsblatt 7

Suchen Sie „die 6 W" aus der Erzählung von Hans Stuck heraus und halten Sie sie auf diesem Arbeitsblatt fest. Dazu müssen Sie sich allerdings erst einmal den Kern der Geschichte verdeutlichen: Welche Person(en) und welche Information(en) sind Ihrer Meinung nach in dem Text am wichtigsten? Beginnen Sie am besten mit der Antwort auf die Frage: **Wer** hat **was getan**?

Wer? ____________________	*Wo?* ____________________
(hat) Was? ____________________	*Wie?* ____________________
Wann? ____________________	*Warum? (getan)* ____________________

Ergänzen Sie nun stichwortartig und wie bei einem Assoziogramm die 6 W-Informationen, wobei weitere (6) W-Fragen eine Orientierungshilfe sein können:

Wer: Was wissen wir von Herrn Stuck? ____________________

Was: Was hat er alles gemacht? ____________________

Wann: Wann (von wann bis wann) spielte sich alles ab? ____________________

Wo: Welche Ortsangaben (Landschaftsbeschreibungen) bekommen wir? ____________________

Warum: Warum musste Stuck so schnell fahren? ____________________

Warum: Warum hat in Turin niemand geholfen? ____________________

Hier sehen Sie den Anfang des Wortigels, der auf diese Weise entsteht. Bitte ergänzen Sie den Wortigel um weitere Informationen.

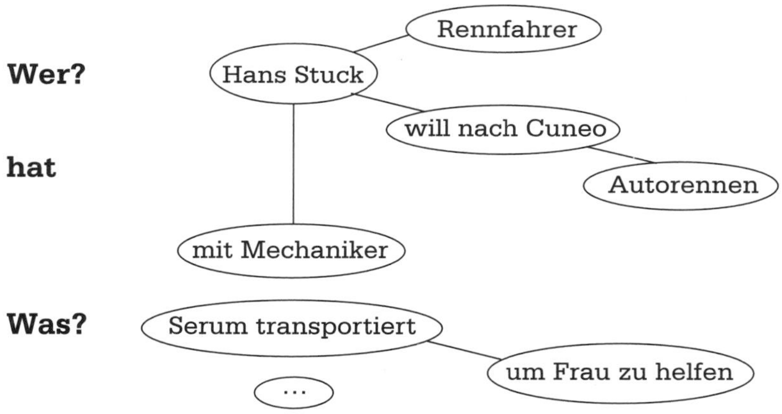

Wer?

hat

Was?

Rennfahrer
Hans Stuck
will nach Cuneo
Autorennen
mit Mechaniker
Serum transportiert
um Frau zu helfen
...

nach: Kast (1989b), 16

Schreiben Sie nun mit Hilfe des Wortigels den Nachrichtentext über die Fahrt von Hans Stuck. Der Text soll die wichtigsten Informationen aus der Erzählung enthalten. Versuchen Sie, das Lay-out einer typischen Zeitungsnachricht zu berücksichtigen (Überschrift, Untertitel, Zusammenfassung mit den „6 W", die ausformulierte Nachricht).*

Aufgabe 81

„Die 6 W" sind eine nützliche Hilfe bei der Analyse und der Produktion von Texten.

Aufgabe 82
Zusammenfassung

Bitte notieren Sie hier noch einmal, was man mit den „6 W" machen kann.

Mit den „6 W" kann man ...

Natürlich gibt es auch komplexere Texte mit mehreren Handlungsträgern und Handlungssträngen. In diesem Fall kann man zwei oder mehrere „6 W-Raster", die sich jeweils auf einen der Handlungsstränge beziehen, erarbeiten und in der Textproduktion miteinander verknüpfen. Diese Aufgabe gehört aber schon in den Schreibunterricht mit ziemlich weit Fortgeschrittenen.

2.3.4 Vom Text zum Text: Perspektivenwechsel

Text → Text

Eine beliebte Methode, den Prozess des Schreibens mit Hilfe eines vorgegebenen Textes zu steuern, ist der Perspektivenwechsel. Besonders Märchen eignen sich für dieses Vorgehen. Märchen werden von einem Erzähler erzählt, der alles über die Geschichte und seine Figuren weiß (allwissender/auktorialer Erzähler*), zum Beispiel: *Es war einmal ein kleines Mädchen, das hatte eine Großmutter. Die Großmutter hatte das Mädchen so lieb, dass ... Eines Tages ...* Besonders reizvolle Texte entstehen, wenn man eine solche Geschichte aus der Perspektive verschiedener Personen erzählen lässt, z. B. im Falle von *Rotkäppchen* aus der Perspektive der Mutter, des Jägers, der Großmutter, Rotkäppchens, eines Reporters der Lokalzeitung, ja sogar aus der Perspektive des Wolfes.

eine Geschichte aus der Perspektive einer anderen Figur erzählen

Bei einer solchen Schreibaufgabe werden die Schülerinnen und Schüler auf der Spur des vorgegebenen Textes durch den Schreibprozess geleitet. Der vorgegebene Text bildet die Folie, auf der sie eine neue Geschichte schreiben. Dabei müssen sie vorgefundene Strukturen abändern (3. Person Singular wird zum Beispiel 1. Person Singular, direkte Rede wird Redewiedergabe, Perfekt kann zum Präsens werden usw.). Bei dieser Art Schreibaufgabe entsteht meist „ein richtiger Text", d. h. ein Text mit allen Merkmalen echter Textualität und keine Aneinanderreihung von Sätzen.

Da die Lernenden nicht alles neu erfinden müssen und mancher Blickwinkel auch komische Elemente beinhaltet (z. B. die Perspektive des Wolfes) macht ihnen diese Schreibaufgabe in der Regel Spaß.

Probieren Sie es am folgenden Text selber aus:

Aufgabe 83

1. *Bitte lesen Sie die Geschichte von Carlo Manzoni.*
2. *Aus welcher Perspektive ist der Text geschrieben?*

Ein dreister Kunde

Signor Veneranda trat in einen Kurzwarenladen und verlangte von der Verkäuferin, die ihm entgegenkam, ein Taschentuch.

„Was für ein Taschentuch möchten Sie haben?" erkundigte sich die Verkäuferin, nahm einige Schachteln von den Regalen und zeigte verschiedene Arten von Taschentüchern.

„Irgendein Taschentuch", sagte Signor Veneranda.

Er nahm ein Taschentuch aus der Schachtel, faltete es auseinander, putzte sich die Nase und gab es der Verkäuferin zurück.

„Aber ...", stammelte die Verkäuferin verlegen.

„Was heißt ‚aber'?" fragte Signor Veneranda.

„Sie haben es benutzt", sagte die Verkäuferin und nahm das Taschentuch vorsichtig zwischen zwei Finger. „Sie haben das Taschentuch benutzt, um sich die Nase zu putzen!"

„Was hätte ich mir denn mit dem Taschentuch putzen sollen? Vielleicht die Ohren?" fragte Signor Veneranda verwundert. „Was putzen *Sie* sich mit Taschentüchern?"

„Die Nase", stotterte die Verkäuferin, „aber ..."

Manzoni (1983), 132 – 134

3. *Wählen Sie nun eine der folgenden Möglichkeiten. Schreiben Sie einen Text, zum Beispiel*
   – *aus der Perspektive der Verkäuferin, die abends ihrem Mann erzählt, was sie im Laden erlebt hat,*
   – *aus der Perspektive der Ladenchefin, die den Vorfall beobachtet hat,*
   – *aus der Perspektive von Signor Veneranda, der seinen Stammtischfreunden von seinem Streich erzählt,*
   – *aus der Perspektive eines Kunden, der den Vorfall miterlebt hat.*

   Vielleicht fällt Ihnen noch eine andere Perspektive ein, aus der man die Geschichte erzählen könnte.

2.3.5 Vom Text zum Text: eine Zusammenfassung schreiben

Text → Text

In Kapitel 2.3.3 haben Sie mit Hilfe der „6 W" aus einer Erzählung eine Zeitungsnachricht gemacht. Wenn Sie Erzählung und Zeitungsnachricht miteinander vergleichen und sich die Arbeitsschritte auf den Arbeitsblättern 6 und 7 noch einmal vergegenwärtigen, werden Sie feststellen, dass bei dieser Umformung im Grunde genau das passiert ist, was bei jeder Zusammenfassung eines längeren Textes passiert:

– Der wesentliche Inhalt des Ausgangstextes wurde ermittelt.
– Die wesentlichen Inhaltspunkte wurden in knapper, gedrängter Form schriftlich wiedergegeben.

Beides sind wichtige Ziele des Schreibens im Fremdsprachenunterricht. Auch bei der *Zusammenfassung* führt der Weg vom Lesen und Verstehen zum Schreiben, werden zwei Fertigkeiten miteinander verknüpft.

Folgen Sie uns nun durch die nächste Aufgabe.

Aufgabe 84
Arbeitsblatt 8

Arbeitsblatt 8

1. *Bitte lesen Sie Überschrift, Untertitel und Einleitungstext des Zeitungsartikels auf S. 96.*
2. *Versuchen Sie dann, die Informationen, die Sie dort erhalten haben, zu ordnen:*
   – *Was ist das zentrale Thema (die „6 W" können Ihnen helfen)?*
   – *Was erfahren Sie aus der Überschrift?*
   – *Was erfahren Sie aus dem Untertitel?*
   – *Was erfahren Sie aus dem Einleitungstext?*
3. *Lesen Sie nun den ganzen Text auf Seite 96.*
4. *Versuchen Sie mit Hilfe des folgenden Schemas die Argumente der Parteien zu inventarisieren. (Sie können das Schema auch ergänzen oder verändern.)*

Streit vor Gericht

Richter nennt Sündenregister: __________

Reaktion Partei 1	Reaktion Partei 2
Lehrer:	*Schulreferat:*
Anwalt des Lehrers:	

Voraussichtlicher Ausgang des Streits: __________

5. *Fassen Sie nun anhand der erarbeiteten Informationen den Inhalt des Zeitungstextes in maximal 100 Wörtern zusammen.*

Deutschlands faulster Lehrer – ein Fall für den Psychiater

Auf dem Weg ins Gericht: Hanns-Hartwig Löffler (52).
Foto: Ludwig Hübl

Der Oberstudienrat will vorzeitig in Ruhestand geschickt werden

Von Rudolf Huber

München – Neue Runde im Gerichtsstreit um „Deutschlands faulsten Lehrer" Hanns-Hartwig Löffler (52). „Mein Mandant leidet an Narkolepsie, an Blackouts auf epileptischer Basis", erklärte der Anwalt des Oberstudienrates gestern vor dem Verwaltungsgerichtshof. Damit wäre der zu trauriger Berühmtheit gekommene Pädagoge für seine mehr als 60 Dienst-Verfehlungen „schuldunfähig oder vermindert schuldunfähig". Was dem Beamten gut ins Konzept passen würde. Während nämlich das Schulreferat auf seine Entlassung drängt, möchte Löffler gerne mit ausreichender Rente in den vorzeitigen Ruhestand geschickt werden. Jetzt soll ein Psychiater ein Gutachten über Löfflers Verfassung abgeben.

Rund eine halbe Stunde dauerte es, bis die Richter das komplette Sündenregister Hanns-Hartwig Löfflers aus den Jahren 1980 bis 1986 aus den Akten vorgelesen hatten. Die Palette reichte vom Unterricht-Schwänzen über Ohrfeigen für Schüler bis hin zur – unerlaubten – Leitung zweier eigener Surfschulen. Der Pädagoge belästigte Schülerinnen, rief sie zu Hause an. Er verdingte sich nebenbei – unerlaubt – als Gerichtsdolmetscher, bildete künftige Surf-Lehrer in der Schule aus. Mit den Noten nahm es der Starnberger, der zuletzt beim München-Kolleg arbeitete, nicht so besonders genau. Zum Beispiel verteilte er Sport-Zensuren an Schüler, die vom Turnen befreit waren, die er nie zu Gesicht bekommen hatte.

In seinem Unterricht ging's drunter und drüber. Er ließ Burschen und Mädchen in Umkleideräume mit gemeinsamer Dusche, obwohl das nach der Schulordnung verboten ist. Einen Buben beschimpfte er als „Hasenbergler", über Körperbehinderte riß er üble Witze.

Zu diesen ganzen Vorwürfen blieb Hanns-Hartwig Löffler gestern weitgehend stumm. Starr und aufrecht verfolgte er die Verhandlung. Das große Wort führte sein Anwalt Hans F. J. Fischer, der Gericht und Schulreferat mit angeblichen „ausgeprägten psychischen Störungen" seines Mandanten überraschte. Diese hätten möglicherweise die Einsichtsfähigkeit in sein Handeln aufgehoben. Wegen dieser Erkrankung werde Löffler seit 1979 ärztlich behandelt.

Der Vertreter des Schulreferats war völlig perplex über die plötzliche Erkrankung des bereits zu einer zehnprozentigen Gehaltskürzung verurteilten Lehrers: „Der Beamte hat weder zur Zeit der Disziplinarverfahren noch vor dem Verwaltungsgericht behauptet, krank zu sein." Das mit der Schuldunfähigkeit sei eine Schutzbehauptung. Das Referat sehe keinen Anlaß, Löffler in Rente zu schicken: „Wir gehen davon aus, daß er voll dienstfähig ist." Allerdings wird er im Innendienst eingesetzt und nicht mehr in der Schule.

Ganz egal, was im Gutachten steht: Ein Freispruch ist nach dem Verwaltungsrecht nicht drin. Der Richter: „Sogar eine härtere Disziplinarmaßnahme ist nicht ausgeschlossen."

AZ vom 1.12.1988, 29

Folgendes hat uns Aufgabe 84 gezeigt: Bevor man die Zusammenfassung eines Textes schreiben kann, muss man das dem Text zugrunde liegende Gedankengerüst (die innere Struktur/Gliederung) ermitteln. Eine große Hilfe kann es sein, wenn man versucht, diese innere Struktur sichtbar zu machen. Dies kann z. B. mit Hilfe einer Strukturskizze mit kurzen inhaltlichen Angaben geschehen, so wie wir es auf Arbeitsblatt 8 zu unserem Zeitungstext unter Punkt 4 gemacht haben.

Strukturskizze

Eine andere Möglichkeit, die Struktur eines Textes sichtbar zu machen, ist das Flussdiagramm*. Dabei wird der Verlauf der Informationen, der Argumentation oder der Handlungsverlauf grafisch dargestellt.

Flussdiagramm

Aufgabe 85

Bitte überprüfen und ergänzen Sie das folgende Flussdiagramm zum Zeitungstext „Deutschlands faulster Lehrer“.

fauler Lehrer
Schulreferat
Gerichtsstreit

Flussdiagramme, Strukturskizzen usw. zeigen den Aufbau eines Textes, seine Organisation. Ein Text kann übersichtlich, klar strukturiert sein, dann kann man auch verhältnismäßig leicht Strukturskizzen oder Flussdiagramme anfertigen. Bei unserem Text ist das der Fall. Natürlich gibt es auch weniger gut strukturierte Texte. Es lohnt sich auf jeden Fall, im Fremdsprachenunterricht gut strukturierte Texte zu analysieren und Strukturskizzen anfertigen zu lassen. Denn die Erfahrungen, die die Lernenden bei dieser Arbeit machen, verschaffen ihnen Einsichten in Textbaupläne (siehe auch Kapitel 2.3.8), und diese Einsichten wiederum helfen ihnen, ebenfalls gut gegliederte eigene Texte zu schreiben. Bei der Textzusammenfassung werden das gefundene Gedankengerüst des Textes und die Strukturskizze zum Ausgangspunkt für die eigene Arbeit. Dieses Verfahren bietet die besten Voraussetzungen dafür, dass dabei auch wieder ein kohärenter Text entsteht.

Textbaupläne
Hinweis

Wesentliches von Unwesentlichem unterscheiden

Wesentliches von Unwesentlichem unterscheiden

Bei der Zusammenfassung sollen die wesentlichen Inhaltspunkte oder Aussagen eines Textes wiedergeben werden. Das bedeutet u. a., dass inhaltliche Längen und Wiederholungen reduziert, Aufzählungen gekürzt werden.

Wie sind **Sie** eigentlich in Ihrer Zusammenfassung des Zeitungstextes mit der Aufzählung des langen „Sündenregisters“ des Lehrers umgegangen? Sicher haben Sie in Ihrer Zusammenfassung nicht das ganze Sündenregister wiedergegeben, denn um das Wesentliche hervorzuheben, müssen nicht alle Verfehlungen des Lehrers aufgezählt werden.

Wahrscheinlich haben Sie versucht, Kategorien zu bilden (z. B. *Verhalten im Unterricht/in der Schule* einerseits, *unerlaubte Leitung zweier Surfschulen* andererseits), vielleicht haben Sie auch einige Beispiele ungehörigen Verhaltens „zitiert“ (... *der Lehrer hatte z. B. die Schule geschwänzt, Schüler geohrfeigt und unerlaubt Surfunterricht gegeben*).

Techniken, mit denen man Inhalte verkürzen kann

Die Schülerinnen und Schüler müssen also Techniken lernen, wie man Wichtiges von Unwichtigem unterscheidet, und Techniken, wie man Inhalte verkürzen kann.

Um diese Techniken geht es in der nächsten Aufgabe.

Aufgabe 86

Bitte notieren Sie zuerst einige Techniken, mit deren Hilfe Ihre Schülerinnen und Schüler lernen können, Wichtiges von Unwichtigem zu unterscheiden, und dann einige Techniken, mit denen Inhalte verkürzt werden können.

1. Techniken, um Wichtiges von Unwichtigem zu unterscheiden:

a) ______________________

b) ______________________

c) ______________________

2. Techniken, um Inhalte zu verkürzen:

a) ______________________

b) ______________________

c) ______________________

Umfang einer Zusammenfassung

Zum Abschluss dieses Kapitels eine letzte Frage: Wie umfangreich ist eigentlich eine Zusammenfassung?

Über den Daumen gepeilt, kann man sagen: Eine Zusammenfassung ist eine Reduktion und Abstraktion auf etwa ein Drittel des Ausgangstextes.

Vieles, was wir in diesem Kapitel gesagt haben, bezieht sich vor allem auf Sachtexte. Bei der Zusammenfassung eines literarischen Textes müssen noch andere Gesichtspunkte beachtet werden. Literarische Texte spielen nicht nur auf der Informationsebene; literarische Texte beziehen die Gefühle und inneren Einstellungen des Lesers bzw. der Leserin mit ein, sie appellieren an seine bzw. ihre subjektive Wahrnehmung und persönliche Interpretation. Auch sind die zentralen Informationen in literarischen Texten oft nicht eindeutig zu identifizieren, sind zum Teil in beiläufigen Mitteilungen versteckt. „Das Wesentliche eines literarischen Textes wird gerade oft nicht explizit gemacht, sondern muß vom Leser abgeleitet werden. Diese Ableitung ist bereits eine Interpretation des Textes" (Ehlers 1988, 254). Mit den Besonderheiten literarischer Texte beschäftigt sich die Fernstudieneinheit *Arbeit mit literarischen Texten*.

2.3.6 Von der Bildergeschichte zum Text

Bild → Text

Bildergeschichten eignen sich sehr gut dazu, den Schreibprozess zu steuern, denn Bildergeschichten geben einen Handlungsablauf vor. Da Bilder und Handlungsabläufe jedoch immer auch subjektiv interpretiert werden, lassen Bildergeschichten gleichzeitig der Phantasie genügend Raum, so dass individuelle Lösungen entstehen.

Die Arbeit mit Bildergeschichten können Sie ganz unterschiedlich gestalten. Dabei können Sie insbesondere auch nach Leistung differenzieren, indem sie schwächeren und stärkeren Schülerinnen und Schülern unterschiedliche Angebote machen (z. B. sprachliche Hilfen für schwächere Schüler). Das zeigen die beiden folgenden Beispiele.

1. Ein Dialog vor dem Fernseher

Aufgabe 87

Bitte formulieren Sie zwei bis drei Aufgaben zu der folgenden Bildergeschichte.

nach: Papan, in: Augustin/Haase (1980),19

Aufgaben mit Möglichkeiten der Differenzierung

Folgende **Aufgabenstellungen** sind uns zu dieser Bildergeschichte eingefallen:

1. Sie selbst füllen die Sprechblasen aus. Die Lernenden bekommen die Bildergeschichte mit den ausgefüllten Sprechblasen und schreiben eine Geschichte, in der die Sprechblaseninhalte als Redeanteile enthalten sind. (leichteste Variante)
2. Wie 1., aber die Lernenden schreiben die Geschichte, ohne die wortwörtliche Wiedergabe der Sprechblaseninhalte. (erfordert Umformung der wörtlichen Rede)
3. Sie geben die Inhalte der Sprechblasen (siehe Anregung im Lösungsschlüssel, S. 205) auf einem gesonderten Blatt Papier. Die Lernenden ordnen die Inhalte den Bildern zu. Danach schreiben sie die Geschichte wie in 1. oder 2.
4. Sie geben die Geschichte vor und bitten die Lernenden, einen entsprechenden Dialog in die Sprechblasen zu schreiben.
   Der vorgegebene Text könnte etwa so lauten:

> Peter schaut sich einen spannenden Krimi an, aber dann kommt sein Vater und möchte die Sportschau sehen – ein Krimi sei schlecht für Kinder. Peter protestiert, aber es nützt nichts. Der Vater macht es sich im Sessel bequem und schaltet um. Peter wirft ihm ein autoritäres, egoistisches Verhalten vor. Außerdem sei das Sitzen vor dem Bildschirm für den Vater ungesund. Er solle lieber selbst Sport treiben, als Sport im Fernsehen anzuschauen. Daraufhin wird der Vater böse und schickt Peter ins Bett. Die Mutter tröstet ihn: Morgen gibt es wieder einen Krimi. Peter ist zufrieden.

5. Sie geben nur die Bilder ohne Sprechblasen. Die Lernenden schreiben eine passende Geschichte zu den Bildern. Bei dieser Variante können Sie Bild 4 weglassen. (für stärkere oder fortgeschrittene Schüler)
6. Sie geben die Bilder (mit oder ohne Sprechblasen), aber in der falschen Reihenfolge. Die Lernenden bringen die Bilder zunächst in eine ihnen „richtig" erscheinende Reihenfolge (einzeln oder in Paaren) und jeder (oder jedes Paar) schreibt seine Geschichte dazu.

Haben Sie noch andere Möglichkeiten gefunden? – Könnten Sie diese Bildergeschichte in Ihrem Unterricht einsetzen? Oder kennen Ihre Schülerinnen und Schüler die Redemittel, die sie für diese Bildergeschichte brauchen, noch nicht? Wie würden Sie diese Vokabeln anbieten?

Aufgabe 88

> *Bitte überlegen Sie, wie Sie die für die Bildergeschichte auf Seite 99 notwendigen Vokabeln im Unterricht einführen können.*

2. *Können Sie mir ein Restaurant empfehlen?*

Auch die folgende Bildergeschichte von Quino können Sie auf unterschiedliche Weise und in unterschiedlichen Niveaustufen im Unterricht verwenden.

Wir bieten Ihnen die Bildergeschichte zunächst einmal in durcheinander gewürfelten Einzelbildern.

Aufgabe 89

> 1. *Versuchen Sie, die „richtige“ Reihenfolge der Bilder zu finden. Nummerieren Sie die Bilder so, dass sie eine sinnvolle Geschichte ergeben. Streichen Sie die Bildelemente, die nicht in Ihre Geschichte passen, durch.*
> 2. *Sammeln Sie zu den einzelnen Bildern alles, was Ihnen dazu einfällt: Was sehen Sie? Was sagt die Frau/der Mann? Was zeigt die Frau? usw.*
> 3. *Formulieren Sie kleine Sätze und schreiben Sie sie so untereinander, dass sie den Verlauf der Geschichte widerspiegeln.*
> 4. *Schreiben Sie dann unter Verwendung der in Punkt 2 gesammelten Elemente eine Geschichte, die möglichst präzise die Informationen verarbeitet, die die Bilder geben.*

nach: Quino (1991), ohne Seite

Vermutlich fanden Sie es gar nicht so leicht, aus den durcheinander gewürfelten Einzelbildern einen Handlungsablauf zu konstruieren. Wir haben diesen Einstieg für Sie gewählt, damit Sie an sich selbst erfahren, dass eine solche Aufgabenstellung ihre Tücken hat, wenn man die Vorlage nicht kennt und der Handlungsablauf nicht eindeutig aus den Einzelbildern abgeleitet werden kann.

Einsatz der Bildergeschichte im Unterricht:

Vorgehen im Unterricht

1. Kopieren Sie die Vorlage, schneiden Sie die einzelnen Bilder aus und geben Sie den Lernenden (einzeln oder in Partnergruppen) je einen Satz Bilder. Auf diese Weise können diese die Bilder hin und her schieben und verschiedene Reihenfolgen ausprobieren.
2. Bei einem solchen spielerischen Einstieg entsteht die Geschichte schon beim Ordnen der Bilder als Ganzes im Kopf der Lernenden. Denn schon bei der Entscheidung für das erste Bild (den Anfang der Geschichte) muss man an das letzte Bild (das Ende der Geschichte) denken.
3. Es kommt vor, dass die Lernenden die Bilder unterschiedlich reihen, es entstehen also unterschiedliche Geschichten. Das Vergleichen und Vorlesen der Geschichten im Plenum, die Arbeit am schriftlichen Ausdruck macht Spaß, da es immer wieder Überraschungen gibt.
4. Statt in Einzelarbeit können Sie die Schülerinnen und Schüler auch in Partner- oder Kleingruppen die „richtige" Reihenfolge finden lassen. Dabei kommt es in der Regel zu lebhaften Diskussionen: Argumente müssen ausgetauscht, gemeinsame Entscheidungen gefällt werden, die Geschichte wird gemeinsam erfunden, gemeinsam niedergeschrieben und schließlich gegenüber den anderen Gruppen im Plenum begründet (siehe dazu auch Kapitel 2.5.4 zum *Schreiben in Gruppen*).

Hinweis

5. Sie müssen den Aufgabenablauf nicht unbedingt wie hier vorgegeben einhalten (Sie können zum Beispiel Schritt 3 weglassen oder mit Schritt 2 zusammenfassen), wenn Ihre Schülerinnen und Schüler schon häufiger ähnliche Schreibaufgaben gelöst haben.
6. Erst ganz zum Schluss wird dann die originale Bildergeschichte gezeigt.

Auch wir zeigen Ihnen jetzt die originale Bildergeschichte. In dieser Form können Sie sie schon im ersten Lernjahr einsetzen: Kopieren Sie die Seite. Schneiden Sie dann die einzelnen Streifen aus und gestalten Sie mit jedem Streifen ein Arbeitsblatt wie in unserem Beispiel auf Seite 102. Lassen Sie die Lernenden zuerst Stichwörter notieren, dann kleine Sätze zu den einzelnen Bildern schreiben. Erst zum Schluss wird eine zusammenhängende Geschichte geschrieben.

Aufgabe 90

nach: Quino (1991), ohne Seite

Was mir/uns zu der Bildergeschichte einfällt: Stichwörter

__________________ __________________

__________________ __________________

Kleine Sätze:

__________________ __________________

__________________ __________________

Welche Wörter und Redemittel müssen Ihre Schüler kennen, damit sie eine Geschichte schreiben können? Machen Sie eine Liste.

nach: Quino (1991), ohne Seite

Bilder und Bildergeschichten, mit denen man gut im Unterricht arbeiten kann, finden Sie in folgenden Publikationen:

Literaturhinweise

- Viktor Augustin/Klaus Haase (1980): *Blasengeschichten*
- Diethelm Kaminski (1987): *Bildergeschichten*
- Theo Scherling/Hans Friedrich Schuckall (1992): *Mit Bildern lernen*
- Marie-Luise Brandi u. a. (1988): *Bild als Sprechanlaß. Sprechende Fotos*

2.3.7 Vom Bild zum Wort zum Satz zum Text

Bild → Wort → Satz → Text

Erinnern Sie sich? Mit der Erzählung *Die tollste Fahrt meines Lebens* von Hans Stuck (Kapitel 2.3.3) haben wir einen Schreibprozess **vom Text zum Wort zum Satz zum Text** beschrieben. In diesem Kapitel soll der Auslöser, der „Reiz", ein Einzelbild sein (also keine Bildergeschichte wie in Kapitel 2.3.6).

Ein Bild zu verwenden statt eines Textes, bedeutet für die Deutschlernenden sowohl eine Erschwernis als auch eine Erleichterung.

Eine **Erschwernis** bedeutet es,

- weil die Vorlage keine sprachlichen Angebote enthält und
- weil das, was auf dem Bild gleichzeitig, d. h. nebeneinander, auf einer Fläche erscheint, beim Schreiben in ein zeitliches Nacheinander gebracht werden muss.

Eine **Erleichterung** bedeutet es,

- weil die Deutschlernenden keine Vorlage nachgestalten müssen, sondern ihre Phantasie, ihre Kreativität völlig frei entfalten und ihre sprachliche Kompetenz frei einbringen können.

Hinweis

Bei Schreibaufgaben mit Bildern können Sie verschiedene Wege gehen. Sie können die Deutschlernenden z. B. mit oder ohne Assoziogramm frei schreiben lassen (siehe dazu auch Kapitel 2.5). Sie können ihnen aber auch durch entsprechende Hinweise helfen, den Schreibprozess zu strukturieren und ihren Text Schritt für Schritt aufzubauen. Mit der folgenden Aufgabe möchten wir diesen Weg, der beim Aufbau der Schreibkompetenz eine wichtige Rolle spielen kann, noch einmal exemplarisch darstellen.

Aufgabe 91

Bitte notieren Sie die drei großen Schritte des prozessorientierten Schreibens, die der folgenden Aufgabensequenz zugrunde liegen.

1. ____________________

2. ____________________

3. ____________________

Bei unserem Bildimpuls handelt es sich um eine Zeichnung von Franco Matticchio (aus: *Der Bunte Hund*, 15/1986, 5). Geben Sie Ihren Schülerinnen und Schülern ein Arbeitsblatt, auf dem das Bild so platziert ist, dass man daneben, darüber und darunter schreiben kann.

Die Aufgabe für die Deutschlernenden lautet:

Schreiben Sie zu dem Bild eine phantasievolle Geschichte. Die folgenden Schritte zeigen, wie Sie vorgehen können.

Arbeitsblatt 9

Textaufbau in 6 Schritten

Schritt 1: Partnerarbeit oder Plenum

Schreiben Sie wie bei einem Wortigel an den Rand des Bildes, was Sie sehen. (Sie können wichtige Dinge dicht an das Bild oder größer schreiben, unwichtige schreiben Sie klein oder rücken sie vom Bild weg, Sie können auch kleine Symbole oder andere Zeichnungen hinzufügen.) Schlagen Sie unbekannte Wörter im Wörterbuch nach.

Mattichio, in: Der bunte Hund (15/1986), 5

Schritt 2: Fragen und Antworten

Suchen Sie jetzt zu den einzelnen Begriffen möglichst viele W-Fragen. Welche Antworten können Sie auf Ihre Fragen geben?

Fragen	*Antworten*
– *Was ist das für eine Uhr?*	
– *Warum ist sie so groß?*	
–	
usw.	

Schritt 3: eine Geschichte entwickeln und strukturieren

Versuchen Sie, eine Geschichte aus diesen Fragen und Antworten zu entwickeln: Was kommt zuerst, was dann, was zuletzt? (möglicher Aufbau, Gliederung)

Beginnen Sie, Satzteile, kleine Sätze, vielleicht auch schon kleinere zusammenhängende Abschnitte auf einem Blatt Papier zu formulieren.

Schritt 4: die Geschichte aufschreiben

Beginnen Sie Ihre Geschichte aufzuschreiben. Achten Sie auf einen spannenden Aufbau. Verknüpfen Sie einzelne Satzteile, Hauptsätze, kleinere Sätze miteinander. Benutzen Sie das Konnektorenschema (siehe Aufgabe 14/15 im Lösungsschlüssel auf S. 186f.).

Schritt 5: Textsorte und/oder Leserbezug überprüfen

Erkennen Sie in Ihrer Geschichte eine bestimmte Textsorte? Vielleicht ein modernes Märchen? Überprüfen Sie die Textsortenmerkmale (z. B. Märchen: „Es war einmal ...")

An wen wendet sich die Geschichte? Wer soll sie lesen? (Vielleicht ein fiktiver oder realer Briefpartner?)

Schritt 6: den ganzen Text überprüfen

Überprüfen Sie den Satzbau, die grammatischen Konvergenzen, Satzanfänge, Referenzen, die Verwendung von Absätzen.

Schreiben Sie Ihren endgültigen Text auf ein extra Blatt Papier.

Anmerkung zu Schritt 5:

Wenn eine Klassen-Briefpartnerschaft besteht, könnten die Lernenden das Bild an die Partnerklasse schicken und diese bitten, ebenfalls eine Geschichte zu dem Bild zu schreiben. Dabei kann es zu interessanten interkulturellen Vergleichen kommen.

Schlussbemerkung:

Mit dem in Arbeitsblatt 9 (Seite 104) beschriebenen sechsschrittigen Vorgehen wird eine Arbeitsweise variiert, die in dieser Fernstudieneinheit immer wieder durchgespielt wird (siehe z. B. Aufgabe 16 *Böse Buben auf schweren Maschinen,* S. 27f.).

Rückverweis

Bitte verstehen Sie uns nicht falsch: Natürlich plädieren wir nicht dafür, die drei großen Schritte *Planen*, *Schreiben* und *Überarbeiten*, die diesem Verfahren zugrunde liegen, zum didaktischen Dogma zu erklären. Schreiben **muss nicht** in diesen Phasen ablaufen. Es läuft aber meist in diesen Phasen ab, und das hat Konsequenzen für unser didaktisches Handeln: Der komplexe Schreibvorgang kann in Bereiche aufgeteilt werden, die man schrittweise und isoliert üben kann. Auf diese Weise können die Deutschlernenden Schritt für Schritt Teilkompetenzen erwerben und integrieren. Dabei sollen die Schülerinnen und Schüler auch selbst entscheiden lernen, inwieweit ihnen die dabei erworbenen Kenntnisse bei ihren Schreibversuchen helfen.

Mit dieser Schreibaufgabe (zu einem Bild eine *phantasievolle* Geschichte schreiben) wird der Bogen nach vorn zu Kapitel 2.5 gespannt. Denn um Phantasie und individuelle Schreibweisen, die hier durch einen Bildimpuls ausgelöst wurden, geht es auch beim *kreativen, freien Schreiben.*

2.3.8 Textbaupläne und Textfunktionen

Gehen wir von einem Vergleich aus:

Wer ein Haus bauen möchte, braucht mehr als Steine, Beton und sonstige Baumaterialien. Zu allererst braucht er eine Vorstellung von der **Funktion** des Hauses, zum Beispiel, ob er einen einfachen Bungalow mit kleinem Garten nur für die eigene Familie, ein Mehrfamilien- oder ein Bürohaus bauen will. Er muss wissen, was alles und in welcher Reihenfolge bedacht werden muss und wie er am besten schrittweise vorgeht (z. B. Grundstück erwerben, Eintrag ins Grundbuch, Baugenehmigung, Bankkredite usw.). Er muss wissen, welche Verabredungen er mit wem treffen muss und wie sie einzuhalten sind. So braucht er wahrscheinlich einen Architekten, der ihm nach seinen Vorstellungen **einen Plan** zeichnet, aus dem hervorgeht, wie das Haus aussehen soll. Und natürlich braucht er auch eine **Zeitplanung**, wenn das Haus vor dem Winter ein Dach haben soll.

Das Bild vom Hausbau kann man ganz gut auf das „Bauen“ von Texten übertragen, spricht man doch häufig auch vom „Textaufbau“. Auch beim „Aufbau“ eines Textes genügt es nicht, Material bereitzustellen, d. h. ein Thema, dazu Wortschatz und Grammatik. Auch für das Schreiben eines Textes brauchen Sie eine Vorstellung von der **Funktion des Textes**, zum Beispiel, ob er dazu dienen soll,

Textfunktionen

- sachlich zu informieren: Zeitungsbericht, Protokoll, Gebrauchsanweisung u. a.,
- ein reales persönliches Erlebnis oder einen Gedanken lebendig/amüsant/spannend darzustellen: Erlebniserzählung, persönlicher Brief, Gedicht u. a.,
- eine fiktive Geschichte zu erzählen: Märchen, Kurzgeschichte, Sciencefiction-Erzählung, Krimi u. a.,
- die eigene Meinung zu einem bestimmten Thema/Problem auszudrücken: Kommentar, Stellungnahme,

oder

- ob Sie etwas Bestimmtes erreichen wollen, z. B.:
  jemanden mit guten/leidenschaftlichen/sachlichen/logischen Argumenten von etwas überzeugen: argumentative Darstellung, Pro- und Kontra-Diskussion u. a.,
- ob Sie jemanden dazu bringen wollen, etwas über sich selbst zu erzählen oder Ihnen zu antworten: Interview, persönlicher Brief, formelle Anfrage u. a.,
- ob Sie z. B. eine ausgeschriebene Stelle bekommen wollen: Bewerbungsschreiben mit Lebenslauf usw.

Adressat

Das Bild vom Hausbau führt uns noch ein Stück weiter: So wichtig die Frage ist, **für wen** wir das Haus bauen (ob für unsere eigene Familie oder für fremde Mietparteien), so wichtig ist bei Texten die Frage nach dem realen oder fiktiven **Adressaten/Leser**, den wir mit unserem Text erreichen wollen. Das kann der persönliche oder fiktive Brieffreund (wie häufig im Fremdsprachenunterricht), der reale Lehrer-Mitschüler-Leser, aber auch ein fiktiver, nur vorgestellter „Zeitungsleser“, „Anzeigenleser“, „Personalchef“ usw. sein.

Plan/Gliederung

Und wie steht es mit dem „Architekten“, der **den Plan**, die Gliederung, zu unserem Text liefert? Sind wir immer nur unser eigener „Architekt“, der den „Bauplan des Textes“ bestimmt, oder spielt da noch etwas anderes mit?

Textsorten* intrakulturell: verschiedene Textsorten in einer Sprache

textsortenspezifischer Plan
Rückverweis

Dass Texten Gliederungen zugrunde liegen, wissen Sie. Über die Gliederung von Texten haben wir schon mehrmals in dieser Fernstudieneinheit gesprochen. Sie wissen auch, dass bestimmten Textsorten feststehende *Textbaupläne* zugrunde liegen, so z. B. der Textsorte *Zeitungsnachricht*, die wir in Kapitel 2.3.3, S. 90ff., untersucht haben. In seinem Werk *Deutsche Grammatik* (1988, 122) listet Ulrich Engel etwa 45 Textsorten des alltäglichen Gebrauchs auf und beschreibt deren Textmerkmale nach folgenden Kategorien: Ziel, Medium, soziale Beziehung der Kommunikationspartner, besondere sprachliche Formen wie Tempusgebrauch usw.

Interview T 158,
Beratungsgespräch T 159,
Telefongespräch T 160,
Zeitungsnachricht T 161,
Hinweistafeln und Hinweisschilder T 162,
Referat T 163,
Betriebsanleitung T 164
Montageanweisung T 165,
Lebenslauf T 166,
Gebrauchsanweisung T 167,
Anmeldung T 168,
Protokoll T 169,
Bestätigung einer Bestellung T 170,
Quittung T 171,
Werbebroschüre T 172,
Werbeanzeige T 173,
Gebots- und Verbotsschild T 174,
Kochrezept T 175,
Bekanntmachung mit aufforderndem Charakter T 176,
Hausordnung T 177,
Bewerbung T 178,
Verpflichtung (Erklärung) T 179,
Dienstliche/betriebliche Anweisung T 180,
Antrag T 181,
Bestellung T 182,
Rechnung T 183,
Mahnung T 184,
Mietvertrag T 185,
Kaufvertrag T 186,
Diskussion T 187,
Leitartikel, Kommentar T 188,
Aufkleber T 189,
Offizieller Brief T 190,
Privatbrief T 191.

aus: Engel (1988), 122

Engel beschränkt sich auf die Aufzählung und Beschreibung von „Gebrauchs-Textsorten". Literarisierende und literarische Textsorten (Reportage, Inhaltsangabe, Zusammenfassung, Kurzgeschichte, Buchrezension usw.) lässt er unberücksichtigt.

Literaturhinweis

Eine Beschreibung dieser Textsorten finden Sie in literarischen Lexika (z. B. *Metzler Literatur Lexikon. Begriffe und Definitionen* (1990) oder im *Schülerduden Literatur,* Kwiatkowski (1989).

Listen von Textsorten, die speziell für den Deutsch-als-Fremdsprache-Unterricht wichtig sind, finden wir u. a. in Anforderungskatalogen von Prüfungen, wie z. B. in der Broschüre für die Grundstufenprüfung *Das Zertifikat Deutsch als Fremdsprache* (hrsg. vom Deutschen Volkshochschul-Verband und vom Goethe-Institut, 1992, 25). Diese Broschüre enthält Textsortenkataloge* zu den Fertigkeitsbereichen *Leseverstehen* und *Hörverstehen.* Für die *Fertigkeit Schreiben* wird nur die Textsorte *Brief* genannt, in Kapitel 1.2 (S. 19) dieser Fernstudieneinheit haben wir einige weitere Textsorten für das Schreiben in der Grundstufe aufgelistet. In der Prüfungsbroschüre zur *Zentralen Mittelstufenprüfung* (ZMP) (1996) des Goethe-Instituts werden in der Rubrik *Schriftlicher Ausdruck* die Textsorten *persönlicher Brief, formeller Brief, Leserbrief, Referat* o. Ä. genannt.

Rückverweis

In seinem Artikel *Handlungsorientierung im Fortgeschrittenenunterricht* in Heft 16 der Zeitschrift *Fremdsprache Deutsch* (*Deutschunterricht mit fortgeschrittenen Jugendlichen*) nimmt Hans-Dieter Dräxler (1997) für die *Fertigkeit Schreiben* die folgenden Zuordnungen vor:

Relevante Textsorten für den Unterricht mit fortgeschrittenen Deutschlernenden

	Kontakt pflegen	**berichten beschreiben erzählen**	**argumentieren beurteilen erörtern**	**anleiten auffordern**
Schreiben	persönlicher Brief	Aufsatz, Exzerpt/ Mitschrift, Lebenslauf, Protokoll, Referat/Vortrag, Bericht	Stellungnahme	Antrag, Bewerbung, offizieller Brief, Formular

Dräxler (1997), 14

Textsorte, inhaltliche Gliederung, individueller Textplan

Rückverweis
Textmerkmale*
inhaltliche Gliederung

In Kapitel 2.3.3 (S. 92) haben wir den textsortenspezifischen Plan einer Zeitungsnachricht analysiert (Überschrift, Untertitel, fett gedruckte Zusammenfassung mit den „6 W", der eigentliche Nachrichtenblock) und die inhaltliche Gliederung eines Erlebnisberichts erarbeitet (Hans Stuck: *Die tollste Fahrt meines Lebens,* S. 93). In Kapitel 2.3.5 (S. 95ff.) haben wir uns einen weiteren Zeitungstext vorgenommen (*Deutschlands faulster Lehrer*) und die inhaltliche Gliederung dieses Textes in Form eines Flussdiagramms wiedergegeben (S. 97/205). (Siehe auch Kapitel 2.4 zur *Struktur argumentativer Texte.*)

Hinweis

Textmuster

Der „textsortenspezifische Plan" einer Zeitungsnachricht ist also ein immer wiederkehrendes und schon äußerlich erkennbares Textmuster* bei dieser Art Text. Das Textmuster legt einen bestimmten Rahmen fest, der allerdings ganz unterschiedlich gefüllt werden kann. Zum Beispiel: Sicher haben auch Sie schon die Erfahrung gemacht, dass sich dieselbe Nachricht anders liest, je nachdem ob sie in einer seriösen Zeitung oder in einem Sensationsblatt, in einer regierungsnahen oder in einer der Opposition nahe stehenden Zeitung wiedergegeben ist. Manchmal ist dieselbe Nachricht kaum wiederzuerkennen.

Submuster

Zum zugrunde liegenden Textmuster *Zeitungsnachricht* kommen also Submuster, z. B. die Submuster *Sensationspresse* versus *seriöse Presse* oder *regierungsfreundli-*

individueller Textplan

che Presse versus *regierungskritische Presse* usw. Und schließlich gibt es auch noch den individuellen Textplan, d. h. die ganz persönliche Art und Weise, wie ein Schreiber/Journalist die sprachliche Form der Nachricht auf der Folie des (oder der) zugrunde liegenden Textmuster(s) realisiert, wie er (oder sie) den Leser anspricht, neugierig macht, ihn eventuell zu beeinflussen sucht usw. (Dass sich in Texten auch ein ganz persönlicher Stil äußert, ist natürlich eine Binsenweisheit. Beim Schreiben in der Fremdsprache kommt dieser persönliche Stil meist erst bei Fortgeschrittenen zum Tragen.)

Wenn wir von Textsorten sprechen, müssen wir noch weiter fragen: Liegt Zeitungsnachrichten eigentlich in allen Ländern und Sprachen dasselbe Textmuster zugrunde? Oder gibt es Unterschiede, Unterschiede zwischen dem deutschen Textmuster und dem Textmuster in anderen Sprachen, in anderen Ländern?

Untersuchungen haben gezeigt, dass viele Textsorten in verschiedenen Sprachen ganz unterschiedlich realisiert werden, oder anders gesagt: Für viele Textsorten gibt es unterschiedliche, kulturgeprägte Schreibkonventionen. Diesem Aspekt wollen wir im folgenden Abschnitt nachgehen. Dabei möchten wir Sie bitten, die angeführten Beispiele, wenn möglich, an Ihrer Sprache und den Schreibtraditionen in Ihrem Land zu überprüfen.

Kleiner Exkurs: kulturgeprägte Textmuster und Schreibkonventionen

kulturgeprägte Schreibkonventionen

So wie es in verschiedenen Regionen und Ländern unterschiedliche Konventionen für den Bau von Wohnhäusern gibt (ein schwedisches Einfamilienhaus unterscheidet sich von einem englischen, französischen, japanischen, deutschen, arabischen Wohnhaus), so gibt es auch im Bereich der Textsorten unterschiedliche Konventionen. Im schon erwähnten dritten Band des Lehrwerks *Sichtwechsel Neu* (Bachmann u. a. (1996 b), in dem die Arbeit mit Textsorten einen Schwerpunkt bildet, werden zum Beispiel Kuchenrezepte aus verschiedenen Ländern untersucht (Teil 25.1). Dabei zeigt sich, dass es unterschiedliche Formen der schriftlichen Rezeptwiedergabe gibt. Das betrifft die Genauigkeit von Maß- und Mengenangaben (*eine Schale Zucker*, *8 Löffel Zucker* oder *180 Gramm Zucker*), die Rückschlüsse auf Kochtraditionen erlauben: Wie viel Zucker ist z. B. „eine Schale Zucker"? Wie groß ist die Schale, mit der hier gemessen werden soll? Wie wird dieses Wissen vermittelt? Worauf lässt andererseits das Bedürfnis nach genauen Gewichtsangaben in Gramm (wie z. B. in deutschen Kochbüchern) schließen? Unterschiede lassen sich auch im Lay-out und bei den Anweisungen feststellen. So findet man in deutschen Rezepten unpersönliche Infinitivformen: ... *die Eier mit der Butter schaumig* ***rühren****, das Mehl mit dem EL* ***unterrühren*** ... , in den ungarischen Beispielen persönliche Formulierungen ... ***wir rühren*** *Zucker mit Eigelb* ... *Zur Masse* ***geben wir*** ... und in den rumänischen Passivformen und *man*: *Der Zucker* ***wird*** *mit den Eiern gut* ***verrührt****, dazu gießt* ***man*** ...

kulturelle Prägung von Textsorten

In den letzten Jahren wurde die Aufmerksamkeit verstärkt auf unterschiedliche Schreibtraditionen gelenkt. Ruth Eßer hat in einer wissenschaftlichen Untersuchung unterschiedliche kulturgeprägte Schreibtraditionen in deutschen und mexikanischen wissenschaftlichen Referaten herausgearbeitet (Eßer 1997). Bettina Missler, Anke Servi und Dieter Wolff haben die Textsorte *Lebenslauf* in mehreren europäischen Ländern (Deutschland, Frankreich, England, Dänemark, Portugal) untersucht und selbst bei so „nahe liegenden Kulturen" deutliche Unterschiede festgestellt (GAL Bulletin 23/1995). Barbara Kuhn und Susanne Otte haben Bewerbungsunterlagen von Studentinnen aus der Mongolei, die sich für Au-pair-Stellen in Deutschland bewerben wollten, ausgewertet. Sie schreiben:

> „Aus deutscher Sicht darf ein Lebenslauf keine Lücken aufweisen, vage Zeitangaben wecken bei Personalchefs Mißtrauen, daß der/die BewerberIn etwas zu vertuschen, etwa sogar Zeit ‚vergeudet' hat. In der Mongolei ist Zeit jedoch ein relativer Begriff. Auf dem Land besitzen viele Leute keine Uhr und richten sich nach der Sonne ... Deshalb kommt z. B. die Angabe *im Sommer* als Geburtsdatum durchaus vor." (Kuhn/Otte 1995, 528).

Bedeutung für den Fremdsprachenunterricht

Was bedeutet das für den Unterricht in Deutsch als Fremdsprache? Über ihre gesamte Sozialisation*, und dazu gehört auch das schulische Lernen, haben die Deutschlernenden „ihre" kulturgeprägten Textmuster internalisiert. Dieses textsortenspezifische „Wissen" bringen sie in den Deutschunterricht mit und übertragen es zunächst automatisch auf die entsprechenden Textsorten der Zielsprache (vgl. Wolff 1992, 122). Besonders im Fortgeschrittenenunterricht müssen deshalb die verschiedenen Textmuster in Ausgangs- und Zielsprache bewusst gemacht und verglichen werden. (Dass dieselben Beobachtungen auch für mündliche Textsorten gelten, sei hier nur am Rande vermerkt. Hinweise und Aufgaben zu „unterschiedlichen Kommunikationsstilen" finden Sie auch in dem bereits erwähnten Band 3 des Lehrwerks *Sichtwechsel Neu*.)

Literaturhinweis

Auch im Grundstufenunterricht können unterschiedliche Konventionen beim Schreiben eine Rolle spielen. So zeigt der Vergleich formeller Briefe im Deutschen und im Französischen nicht nur Unterschiede auf der Wortebene: Während die deutschen Abschlussformeln in Geschäftsbriefen *Mit freundlichem Gruß/Mit freundlichen Grüßen* im Zuge einer allgemeinen Liberalisierung das steife *Hochachtungsvoll* weitgehend abgelöst haben, werden im Französischen in der Regel immer noch herkömmliche, steife Formulierungen wie z. B. *Veuillez agréer mes/nos sentiments distingués* verwendet. Diese Formel weist auf einen „kulturell geprägten Hintergrund", nämlich einen insgesamt förmlicheren Umgang im Geschäftsleben in Frankreich. Ebenso kann die englische Abschlussformel *Yours sincerely*/amerikan. *Yours truely* als Indiz für lockerere Umgangsformen unter Geschäftspartnern gewertet werden.

Auch bei „Berichten" und „Erlebniserzählungen", bei „Einladungen" und „Absagen", bei „Bildbeschreibungen" und „Zusammenfassungen" oder „Wiedergaben" von Texten/Büchern/Filminhalten können kulturgeprägte Muster wirksam sein (Was wird überhaupt wahrgenommen, was wird zuerst genannt, was tritt in den Hintergrund, vgl. Wolff 1992, 123). Hier werden kontrastive Untersuchungen noch zu vielen interesssanten Ergebnissen führen. Aber auch Sie sollten in Ihrem Grundstufenunterricht hin und wieder versuchen, solche unterschiedlichen Textmuster durch den kontrastiven Vergleich von Texten der Ausgangs- und der Zielsprache bewusst zu machen.

Zur „Vorbildfunktion" zielsprachlicher Texte

Analyse zielsprachiger Texte als Voraussetzung von Textproduktion

Die Arbeit mit zielsprachlichen Texten können wir über die Analyse des textsortenspezifischen Rahmens (oder Textmusters) und der wichtigsten Gliederungspunkte (beides = *Makrostruktur* des Textes) hinaus weiter vertiefen. Dabei können die Deutschlernenden Einsichten in die Feinstruktur von Texten (*Mikrostruktur*) gewinnen, die ihnen bei der Textproduktion nützlich sein können.

Makrostruktur/ Mikrostruktur von Texten

Nehmen wir zum Beispiel den folgenden Text aus der *Süddeutschen Zeitung*, aus dem Bereich „Vermischtes". Für unsere Zwecke haben wir den Text in ein Raster, man könnte auch sagen „in eine Schablone", gestellt. Die groben Gliederungspunkte „Einführungsteil", „Hauptteil" und „Schluss", die im Prinzip in jedem Text zu finden sind, haben wir schon angegeben, damit Sie sich ganz auf den Feinaufbau des Textes konzentrieren können.

Aufgabe 92

a) Bitte analysieren Sie den Feinaufbau des Textes in den angegebenen Schritten. „Bauabschnitt" 1. haben wir schon benannt. Schreiben Sie entsprechende Stichwörter für die „Bauabschnitte" 2. – 7. in das Raster.

Geschenke machen nicht immer Freude. Manchmal geschieht genau das Gegenteil.	*1.*	*Einführung des Themas: Behauptung (These)*	***Einführungsteil***
Warum das so ist?	*2.*		
Weil derjenige, der schenkt, manchmal andere Pläne mit dem Geschenk hat, als derjenige, der es geschenkt bekommt.	*3.*		

So hat einmal eine Frau für ihren Mann ein Päckchen mit nach Hause gebracht. Er wollte unbedingt sofort wissen, was in dem Päckchen ist. Die Frau wollte es ihm aber zu seinem Geburtstag am nächsten Tag schenken. Der Mann holte ein Messer und wollte das Päckchen öffnen. Als die Frau ihrem Mann das Päckchen wegnehmen wollte, rutschte dieser aus und fiel in das Messer.	*4.*		*Hauptteil mit Beispiel*
Der Mann kam ins Krankenhaus, die Frau wurde von der Polizei verhört.	*5.*		
Was in dem Päckchen war?	*6.*		*Schluss*
Weder Krankenhaus noch Polizeiprotokoll geben darüber Auskunft.	*7.*		

nach: Süddeutsche Zeitung

b) Welche Techniken verwendet der Autor, um seinen Text für die Leser interessant zu machen?

Arbeit mit Textschablonen

Auf der Basis einer so erarbeiten Textschablone können die Deutschlernenden nun einen eigenen Text schreiben, z. B. über irgendein lustiges Ereignis oder zu den Themen *Sport ist gesund* oder *Lesen macht Spaß*. Natürlich kann man die Reihenfolge der Bausteine auch abwandeln, z. B. zuerst mit einer Frage beginnen, dann eine Behauptung aufstellen usw.

Auf jeden Fall ist es zunächst einmal leichter, einen Text auf der Basis einer solchen Schablone zu schreiben, als einen ganz eigenen Textbauplan zu entwickeln.

Versuchen Sie nun selbst, aus dem folgenden Text eine Textschablone herauszuarbeiten und darauf aufbauend einen Text zu schreiben.

Aufgabe 93

1. *Bitte erarbeiten Sie die Textschablone, die dem folgenden Text zugrunde liegt. Beachten Sie dabei das Tempus, in dem die Textteile geschrieben sind.*
2. *Schreiben Sie anhand Ihrer Schablone einen Paralleltext.*

Wer kennt den Jungen?

Gestern fiel einem Polizisten auf dem Marienplatz ein etwa 16jähriger Junge auf, der ziellos herumlief. Er machte einen verwirrten Eindruck und redete kein Wort.

Der Junge ist etwa 16 Jahre alt, 1,76 m groß, hat lange blonde Haare und blaue Augen. Bekleidet ist er mit einem gelben T-Shirt, Jeans und Turnschuhen der Marke Adidas.

In einer Plastiktüte, die der Junge bei sich trug, befanden sich zwei Bücher von Max Frisch.

nach: Süddeutsche Zeitung

Textvergleich

Eine andere Möglichkeit, Makro- und Mikrostruktur von Texten zu analysieren, ist der Textvergleich.

Wir möchten Sie bitten, mit den Aufgaben 94 und 95 noch einmal zwei Texte zu vergleichen, die Sie schon kennen: die Zeitungsnachricht *Achtjähriger Junge verzau-*

bert auf Seite 92 und den Erlebnisbericht von Hans Stuck *Die tollste Fahrt meines Lebens* auf Seite 91.

Text 1: *Achtjähriger Junge verzaubert*

Aufgabe 94

Bitte beantworten Sie die Fragen zum Text.
1. *Um welche Textsorte handelt es sich?*
2. *Aus welchen vier Teilen besteht der Text (Textmuster)?*
3. *In welchem Tempus steht der Text? Warum?*
4. *In welcher Reihenfolge werden die Ereignisse berichtet?*
5. *In welcher Personalform ist der Text geschrieben?*
6. *Bewertet der Verfasser des Textes das Ereignis?*
7. *Warum enthält der Text keine wörtliche/direkte Rede?*

Text 2: *Die tollste Fahrt meines Lebens*

Aufgabe 95

Bitte beantworten Sie die Fragen zum Text.
1. *Um welche Textsorte handelt es sich?*
2. *Wie lässt sich der Text gliedern? Schreiben Sie die Gliederungspunkte an den Rand des Textes auf S. 91.*
3. *In welchem Tempus ist der Text geschrieben? Warum?*
4. *In welcher Personalform ist der Text geschrieben? Und warum?*
5. *Wo im Text bezieht der Erzähler Stellung, bewertet er?*
6. *Markieren Sie den Anteil der wörtlichen Rede. Was fällt Ihnen auf und wie erklären Sie diese Verteilung?*

Sie haben nun die beiden Textsorten genauer untersucht und die textsortenspezifischen Merkmale der Texte notiert.

Aufgabe 96

Bitte stellen Sie in der folgenden Übersicht die textsortenspezifischen Merkmale der beiden Texte vergleichend einander gegenüber (in Stichworten).

	Nachricht	***Erlebniserzählung***
Worum geht es bei dieser Textsorte?		
Welche Funktion hat der Text? *Welche Absicht hat der Schreiber?*		
Wie wirkt der Text auf den Leser?		
Wie ist die Struktur des Textes? *a) Aufbau:* *b) Stil:* *c) Tempus:*		

Wenn Ihre Schülerinnen und Schüler auf diese Art und Weise Textmuster an Modellen herausgearbeitet haben, sind sie in der Lage, die dabei gewonnenen Einsichten in der eigenen Textproduktion umzusetzen. Bleiben wir bei den Beispielen von *Zeitungstext* und *Erlebnisbericht*.

Aufgabe für die Textproduktion

Eine entsprechende Aufgabe könnte so gestaltet sein:

Aufgabe 97

Schauen Sie sich das Foto an und schreiben Sie drei kurze Texte.

1. *Beschreiben Sie das Foto.*
2. *Was ist hier wohl passiert? Schreiben Sie eine Zeitungsnachricht.*
3. *Schreiben Sie eine Erlebniserzählung oder einen Brief an den besten Freund/die beste Freundin.*

Derlath (1991), Nr. 26

Hinweise für den Unterricht:

1. Lassen Sie die Schülerinnen und Schüler „ihre" Textsorte selbst wählen: Die einen schreiben eine „Beschreibung", die anderen eine „Zeitungsnachricht", wieder andere einen „Erlebnisbericht". So bekommen Sie viele Texte, die neben den textsortenspezifischen Merkmalen auch viele unterschiedliche, individuelle Schreibweisen zeigen. Beim Vorlesen und Vergleichen der Texte in der Klasse sollten Sie dann bei guten Lösungen immer wieder darauf hinweisen, dass der Textsortenrahmen ganz unterschiedlich gefüllt werden kann. Auf diese Weise werden die Lernenden ermutigt, auf ihre ganz persönliche Art zu schreiben, d. h. einen eigenen Schreibstil zu entwickeln.
2. Lassen Sie die Lernenden bei Schreibaufgaben zu Textsorten so oft wie möglich von eigenen Erlebnissen, von spannenden, interessanten Texten ausgehen, von Texten, die Sie gerade in der Klasse gelesen haben oder von Bildern, die jemand aus der Klasse mitgebracht hat.
3. Manchmal ist es sinnvoll, Teile eines Textes gezielt zu üben, z. B. Einführungsphasen (mit oder ohne besondere Stimulierung des Lesers), einzelne (thematische) Absätze, verschiedene Schlüsse.

Mit diesem letzten Punkt sind wir bei einem weiteren wichtigen Merkmal von Texten angelangt: Die meisten Texte enthalten Absätze.

Absätze

Zum Aufbau von Texten in Absätzen:

In Deutschlehrwerken findet man häufig Aufgabenstellungen wie die folgenden:

– Gliedern sie den Text X in Absätze. Finden Sie Überschriften zu den Absätzen.
– Bringen Sie die durcheinander gewürfelten Absätze in die richtige Reihenfolge.

Meist wird damit das Textverständnis überprüft. (In der Fernstudieneinheit *Fertigkeit Lesen* wird gezeigt, wie mit solchen und ähnlichen Aufgaben Lesestrategien eingeübt werden können.)

Mit dieser Art Aufgaben kann man auch für die Rolle von Absätzen in Texten sensibilisieren. Das sollen die beiden nächsten Beispiele zeigen. (Natürlich müssen Sie sich im Unterricht vergewissern, dass Ihre Schülerinnen und Schüler die einzelnen Textabschnitte verstehen.)

Bei dem Text in Aufgabe 98 haben wir die Absätze durcheinander gewürfelt. (Der Text ist gekürzt.)

Aufgabe 98

gewürfelte Absätze in die richtige Reihenfolge bringen

1. *Bitte geben Sie im Raster die richtige Reihenfolge der Absätze an. Notieren Sie auch das Thema der einzelnen Absätze.*
2. *Wie sind die Absätze miteinander verknüpft?*

Textgliederung	*Buchstabe*	*Thema*
Einführung		
erster Absatz		
zweiter Absatz		
dritter Absatz		
Schluss		

A Ihr Traum ist es, einmal Holzmöbel zu bauen. Sie möchte später eine eigene Werkstatt haben und selbstständig sein. Vorher muss sie aber in die Lehre gehen und die Meisterprüfung bestehen! Ein langer Weg!

B Die Meinung der Eltern ist wichtig, denn sie müssen ja den Ausbildungsvertrag mit der Firma unterschreiben.

C Ihre Eltern finden das gar nicht gut. „Ein schöner Büroberuf ist doch viel besser für dich“, sagt der Vater. „Die Ausbildung dauert nicht so lange, und du machst dich nicht so schmutzig.“

D Elke ist sechzehn und steht kurz vor dem Hauptschulabschluss. Sie weiß genau, was sie werden will: Tischlerin. Schon als kleines Mädchen hat sie mit dem Großvater viel gebastelt und in seiner Tischlerwerkstatt hübsche Holzarbeiten gemacht.

E „Ja“, sagt die Mutter, „und im Büro hast du auch immer Gelegenheit, einen netten Mann kennen zu lernen. Tischlerin! Das ist doch kein Beruf für ein Mädchen: den ganzen Tag im Arbeitsanzug, mit Schwielen an den Fingern!“

nach: Bieler/Weigmann (1994), 21

Der nächste Text ist ein Leserbrief. Wir bringen ihn hier ganz ohne Absätze.

Absätze finden

Aufgabe 99

a) *Bitte suchen Sie Absätze im Text auf Seite 114 und markieren Sie sie. Benennen Sie die Themen der einzelnen Absätze.*
b) *Wie sind die Absätze miteinander verknüpft? Markieren Sie im Text.*

Absatz	*Thema*

Leserbrief

Leserbrief: Fragen Sie Dr. Bergedorfer

> Ich bin im letzten Schuljahr und bereite mich auf mein Abitur vor. In sechs Wochen sind die schriftlichen Klausuren, und deshalb brauche ich Ihren Rat. Nach den Sommerferien hat es angefangen. Ich wurde immer nervös, wenn ich an das Abitur dachte. Obwohl ich bis dahin zu den Besten in der Klasse gehört habe, war ich auf einmal öfter unkonzentriert und konnte auch manchmal Fragen nicht beantworten, obwohl ich zu Hause alles gewusst hatte. In der letzten Mathematik-Arbeit habe ich nur 7 Punkte bekommen, obwohl mein Durchschnitt bei 12 Punkten, also 2+, liegt. Ich hatte immer mehr das Gefühl, dass meine Mitschüler Konkurrenten oder sogar Feinde waren. Es kam mir so vor, als ob sie sich hinter meinem Rücken über mich unterhalten würden. Deshalb bin ich auch allgemein unsicherer geworden. Dann kamen diese schrecklichen Träume nachts. Ich saß z. B. in einer Mathematik-Klausur und mir fiel keine einzige Formel mehr ein. Dann habe ich versucht, von meinem Nachbarn abzuschreiben, aber der Lehrer hat das gemerkt und hat mir die Prüfungsblätter weggenommen und gesagt: „Jetzt hast du keine Chance mehr." Danach wachte ich mit wild klopfendem Herzen auf. Mein Vater und mein Großvater sind Ärzte, und mein Vater möchte unbedingt, dass ich später seine Praxis übernehme. Aber wenn ich keine guten Noten im Abitur bekomme, kann ich auch nicht Medizin studieren. Können Sie mir helfen?
>
> Ute B. Darmstadt

nach: Vorderwülbecke (1998), 73

Aufgabe 100

Merkmale von Absätzen

Bitte versuchen Sie nun – ausgehend von unseren beiden Textbeispielen in den Aufgaben 98 und 99 – einige wesentliche Merkmale von Absätzen in Texten zu formulieren.

Merkmale von Absätzen in Texten: ...

Durch die Gliederung von Texten in Absätze wird das Hauptthema eines Textes in eine Reihe von Unterthemen aufgefächert, die ihrerseits auf unterschiedliche Weise miteinander verknüpft sind. Im folgenden Kasten finden Sie einige sprachliche Mittel zur Verknüpfung von Themen und Unterthemen.

Sprachliche Mittel zur Verknüpfung vom Themen, „Unterthemen" und neuen Gedanken

- Aufzählung:
  und, zunächst, 1. 2. 3. ... , sowohl – als auch, ebenso, genauso, ähnlich, zuletzt, schließlich und endlich usw.
- Beispiele:
  dazu ein Beispiel, ein weiteres Beispiel ist, und zwar usw.
- Vergleich:
  das kann man vergleichen mit, auf der einen Seite – auf der anderen Seite, so – wie, wie usw.
- Kontrastierung:
  im Gegensatz dazu, einerseits – andererseits, im Vergleich dazu, jedoch, aber, auf der einen Seite – auf der anderen Seite, während usw.
- Bemerkungen zu Raum und Zeit:
  damals – heute, dort – hier, früher – heute, oben – unten, gestern – heute, als, nachdem, bevor usw.
- Hinweise zum Ablauf:
  zuerst, anfangs, erstens, zunächst, zu Beginn, dann, anschließend, schließlich, zuletzt, zum Schluss usw.
- Verallgemeinerungen:
  daraus folgt, wie das Beispiel zeigt, also, im Allgemeinen, in solchen Fällen usw.

Gelegentlich können Sie auch das Schreiben von Absätzen mit Ihren Schülerinnen und Schülern üben: Fordern Sie sie auf, zu den einzelnen Gliederungspunkten eines Textes kleine geschlossene Absätze zu schreiben und diese dann zu einem Textganzen zusammenzufügen. Wir geben ihnen dazu wieder ein Beispiel.

Nehmen wir als Ausgangspunkt den Brief an Dr. Bergedorfer (siehe Lösungsschlüssel, Seite 209): Die Lernenden versetzen sich in die Rolle von Dr. Bergedorfer und antworten Ute B.

Übung zum Schreiben von Absätzen

Die Aufgabe könnte folgendermaßen gestaltet werden:

1. Die Lernenden nummerieren die Abschnitte des Leserbriefes von 1 bis 7 (1 = Einleitungsphase, 7 = Schluss).
2. Die Lernenden setzen sich in fünf Gruppen zusammen. Jede Gruppe übernimmt einen der Abschnitte (Abschnitte 2 – 6) und notiert stichwortartig einige Ratschläge, die man Ute B. zu diesem Abschnitt geben könnte.
3. Die Gruppe formuliert daraus in 3 – 4 Sätzen einen Textabschnitt.
4. Diese Textabschnitte werden untereinander auf eine Folie geschrieben und über den Tageslichtprojektor (OHP) im Plenum sprachlich bearbeitet. Da die einzelnen Abschnitte in getrennten Gruppen geschrieben wurden, fehlen Überleitungen und Verknüpfungen zwischen den Textabschnitten. Diese müssen bei Bedarf erarbeitet werden.
5. Im Plenum werden dann der Einführungsteil und der Schluss von allen gemeinsam formuliert.

Probieren Sie dieses Verfahren im Unterricht einmal aus.

Natürlich haben Texte auch in der Muttersprache der Lernenden Absätze, und in der Muttersprache macht man Absätze meist „nach dem Gefühl". Für das Schreiben in der Fremdsprache ist es auf jeden Fall von Vorteil, wenn die Lernenden bewusst auf Absätze achten.

Rückblick:

In Kapitel 2.3.3 und in diesem Kapitel haben Sie verschiedene Verfahren kennen gelernt und teilweise selbst ausprobiert, mit denen textsortenspezifische Textmerkmale im Deutschunterricht behandelt und eingeübt werden können (siehe dazu S. 92ff., S. 110ff., S. 113 usw.).

Aufgabe 101

Notieren Sie bitte die Verfahren zur Behandlung textsortenspezifischer Textmerkmale:

1. ______________________

2. ______________________

3. ______________________

4. ______________________

Zum Abschluss dieses Kapitels möchten wir noch auf zwei Beispielreihen zum Vergleich von Textsorten in anderen Publikationen hinweisen.

Literaturhinweise

Für fortgeschrittene Deutschlernende finden Sie eine ausgearbeitete Unterrichtssequenz in Band 3 des Lehrwerks *Sichtwechsel Neu* (Bachmann u. a. 1996 b). In Kapitel 2.4.2 wird dort *Ein Erlebnis im Zoo* in Form eines Gedichts, einer Zeitungsnachricht, eines Märchentextes, eines Kinderbriefes und als mündliche Äußerung des Betroffenen wiedergegeben. Mit Hilfe einer entsprechenden Aufgabenstellung werden verschiedene Textsortenmerkmale erarbeitet (Satzstruktur, Zeitengebrauch, Redewiedergabe usw.). Eine wissenschaftlich orientierte Darstellung von Karin Vilar Sánchez zum Textsortenvergleich im Deutschunterricht finden Sie in Heft 4/1995 der Zeitschrift *Zielsprache Deutsch*.

Rückverweis

In den Kapiteln 2.1, 2.2 und 2.3 dieser Fernstudieneinheit haben wir uns ganz im Konkreten bewegt, wir haben zahlreiche Schreibaufgaben mit Ihnen durchgespielt. Wir hoffen, dass Sie einiges davon auch unmittelbar in Ihrem Unterricht umsetzen können. Im nächsten Kapitel möchten wir Sie dazu einladen, sich noch einmal auf eine vertiefende Reflexion der theoretischen Konzepte, die unserer Arbeit zugrunde liegen, einzulassen. Dabei werden Sie den einen oder anderen Punkt wiedererkennen.

2.4 Ein Modell zum Schreiblehrprozess: Schreiben in der Fremdsprache als lehr- und lernbarer Prozess

Ziel der Aufgaben und Übungsbeispiele in den vorhergehenden Kapiteln war es, die Deutschlernenden bei der kontinuierlichen Entwicklung ihrer Schreibkompetenz zu unterstützen. Der methodisch-didaktische Weg führte uns **vom Wort zum Satz zum Text**. Ausgegangen sind wir von einem Ansatz, der „Schreiben als konzentrischen Prozess“ begreift (siehe Kapitel 1.2.1, S. 23f.), bei dem der (oder die) Schreibende bemüht ist, sich in einer kreisförmigen Bewegung dem, was er (oder sie) ausdrücken möchte, möglichst nahe zu kommen.

Rückverweis

Wenn wir „Schreiben als Prozess“ zum Gegenstand des Muttersprachen- oder Fremdsprachenunterrichts machen, brauchen wir ein entsprechendes theoretisches Konzept. Konzepte, die Hayes/Flower (1980), Bereiter (1980) und Augst (1988) für den Muttersprachenunterricht entwickelt haben, haben wir für unsere Zwecke auf den fremdsprachlichen Schreiblehrprozess übertragen. Dieses „Modell zum Schreiblehrprozess“ möchten wir Ihnen im Folgenden erläutern. Das Schema, das in Aufgabe 102 entstehen soll, veranschaulicht die verschiedenen Schritte.

Aufgabe 102

1. *Bitte versuchen Sie während der Lektüre der folgenden Ausführungen, das Schema mit eigenen Worten stichwortartig (Schlüsselbegriffe) auszufüllen.*
2. *Wie verlaufen die Prozesse? (von oben nach unten/von unten nach oben, vorwärts/rückwärts ...?) Versuchen Sie, diese Prozesse durch Pfeile anzudeuten, z. B. von der „Schreibaufgabe“ → zu den „ersten Planungsschritten“ usw.*

Schreibaufgabe

erste Planungsschritte

erste Formulierungen

lineare Formulierungen

Die Schreibaufgabe

In der Schule gibt die Schreibaufgabe meist das **Thema** vor.

➤ Schreibe eine Zusammenfassung.

➤ Beschreibe das folgende Bild.

➤ Schreibe einen Dialog zum Thema *Im Restaurant*.

➤ Schreibe deinem Freund/deiner Freundin einen Brief zum Geburtstag.

usw.

Mit der vorgegebenen Schreibaufgabe liegt die **Textsorte** in der Regel auch fest. Bei den oben genannten Aufgaben also

- eine Zusammenfassung,
- eine Bildbeschreibung,
- ein Dialog,
- ein Brief.

muttersprachliche Schreiberfahrungen

Wenn wir außerhalb der Schule in unserer Muttersprache etwas schreiben, dann schreiben wir immer im Hinblick auf einen ganz bestimmten Adressaten, einen Leser, den wir mit unseren Worten erreichen, bei dem wir eventuell etwas bewirken wollen, z. B. dass er sich freut (über unseren Geburtstagsbrief) oder etwas tut (einkaufen mit der Einkaufsliste, die wir geschrieben haben; auf unseren Brief antworten ...). Manchmal schreiben wir auch nur für uns selbst, z. B. ins Tagebuch. Dass das so ist, wissen die Deutschlernenden aus ihrer eigenen muttersprachlichen Schreiberfahrung. An dieses Wissen brauchen Sie im Fremdsprachenunterricht nur anzuknüpfen, denn auch im Fremdsprachenunterricht sollten die Schülerinnen und Schüler „leserorientiert" schreiben. Das bedeutet, dass sie sich einen potenziellen **Leser** möglichst konkret und lebendig vorstellen und für ihn (oder sie) schreiben. Auch wenn der reale Leser in den meisten Fällen nur der Lehrer oder die Lehrerin, ein Mitschüler oder eine Mitschülerin ist, so hilft es beim Schreiben, sich einen fiktiven Leser zu denken, z. B. als Adressaten für die Bildbeschreibung „eine Freundin, die man für das Bild begeistern möchte", als Adressaten für die Zusammenfassung einer Geschichte „den Käufer eines Buches" usw. Dieser fiktive Adressat muss allerdings explizit genannt werden, damit es beim Leser/Lehrer nicht zu Missverständnissen (z. B. bei benoteten Arbeiten) kommt.

leserorientiert schreiben: schreiben für jemanden

reale Schreibpartner

Natürlich können Sie als Lehrer oder Lehrerin auch Schreibanlässe schaffen, bei denen sich die Deutschlernenden an reale Leserinnen und Leser wenden können, z. B.:

- Briefpartner im Rahmen einer Klassenkorrespondenz, sei es per Briefpost oder per E-Mail (siehe dazu die Ausführungen in der Fernstudieneinheit *Computer im Deutschunterricht*),
- Leserbriefe an oder fiktionale Texte für (Jugend-)Zeitschriften, für die Schülerzeitschrift, für Korrespondenzpartner, für einen Schreibwettbewerb zwischen Parallelklassen (über das Schreiben von Gedichten und Geschichten siehe Mummert 1989a).

⟹

leserorientierte Fragen

Wer „leserorientiert" schreibt, muss sich zunächst folgende Fragen stellen:

➤ Wie erwecke ich überhaupt das Interesse des Lesers (damit er Lust hat, meinen Text zu lesen)?

➤ Was weiß der Leser vom Thema? Was kann ich als Schreiber als bekannt voraussetzen?

➤ Wie sehr interessiert den Leser mein Thema?

➤ Wie ausführlich muss ich mein Thema darstellen?

➤ Wie kann ich das Thema anschaulich, interessant und vielleicht sogar spannend darstellen?

➤ Wie sind die Sprachkenntnisse des Lesers?

➤ Erwarte ich eine (schriftliche) Reaktion? Wenn ja: Wie sehen meine direkten oder indirekten Appelle aus, um diese Reaktion zu bewirken (stelle ich Fragen?)?

usw.

Die Antworten auf diese Fragen beeinflussen nicht nur das Was, sondern auch das Wie des Schreibens.

Erste Planungsschritte

In dieser Phase sammeln die Schülerinnen und Schüler ihr inhaltliches und sprachliches Wissen zu den folgenden Punkten noch weitgehend unstrukturiert.

Stichpunkte für die ersten Planungsschritte:

- *Thema:* Was fällt mir zum Thema ein?
- *Leserbezug:* Was muss ich mit Blick auf den (realen, simulierten, fiktiven) Leser berücksichtigen/beachten?
- *Textsorte:* Welche formalen, textsortenspezifischen Aspekte muss ich wie beachten?
- *Mitteilungsperspektive:* Was möchte ich mitteilen/darstellen? Was davon weiß ich?
- *Informationen:* Welche (weiteren) Informationen benötige ich und wie komme ich an diese Informationen?
- *Redemittel:* Welche Wörter, Strukturen, Redemittel stehen mir zur Verfügung, um das alles in der fremden Sprache zu realisieren?

Der letzte Punkt, „Redemittel in der fremden Sprache", weist darauf hin, dass die Überlegungen zu den anderen Punkten – zumindest im Grundstufenunterricht, häufig aber auch noch im Fortgeschrittenenunterricht – zunächst in der Muttersprache stattfinden. Dabei wird natürlich auch wieder auf die muttersprachlichen Schreiberfahrungen und das bereits zur Verfügung stehende Wissen zurückgegriffen.

Rückverweis
sprachliche und inhaltliche Defizite abbauen

Wenn Sie diese Planungsschritte in der Klasse durchführen und dabei mit Assoziogrammen, Wortigel und Mind-map (siehe Kapitel 2.1.2) arbeiten, werden die sprachlichen und inhaltlichen (sachlichen) Defizite deutlich und können systematisch abgebaut werden:

- Lassen Sie die Schülerinnen und Schüler beim freien Assoziieren mit der ganzen Klasse auch in der Muttersprache reagieren, wenn ihnen bestimmte Wörter und Redemittel in der Fremdsprache fehlen. Schreiben Sie die Redemittel dann auf Deutsch ins Assoziogramm.
- Unbekannte lexikalische Einheiten werden im Wörterbuch nachgeschlagen.
- Fehlende Informationen zum Thema werden in Nachschlagewerken und sonstigen Informationsmaterialien aufgesucht und dann stichwortartig mit eigenen Worten festgehalten.

In dieser Phase geht es also darum,

a) das Vorwissen der Schülerinnen und Schüler zu aktivieren und
b) weitere Informationen aus entsprechenden Nachschlagewerken bereit zu stellen.

advance organizer

Diese organisatorischen Schritte vorab, die so genannten „advance organizer"*, sollen den Schreibvorgang erleichtern und effektiver gestalten.

Arbeit mit Nachschlagewerken

Mit dem Wörterbuch arbeiten und *einen fremdsprachigen Text aus Nachschlagewerken für die eigene Textproduktion verwenden* sind „instrumentelle" Fertigkeiten, die bei den Deutschlernenden nicht vorausgesetzt werden können, sondern geübt werden müssen. Besonders der Umgang mit Texten aus Nachschlagewerken bereitet häufig Schwierigkeiten, weil die Deutschlernenden zu sehr an der Textvorlage kleben. Es empfiehlt sich deshalb, diese „Fertigkeit" in drei Schritten zu üben:

1. Ausgangstext lesen und verstehen,
2. der Textvorlage nur diejenigen Informationen entnehmen, die für den eigenen Text benötigt werden,
3. diese Informationen mit den in der Fremdsprache zur Verfügung stehenden sprachlichen Mitteln ausdrücken.

planen vs. drauflosschreiben

In dieser Phase haben die meisten Schülerinnen und Schüler noch keinen Text („keine Geschichte") im Kopf. „Bevor man schreibt, weiß man nichts von dem, was man schreiben wird", heißt es bei Marguerite Duras (1994, 57). Es gibt aber auch Deutschlernende, denen bei einem Thema, das sie interessiert, sofort eine ganze „Geschichte" einfällt und die am liebsten sofort „losschreiben" wollen. Häufig sind diese Schüler auch gut im Aufsatzschreiben in der Muttersprache und so, wie es verschiedene Lerntypen gibt, gibt es auch verschiedene Schreibtypen. Hier liegt es an Ihnen, aufgrund entsprechender Beobachtungen diese Schülerinnen und Schüler nicht durch zu viel Planung in ihrem Elan, ihrer unmittelbaren Schreiblust, zu bremsen.

Erste Formulierungen in der Fremdsprache

Umsetzung des Geplanten

In dieser Phase des Schreibprozesses befinden wir uns im Übergang vom Planen zur Umsetzung des Geplanten: Ausgehend von den Vorarbeiten werden erste Gedanken zusammenhängend aufgeschrieben; es entstehen Satzteile und/oder kurze Hauptsätze. Unter Umständen werden sie bereits in dieser Phase so geordnet, dass eine inhaltliche Gliederung erkennbar wird. Folgende „stille" Fragen können den Deutschlernenden dabei behilflich sein:

- Womit fange ich an? Wie geht es weiter?
- Ist eine Grobgliederung in Einleitung, Hauptteil und Schluss sinnvoll?
- Welche Informationen/Beschreibungen/Aussagen usw. müssen welchen anderen vorausgehen?
- Wie können die bereits gesammelten Punkte so geordnet werden, dass ein logischer und für den Leser nachvollziehbarer Verlauf erkennbar wird?
- Welche Punkte fehlen und müssen ergänzt werden?
- Kann ich die fehlenden Punkte mit meinem eigenen Wissen ergänzen oder benötige ich Hilfe „von außen"?
- Welche sprachlichen Formulierungen fehlen mir, um die Inhalte angemessen darzustellen?
- Wie sieht die Verlaufskurve meines Textes aus? Zeigt sie eine Spannungskurve, die den Leser anspricht?

Vielleicht werden in dieser Phase aber auch erste Formulierungen ganz ungegliedert, unstrukturiert zu Papier gebracht. Dann schließen sich Überlegungen an, wie man eine Ordnung in das assoziative Chaos bringt.

Die Organisation des Textes und der Gedanken (!) könnte mit Hilfe einer Strukturskizze, eines Flussdiagramms (siehe z. B. die Ergebnisse der Aufgaben 85 und 95 im Lösungsschlüssel), einer Kombination von Wörtern, Linien und Gliederungssymbolen (Pfeile, nummerieren, einkreisen usw.) veranschaulicht werden.

Strukturskizzen

Die einfachsten Formen einer solchen **Strukturskizze** könnten z. B.

so aussehen:

Einleitung
↓
Hauptteil 1.
2.
3.
...
↓
Schluss

oder so:

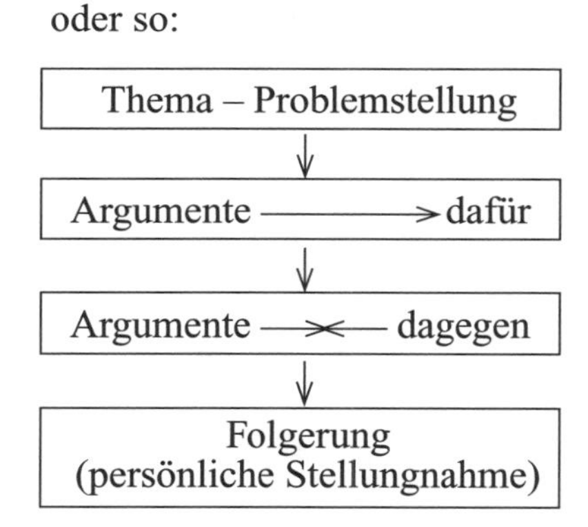

In dem Buch *Lernen ist lernbar* von R. Frick und W. Mosimann (1996), das im Übrigen zahlreiche sehr nützliche Lern- und Arbeitstechniken enthält, haben wir zwei weitere Strukturskizzen für argumentative Texte gefunden:

Gliederungsbeispiele

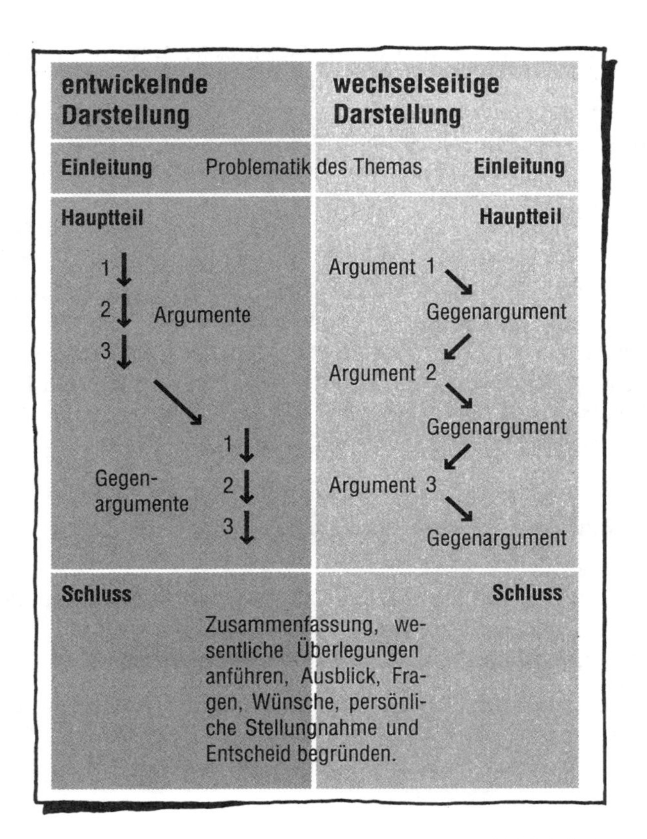

Frick/Mosimann (1996), 52

Rückverweis

Strukturskizzen, Flussdiagramme usw. sollten Sie zunächst gemeinsam in der Klasse aus vorgegebenen Texten entwickeln (siehe unsere Beispiele in Kapitel 2.3.5, S. 96f., und 2.3.8, S. 110ff.). Besprechen Sie eine exemplarische Strukturskizze in der Klasse und vermitteln Sie den Lernenden die wichtigsten Operatoren:

- Was kommt zuerst, was zuletzt? Und warum?
- Was sind übergeordnete Punkte?
- Was sind untergeordnete Punkte?
- Was gehört zusammen?
- Welche Informationen müssen beim Leser vorhanden sein, um bestimmte Informationen im Text zu verstehen?
- Welche Informationen müssen explizit gemacht werden?

usw.

muttersprachliche Schreiberfahrungen

Rückverweis

Auch bei den verschiedenen Verfahren zur Gliederung von Texten können Sie häufig an die muttersprachlichen Schreiberfahrungen Ihrer Schülerinnen und Schüler anknüpfen, Sie müssen es nur explizit tun und gegebenenfalls auf unterschiedliche Schreibkonventionen in Mutter- und Zielsprache hinweisen (siehe „Exkurs" S. 108f.).

Lineare Formulierung

Bisher ist der Text lediglich **geplant**: Auf dem Papier steht ein Konzept, wie der Text gestaltet werden **könnte**; außerdem liegen Bausteine vor, die zu einem Text zusammengefügt werden müssen.

Textelemente verbinden

Die konzeptionellen Überlegungen und die sprachlichen Bausteine werden erst dadurch zu einem Text, dass sie miteinander verbunden und die einzelnen Satzteile und Sätze aufeinander bezogen werden. Erst die logischen Beziehungen zwischen den Sätzen stellen Zusammenhänge her, vernetzen die einzelnen Bausteine thematisch und konstituieren einen Text (lat. *textus* = Gewebe, Geflecht; siehe auch das Wort *Textilien*). Hier kommen nun die Konnektoren und Verweismittel (Referenzbeziehungen) zum Einsatz, die wir in den Kapiteln 2.2.2 und 2.2.5 ausführlich behandelt haben. Die Deutschlernenden müssen also diejenigen Strategien und sprachlichen Mittel erwerben, die Sätze zu einem Text verweben, die Zusammenhangloses zusammenzufügen.

Rückverweis

Entwurf

In den seltensten Fällen gelingt der erste lineare Formulierungsversuch in der Fremdsprache so gut, dass ein für Schreiber und Leser zufrieden stellender Text entstanden ist: Man liest den Text noch einmal durch, verbessert orthographische und grammatikalische Fehler, formuliert um, findet treffendere Ausdrücke, entdeckt stilistische Unebenheiten, verschiebt Textstellen von hinten nach vorn, vom Anfang in die Mitte usw.

Texte „überlesen“ und überarbeiten

Dieser Prozess setzt bei den Deutschlernenden meist sogar sehr früh ein: Die Schüler halten im Schreiben inne, denken nach, verwerfen die niedergeschriebene Version, streichen durch, formulieren neu. Dieser Prozess des wiederholten „Überlesens und Überarbeitens“ ist konstitutiv für das Schreiben. Hierin äußert sich zum einen die Kleistsche Vorstellung von den Gedanken, die beim Schreiben entstehen und sich beim Schreiben verändern (siehe S. 23), zum andern aber auch das Ringen um den bestmöglichen Ausdruck. Das gilt besonders für das Schreiben in der Fremdsprache: Die Deutschlerndern aktivieren beim Überlesen und Überprüfen ihres Textes auch noch die verborgensten Sprach- und Wortschatzkenntnisse, sie entdecken Fehler und korrigieren sich selbst. Das „Umschreiben“ und „Drüberschreiben“ ist ein gutes Zeichen, auch wenn die Ästhetik darunter leidet. Die Deutschlernenden müssen also ermutigt werden, durchzustreichen, neu anzufangen, umzuformulieren, auszuprobieren, zu verändern. Zum einen, weil sich das, was man aufschreiben möchte, während des Schreibens verändert und präzisiert, zum andern, weil sie auf diesem Weg ihre sämtlichen fremdsprachlichen Ressourcen mobilisieren. „Lineare Formulierung“ heißt deshalb, einen ersten Entwurf vorlegen, der noch mehr oder weniger stark überarbeitet werden kann oder muss, unter Umständen aber auch schon in Reinschrift gebracht werden kann.

Revision

Oft folgen dem ersten Entwurf weitere: Jede Änderung im Entwurf führt zu einem neuen Entwurf. Das ist nicht so zu verstehen, dass der Text immer neu geschrieben wird, sondern dass in dem Entwurf selbst geändert wird. Der Schreibprozess läuft also nicht kontinuierlich und linear von der

Schreibaufgabe
    zu → ersten Planungsschritten,
    zu → ersten Formulierungen,
    zu → einer linearen Formulierung und von da
    zum → fertigen Text,

sondern: Wenn der Schreiber den Text aufgrund vorhandener Maßstäbe und Kriterien (Thema, Leserbezug, Form, grammatische Korrektheit, Ausdruck) als unbefriedigend und defizitär bewertet, bewegt er sich zurück und steigt an einem bestimmten Punkt (bei einem Wort, einem Satz, einem Abschnitt) neu in den Prozess ein, sei es in den Planungsphasen, sei es in den Formulierungsphasen. Es kann sogar geschehen, dass es in den ersten Planungsschritten zu einer Neuformulierung kommt und bisher Erarbeitetes und Geschriebenes ganz verworfen wird und in den Papierkorb wandert (wie nicht selten auch bei dieser Fernstudieneinheit).

von der Normalität des Überarbeitens

Dass das ein ganz normaler Vorgang ist, wissen wir alle aus unserer eigenen muttersprachlichen Schreiberfahrung, bei Schülerprodukten wird das allerdings häufig vergessen. Die Normalität des Überarbeitens belegen auch unzählige Zeugnisse von Schriftstellern. So berichtet z. B. Hermann Burger, ein zeitgenössischer Schweizer Schriftsteller, über die Arbeit an seinem Roman *Schilten*: „Den 300 Seiten im Buch entsprechen rund 2000 Blatt an Entwürfen, Recherchen, Studien“ (1986, 30). Vorarbeiten und Entwürfe sind legitime Stadien des Schreibprozesses.

Schreiben als Prozess des Problemlösens

Rekursivität und Diskontinuität des Schreibprozesses*

Schreiben ist ein zielorientierter Prozess des Problemlösens, das ist an unserem Modell deutlich geworden. Der Prozess vollzieht sich nicht linear, sondern „rekursiv“, d. h. zurückgehend, zurückgreifend auf bereits durchlaufene Phasen. In dieser Rekursivität und Diskontinuität des Prozesses liegt paradoxerweise die Annäherung an die Zielvorstellungen, wie sie die Schreibaufgabe enthält: Rück-Schritte sind Fort-Schritte, sind Schritte hin zum Ziel. Schüler sollten diese Arbeitstechniken im Prinzip schon im Muttersprachenunterricht gelernt haben, im Fremdsprachenunterricht müssen sie auf jeden Fall noch einmal bewusst gemacht oder gegebenenfalls bewusst geübt werden, da das Überlesen in der Fremdsprache die Chance bietet, Fehlerhaftes zu erkennen, den Ausdruck zu verbessern usw. Beim fremdsprachlichen Schreiben müs-sen Schülerinnen und Schüler aber auch schrittweise ihre individuellen Lösungswege entwickeln:

> „Der eine Schreiber denkt erst lange nach, macht sich Notizen, entwirft eine Gliederung und schreibt dann ohne größere Revisionen den Text, der der Reinschrift sehr nahe kommt; ein anderer beginnt sofort mit dem Entwurf, er schreibt sich erst einmal alles aus dem Kopf, dann folgt eine gründliche Überarbeitung." (Augst 1988, 53).

Schreiber als Leser

Die individuellen Revisionsarbeiten können dadurch stimuliert werden, dass der/die Schreibende sich in die Leserrolle versetzt (jeder Schreiber ist sein erster kritischer Leser) und sich fragt: Wollte ich das sagen? Wollte ich es so sagen? Bin ich mit den Stellen, wo es Schwierigkeiten gab, zufrieden? Womit bin ich zufrieden, womit weniger? Gerade für erfahrene Schreiber/Schreiberinnen ist der **ständige** Wechsel von Schreib- und Lesephasen bei der Textproduktion typisch. Der Text sollte also nicht erst dann (noch einmal) gelesen werden, wenn er abgeschlossen ist, sondern Lesephasen müssen fester Bestandteil des Schreibprozesses werden.

„Probeleser"

Die Revision kann aber auch durch einen „Probeleser" angeregt werden, der zu der ersten Textfassung Kommentare liefert, Fragen stellt, Vorschläge unterbreitet usw. und auf diese Weise zum „Mitautor" wird. „Überarbeiten muß nicht in Einzelarbeit erfolgen", betont Portmann (1991, 504). „Viele ... Texte eignen sich ausgezeichnet für eine Überarbeitung in Kleingruppen" (siehe auch Kapitel 2.5.3).

Hinweis

Zeitplanung für Schreibaufgaben

Empirische Untersuchungen zum Schreiben in der Fremdsprache haben gezeigt, dass die bei Planungs- und Revisionsprozessen notwendigen Schreibpausen im Durchschnitt bei etwa der Hälfte der Textproduktionszeit liegen; d. h., beim Schreiben wird rund 50% der Zeit geplant (nachgedacht) und 50% der Zeit geschrieben. Dabei werden pro Minute zwischen rund zwei und fünf Wörtern produziert. Besonders auffallend sind dabei starke individuelle Unterschiede in allen Untersuchungen. So variiert die Länge der produzierten Texte zwischen 18 und 41 Zeilen, die Gesamtdauer der Textproduktion zwischen 72 und 90 Minuten, die mittlere Pausenlänge zwischen 18 und 28 Sekunden, die Anzahl der Revisionen zwischen 9 und 19 (vgl. Krings 1992, 56 und 67).

Diese Zahlen sind für die Zeitplanung sehr wichtig. Viele Schülerinnen und Schüler klagen bei Schreibaufgaben, besonders natürlich bei benoteten Klassenarbeiten (Schularbeiten), dass sie zu wenig Zeit zum Überlesen und Revidieren gehabt hätten und dadurch vermeidbare Fehler unerkannt blieben. Die Zahlen zeigen auch, wie problematisch die Festlegung **einer** verbindlichen Zeit für **alle** Schüler ist. Andererseits kann man daraus auch den Schluss ziehen, dass die Deutschlernenden selbst lernen müssen, bei Schreibaufgaben die zur Verfügung stehende Zeit besser einzuteilen. Die Zeitplanung bei Schreibaufgaben sollte also auch Gegenstand der Reflexion im Unterricht sein und gegebenenfalls geübt werden.

schreiben heißt revidieren und reformulieren

Wichtig ist, dass die fremdsprachlichen Schreiber und Schreiberinnen Revisionen als etwas Selbstverständliches erfahren, dass sie zum Rück-Schritt angeleitet und ermutigt werden. Ein Schüler, der schon gleich den ersten Satz seines Textes perfekt formulieren möchte, um sodann Satz für Satz einen druckreifen Text zu schreiben, muss scheitern. Das schaffen noch nicht einmal professionelle Schreiber, wie Journalisten oder Schriftsteller. Schreiben heißt revidieren, revidieren heißt: immer wieder hinsehen und entdecken, was verbessert, verdeutlicht werden kann. In Kapitel 3 dieser Fernstudieneinheit werden wir diesen Gedanken vertiefen.

Hinweis

Lehrerverhalten

Auch die Lehrenden müssen das Revidieren und Reformulieren als wichtigen Bestandteil des Schreibprozesses anerkennen. Das bedeutet zum Beispiel, dass Schülertexte mit Streichungen und Überschreibungen akzeptiert und nicht sanktioniert werden, selbst wenn die Lesbarkeit darunter leidet. Die Lehrenden können an solchen Textbearbeitungen sehen, wie sich der Schreibprozess bei einem bestimmten Text, wie sich der Schüler bzw. die Schülerin während dieses Prozesses entwickelt hat. Gleichzeitig können sie erkennen, welche Schwierigkeiten vorhanden waren und wie sie gegebenenfalls gelöst wurden. Anstatt bei einer abschließenden Reinschrift die vorangegangen Entwürfe als lästige „Schmierzettel" zu betrachten und wegzuwerfen, könnte man sie auch als integralen Bestandteil der Textarbeit ansehen. Heutzutage wird in den Schulen häufig mit so genannten „Killern" gearbeitet: Der Fehler wird mit einem besonderen Filzstift gelöscht und das Ergebnis sieht „sauber" aus. Dadurch können aber auch interessante Einblicke in den Schreibprozess verloren gehen. Dies gilt zum Beispiel auch beim Schreiben am Computer.

Ein Blick in die Werkstatt der Textproduktion eines „Großen" kann Lernende vielleicht dazu ermutigen, den eigenen Text immer wieder neu zu „modellieren" und Lehrende davon überzeugen, dass das Revidieren und Überschreiben kein Zeichen für mangelnde Sprachbeherrschung ist, sondern ganz im Gegenteil von einem bewussten, reflektierenden Umgang mit der (Fremd-)Sprache zeugt.

Der folgende Abdruck zeigt eine Originalseite aus dem Manuskript *Fränze* von Peter Härtling.

Gründe. Vielleicht stimmt ~~ist er wirklich von der~~
~~Rolle, hat irgendwas. Daß~~ mit seinem Job was
nicht ~~stimmt~~, kann ja ~~auch~~ sein."
Das schlägt wie ein Blitz bei Fränze ein.
"Ja!", ~~ruft~~ Sie, geht in die Hocke ~~geht in~~ und
~~sich, reckt sich,~~ wirft den Ranzen über
die Schulter. "Das ist es", sagt sie. ~~Holger~~
~~weiß überhaupt nicht mehr, woran er ist.~~
"Was?" fragt ~~er~~. "Danke", sagt sie ~~wenn~~ und rennt los.
~~Johannes nicht mit uns redet, müssen wir~~
~~mit ihm reden.~~
~~Sie rennt los.~~ ~~Nachher~~ ruft er ihr nach.
"Soll ich vorbeikommen, heute nachmittag?"
"Ja", erwidert sie, "du kannst mich begleiten."
"Wohin denn?"
Sie hält an, dreht sich ~~zu ihm~~ um: "Weißt
du, wie man zur Weißenaustraße kommt?"
"Ich glaub, mit dem ~~Acht~~-Bus. Das ist
ziemlich in der Pampa. Was willst ~~du~~
denn da?"
"Da ist dem Johannes seine Firma." ~~Fschan.~~"
"Ich hol dich ab, Fränze."
Auf dem Nachhauseweg ~~wird sie immer lang-~~
~~samer, gerät ins Grübeln,~~ fragt sich, ob
sie nicht voreilig gedacht hat. Es muß
ja nicht unbedingt um seine Arbeit gehen.
~~Bloß was könnte~~ Johannes ~~sonst so ver-~~ hat nie
~~ändern? Nie hat er~~ ein Wort verloren über
~~die~~ Schwierigkeiten in seiner Firma. An
der hing er sehr. ~~Die~~ hatte er ein paar
Wochen nach ~~ihrer~~ Geburt ~~mit Freunden~~
gegründet. Die waren Techniker, und er
~~mußte~~ dafür ~~sorgen~~, daß die Buchhaltung
stimmte. ~~Manchmal sagte er~~ "Ich bin
nicht das größte Licht bei uns, aber
ein nötiges Flämmchen." Auf einmal sollte
das Flämmchen nicht mehr nötig sein?
~~Gut, daß Holger sie begleiten wird.~~ Frenze

Vadder schon Gründe. Vielleicht stimmt mit seinem Job was nicht, kann ja sein.«

Das schlägt wie ein Blitz bei Fränze ein.

»Ja!« Sie geht in die Hocke und wirft sich den Ranzen über die Schulter. »Das ist es«, sagt sie.

»Was?« fragt Holger.

»Danke«, sagt sie und rennt los.

»Soll ich vorbeikommen, heute nachmittag?« ruft er ihr nach.

»Ja«, erwidert sie, »du kannst mich begleiten.«

»Wohin denn?«

Sie hält an, dreht sich um: »Weißt du, wie man zur Weißenaustraße kommt?«

»Ich glaub, mit dem Siebener-Bus. Das ist ziemlich in der Pampa. Was willst du denn da?«

»Da ist dem Johannes seine Firma.«

»Ich hol dich ab, Fränze.«

Auf dem Nachhauseweg fragt sie sich, ob sie nicht voreilig gedacht hat. Es muß ja nicht unbedingt um seine Arbeit gehen. Johannes hat nie ein Wort verloren über Schwierigkeiten in seiner Firma. An der hing er sehr. Mit Freunden hatte er sie ein paar Wochen nach Fränzes Geburt gegründet. Die anderen waren Techniker, und er sorgte dafür, daß die Buchhaltung stimmte. »Ich bin nicht das größte Licht bei uns«, sagte er, »aber ein nötiges Flämmchen.« Auf einmal sollte das Flämmchen nicht mehr nötig sein?

Härtling (1989), 31/32

In diesem Kapitel wollen wir für Sie „Ein Modell zum Schreiblehrprozess" skizzieren. Jetzt ist es Zeit zu prüfen, welche Punkte Sie dazu in Ihr Schema von Aufgabe 102 eingetragen haben.

Aufgabe 103

Vergleichen Sie bitte Ihr ausgefülltes Schema mit unserem Muster im Lösungsschlüssel (Aufgabe 102, S. 210). Fehlen bei Ihnen Punkte, die Ihnen auch wichtig erscheinen? Dann ergänzen Sie bitte Ihr Schema. Haben Sie noch andere zusätzliche Punkte notiert? Überprüfen Sie auch die Pfeile im Schema.

Wie haben Sie den Prozessverlauf in Ihrem Schema dargestellt? Wie laufen die Pfeile?

Nur von oben nach unten? Oder auch von unten nach oben? Und von wo wohin? In unserer Beschreibung der verschiedenen Phasen müsste deutlich geworden sein, dass die Prozesse in diesem hierarchischen Modell nicht nur linear von oben nach unten verlaufen, sondern an vielen Punkten auch rückwärts und dann wieder vorwärts, und sogar von unten nach oben. Das gilt nicht nur formal für die verschiedenen Hierarchieebenen, d. h. von der

Schreibaufgabe
  zu → ersten Planungsschritten,
  zu → ersten Formulierungen,
  usw.,

sondern in noch viel stärkerem Maße für die kognitiven Prozesse: Wer schreibt, bringt Gedanken aus seinem Kopf (und der ist bekanntlich oben) zu Papier (das liegt unten). Mit dem, was da auf dem Papier steht (unten), ist derjenige, der schreibt (oben), nicht immer gleich zufrieden. Er versucht seine Gefühle, Informationen, Mitteilungsabsichten usw. vom Kopf her präziser, adäquater, deutlicher, lesbarer, verständlicher usw. zu formulieren (aufs Papier zu bringen).

© Ellen Kast

absteigende und aufsteigende Prozesse

Dies ist ein ständiges Wechselspiel zwischen absteigenden *(top-down)* und aufsteigenden *(bottom-up)* Prozessen, ein ständiges Vergleichen zwischen dem, was da (unten) steht und was da stehen soll (oben). Genau hier liegt die Ursache für die Rekursivität des Schreibprozesses.

Diskrepanz zwischen Mitteilungsbedürfnissen und der fremdsprachlichen Realisierung

Fremdsprachenlernende können die in unserem Modell skizzierten Tätigkeiten auf den verschiedenen Ebenen natürlich nicht problemlos koordinieren. Insbesondere gibt es eine – im Grundstufenunterricht besonders deutliche und manchmal auch quälende – Diskrepanz zwischen den organisierenden Tätigkeiten auf der Planungsebene und den Mitteilungsbedürfnissen (oben) einerseits und den realen Möglichkeiten der Realisierung im fremdsprachlichen Ausdruck (unten) andererseits. Die Deutschlernenden müssen deshalb auf der Ebene der Sprachverarbeitung, d. h. auf der Ebene des Wortschatzes, der Orthographie, der Grammatik und der textkonstituierenden Elemente gewisse Routinen und Automatisierungen aufbauen. Dazu muss man die einzelnen Tätigkeiten isolieren, den komplexen Schreibprozess in Teilfertigkeiten zerlegen. Es ist wie beim Autofahren: Das Kuppeln, Schalten, Gas geben, das Bremsen, Blinken, Hupen wird in der Fahrschule so lange geübt, bis alle diese Tätigkeiten so weit automatisert sind, dass der Kopf sich ganz auf das Verkehrsgeschehen konzentrieren kann. Der Prozess des Autofahrens aber ist ein ganzheitlicher Prozess, in dem in jedem Augenblick die Teilfertigkeiten und das verkehrsgerechte Fahren ineinander greifen.

einzelne Tätigkeiten des Schreibprozesses
– Isolieren
– Üben
– Automatisieren

Ähnliches versuchen wir mit dieser Fernstudieneinheit zu zeigen: Der komplexe Schreiblehrprozess kann in überschaubare Teilfertigkeiten zerlegt werden und Übungen zu Wortschatz, Satzbau, Rechtschreibung, Konnektoren, Verweismittel u. a. können die Deutschlernenden auf der sprachlichen Ebene so fit machen, dass sie den

Kopf frei(er) haben für übergreifende Prozesse der Textproduktion. Im Textganzen ist dann alles untrennbar ineinander verwoben.

Literaturhinweis

Für eine intensivere Beschäftigung mit den in diesem Kapitel dargestellten Textproduktionsprozessen möchten wir Ihnen den übersichtlichen Aufsatz von Gunther Eigler *Textverarbeiten und Textproduzieren* (1985, 301 – 318) empfehlen.

Zum Abschluss dieses Kapitels stellen wir hier noch einmal 10 Punkte zusammen, die uns für das Schreiben in der Fremdsprache als besonders wichtig erscheinen.

Zehn-Punkte-Katalog zum Schreiben in der Fremdsprache

1. Schreiben in der Fremdsprache erfolgt vor dem Hintergrund der in der Muttersprache entwickelten Kompetenzen.
2. Diese Kompetenzen werden beim Schreiben in der Fremdsprache häufig durch sprachliche Defizite überwuchert. Sie müssen als Hilfe beim Schreiben in der Fremdsprache bewusst aktiviert werden.
3. Beim Schreiben in der Fremdsprache besteht eine Diskrepanz zwischen dem Mitteilungsbedürfnis und dem Ausdrucksvermögen.
4. Auch beim Schreiben in der Fremdsprache sollten die Lernenden „leserorientiert" schreiben, d. h. sich ganz konkret einen fiktiven Leser vorstellen.
5. Jeder Schreiber ist sein erster kritischer Leser.
6. Beim Schreiben bestimmter Texte gibt es manchmal Interferenzen* mit kulturgeprägten Schreibtraditionen.
7. So wie es verschiedene Lerntypen gibt, so gibt es auch verschiedene Schreibtypen.
8. Jeder Schüler, jede Schülerin muss beim Schreiben individuelle Lösungswege finden.
9. Um den fremdsprachlichen Schreibprozess zu optimieren können im Unterricht Teilfertigkeiten isoliert und gezielt geübt werden.
10. Überprüfen, Überarbeiten, Verwerfen und neu Entwerfen sind konstituierende Merkmale des Schreibprozesses.

2.5 Kreatives und freies Schreiben

Beginnen wir mit einem Bild, einem Impuls. Könnten Sie sich vorstellen, dieses Bild für eine Schreibaufgabe in Ihrem Unterricht zu verwenden? Wenn ja, dann beantworten Sie diefolgende Aufgabe.

Aufgabe 104

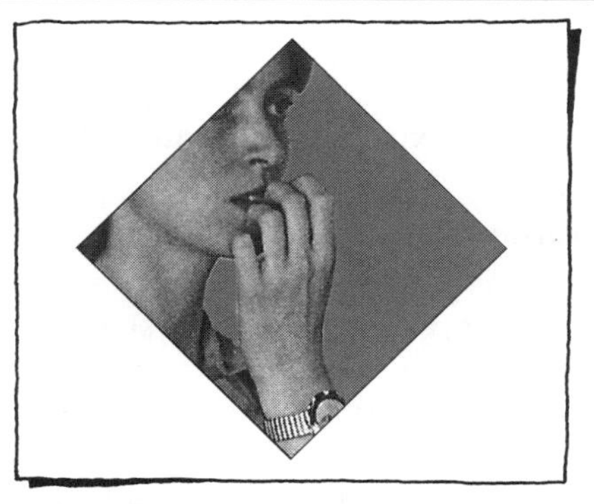

aus: Bachmann u. a. (1996 a), 42

1. Wie würden Sie Ihre Schreibaufgabe formulieren?

2. Würden Sie den Schreibprozess der Deutschlernenden in irgendeiner Form steuern oder nicht? Begründen Sie Ihr Vorhaben.

3. Wie würden Sie mit den entstandenen Texten im Unterricht umgehen?

Rückverweis

Haben Sie sich dafür entschieden, den Schreibprozess der Deutschlernenden mit bestimmten Vorgaben zu lenken (z. B. nach dem Modell in Kapitel 2.3.7, S. 104) oder haben Sie sich diesmal dafür entschieden, die Deutschlernenden ganz „frei" schreiben zu lassen? Beides ist möglich, beides fordert die Phantasie und die Kreativität der Deutschlernenden heraus. Beim zweiten Verfahren liegt der Schwerpunkt neben der Kreativität jedoch auf dem *freien Schreiben*.

Hinweis

Bei Schritt 3 haben Sie sicher über den Umgang mit Fehlern nachgedacht. Auf diese Frage werden wir später, besonders in Kapitel 3, zurückkommen.

Rückverweis

Für den Einstieg in das vorliegende Kapitel haben wir bewusst ein Bild gewählt, das Sie an ein schon recht weit zurückliegendes Kapitel dieser Fernstudieneinheit erinnern soll, und zwar an das Kapitel 2.1.2 (S. 44f.), wo wir textvorbereitende Verfahren wie *Assoziogramm (Wortigel)*, *Brainstorming* und *Mind-mapping* besprochen haben. Der dort und der hier verwendete Bildausschnitt gehören sogar zusammen (siehe das ganze Bild in *Sichtwechsel Neu 2* [Bachmann u. a. 1996 a, 42]), in der Buchvorlage lautete die Aufgabe, zum ganzen Bild eine Geschichte zu schreiben. Wir wollten Sie an dieser Stelle mit einer anderen Technik des kreativen Schreibens bekannt machen, nämlich der Verwendung von Bildausschnitten, die die Phantasie auf entferntere Pfade locken können als das ganze Bild, weil sie offener und unbestimmter sind.

Haben wir Recht mit der Vermutung, dass Sie Ihre Schreibaufgabe mit einem Assoziogramm eingeleitet haben? Assoziative Verfahren stehen häufig am Anfang des *kreativen, freien Schreibens*.

Was versteht man eigentlich unter diesen beiden Begriffen? In der Fachliteratur werden sie durchaus unterschiedich gebraucht. Eine Begriffsklärung tut also Not.

Kleiner Exkurs: Begriffsklärung

Begriffsklärung

„Kreatives **und** freies Schreiben" haben wir dieses Kapitel genannt und nicht „kreatives, freies Schreiben". Mit dem eingeschobenen *und* soll nicht ausgedrückt werden, dass es sich um zwei verschiedene Dinge handelt, die jetzt nacheinander abgehandelt werden. Mit dem eingeschobenen *und* soll ausgedrückt werden, dass beide Begriffe nicht ganz deckungsgleich sind, sich aber überschneiden.

kreatives Schreiben

Die Kreativität der Deutschlernenden wird nicht nur beim *freien Schreiben* herausgefordert. Kreativität der Deutschlernenden ist immer im Spiel, wenn sie **eigene Texte** ohne Vorlagen schreiben, auch wenn sie auf dem Weg dorthin Hilfen erhalten, z. B. durch vorbereitende Wortschatzübungen oder strukturierende Hinweise (z. B. **vom Wort zum Satz zum Text**). Kreatives Schreiben kann sogar manchmal überhaupt erst durch strukturierte sprachliche Vorgaben initiiert werden. Das gilt zum Beispiel für das Schreiben auf der Folie literarischer Impulse (manchmal auch „phantasiegeleitetes literarisches" oder „literarisierendes Schreiben", vgl. z. B. Mummert 1989 b, genannt).

personales Schreiben

Wenn Deutschlernende **eigene Texte** schreiben, ganz frei oder mit strukturierenden Vorgaben, dann sind sie nicht nur kreativ, sondern teilen auch etwas über sich selber mit, schreiben sie individuell, persönlich, emotional. Man findet deshalb auch den Begriff *personales Schreiben* in der Fachliteratur (siehe dazu Hermanns 1988).

freies Schreiben

Wie steht es nun mit dem Begriff *freies Schreiben*? Paul Portmann weist in seiner umfassenden Arbeit darauf hin, dass dieser Terminus ganz unterschiedlich verwendet wird (vgl. Portmann 1991, 201): Für die einen ist es das ganz zweckungebundene Schreiben, bei dem die Lernenden ohne jegliche Vorgaben über etwas schreiben, was sie wirklich bewegt, während andere mit dem *freien Schreiben* die Anwendungsphase meinen, nachdem man eine Reihe vorbereitender Übungen durchlaufen hat. Portmann selbst versteht darunter ganz allgemein „nicht-vorlagengebundenes Schreiben", für ihn ist freies Schreiben aber auch die „primäre Art des Schreibens ... diejenige Form des mitteilenden Schreibens, welches die meisten Leute benützen, wenn sie überhaupt schreiben (Privatbriefe, Memos, kleine Mitteilungen) ..." (Portmann 1991, 476).

der „freie Text"

Um *freies Schreiben* handelt es sich auch beim so genannten „freien Text". Der Begriff stammt aus der Tradition reformpädagogischer Ansätze (Freinet-Pädagogik). Der *freie Text* bildet „das hauptsächliche didaktische Instrument" des Unterrichts (Portmann 1991, 205). Frei sind die Lernenden in der Wahl der Themen, der Ausdrucksmittel und der Formen, in denen sie schreiben. Der *freie Text* ist Mittel der Selbstwahrnehmung, der Selbsterfahrung, er bietet die Möglichkeit, Erfahrungen auszudrücken, sein Ziel ist die Mitteilung an andere (vgl. zu diesem Thema auch Schlemminger 1985).

In der Fachliteratur findet man häufig auch *kreatives* und *freies Schreiben* gleichgesetzt, in Opposition zum „freien sachorientierten Schreiben", wo die Lernenden aufgefordert werden zu „sogenannten Sachthemen Stellung zu beziehen" (Faistauer 1997, 67). In dem schönen Band *Tanzen die Wörter in meinem Kopf. Kreatives Schreiben für den DaF-Unterricht* gebraucht Gabriele Pommerin die beiden Begriffe synonym (Pommerin 1996 b, 9). Wir werden in Kapitel 2.5.2 auf dieses Buch zurückkommen.

Hinweis

Aus den obigen Ausführungen möchten wir für uns hier festhalten:

➤ Freies Schreiben und Kreativität gehören zusammen.

➤ Kreativität und Strukturierung des Schreibprozesses schließen sich nicht aus.

Wenn wir diese Prämissen im Kopf behalten, dann können wir in unseren weiteren Ausführungen die Begriffe *freies, kreatives Schreiben* parallel verwenden.

Beginn des freien, kreativen Schreibens

Freies, kreatives Schreiben ist für viele Deutschlernende etwas Neues, Ungewohntes. Es kann aber auch eine sehr attraktive Tätigkeit sein, wenn die Deutschlernenden dabei angstfrei – und das heißt ohne Angst vor negativer Bewertung und Benotung – ihre persönlichen Erfahrungen einbringen und die Kräfte der Phantasie sich frei entfalten lassen können. Freies, kreatives Schreiben sollte von Anfang an (und nicht erst im zweiten oder dritten Lernjahr) dazu genutzt werden, im schulischen Unterricht Freiräume zu schaffen, in denen die Lernenden neue Wege erproben, neue Spielräume bei der Produktion von Texten erfahren können – im wörtlichen und im übertragenen Sinne verstanden: Wo immer möglich, sollten die Schülerinnen und Schüler die Möglichkeit bekommen, sich einen Platz im Raum zu suchen, sich hinsetzen, hinstellen, anlehnen zu können.

Um Bedeutung und Ansätze des kreativen Schreibens besser zu verstehen, müssen wir uns im folgenden Kapitel auch ein wenig mit dem menschlichen Gehirn und der Hirnforschung beschäftigen.

2.5.1 Bildliches und begriffliches Denken

Unser Großhirn besteht aus zwei Halbkugeln („Hemisphären"), die durch eine breite Nervenfaserplatte („Balken") miteinander verbunden sind. Aufgrund von Untersuchungen an hirnorganisch bedingten Sprachstörungen kamen Hirnforscher in den 70er-Jahren zu der Auffassung, diesen beiden Hirnhälften seien unterschiedliche Funktionen zuzuschreiben (man sprach vom *split-brain* = gespaltenes Hirn). Der rechten Hirnhälfte wurden ganzheitliche, gestalthafte, emotional-sinnliche Verarbeitungsstrategien, der linken rational-logische Verarbeitungsstrategien zugewiesen. In dem Lehrwerk *Die Suche* (Eismann u. a. 1993) wird dieses Hemisphärenmodell* sehr anschaulich dargestellt. Wir zeigen Ihnen hier diese Illustration, weil sie die für Sprachhandlungen relevanten Faktoren sehr schön aufzeigt.

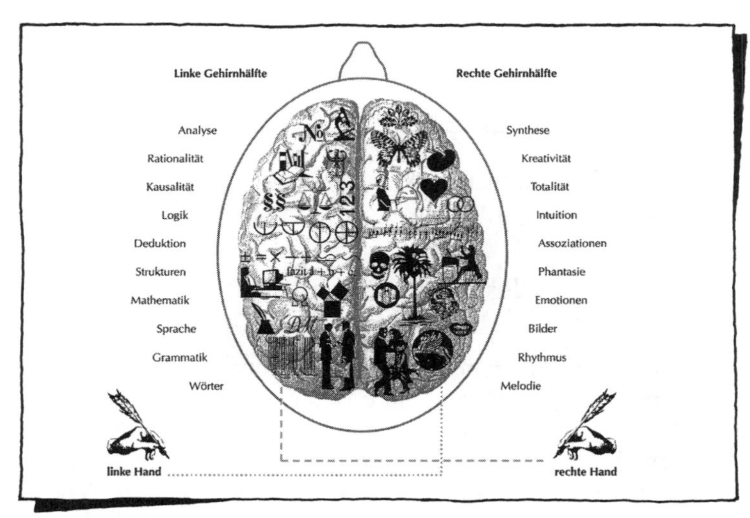

Eismann u. a. (1993), 115

Heute weiß man, dass das Hemisphärenmodell in dieser Form wissenschaftlich nicht haltbar ist. Die neuere Hirnforschung geht von einer Vernetzung aller Gehirnaktivitäten aus. So schreibt Gudula List: „Stets mischen sich die Strategien ..." und: „Sprachliche Handlungen werden vielmehr in aller Regel vom gesamten Gehirn, seinen beiden Rindenhälften, und mit Beteiligung vom unterhalb des Kortex liegenden Organen des Gehirns gestaltet" (List 1995, 30).

Gabriele Rico geht bei der Entwicklung ihres Schreibkonzepts in dem Buch *Garantiert schreiben lernen*, das 1983 in den USA erschien, von einem bildhaften, ganzheitlichen Denken (das damals noch in der rechten Großhirnsphäre lokalisiert wurde) aus: In einer ersten Phase werden Ideen und Vorstellungen frei assoziiert. Das erinnert uns an die bekannten Techniken *Assoziogramm/Wortigel*. Doch Rico geht noch einen Schritt weiter. Im **Clustering*** (engl. *cluster* = Büschel, Haufen; *to cluster* = anhäufen, zu Büscheln anordnen) werden die Assoziationen zu Ideennetzen gebündelt.

Lassen wir hier Gabriele Rico selbst zu Wort kommen, denn niemand hat dieses Verfahren besser beschrieben als sie:

> Sie beginnen immer mit einem Kern, den Sie auf eine leere Seite schreiben und mit einem Kreis umgeben. Dann lassen Sie sich einfach treiben. Versuchen Sie nicht, sich zu konzentrieren. Folgen Sie dem Strom der Gedankenverbindungen, die in Ihnen auftauchen. Schreiben Sie Ihre Einfälle rasch auf, jeden in einen eigenen Kreis, und lassen Sie die Kreise vom Mittelpunkt aus ungehindert in alle Richtungen ausstrahlen, wie es sich gerade ergibt. Verbinden Sie jedes neue Wort oder jede neue Wendung durch einen Strich oder Pfeil mit dem vorigen Kreis.
>
> Wenn Ihnen etwas Neues oder Andersartiges einfällt, verbinden Sie es direkt mit dem Kern und gehen von dort nach außen, bis diese aufeinander folgenden Assoziationen erschöpft sind. Dann beginnen Sie mit der nächsten Ideenkette wieder beim Kern. Da Sie nicht auf eine bestimmte Reihenfolge Ihrer Gedanken oder auf die Erwähnung besonderer Einzelheiten zu achten brauchen, wird sich Ihre anfängliche Befangenheit bald legen und einer spielerischen Haltung Platz machen. Bauen Sie Ihr Cluster weiter aus, indem Sie Einfälle, die zusammengehören, durch Striche oder Pfeile verbinden, und überlegen Sie nicht lange, welcher Strang wohin strebt. Schließlich wird Ihnen an irgendeinem Punkt schlagartig klar, worüber Sie schreiben wollen. Hören sie dann einfach mit dem Clustering auf, und fangen Sie an zu schreiben. So einfach ist das.

Rico (1984), 35

Versuchen Sie hier einmal, die Grundregeln von Gabriele Rico selbst anzuwenden.

Aufgabe 105

Nehmen Sie ein Blatt Papier. Schreiben Sie in die Mitte das Wort „loslassen", machen Sie einen Kreis um das Wort und sammeln Sie etwa fünf Minuten lang, wie oben beschrieben, alles, was Ihnen einfällt, nicht nur einzelne Wörter, sondern auch ganze Sätze, Liedzeilen, Sprichwörter, Buchtitel usw.

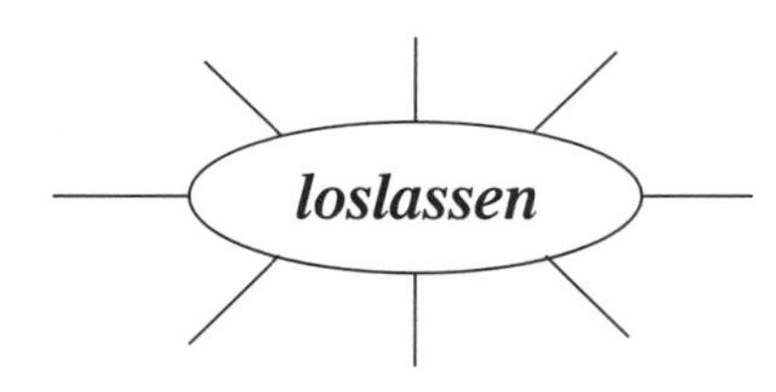

Hat auch bei Ihnen das Gefühl, „ziellos herumzuassoziieren", einer ersten Orientierung Platz gemacht? Haben Sie auch ein Motiv entdecken können, über das Sie einen kleineren Text schreiben könnten?

Wie beim Assoziogramm können Cluster natürlich auch um ein Bild, ein Lied, ein Sprichwort usw. gebildet werden.

Auf einen interessanten Aspekt weist Gianni Rodari mit seinem *phantastischen Binom* hin: Ein Wort, meint er, reiche oft nicht aus, um etwas in Bewegung zu setzen. „Das einzelne Wort ‚handelt' ... nur, wenn es auf ein anderes stößt, das es provoziert und zwingt, das Gleis der Gewohnheit zu verlassen, neue Bedeutungsinhalte zu erschließen" (Rodari 1992, 21). Er meint damit keine nahe zusammenliegenden Wortinhalte, etwa *Schule – Lehrer*, sondern etwas Erregendes, Aufregendes, etwa *Schule – Elefant*.

Rodari beschreibt und begründet sein Vorgehen anhand von Erfahrungen, die er mit Kindern in der Schule gemacht hat:

> Als ich Lehrer war, habe ich ein Kind an die Tafel geschickt, damit es auf die Vorderseite ein Wort schreiben sollte, während ein anderes Kind auf die Rückseite ein anderes Wort schrieb. Dieses kleine vorbereitende Ritual hatte seine Bedeutung. Es erzeugte Erwartung. Wenn ein Kind vor aller Augen das Wort „Hund" hinschrieb, so war dieses Wort bereits ein besonderes Wort, ausersehen, zu einer Überraschung beizutragen und sich in ein nicht voraussehbares Ereignis einzufügen. Dieser „Hund" war kein x-beliebiger Vierfüßer, er war bereits eine abenteuerliche, benutzbare, phantasievolle Gestalt. Wenn man die Tafel umdrehte, las man, sagen wir, das Wort „Schrank". Es wurde von einer Lachsalve begrüßt.

Rodari (1992), 22

Surrealistische Bilder (z. B. von den Malern Max Ernst, Salvador Dali, De Chirico, Magritte, Chagall) bauen auf die Wirkung verfremdeter Darstellung und ungewohnter Kombinationen, auf Verstöße gegen die Sehgewohnheiten und Alltagserfahrungen der Betrachter, sie rühren an unbewusste Wünsche, Ängste, Phantasien usw. Diese Bilder „erregen" und regen die Phantasie an, sie sind deshalb gut geeignet, kreative Schreibprozesse auszulösen.

Im folgenden Bild sind ein Dinosaurier und eine Autobahn zu einem *phantastischen Binom* verbunden. Hätten Sie Lust, zu einer kreativen Schreibaufgabe für Ihre Schülerinnen und Schüler?

Aufgabe 106

Bitte entwickeln Sie auf der Basis der Texte von Rico und Rodari anregende Hinweise für eine kreative Schreibaufgabe zu folgendem Bild:

Giuseppe Reichmuth, ohne Titel

(Kleine Anmerkung zu diesem Bild: Seit dem Erfolg des Films „Jurassic Parc" von Steven Spielberg und anderer Dinosaurier-Produktionen sind die Schülerinnen und Schüler über dieses Thema sicher gut informiert.)

Rückverweis

In diesem Kapitel haben wir die Techniken *Clustering* und das *phantastische Binom* dargestellt. Neben dem Clustering können auch einfache *Assoziogramme/Wortigel*, *Brainstorming* und *Mind-map* Ausgangspunkte für das kreative, freie Schreiben sein. Bitte lesen Sie im Kapitel 2.1.2 (S. 44f.) noch einmal nach, was wir dort über diese Techniken geschrieben haben.

2.5.2 Schreibanstöße

Hinweis

Schreibseminare und „Schreibwerkstätten" haben Hochkonjunktur: Kreatives Schreiben ist „in". Das gilt sowohl für deutschsprachige als auch für fremdsprachige Schreiber und Schreiberinnen. Zahlreiche Publikationen zum Thema (siehe Literaturhinweise Kapitel 6.2) legen davon beredtes Zeugnis ab, übrigens auch von der Kreativität der Verfasser und Verfasserinnen. Zugrunde liegt die Vorstellung vom kreativen Schreiben als Chance für den modernen Menschen, in einer durchrationalisierten und verplanten Welt schreibend (wieder) mit den eigenen schöpferischen Kräften in Kontakt zu kommen. Dabei wird das (freie) Spiel mit verschiedenen sprachlichen Formen dem unmittelbar zweckgebundenen, auf Informationsvermittlung zielenden Schreiben entgegengesetzt: „Schreiben hat sicher auch viel zu tun mit dem Bedürfnis, sich selbst etwas klar zu machen ... Manche Dinge nehmen erst Form an und werden erst greifbar, ... wenn man sie geschrieben hat", schreibt die österreichische Jugendbuchautorin Renate Welsh (1988) aufgrund ihrer eigenen Erfahrung und aufgrund von Erfahrungen in Schreibwerkstätten mit Kindern und Jugendlichen.

Für den Unterricht Deutsch als Fremdsprache formuliert Gabriele Pommerin wichtige Ziele des kreativen Schreibens, von denen wir hier auszugsweise nur einige kurz zusammenfassen wollen (Pommerin 1996 a, 9/10):

Ziele des kreativen Schreibens im Fremdsprachenunterricht Deutsch

1. Kreatives, freies Schreiben kann ein Gegengewicht bilden zu einem auf Normen ausgerichteten Schreibunterricht.
2. Kreatives Schreiben erlaubt den Deutschlernenden, von Anfang an (kleinere) geschlossene aussagekräftige Texte zu schreiben. Dabei fließt viel von den eigenen Wünschen, Vorstellungen, Lebensgeschichten usw. ein.
3. Kreatives Schreiben bietet die Chance, sich der eigenen kulturellen Wurzeln bewußt zu werden und sich mit „Fremdsein" auseinanderzusetzen, z. B. beim Schreiben auf der Folie fremdsprachiger Texte und Gedichte.
4. Kreatives Schreiben hilft auch schreibungewohnteren Schülerinnen und Schülern, Schreibhemmungen zu überwinden, denn kreatives Schreiben findet in einer angstfreien Atmosphäre statt.
5. Kreatives Schreiben erlaubt das spielerische Erproben der bereits erworbenen fremdsprachlichen Kenntnisse und Fähigkeiten in Wortschatz, Grammatik, Ausdruck.
6. Die beim kreativen Schreiben entstandenen Texte laden zum Lesen, Diskutieren, zur Reflexion und zum Schreiben weiterer Texte ein.
7. Kreatives Schreiben bedarf motivierender Schreibanlässe, -ideen und Verfahren.

die Unterrichtssituation berücksichtigen

Zu Punkt 7 können wir Ihnen hier nur einige wenige Beispiele anführen, ohne zu wissen, ob gerade diese Ideen auch für Ihre Schülerinnen und Schüler geeignet sind. Denn – wie für alle Unterrichtsvorschläge – gilt auch für Impulse zum kreativen Schreiben, dass man die reale Lehr- und Lernsituation berücksichtigen muss: Vielleicht müssen Sie Ihre Schülerinnen und Schüler sehr behutsam an Formen des kreativen Schreibens heranführen, weil sie das freie Schreiben auch im Muttersprachenunterricht nicht gewohnt sind. Vielleicht arbeiten Sie aber auch in einem Land, wo die Deutschlernenden im Muttersprachenunterricht schon Formen des kreativen Schreibens erprobt haben.

Literaturhinweis

Neben den vielen von uns bereits genannten Möglichkeiten, verschiedene Vorlagen als Impulse für das „kreative Schreiben" zu nutzen, findet man in Publikationen zum Schreiben noch zahlreiche weitere Anregungen. Besonders erwähnen möchten wir hier Heft 17 der Zeitschrift *Fremdsprache Deutsch* zum Thema *Kunst und Musik im Deutschunterricht* (Grätz 1998).

Einige dieser Möglichkeiten haben wir selbst in dieser Fernstudieneinheit immer wieder angewandt. Es folgen dazu noch einige weitere Beispiele.

Visuelle Vorlagen

visuelle Vorlagen

Blättert man in dem ideenreichen und schön gestalteten Buch *Wörter mit Flügeln. Kreatives Schreiben* von Christa und Emil Zopfi (1995) aus der Schweiz, so stellt man schnell fest, dass man zum kreativen Schreiben mehr braucht als nur ein Blatt Papier und einen „Bleistift". Zum kreativen Schreiben gehören auch

- Gegenstände
- Bilder und Fotos
- Schere, Filzstift, Kleber, Papierrollen
- Wort- und Satzzettel
- die ganze Welt um uns herum

Gegenstände

Diesem Buch entnehmen wir einige Ideen zu Schreibanstößen durch **Gegenstände**:

Gegenstände erzählen: Jeder Gegenstand hat eine Geschichte: ein Stein, der abgebrochene Henkel einer Kaffeetasse, eine alte Briefmarke, ein Buch, eine Uhr. „Wir versuchen, die Geschichte zu lesen, wir schmücken sie aus mit unserer Phantasie" (Zopfi/ Zopfi 1995, 17).

Meine sieben Sachen: Jeder Schüler, jede Schülerin wählt sieben Sachen, die er bzw. sie für eine Reise in den Rucksack packen würde: eine Reise in den Himalaja, auf eine einsame Insel, zu den sieben Zwergen, auf den Mond ... Welche Sachen können die Schülerinnen und Schüler mit in die Klasse bringen? Sie schreiben eine Geschichte dieser Reise, bei der die sieben Sachen eine Rolle spielen. Beim Vorlesen werden die Sachen nacheinander auf den Boden gelegt (vgl. Zopfi/Zopfi 1995, 17).

Der geschenkte Satz: Jeder Schüler, jede Schülerin bringt einen Gegenstand mit in die Klasse, der ihm/ihr etwas bedeutet. Die anderen dürfen den Gegenstand nicht sehen. Ein Schüler legt seinem Partner/seiner Partnerin, der/die die Augen geschlossen hat, den Gegenstand in die Hand: Wie ist er beschaffen? Woran erinnert er? Dann öffnet der Partner die Augen und beschreibt seine Eindrücke, Gefühle, Gedanken beim Fühlen und Betasten des Gegenstandes. Nun schreibt jede Person einen Satz zum empfangenen Gegenstand und gibt den Satz zusammen mit dem Gegenstand dem Besitzer zurück. Alle schreiben jetzt einen Text, in dem der geschenkte Satz vorkommt.

Variation: Alle legen einen persönlichen Gegenstand auf eine Stelle, ohne dass man sieht, wer was hinlegt. Jede Person sucht sich dann einen Gegenstand, der sie zu einem Text anregt. Jede Person schreibt ihren Text und liest ihn vor. Dann gibt sich der Besitzer bzw. die Besitzerin des Gegenstands zu erkennen und sagt, was der Gegenstand für ihn bzw. für sie bedeutet.

„Elfchen": Elfchen sind kurze Texte aus fünf Zeilen: Die erste Zeile besteht aus einem, die zweite aus zwei, die dritte aus drei, die vierte aus vier und die fünfte Zeile wieder aus einem Wort. Elfchen kann man besonders gut (aber nicht nur) zu Bildern schreiben lassen. Der Vorteil: Durch seine kurze Form zwingt das „Elfchen" dazu, sich mit wenigen Worten genau auszudrücken (gefunden in *Musenkussmischmaschine* von Mosler/Herholz 1992).

Aufgabe 107

Probieren Sie es selbst. Schreiben Sie ein „Elfchen" zu einem der beiden Bilder.

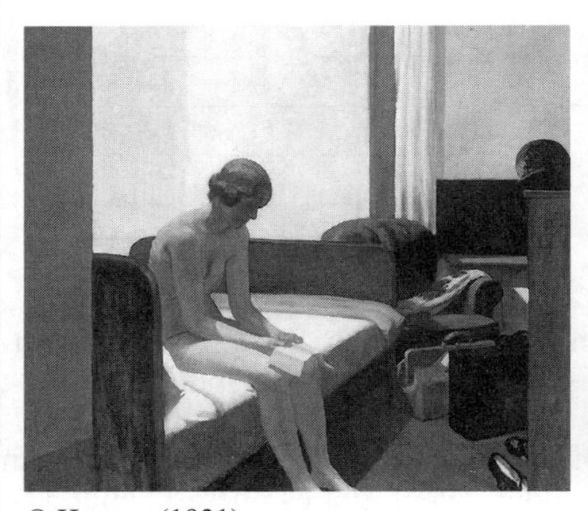

© Hopper (1931)

Friedrich (1817)

Bilder

In ein Bild einsteigen und in ihm wie in einer unbekannten Gegend umherwandern und Eindrücke und Erlebnisse aufschreiben (vgl. Kunkel 1994, 20).

Gedicht zu einem Bild: Alles, was ein Bild an Fragen, Einfällen, Gedankensplittern, Phantasien auslöst, niederschreiben und zu einem Gedicht gestalten (ebenda).

„Vor Ort" schreiben, d. h. in einem Museum, einer Galerie sich ein Bild auswählen (ebenda).

Bildgeschichte: Die Deutschlernenden bringen interessante Bilder, Fotos usw. mit. Alle Bilder werden gemischt, schließlich bekommt jeder Schüler vier Bilder, zu denen eine zusammenhängende Geschichte geschrieben wird (vgl. Rau 1988, 457).

Musik

Zu Musik schreiben:

Assoziationen zu einem Musikstück mit auffälligem Rhythmus niederschreiben; versuchen, Musik und Text aufeinander abzustimmen (vgl. Kunkel 1994, 21).

Texte

Zu Texten schreiben:

Auch über das Schreiben zu Texten haben wir im Laufe der Fernstudieneinheit schon häufiger gesprochen. Hier noch ein paar zusammenfassende Stichwörter:

Echo-Texte: An vorliegenden Texten entlang schreiben die Deutschlernenden eigene Texte, indem sie

- eine Vorgeschichte oder einen anderen Schluss erfinden,
- eine offene Stelle ausbauen,
- sich einmischen (Partei ergreifen, zu schlichten versuchen ...),

Besonders beliebt ist das Schreiben zu Gedichten, die eine bestimmte Struktur vorgeben:

„Geländer"-Gedichte

„Geländer"-Gedichte: Eine Struktur, an der man sich orientieren kann, wird vorgegeben. Dafür eignen sich auch Gedichte, die andere Jugendliche geschrieben haben, wie z. B. das folgende Gedicht aus dem *Musenalp-Express* (1993).

Aufgabe 108

Bitte schreiben Sie die Sätze zu Ende. Gelingt Ihnen ein origineller Schluss?

„Morgens kann ich nicht ... ,
weil ich ... .

Mittags kann ich nicht ... ,
weil ich ... .

Abends kann ich nicht ... ,
weil ich ... .

Nachts kann ich nicht ... ,
weil ich ... ".

Beliebt sind auch so genannte „Wie-Kon-Gedichte" (*Wie*derholung und *Kon*trast):

Manchmal wünsch ich mir ______________________ ,
aber dann ______________________ .
Manchmal hol ich mir ______________________ ,
aber dann ______________________ .

Liebnau (1995), 58f.

Solche und ähnlich strukturierte Textvorlagen kann man auch als Spiel mit überraschenden Ergebnissen gestalten, hier ein Beispiel zum ersten „Geländer-Gedicht": Eine Gruppe schreibt nur „Tageszeiten"-Kärtchen, die andere Gruppe nur „*weil*-Kärtchen". Die Kärtchen werden eingesammelt, auf zwei getrennte Stapel gelegt, dann nacheinander abwechselnd gezogen. Untereinander gelegt gibt es überaschende Lösungen.

Anregungen für vielfältige Formen strukturgebundenen Schreibens finden Sie unter anderem in dem Buch *Nachwuchspoeten* von Ingrid Mummert (1989 a); siehe auch die Vorschläge von Ebba-Maria Dudde in *Fremdsprache Deutsch*, Heft 16/1997, S. 56/57.

Literaturhinweis

Natürlich kann man auch Texte ohne Vorlage schreiben lassen. Manchmal genügt schon ein Stichwort (*Angst – Liebe – Mond*), zu dem zunächst Assoziationen gesammelt oder Cluster gebildet werden.

Texte ohne Vorlage

Die folgende Schreibaufgabe enthält eigentlich zwei Texte: den ausgedachten Text und den tatsächlich geschriebenen Text.

Erster und letzter Satz: Jeder Schüler erhält zwei verschiedenfarbige Zettel, denkt sich eine Geschichte aus und schreibt den ersten und den letzten Satz seiner Geschichte auf einen der beiden Zettel. Nach Farben getrennt werden die Zettel neu verteilt, so dass jeder Schüler zwei verschiedenfarbige Zettel hat. Die Aufgabe besteht nun darin, eine Geschichte zu schreiben, in denen die beiden Sätze den Anfang und den Schluss bilden. (vgl. Rau 1988, 455).

Textergänzungsaufgabe

Textauslöser können auch motivierende **Satzanfänge** sein:

Satzanfänge

Als ich einmal …

Immer wenn ich traurig/besonders glücklich bin …

Wäre ich ein Vogel/ein Fisch/eine …

Lust machen auf „kreatives Schreiben" und eine Ahnung vermitteln, was sich alles unter diesem Schlagwort verbirgt – mehr konnte und sollte dieses Kapitel nicht leisten. Wer sich intensiver mit dem Thema beschäftigen möchte und weitere Anregungen sucht, der findet in den Literaturhinweisen unter 6.2 eine Auswahl von Titeln zum Thema.

2.5.3 Schreiben allein oder in der Gruppe?

schreiben allein

Das Bild vom „einsamen Schreiber in seiner Klause" aus dem 14. Jahrhundert bestimmt unsere Vorstellung vom Schreiben, sowohl im privaten als auch im schulischen Bereich. Die bei Klassenarbeiten über die Hefte gebeugten Köpfe, die gedankenschwer (oder Hilfe suchend) an die Decke oder zum Fenster schweifenden Blicke schreibender Schülerinnen und Schüler sind Sinnbild des schulischen Schreibens. Die dabei herrschende Stille signalisiert innere Sammlung und äußere Ordnung: Wehe – es tuschelt jemand oder schaut auf das Blatt des Nachbarn. Muss das so sein?

Jean (1991), 84

In dieser Fernstudieneinheit haben wir von Anfang an Beispiele für gemeinsames Schreiben in Partner- oder Gruppenarbeit vorgestellt. In diesem Kapitel wollen wir die Bedingungen kooperativen Schreibens etwas näher betrachten.

Lassen Sie manchmal Ihre Schülerinnen und Schüler gemeinsam oder in Gruppen Texte schreiben? Oder haben Sie schon einmal daran gedacht, dies zu tun?

kooperatives Schreiben

> *Bitte sammeln Sie hier stichwortartig einige Punkte, die Ihnen zum Thema „Schreiben in Gruppen" einfallen.*

Aufgabe 109

Bei vielen Sprachlernaktivitäten, natürlich besonders in mündlich-auditiven Phasen und bei Projekten, sind Partner- und Gruppenarbeit nicht mehr aus dem Unterricht wegzudenken. Und beim Schreiben? Während sich manchmal zwei oder drei Schülerinnen und Schüler bei Hausaufgaben zum gemeinsamen Verfassen eines Referats zusammenfinden, sind Formen „kooperativer Textproduktion" im Unterricht eher selten.

Was passiert eigentlich, wenn ein Text gleichzeitig von mehreren Personen gemeinsam geschrieben wird? In ihrem Buch *Wir müssen zusammen schreiben! Kooperatives Schreiben im fremdsprachlichen Deutschunterricht* (1997) stellt Renate Faistauer die Ergebnisse einer Untersuchung vor, bei der sie die Gespräche multikultureller Lernergruppen (also von Lernenden aus verschiedenen Herkunftsländern) beim gemeinsamen Schreiben deutscher Texte auf einem Tonträger festgehalten hat. Dabei ging sie folgenden Fragestellungen nach:

- Was passiert beim Schreiben in multikulturellen Gruppen?
- Wie gestalten die Schreibenden ihren Schreibprozess?
- Unterscheiden sich die in der Gruppe ablaufenden Prozesse von Prozessabläufen beim individuellen Schreiben?

Zusammenfassend stellt Renate Faistauer fest:

> „..., daß fremdsprachliche Texte, die in Gruppen niedergeschrieben wurden, häufig sowohl in sprachlicher als auch in inhaltlicher Hinsicht besser als Ergebnisse schriftlicher Einzelprodukte sind. Besser in sprachlicher Hinsicht meint hier: weniger Fehler in Morphologie und Syntax; in inhaltlicher Hinsicht meint: reicher an komplexer Semantik, reicher an inhaltlicher und stilistischer Dichte“ (Faistauer 1997, 71).

Vorteile des kooperativen Schreibens

Als besondere Vorteile einer kooperativen Textproduktion hebt Faistauer folgende Punkte heraus:

- Der Schreibprozeß in Gruppen erleichtert das Schreiben für jedes einzelne Gruppenmitglied; das Schreiben in der Gruppe – besonders bei komplexeren Texten – ist weniger angstbesetzt als das Schreiben allein (*mir fällt nichts ein, das ist viel zu schwer für mich, mir fehlt der Wortschatz*); die Gruppe verleiht Sicherheit, gleichzeitig traut sich jeder einzelne mehr zu.
- In der Gruppe wird gemeinsam festgelegt, worum es gehen soll, was geschrieben wird.
- Die Arbeit in der Gruppe wird interaktiv durchgeführt, das Wissen und Können aller Teilnehmer summiert sich, die sprachliche Kompetenz des einzelnen wird ausgeglichen, der Schwächere profitiert vom Stärkeren.
- In einer Gruppe können die Lernenden ihre unterschiedlichen Ideen einbringen, eigene Ideen entzünden sich an den Ideen der anderen.
- Das Schreiben in der Gruppe fördert neben dem sprachlichen auch das soziale Lernen; es erfordert Eingehen auf die Argumente anderer, Diskussionsbereitschaft, Toleranz.

Und schließlich – und das ist nicht der unwichtigste Aspekt:

- Das Schreiben in der Gruppe macht den meisten Spaß, die Erfahrung, daß der Text in der gemeinsamen Arbeit inhaltlich interessanter und sprachlich besser wird, erhöht die Motivation.

Bei multikulturellen Gruppen kommt noch hinzu, daß

- unterschiedliche kulturgeprägte Erfahrungen und „Weltsichten“ ausgetauscht werden und in das Produkt eingehen.

(nach: Faistauer 1997, 176f.; der in Kapitel 2.2.5, S. 81, vorgestellte Text ist das Ergebnis eines solchen Gruppenprozesses.)

Faistauer untersuchte Gruppenschreibprozesse bei Studierenden unterschiedlicher Herkunft. Die Gruppengespräche fanden deshalb ganz selbstverständlich auf Deutsch statt, und durch die Diskussionen zu inhaltlichen Fragen und sprachlichen Formulierungen erhöhte sich der sprachliche Gewinn für die einzelnen Gruppenmitglieder. Aber auch für jüngere Deutschlernende in sprachlich homogenen Klassen ist das kooperative Schreiben in vielerlei Hinsicht nützlich: Selbst wenn sie sich dabei in ihrer Muttersprache austauschen, so machen sie doch, indem sie über ihren Text, über ihre Formulierungen, über ihre Inhalte, über ihre Planungskriterien reden, den gemeinsamen Schreibprozess zum Thema. Dieser wird dadurch durchschaubar und sie selbst, die Autoren und Autorinnen des Textes, sind die ersten (kritischen) Kommentatoren ihres Textes.

kooperatives Schreiben mit jüngeren Deutschlernenden in homogenen Klassen

Voraussetzungen für kooperatives Schreiben

Damit der Schreibprozess beim Schreiben in Gruppen erfolgreich sein kann, müssen allerdings auch einige Voraussetzungen gegeben sein.

Aufgabe 110

> *Bitte überlegen Sie: Welche Voraussetzungen müssen für erfolgreiche kooperative Textproduktion gegeben sein? Notieren sie einige Stichpunkte.*

Eine Gruppe von etwa 3 – 4 Personen kann gemeinsam einen Text verfassen. Ein Text kann aber auch durch das Zusammenwirken aller Schülerinnen und Schüler in der Klasse entstehen. Im Folgenden möchten wir Ihnen ein paar Beispiele für spielerische Aktivitäten vorstellen, bei denen der Text von mehreren Schülerinnen und Schülern in einem gestuften Prozess erstellt wird.

Beispiel

kollektiver Text: „Faltgeschichten“

Beispiel 1: Ergeben sieben Antworten auf sieben Fragen einen Text?

Jeder Schüler/Jede Schülerin bekommt ein Arbeitsblatt wie auf S. 136 abgedruckt.

Erste Runde: Jeder schreibt eine Antwort zu der ersten Frage *(wer?)*: Die Antwort enthält den Namen einer weiblichen Person (real oder erfunden, noch lebend oder historisch), eine Altersangabe und bis zu drei Eigenschaften. Dann wird das Blatt an der gestrichelten Linie nach hinten gefaltet, so dass man den Text nicht lesen kann, und weitergereicht.

Zweite Runde: Der Nachbar/Die Nachbarin beantwortet nun die zweite Frage und nennt dabei eine männliche Person (real oder erfunden, ...). Das Blatt wird an der gestrichelten Linie nach hinten gefaltetet und weitergereicht.

usw.

Die Übung kann in Partner- oder Gruppenarbeit erfolgen, bei sieben Fragen kann die Gruppe maximal sieben Schülerinnen und Schüler umfassen.

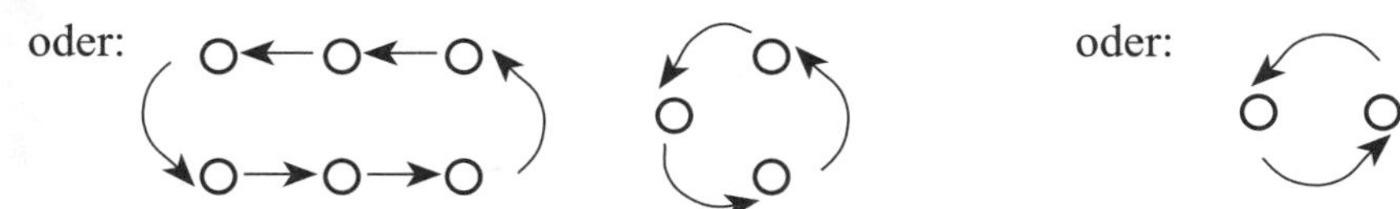

Zum Schluss wird die so entstandene „Geschichte“ vorgelesen. Bekommt jeder Schüler ein Blatt, entstehen so viele kollektive „Texte“, wie Schüler in der Klasse sind. Reduziert man die Arbeitsblätter auf je eins pro Paar bzw. Siebener-Gruppe, erleichtert sich die Präsentation. Bei Paar- und Gruppenarbeit sollte dem Vorlesen eine kurze Text-Bearbeitungsphase vorgeschaltet werden: Die „Autoren“ verknüpfen die Antworten (besonders im zweiten Teil) so, dass wirklich ein geschlossener Text entsteht.

Die Übung kann Folgendes leisten und zeigen:

- Ein Text ist nicht immer das Produkt einer Person, sondern kann auch in Kooperation mit anderen entstehen; ein kollektives Produkt ermutigt schwächere Schüler, weil auch sie einen Beitrag zu einem (gelungenen) Text beigetragen haben.
- Die Motivation, einen Text, an dem man selbst beteiligt ist, ohne dass man das Ergebnis kennt, bei der Präsentation als Ganzes zur Kenntnis zu nehmen, ist sehr hoch.
- Die Fragen implizieren einen bestimmten Textaufbau, sie legen einen Bauplan fest, der auch beim selbstständigen Schreiben von Texten hilfreich sein kann.
- Der Text eignet sich zur selbstständigen Korrektur in Partner- bzw. Gruppenarbeit und zur Besprechung in der Klasse; individuelle Fehler bekommen einen „kollektiven Status“, da der Text ja ein kollektives Produkt ist.

Arbeitsblatt 10

(Wer?)	______________________
(hat wen getroffen?)	hat ______________________ getroffen.
(Was hat sie ihm gesagt?)	und hat ihm Folgendes gesagt:
	______________________
(Was hat er geantwortet?)	Daraufhin hat er geantwortet:
	______________________
(Was haben sie gemacht?)	Sie ______________________
	______________________
(Was ist daraus geworden?)	______________________
	______________________
(Und die Moral von der Geschichte?)	______________________

Variationsmöglichkeit:

Jeder Schüler/Jede Schülerin erhält ein leeres DIN A4-Blatt, das er/sie selbst in sieben etwa 4 cm breite Streifen unterteilt. Der Lehrer bzw. die Lehrerin gibt für jede Runde mündlich den entsprechenden Schreibimpuls. So stehen auf dem Arbeitsblatt nur die jeweiligen Schülerreaktionen.

1. Runde: *Weibliche Person*
2. Runde: *Männliche Person*
3. Runde: *Wo treffen sie sich?*
4. Runde: *Was sagt sie zu ihm?* oder: *Welches Problem haben sie miteinander?*
5. Runde: *Was sagt er zu ihr?*
6. Runde: *Was passiert dann?*

Anschließend werden die Schülerinnen und Schüler aufgefordert, die Einzelteile zu einer Geschichte zusammenzufügen und die Satzübergänge, die Verweismittel usw. entsprechend zu überarbeiten. Die Dialogteile werden wortwörtlich übernommen.

Weitere „Faltgeschichten":

Jeder Schüler/Jede Schülerin faltet ein Blatt erst einmal der Länge nach in der Mitte, dann achtmal in der Breite. Geöffnet zeigt das Blatt nun 16 Felder.

Der erste Schüler oder die erste Schülerin beginnt mit einem halben Satz im ersten linken Feld und gibt das Blatt im Kreis weiter. Der/Die zweite beendet den Satz im zweiten (rechten) Feld, faltet den ersten Satz nach hinten und beginnt einen zweiten Satz im zweiten linken Feld. Dann gibt er/sie das Blatt weiter … usw., bis die Geschichte zu Ende ist (vgl. Zopfi/Zopfi 1995, 51).

Beispiel 2: Kollektiver Dialog

Beispiel
kollektiver Dialog

Teilen Sie Ihre Klasse in Zweiergruppen ein. Jeder Schüler bekommt ein Blatt Papier mit folgender Vorgabe:

deinen
\+ *Kannst du mir deine* __________________________________ *leihen?*
dein

o *Ja/Nein* __________________________________

\+ __________________________________

o __________________________________

usw.

1. Runde: Jeder trägt einen real vorhandenen (*Radiergummi*), erträumten (*Porsche*), absurden (*Krokodil*), problematischen (*Freund/Freundin*), lustigen, ungewöhnlichen Gegenstand oder ein Lebewesen/eine Person ein. Dann werden die Blätter in den Partnergruppen offen ausgetauscht.

2. Runde: Jede/r hat nun das Blatt des Partners vor sich und antwortet mit Ja oder Nein und schränkt dabei seine Zusage ein oder begründet seine Ablehnung, stellt Bedingungen usw. (*aber, denn, dann …*).

3. Runde: Danach werden die Blätter wieder ausgetauscht, und die Partner reagieren auf die Antwort.

4. und weitere Runden: Die Blätter werden so lange ausgetauscht, bis der Dialog zu einem Abschluss kommt (oder – wenn Sie ein Zeitlimit vorgeben: bis die zur Verfügung gestellte Zeit abgelaufen ist).

In der Regel merken die Schülerinnen und Schüler sehr schnell, dass sie dem Partner „einen Ball zuspielen" müssen (z. B. indem sie eine Rückfrage stellen, eine Bedingung formulieren usw.), damit der Dialog nicht zu schnell ins Stocken gerät.

Wenn Ihre Schüler mit dieser Arbeitsweise vertraut sind, können kollektive Dialoge auch in Vierer- oder Fünfergruppen usw. geschrieben werden. Dann wandern alle Blätter auf Kommando zum rechten Nachbarn. Auf diese Weise ist jeder Einzelne nicht nur in einen, sondern in vier, fünf oder mehr Dialoge eingebunden und muss entsprechend flexibel reagieren:

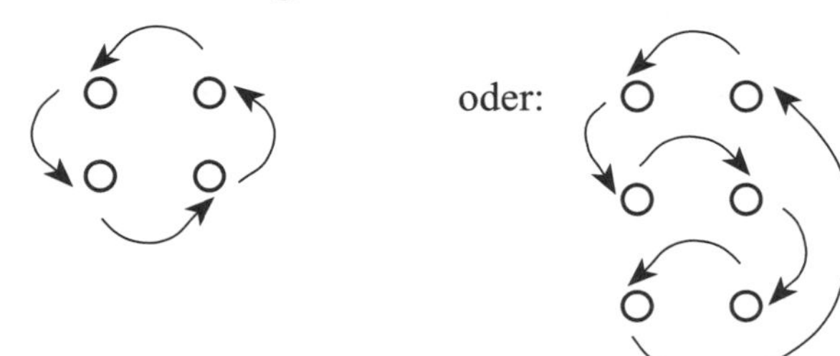

Wenn alle Schüler gemeinsam einen Dialogtext erarbeiten, entstehen in der Klasse ebenso viele kollektive Dialoge, wie es Schülerinnen und Schüler gibt.

Das Schreiben eines kollektiven Dialogs hat mehrere Vorteile.

> *Bitte überlegen Sie: Was sind die Vorteile des kooperativen Schreibens beim kollektiven Dialog? Notieren Sie einige Gesichtspunkte.*

Aufgabe 111

Hinweise für den Unterricht:

Hinweis
für den
Unterricht

Achten Sie darauf, dass Sie bei großen Gruppen und zunehmender Länge der Geschichte den Lernenden genügend Zeit geben: Der Dialog muss ja von jedem Schüler immer erst von Anfang an gelesen werden, und jeder Schüler muss dabei den jeweils neuen Text kurz auf sich einwirken lassen, um eine adäquate Replik schreiben zu können. Dabei geschieht also zwangsläufig das, was wir in unserem „Modell zum Schreiblehrprozess" (siehe Kapitel 2.4) beschrieben haben und was eine gute Schreib-

Rückverweis

haltung charakterisiert: Immer wieder überlesen, was man selbst oder – in diesem Fall – was die anderen geschrieben haben. Wenn dann einige Texte in der Klasse vorgelesen werden, ist die Aufmerksamkeit dadurch gesichert, dass die meisten Schülerinnen und Schüler die Texte nicht kennen und neugierig sind auf das endgültige Produkt der eigenen Gruppe oder das der anderen. Da kein Einzelner für alle Fehler und stilistischen Ungeschicklichkeiten verantwortlich ist und die Fehler durch das Schreiben in der Gruppe „anonymisiert" sind, kann sich hier auch eine intensive „Korrekturphase" anschließen (siehe dazu Kapitel 3).

Hinweis

Am Anfang dieses Kapitels haben wir über Schreibsituationen gesprochen, bei denen mehrere Schülerinnen und Schüler im Gespräch miteinander aushandeln, was zu einem bestimmten Thema (Bild oder einem anderen Schreibimpuls) niedergeschrieben werden soll.

Variationen

An dieser Stelle möchten wir noch auf Variationsmöglichkeiten hinweisen, bei denen Sie die Spielregeln festlegen. Zum Beispiel: Jeder Schüler/Jede Schülerin schreibt maximal einen Satz und das erste Wort des folgenden Satzes. Dann schreibt der/die Nächste den Satz zu Ende und wieder das erste Wort des folgenden Satzes. Oder: Jeder Schüler schreibt einen Satz. Oder: Jeder Schüler schreibt drei Wörter.

Sie können die Schreibaufgabe auch noch offener anlegen: Die Klasse wird in Vierergruppen eingeteilt. Jeder schreibt den Anfang einer Geschichte, die ihm oder ihr gerade einfällt. Der Nachbar/Die Nachbarin setzt die Geschichte fort usw. Derjenige, der die Geschichte angefangen hat, schreibt auch den Schluss. Dann werden die Geschichten in der Klasse vorgelesen (vgl. Böseke 1986, 16).

Literaturhinweis

Viele Ideen zum Schreiben in Gruppen finden Sie in der in diesem Kapitel bereits erwähnten *Musenkussmischmaschine* von Mosler/Herholz (1992).

Zum Abschluss dieses Kapitels möchten wir Sie um eine kurze Überprüfung Ihrer eigenen Unterrichtspraxis bitten.

Aufgabe 112

Bitte beantworten Sie die folgenden Fragen durch Ankreuzen und in Stichworten:

1. Wie oft lassen Sie Ihre Schülerinnen und Schüler kooperativ Texte schreiben?

☐ *a) nie* ☐ *b) selten* ☐ *c) öfters*

Begründung: ____________________

2. Waren Ihre Erfahrungen dabei

☐ *a) eher negativ?* ☐ *b) eher positiv?* ☐ *c) sehr positiv?*

Inwiefern?

Im Fall a) ____________________

Im Fall b) ____________________

Im Fall c) ____________________

3. Was hat die Lektüre des Kapitels 2.5.3 bei Ihnen bewirkt?

☐ *a) Ich werde es jetzt einmal ausprobieren.*

☐ *b) Ich fühle mich ermutigt und werde es öfters machen.*

☐ *c) Ich fühle mich bestätigt.*

4. Wie ist es mit der Benotung? Was halten Sie von den folgenden Vorschlägen?

a) Benoten kann man nur den einzelnen Schüler. Als Klassenarbeiten (Schularbeiten) sind Gruppentexte nicht geeignet.

☐ *Stimmt.* ☐ *Stimmt nicht.*

b) *Wenn Gruppentexte benotet werden, kommen die schlechten Schüler zu gut weg.*

☐ *Stimmt.* ☐ *Stimmt nicht.*

c) *Gruppentexte kann man zum Beispiel von einer Jury (3 bis 4 Schüler oder alle Schüler) prämieren lassen.*

☐ *Stimmt.* ☐ *Stimmt nicht.*

d) *Gruppentexte sollte man überhaupt nicht benoten. Man muss ja nicht alles benoten*

☐ *Stimmt.* ☐ *Stimmt nicht.*

2.6 Kommunikatives, auf reale Kommunikationssituationen bezogenes Schreiben

Gemeint sind damit Schreibaktivitäten, die gezielt auf Kommunikation in Realsituationen* vorbereiten: Briefe, Postkarten, Klassenkorrespondenz, Ausfüllen von Formularen, Schreiben eines (tabellarischen) Lebenslaufs usw. Auf fortgeschrittener Stufe können Berichte, Erläuterungen, Kommentare, Mitschrift, Protokolle usw. hinzukommen. Bei ausdrücklich für Leser und Leserinnen geschriebenen Texten muss der Schreiber bzw. die Schreiberin folgende Faktoren beachten:

Faktoren, die beim *kommunikativen Schreiben* beachtet werden müssen

1. Der Text ist an einen Adressaten(kreis) gerichtet.
   Frage: *Was erwartet der Leser? Was möchte er von mir wissen?*
2. Dem Text liegt eine bestimmte Schreibabsicht zugrunde.
   Frage: *Warum schreibe ich?/Was will ich damit erreichen?*
3. Der Text bedient sich bestimmter Äußerungsformen und Formalien.
   Frage: *Welche formalen Aspekte, z. B. Briefkonventionen (Form eines Protokolls usw.) muss ich berücksichtigen?*
4. Der Text hat ein Thema und befasst sich mit bestimmten Inhalten.
   Frage: *Was will ich mitteilen, berichten?*
5. Der Beziehungsaspekt:
   Frage: *Welche Beziehung besteht zwischen mir und dem Adressaten?* (z. B. eine hierarchische Beziehung *Lehrer/Schüler, Angestellter/Vorgesetzter* oder eine freundschaftliche Beziehung? Kenne ich den Adressaten persönlich oder ist er mir/bin ich ihm ganz unbekannt? usw.)

Bevor sie überhaupt zu schreiben beginnen, müssen die Lernenden diesen Kommunikationsbezug zwischen Schreiber (*wer?*), Adressat (*schreibt wem?*), Schreibintention (*warum?*), Form (*wie?*) und Inhalt (*was?*) für sich klären.

Stellenwert des Briefeschreibens im Fermdsprachenunterricht

Die Übungsformen zum kommunikativ orientierten Schreiben*, die wir hier mit Ihnen gemeinsam betrachten wollen, beziehen sich in erster Linie auf das Schreiben von Briefen, weil das Briefeschreiben im Fremdsprachenunterricht einen hohen Stellenwert hat. Das lässt sich folgendermaßen begründen:

Rückverweis

- Die Ergebnisse einer Befragung von ehemaligen Schülern (siehe Kapitel 1.2, S. 19) haben gezeigt, dass das Briefeschreiben eine der wenigen realen Kommunikationssituationen ist, in der auch nach der Schulzeit etwas in der Fremdsprache schriftlich mitgeteilt/fixiert wird; dabei überwiegt das Schreiben formeller Briefe.
- Das Briefeschreiben gehört zum Lernstoff in Lehrwerken und ist Gegenstand schriftlicher Prüfungen. Allerdings gibt es – von einigen neueren Lehrwerken abgesehen – meist kein ausreichendes Übungsangebot in Lehrwerken.
- Mit Briefen (per Post oder per *E-Mail*) können Deutschlernende im Rahmen einer Klassenkorrespondenz noch während ihrer Schulzeit ohne großen Aufwand in eine reale Kommunikation mit Jugendlichen aus anderen Ländern treten (vgl. hierzu Melief 1989 sowie die Fernstudieneinheiten *Computer im Deutschunterricht* und

⟹

Kontakte knüpfen, in denen in den entsprechenden Kapiteln Voraussetzungen und Realisierungsmöglichkeiten von Klassenkorrespondenzen ausführlich dargestellt werden).

- Briefe sind eine Textsorte, in der Schülerinnen und Schüler anderen etwas über sich selbst mitteilen und gleichzeitig etwas über andere, meist Gleichaltrige, erfahren können. Das fördert Motivation und Lernleistung im Fremdsprachenunterricht.
- In persönlichen Briefen weist geschriebene Sprache gewisse Übereinstimmungen mit der gesprochenen Sprache auf, man könnte von „gesprochener Sprache unter vereinfachten Bedingungen" sprechen: der „Redefluss" kann gestoppt werden, man kann nachdenken, sich korrigieren usw. (Das gilt natürlich nicht für formelle Briefe, wie z. B. Bewerbungsschreiben, oder halbformelle Briefe, wie z. B. Bestellungen, Zimmerreservierungen u. Ä. Hier ist die Sprache häufig formelhaft und weicht deutlich von der gesprochenen Sprache ab. Auf diesen Aspekt werden wir im Kapitel 2.6.3 zu sprechen kommen.)

Hinweis

Auf den Zusammenhang zwischen gesprochener und geschriebener Sprache in persönlichen Briefen möchten wir etwas ausführlicher eingehen:

Otto Ludwig weist darauf hin, dass „im Alltag die Grenzen der Bereiche, in denen geschrieben und in denen gesprochen wird, fließend" sind. „Ein und dieselbe Mitteilung kann einmal schriftlich, ein anderes Mal mündlich vorgenommen werden" (1988, 38): *Wie geht es dir? Grüß deinen Bruder von mir* kann in einem Brief stehen oder mündlich gesagt werden. *Schließt du die Tür ab und machst du bitte das Licht aus, wenn du gehst?* kann auf einem Zettel stehen oder mündlich gefragt werden.

Mündliche und schriftliche Textproduktion gehören ursprünglich zusammen, das eine hat sich aus dem anderen entwickelt. Zu Beginn der Entwicklung steht der so genannte „Botenspruch": Ein Bote übermittelt eine Nachricht mündlich, so zum Beispiel im *Alten Testament* (Genesis 32, 3 – 7):

> „Danach schickte Jakob Boten vor sich her zu seinem Bruder Esau in das Land Seir ... Und er befahl ihnen: So sollt ihr zu meinem Bruder Esau sprechen: Dein Knecht Jakob läßt dir sagen: Ich bin bei Laban in der Fremde gewesen und habe mich bis jetzt dort aufgehalten. Ich habe Kinder, Esel und Schafe, Knechte und Mägde erworben, und nun sende ich meinem Herrn Botschaft, daß ich Gnade finde vor deinem Auge."

Der Bote war das Medium der Nachrichtenübermittlung. Später entwickelte sich aus dieser mündlichen Textform die schriftliche des Briefs; ein Brief war ursprünglich also „ein schriftlich fixierter Botenspruch" (Ludwig 1988, 47).

Die folgenden Übungen in den Kapiteln 2.6.1, 2.6.2 und 2.6.3 setzen nur elementare Sprachkenntnisse voraus. Sie basieren auf der engen Beziehung von Sprechen und Schreiben, zeigen, wie diese Teilbereiche aufeinander bezogen und integriert werden können: Sprechfertigkeit wird Schreibfertigkeit. Die hier verwendeten Materialien dienten niederländischen Jugendlichen in den ersten Monaten ihres Deutschunterrichts zur Vorbereitung einer Klassenkorrespondenz mit Münchner Schülern.

2.6.1 *Wer bin ich?* – Vom Sprechen zum Briefeschreiben

Vorbereitungen für den ersten Brief auf Deutsch

In den ersten Stunden und Wochen Deutschunterricht lernen die Jugendlichen in der Regel schon, sich selbst und ihre Familie in der Klasse auf Deutsch vorzustellen. Auch am Anfang einer Briefpartnerschaft stellt man sich erst einmal vor. Das Briefeschreiben ist also gar nicht so schwer und man kann schon sehr früh damit anfangen.

Die folgenden Arbeitsblätter 11 a bis 11 c zeigen diesen Zusammenhang: Die Zeichnungen dienen dabei als motivierende Vorlage, gleichzeitig werden die benötigten Redemittel wiederholt. Die Lücken in den Übungssätzen werden von den einzelnen Schülerinnen und Schülern mit den jeweils persönlichen Angaben ergänzt.

Arbeitsblatt 11 a

Leo hat einen Brieffreund. Er erzählt ihm etwas von sich und seiner Familie: Leo stellt sich und seine Familie vor.

Das machst du auch: du stellst dich vor.

Mein Name ist ____________________

(Ich heiße ____________________)

Ich bin Jahre ________________ alt.

Ich bin ________________ cm groß.

Ich habe ____________________ Haar.

Ich habe eine Schwester.

Ihr Name ist ____________________

(Sie heißt ____________________)

Ich habe einen Bruder.

Sein Name ist ____________________

(Er heißt ____________________)

Mein Vater ist ____________________

Meine Mutter ist ________________

Ich habe auch eine Katze.

(Sie heißt ____________________)

Ich habe auch einen Hund.

Er heißt ________________

Ich habe auch ein Pferd.

Es heißt ____________________________

Arbeitsblatt 11 b

Meine Schwester ist __ Jahre alt.

Mein Bruder ist ______ Jahre alt.

Meine Katze ist ______________

Mein Hobby ist ______________

(Meine Hobbys sind ____________)

Ich sammle ______________

Ich höre gern ______________

Ich spiele auch gerne ____________

____

____

Ich wohne in ______________

Das ist ein Dorf.

Das ist eine Stadt.

____

____

____

____

____

Arbeitsblatt 11 c

Meine Schule heißt ____________

Ich gehe in die __________ *Schule.*
Das ist eine große/kleine Schule
(eine Gesamtschule)

eine ______________________

In der Schule lerne ich

____

____

____

____

____

Mein Lieblingsfach ist ______________________

Das Fach ______________________ *finde ich blöd.*

In die Schule $\frac{\textit{fahre}}{\textit{gehe}}$ *ich*

mit dem Fahrrad
mit dem Bus
mit dem Zug
zu Fuß

____

____

Später möchte/will ich einmal

______________________ *werden.*

Der erste Brief auf Deutsch

Vorgehen im Unterricht

Um die Schülerinnen und Schüler bei ihrem ersten Brief in der Fremdsprache zu unterstützen, schlagen wir Ihnen folgendes Verfahren vor.

Geben Sie Ihren Schülern folgendes Arbeitsblatt und 5 Minuten Zeit. In die linke Spalte schreiben die Schüler, was sie ihrem Briefpartner über sich selbst schreiben wollen, und in die rechte Spalte, was sie ihn fragen wollen.

a) **Das sage ich über mich:**	b) **Das frage ich meinen Briefpartner:**
...	...

Ausgefüllt könnte das Arbeitsblatt zum Beispiel so aussehen:

a) **Das sage ich über mich:**	b) **Das frage ich meinen Briefpartner:**
mein Name/Alter	Wie alt bist du?
meine Familie	Hast du Geschwister?
mein Hobby	Was sind deine Hobbys?
meine Schule	Wie heißt deine Schule?
mein Berufswunsch	Was möchtest du werden?
...	...

Auf diese Weise erarbeiten sich die Lernenden Bausteine (Angebote) für den Brief, den sie schreiben sollen. Wenn erforderlich, können sie die einzelnen Redemittel auch noch mündlich üben, z. B. in einer Kettenübung (*Ich heiße ... Und du? – Ich ...*) Dabei können auch jedes Mal neue Informationen dazukommem (*Ich heiße ... Und du? – Ich heiße ... Ich bin ... Jahre alt. Und du?*).

Die Übung kann als Wettspiel gestaltet werden: Wer einen Fehler macht (eine Information überschlägt) scheidet aus!

Wenn die für den Brief erforderlichen Redemittel schon gut bekannt sind, können Sie den Brief auch mit Hilfe eines Assoziogramms vorbereiten.

Worüber könnte man schreiben?

Jeder Schüler, jede Schülerin sucht sich dann die Elemente aus, über die er oder sie schreiben möchte. Dann werden passende Wendungen für den Brief in eine Tabelle wie auf Seite 144 geschrieben:

a) **Das sage ich über mich:**	b) **Das frage ich:**
Meine Augen sind blau.	Und deine?
Meine Mutter ist Lehrerin.	Welchen Beruf hat deine Mutter?
Ich bin im Juli geboren.	Und du?
...	...

2.6.2 Übungen zum formalen Aufbau von Briefen

Dass man beim Briefeschreiben auch einige formale Aspekte beachten muss, ist den Deutschlernenden in der Regel aus der Praxis der Muttersprache oder einer anderen bereits gelernten Fremdsprache bekannt. Jetzt gilt es nur noch, ihnen zu vermitteln, wie Absender, Ort und Datum, Anrede, Einstieg in den Brief, Schluss und Gruß auf Deutsch gestaltet werden. Auch die eben genannten Begriffe könnten auf Deutsch vermittelt werden.

Aufgabe 113

> *Wenn Sie mit Ihren Schülerinnen und Schülern schon Briefe geschrieben haben, wie haben Sie ihnen diese formalen Aspekte vermittelt? Notieren Sie in Stichworten Ihre Vorgehensweise.*

Mit den folgenden zwei Arbeitsblättern möchten wir Ihnen einige unterschiedliche Zugänge zeigen.

Briefteile in die richtige Reihenfolge bringen

Vorgehen im Unterricht:

Briefpuzzle

Je zwei Schüler erhalten das folgende Briefpuzzle (oder schneiden die Teile selbst aus) und versuchen mit Hilfe Ihres Vorwissens die originale Form des Briefes zu rekonstruieren. Anschließend wird der komplette Brief auf Folie über Tageslichtprojektor (OHP) gezeigt und besprochen.

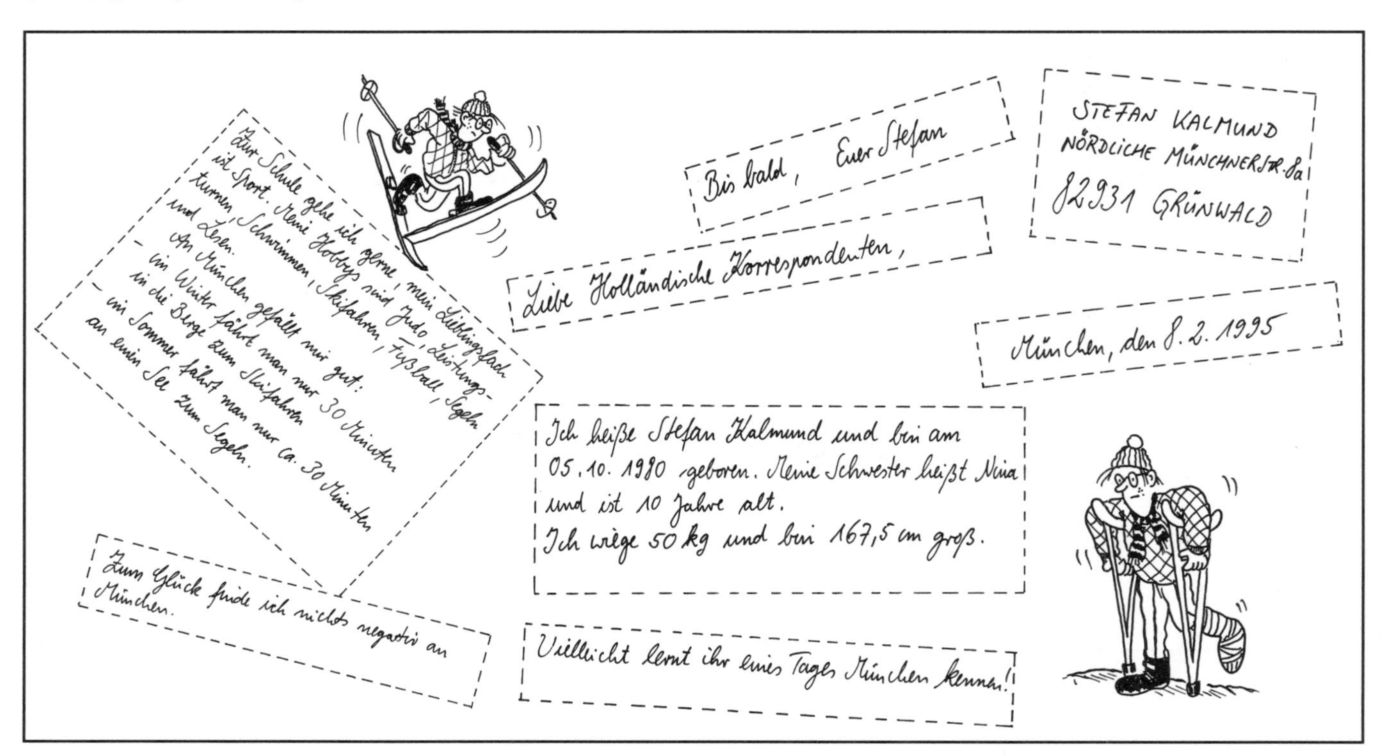

Möglichkeit: Schreiben Sie die deutschen Bezeichnungen für die einzelnen Teile eines Briefes (siehe unten) auf eine Folie und schneiden Sie sie aus. Lassen sie zwei oder drei Schüler diese Schnipsel als „Overlay“* („Auflegefolie“) auf die entsprechende Stelle der Brieffolie legen.

Variation:

Sie vergrößern die Puzzle-Teile und kleben sie in der richtigen Reihenfolge auf einen Bogen Packpapier. Sie bereiten Kärtchen mit den Bezeichnungen für die Teile eines Briefes vor. Diese werden von den Schülern richtig gelegt und dazugeklebt. Auf diese Weise kann der „Brief“ zur Erinnerung eine Weile an der Wand hängen bleiben.

Bezeichnungen für die Teile eines Briefes

Die verschiedenen Teile eines Briefes:

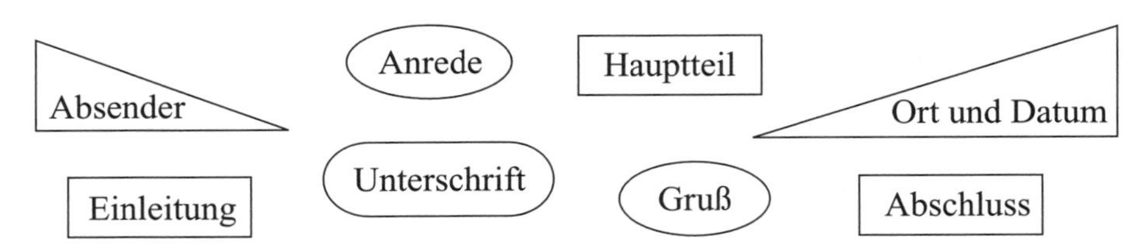

Wenn Sie schon sehr früh mit dem Briefeschreiben anfangen wollen, können Sie auch im Anschluss an die Übungen in Kapitel 2.6.1 das folgende Arbeitsblatt einsetzen. Die Aufgabe aus dem „Leo-Brief-Material“ zeigt, dass auch ein deutscher Brief aus unterschiedlichen Teilen besteht.

Arbeitsblatt 12

Arbeitsblatt 12

Leo schreibt einen Brief. Aber die Teile sind durcheinander geraten.

1. *Findet die richtige Reihenfolge und nummeriert die Teile.*
2. *Schreibt dann den Brief noch einmal, aber richtig!*

Zu einem gegebenen Brief könnten Sie ein „Overlay“ (= Auflegefolie) mit den deutschen Benennungen vorbereiten und passgenau auf den Brief legen. Um die Benennungen und die entsprechenden Formen zu üben, könnten Sie sodann das Overlay ohne den Brief zeigen und die Schüler bitten, auf ihrem Blatt einen Rahmen zu ziehen. Dann schreiben die Schüler an die entsprechenden Stellen ihre Absenderangabe, ihren Wohnort mit Datum, eine Briefanrede usw. Eine solche Schülerarbeit könnte vergrößert und auf Packpapier geklebt werden und ebenfalls für einige Zeit an der Wand hängen.

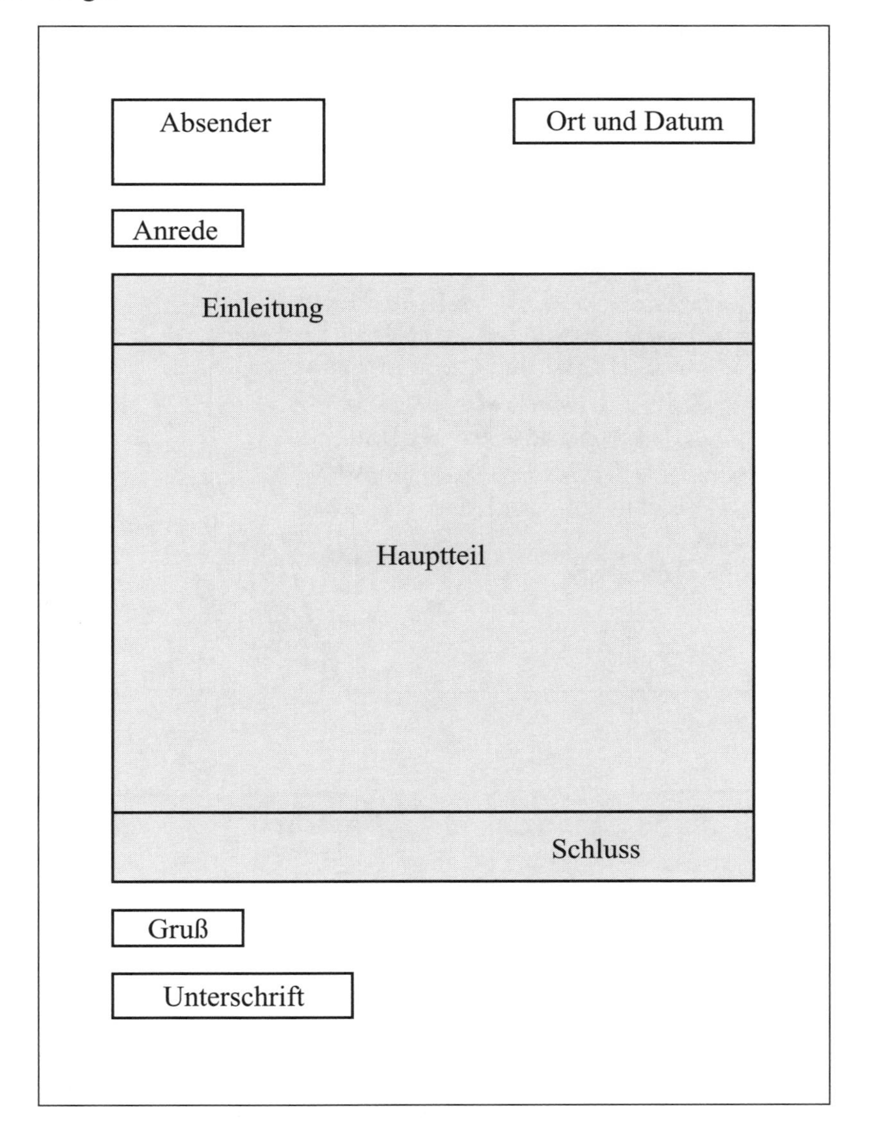

Overlay-Folie

2.6.3 Den Inhalt eines Briefes entschlüsseln: Lesestrategien

Wer Briefe schreibt, bekommt Antworten. Diese Antwortbriefe müssen verstanden und wieder beantwortet werden.

Die beiden folgenden Übungen zeigen Wege, wie man Briefe inhaltlich entschlüsseln kann. Das Verstehen des Inhalts ist die Voraussetzung für die Reaktion auf den Brief, das Antwortschreiben. Es handelt sich also um wirklich kommunikative Übungen*, die Frage lautet: Was sind die wesentlichen Informationen des Briefes und wie reagiere ich darauf? Das **Wie** wird dann zu einem späteren Zeitpunkt behandelt.

Bei der ersten Übung werden die Lernenden aufgefordert, die inhaltlichen Schwerpunkte des Briefes in einer übersichtlichen Darstellung zu notieren:

inhaltliche Schwerpunkte notieren

Lest den Brief und bearbeitet dann das Arbeitsblatt.

Brief

Arbeitsblatt 13

München, den 14.5.95

Lieber Brieffreund,
mein Name ist Sophie Kratsch.
Ich bin 14 Jahre alt. Ich wohne in Schwabing, in der Schellingstraße 96. Ich habe eine Schwester, die jünger ist als ich. Sie heißt Helene. Sie ärgert mich manchmal. Ich habe viele Freundinnen. Sie sind alle ganz nett, auch wenn wir manchmal Krach haben.
Ich gehe in die Europäische Schule. Da lerne ich auch Französisch; mit Englisch beginne ich nächstes Jahr. Fächer, die ich nicht mag, sind Mathematik und Naturkunde. Deutsch ist mein Lieblingsfach. Meine Interessen sind Lesen, Platten hören, Rollschuhlaufen, Schlittschuhlaufen und Skifahren. Ich sammle und male auch gern.

Viele Grüße

Deine Brieffreundin
Sophie

Deutsch ist ihr Lieblings-fach..?

Was wisst ihr über Sophie Kratsch?

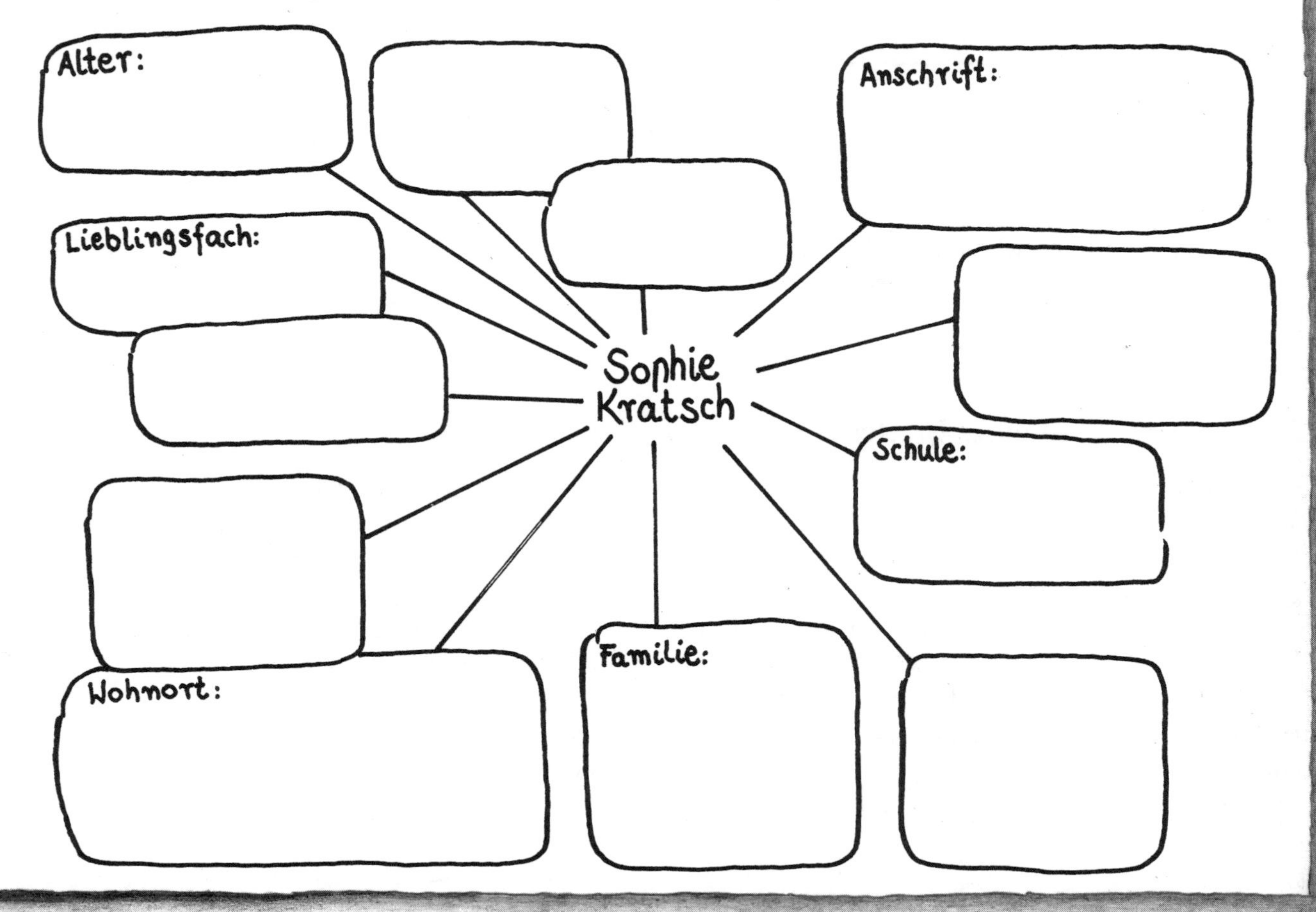

Arbeit mit Wortkarten

Ziel der Übung:

Die Lernenden sollen aus einem vorgegebenen Brief die Schlüsselbegriffe oder Hauptinformationen herausfinden und dabei lernen, wichtige Informationen von unwichtigen zu unterscheiden. Die Übung sollte möglichst schnell durchgeführt werden, bei einfachen Briefen reichen 10 Minuten. Da zwei Briefe intensiv bearbeitet werden, ist der Lerneffekt groß.

Schüsselbegriffe

Vorgehen im Unterricht:

1. Schritt: Die Schüler bilden Zweiergruppen. Jeder Schüler in der Gruppe bekommt einen anderen Brief, d. h.: Schüler A bekommt Brief A, z. B. den Brief von Stefan Kalmund (S. 145), Schüler B bekommt Brief B, z. B. den Brief von Sophie Kratsch (S. 148). Dazu bekommt jeder Schüler maximal 12 Kärtchen.

2. Schritt: Die Schüler arbeiten jeder für sich, lesen ihren Brief durch und unterstreichen die Schlüsselbegriffe oder Hauptinformationen.

3. Schritt: Jeder Schüler schreibt die Schlüsselbegriffe oder Hauptinformationen einzeln auf die Kärtchen (max. zwei Wörter), z. B.:

Hauptinformationen

geboren: München	*liest gern*	*Lieblingsfach: Deutsch*

4. Schritt: Die Schüler tauschen ihre Kärtchen aus: Schüler A hat nun die Karten von Schüler B, Schüler B hat die Karten von Schüler A.

5. Schritt: Schüler A rekonstruiert anhand der Karten B den Brief B. Schüler B kontrolliert, markiert und notiert eventuelle „Fehlinformationen". Schüler B rekonstruiert anhand der Karten A den Brief A. Schüler A kontrolliert.

6. Schritt: Die Schüler schauen sich gemeinsam die beiden Briefe an und überlegen, worauf eventuelle „Fehlinformationen" zurückzuführen sind: Waren vielleicht die Schlüsselbegriffe und Hauptinformationen auf den Kärtchen nicht klar, fehlten wichtige Begriffe/Informationen? Usw.

Bei einem solchen doch recht komplexen Handlungsablauf muss die Arbeitsanweisung für die Schüler möglichst übersichtlich und in einfacher Sprache formuliert sein.

2.6.4 Briefe schreiben mit Hilfe von Vorgaben

Briefpartnerschaften per Klassenkorrespondenz oder E-Mail sind schon längst nichts Ungewöhnliches mehr im Deutschunterricht. In den ersten Briefen geht es um gegenseitiges Kennenlernen, und die Schüler schreiben gern über sich selbst und ihre Familien. Wie aber geht es weiter? Wie kann die Motivation für das Briefeschreiben über einen längeren Zeitraum aufrecht erhalten werden? Wie können die Schüler lernen, immer bessere Briefe mit abwechslungsreichen Inhalten zu schreiben? Und wie können Sie Ihre Schülerinnen und Schüler dabei unterstützen?

Das sind Fragen, auf die wir in diesem Kapitel einige Antworten suchen wollen. Gleichzeitig möchten wir aber unsere Fragestellung etwas ausweiten, indem wir über den persönlichen Briefaustausch mit Briefpartnern hinausdenken. Zwar ist für Deutschlernende die Kommunikation mit einem persönlichen Briefpartner sowohl während der Schulzeit als auch im Hinblick auf Prüfungen und auf die Zeit danach ein wichtiger Schreibanlass. Es ist aber nicht der einzig mögliche. Andere realitätsnahe Schreibanlässe sind denkbar. Dazu gehören z. B. auch verschiedene Arten von Anfragen, bei denen die Ansprechpartner nicht persönlich bekannt sind. Über formale Besonderheiten formeller oder halbformeller Briefe sprechen wir im Kapitel 2.6.5. An dieser Stelle wollen wir uns zunächst einmal darüber Gedanken machen, welche weiteren Schreibsituationen für Deutschlernende überhaupt infrage kommen. Doch nicht nur nach realitätsnahen Schreibsituationen müssen wir fragen; auch die Rollen, die die Schülerinnen und Schüler beim Briefeschreiben einnehmen, sollten Rollen entsprechen, die sie auch im Alltag übernehmen könnten. Sie können z. B. als **Freund**, **Bekannter**, **Auskunftsuchender** oder **Auskunftgebender** mit Freunden, Bekannten oder offiziellen Stellen schriftlich kommunizieren. Das Festlegen realitätsnaher Rollen* ist deshalb so

Hinweis

realitätsnahe Rollen

Rückverweis

wichtig, weil wir damit auch die Beziehung zwischen den Briefpartnern definieren. Die jeweilige Rolle der Kommunikationspartner und der **Beziehungsaspekt**, auf den wir schon zu Beginn von Kapitel 2.6 (S. 139) hingewiesen haben, beeinflussen das sprachliche Verhalten ganz maßgeblich. Das betrifft nicht nur Anrede, Gruß und Schreibweise, d. h. **wie** man etwas sagt (z. B. die Verwendung von *du* oder *Sie*, die Wahl des angemessenen Ausdrucks, Anlehnung an gesprochene Sprache oder eher distanzierte Sprache usw.), sondern auch **was** gesagt wird. Ein Beispiel: Beschreibt ein Jugendlicher, der wegen seiner vielen Sommersprossen manchmal gehänselt wird, einem Brieffreund sein Aussehen – vielleicht ergänzend zu einem beigelegten Foto – so mag er seine Sommersprossen mit einer persönlichen Bemerkung kommentieren wie: *Ich habe zwar viele Sommersprossen, wie du siehst, bin aber trotzdem ganz nett.* Gibt er jedoch eine Personenbeschreibung, damit ihn eine unbekannte Person, die ihn vom Bahnhof oder Flughafen abholen soll, zweifelsfrei identifizieren kann, wird er sich möglichst sachlich beschreiben und dabei die Sommersprossen vielleicht sogar als wichtiges Erkennungsmerkmal hervorheben.

sozialer und situativer Kontext von Äußerungen

Jede Kommunikation, ob mündlich oder schriftlich, spielt sich also in einem sozialen und situativen Kontext ab. Dieser Kontext bestimmt, welche Inhalte und welche sprachlichen Mittel angemessen sind.

Wer schreibt **wem, in welcher Situation, mit welchem Ziel?** Diese Punkte müssen also beim Briefeschreiben genau definiert werden.

Was aber sind nun möglichst realitätsnahe schriftliche Kommunikationssituationen für Deutschlernende? Um diese Frage geht es in der folgenden Aufgabe.

Aufgabe 114

Bitte ergänzen Sie und finden Sie weitere realitätsnahe Schreibsituationen und Schreibziele für Lernende in einem kommunikativen Deutschunterricht. Nennen Sie auch die jeweiligen Rollen der Kommunikationspartner.

Wer? *(Rolle des/der Schreibenden)*	***Wem?*** *(Rolle des Kommunikationspartners/der -partnerin)*	***In welcher Situation?*** *(Anlass)*	***Zu welchem Zweck?*** *(Absicht/Ziel)*
Brieffreund	*Brieffreundin*	*erster Kontakt*	*sich gegenseitig vorstellen; erstes Kennenlernen*
Schülerin	*Deutschlehrer*		
			möchte wissen, ob es im Juli noch Platz in der Jugendherberge in Heidelberg gibt

nach: Bolton (1996), 81

kommunikativer Rahmen

Die Rollen, die Situation und die Schreibabsicht bilden den kommunikativen Rahmen*. Beim ersten Brief in einer realen Briefpartnerschaft zwischen gleichaltrigen Jugendlichen ist der kommunikative Rahmen eindeutig, die Schreibenden brauchen gar nicht darüber nachzudenken. Aber schon, wenn Sie als Lehrer das Schreiben eines Briefes an einen Brieffreund simulieren lassen wollen, weil gerade keine Klassenkorrespondenz läuft, müssen Sie den kommunikativen Rahmen definieren und ihren Schülerinnen und Schülern vorgeben. Zu einer solchen „Vorgabe" gehört meist auch das Thema, über das die Schüler schreiben sollen, denn wenn Sie die Ergebnisse in der Klasse bearbeiten, verbessern oder gar bewerten wollen, müssen die Briefe vergleichbar sein.

Simulation

Bei der folgenden Aufgabe geht es um den kommunikativen Rahmen für das Briefeschreiben in der Klasse.

Aufgabe 115

> *Formulieren Sie eine Vorgabe für Ihre Schüler.*
>
> *1. Die Schüler sollen einen fiktiven Brief an einen ebenfalls Deutsch lernenden Brieffreund/eine Brieffreundin schreiben. In dem Brief sollen sie etwas über die Klasse und die Schule berichten.*
>
> *2. Die Schüler sollen ihren Deutschlehrer/ihre Deutschlehrerin zu einer Klassenparty einladen, die im Elternhaus eines Schülers stattfindet.*

Leitpunkte

Eine andere Möglichkeit, das Briefeschreiben zu üben und die Schreibkompetenz der Lernenden schrittweise zu verbessern, besteht darin, „Leitpunkte*" zum Inhalt des Briefes vorzugeben und diese mit der Zeit immer mehr zurückzunehmen. Mit „Leitpunkten" meinen wir Angaben dazu, was im Brief formuliert werden soll. Auf einer frühen Stufe können die Leitpunkte so formuliert werden, dass sie viele sprachliche Hilfen enthalten, die die Schüler in ihren Brief übernehmen können.

Als Beispiel zeigen wir Ihnen hier eine Briefaufgabe mit Leitpunkten zum Thema *Klasse und Schule*. Die Briefaufgabe hat auch einen „Vorspann", der den kommunikativen Rahmen definiert.

> **Beispiel:**
>
> Schreibt einen Brief an einen deutschen Brieffreund oder eine Brieffreundin. Beschreibt eure Klasse und die Schule.
>
> Schreibt etwas darüber:
>
> 1. wie die Schule heißt, was für eine Schule es ist, wo sie liegt, wie viele Schüler sie hat,
> 2. wie viele Schülerinnen und Schüler die Klasse hat, an welchen Tagen und wie viele Stunden ihr Unterricht habt. Habt ihr nur vormittags oder auch nachmittags Unterricht?
> 3. wie viele Stunden Deutsch ihr habt, wie lange ihr schon Deutsch lernt, wie ihr das Deutschbuch findet, wie der Deutschlehrer/die Deutschlehrerin ist (wenn ihr wollt). Findet ihr Deutsch leicht oder schwer?
>
> Vergesst nicht Datum, Anrede, Gruß und Unterschrift.

Vorspann

Leitpunkte

Auf einer späteren Lernstufe, z. B. gegen Ende der Grundstufe, können Leitpunkte so formuliert werden, dass sie zwar eine inhaltliche Hilfe bieten, die Schüler jedoch keine Formulierungen aus den Leitpunkten in ihre Briefe übernehmen können: Die sprachliche Unterstützung wird zurückgenommen, indem die Leitpunkte „sparsamer" formuliert werden. Gegen Ende der Grundstufe kann man dann für jeden Inhaltspunkt nur noch ein Stichwort geben und schließlich die Leitpunkte ganz weglassen. Auf diese Weise steigern Sie die Anforderungen an die schriftliche Leistung der Lernenden.

Aufgabe 116

> *Bitte formulieren Sie die Leitpunkte aus dem Beispiel oben so um, dass die Aufgabe für fortgeschrittenere Deutschlernende geeignet ist. Das erste Beispiel ist vorgegeben:*
>
> *„Schreibt einen Brief an einen deutschen Brieffreund oder eine Brieffreundin. Beschreibt eure Klasse und die Schule."*
>
> *1. Die Schule: Name, Art/Typ, Lage, Anzahl der Schüler.*
>
> *2. …*

Unsere Beispiele sollten zeigen, wie man die Formulierung von Leitpunkten dem fortschreitenden Lernstand der Schüler anpassen kann. Probieren Sie es nun einmal selbst. Nehmen Sie ein Thema wie z. B. *den eigenen Tagesablauf* oder *das letzte Wochenende beschreiben*.

Aufgabe 117

> *Bitte formulieren Sie den kommunikativen Rahmen und Leitpunkte für einen Brief (den eigenen Tagesablauf oder das letzte Wochende beschreiben), den Ihre Schüler an einen Brieffreund/eine Brieffreundin schreiben sollen, und zwar*
> 1. *für das erste Lernjahr,*
> 2. *für das zweite Lernjahr,*
> 3. *für das dritte Lernjahr.*

In Tests und Prüfungen für Deutsch als Fremdsprache (z. B. im überregionalen, internationalen *Zertifikat Deutsch als Fremdsprache*, aber auch in nationalen Prüfungen) muss im Prüfungsteil *Schriftlicher Ausdruck* häufig ein Brief geschrieben werden. In Grundstufenprüfungen werden dazu meist ein situativer Rahmen und mehrere Leitpunkte vorgegeben, die die Prüflinge im Brief aufgreifen sollen. Häufig gibt es auch eine Angabe zur Länge des Briefes, z. B. ca. 250 Wörter. Auf diese Weise sollen in etwa vergleichbare Ergebnisse in Länge und Inhalt der Briefe erzielt werden: ein wichtiger Aspekt für Tests und Prüfungen. Wenn Sie sich eingehender mit Test- und Prüfungsfragen zum Thema *Schreiben* im Allgemeinen und zum *Briefeschreiben* im Besonderen beschäftigen wollen, so empfehlen wir Ihnen die einschlägigen Kapitel in den beiden Fernstudieneinheiten *Testen und Prüfen in der Grundstufe, Einstufungstests und Sprachstandsprüfungen* (Kapitel 3.5.3) und *Probleme der Leistungsmessung, Lernfortschrittstests in der Grundstufe* (Kapitel 4).

Bildvorlage statt Leitpunkte

In Ihrem Unterricht können Sie Vorgaben für Briefe oder Postkarten auch attraktiver gestalten, z. B. indem Sie den Lernenden eine Bildvorlage geben, die den situativen Rahmen veranschaulicht und inhaltliche Impulse gibt.

Was halten Sie von dem folgenden Beispiel? Bitte schreiben Sie selbst die Karte.

Aufgabe 118

> *Sie sind mit Freunden in den Skiferien in der Nähe von München. Schreiben Sie eine Karte an einen Freund oder eine Freundin und berichten Sie*
> a) *wie das Wetter ist (der Ausschnitt aus der Münchener Abendzeitung zeigt es),*
> b) *was Sie tagsüber und abends machen,*
> c) *wie es Ihnen geht.*

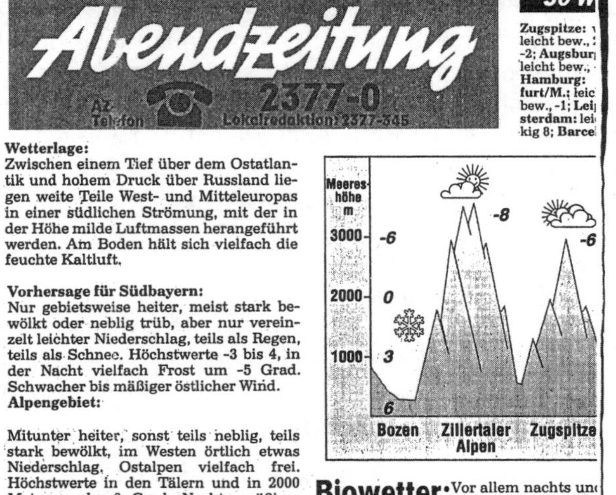

Mittwoch, 24. Januar 1996

Abendzeitung

AZ Telefon 2377-0 Lokalredaktion: 2377-345

Wetterlage:
Zwischen einem Tief über dem Ostatlantik und hohem Druck über Russland liegen weite Teile West- und Mitteleuropas in einer südlichen Strömung, mit der in der Höhe milde Luftmassen herangeführt werden. Am Boden hält sich vielfach die feuchte Kaltluft.

Vorhersage für Südbayern:
Nur gebietsweise heiter, meist stark bewölkt oder neblig trüb, aber nur vereinzelt leichter Niederschlag, teils als Regen, teils als Schnee. Höchstwerte -3 bis 4, in der Nacht vielfach Frost um -5 Grad. Schwacher bis mäßiger östlicher Wind.

Alpengebiet:
Mitunter heiter, sonst teils neblig, teils stark bewölkt, im Westen örtlich etwas Niederschlag. Ostalpen vielfach frei. Höchstwerte in den Tälern und in 2000 Metern nahe 0 Grad. Nachts mäßiger Frost um -7 Grad. Auf den Bergen zeitweise lebhafter Wind um Ost.

Prognose bis Sonntag:
Meist stark bewölkt oder neblig trüb, nur vereinzelt Niederschlag. Höchstwerte um den Gefrierpunkt. Nachts meist leichter Frost.

Abendzeitung vom 24. 1. 1996

Bei dieser Aufgabe müssen die Lernenden auch die Wettersymbole richtig deuten und in Sprache umsetzen können. Darüber hinaus müssen sie den Fachwortschatz zum Thema *Wetter*, der zur Erläuterung der Wetterkarte benutzt wird (z. B. *mäßiger Ostwind*, *niederschlagsfrei*), verstehen und in die normale Umgangssprache „übersetzen“. Hier könnte man zunächst eine kleine Übersicht in der Klasse erarbeiten.

Fachwortschatz „Wetterkarte“	Umgangssprache
etwas Niederschlag	*es schneit (regnet) ein bisschen*
nachts mäßiger Frost um – 7 Grad	*nachts ist es kalt (minus 7 Grad)*
mäßiger östlicher Wind	*es weht nur ein leichter Wind*
usw.	

Auf Briefe antworten

Hilfen beim Briefeschreiben

In Heft 15 der Zeitschrift *Fremdsprache Deutsch* berichten Astrid Lenoir und Jürgen Langer (1995) von einem Briefprojekt an einer Highschool in Charleston/USA. Die Schüler suchten Namen von Personen, die ihren eigenen Namen ähnlich waren, aus dem Berliner Telefonbuch heraus, und schrieben diesen Personen einen Brief. Daraus entwickelte sich eine interessante Korrespondenz (die Ähnlichkeit mancher Namen gab zum Beispiel Anlass, nach möglichen Verwandtschaftsbeziehungen zu forschen), die von der Lehrerin mit wiederholten „Hinweisen“ zum Briefeschreiben unterstützt wurde: Wie reagiert man zum Beispiel auf den Antwortbrief? Und wie geht es danach weiter? Um das Projekt in den laufenden Unterricht zu integrieren, wurden diese „Hinweise“ mit den Inhalten des Deutschbuchs verknüpft. Die beiden Beispiele, die wir hier abdrucken, zeigen eine weitere Möglichkeit, wie die Fähigkeit der Lernenden, Briefe zu schreiben, unterstützt und verbessert werden kann.

Hinweise für einen weiteren Brief

Absender
Datum

Anrede

Absatz I:
- Dank für den letzten Brief!

Absatz II:
- Wähle ein Thema aus dem Lehrbuch und nimm Stellung dazu!
  „Wir behandeln im Unterricht gerade .....“

Absatz III:
- Äußere dich zu deinen Zukunftsplänen(College, Beruf, Reisen)!
- Verwende die Futur-Formen!

Absatz IV:
- Schreibe über ein eigenes Thema!
- Benutze das Passiv: Was wurde in der Welt, in der Stadt gemacht?
- Schreibe im Konjunktiv: Was wäre Deine ideale Welt? Was würdest Du ändern, anders einrichten?

Absatz V:
- Schluß/Zusammenfassung
- Schreibe, ob du den Briefwechsel fortsetzen willst!

Gruß
(Dein Name)

Hinweise für ein Antwortschreiben

Absender
Datum

„Hallo .....!“ oder „Liebe/Lieber .....!“

Absatz I:
- Wenn du jemandem zurückschreibst, stelle dich nicht erneut vor!
- Bedanke dich für den erhaltenen Brief!
  „Vielen Dank für ..... Ich habe mich sehr gefreut. .....

Absatz II:
- Beschreibe deine Familie, dein Haus, deine Tiere!
- Benutze Adjektive und Farben!
- Schau auf den Seiten 43, 73, 107, 141 und in Lektion 6 im Lehrbuch nach!

Absatz III:
- Erzähle über deine Schule, Fächer, Noten!
- Was findest du leicht und schwierig?
- Wie kommst du zur Schule?
- Schau auf den Seiten 46, 66 und 67 im Lehrbuch nach!

Absatz IV:
- Schildere, was du in deiner Freizeit machst!
- Benutze die Hilfen in den Lektionen 4 und 5 des Lehrbuchs!

Absatz V:
- Schlußbemerkungen:
  „Das ist alles für heute. Bitte schreibe mir/schreiben Sie mir!.....“

„Viele Grüße“
(Dein Name)

Lenoir/Langer (1995), 48/49

Die Lehrerin hat die Hinweise bewusst eng mit den Inhalten des Lehrwerks verknüpft. Bei den zweiten Hinweisen, die in der Realität einige Monate später bei fortgeschrittener Korrespondenz gegeben wurden, fällt auf, dass die Lernenden auch aufgefordert werden, in ihrem Antwortbrief bestimmte grammatische Formen zu verwenden (Futur-Formen, Konjunktiv, Passiv). Die Absicht der Lehrerin ist klar:

1. Das Briefeschreiben soll eng mit den thematischen und grammatischen Anforderungen des Lehrwerks und des „normalen“ Unterrichts vernüpft und damit auch als Teil des „normalen“ Unterrichts von den Lernenden ernst genommen werden.
2. Sie möchte die Lernenden dazu bringen, in kommunikativen Kontexten komplexere grammatische Formen zu benutzen und sich nicht immer wieder auf einfache Strukturen zu beschränken.

Aufgabe 119

Was denken Sie über die beschriebene Vorgehensweise? Sollte man es bei echten Kommunikationssituationen nicht den Lernenden selbst überlassen, was und wie sie schreiben wollen?

Ihre Meinung: …

Glückwunschkarten
Einladungen

Auch das Schreiben von Glückwunschkarten, Einladungen und kleinen Mitteilungen können Sie im Unterricht üben. Selbst wenn keine entsprechenden Kontakte zu Deutschen bestehen, können die Schülerinnen und Schüler sich gegenseitig auf Deutsch zum Geburtstag gratulieren usw. Reale Anlässe könnten sein:

- Ein Brieffreund/Eine Brieffreundin (oder ein Klassenkamerad/eine Klassenkameradin) wird 14/15/16 … Jahre alt.
- Der Deutschlehrer/Die Deutschlehrerin hat Geburtstag.
- Eine Klassenkameradin wird 16/17/18 und macht eine Geburtstagsparty. Gemeinsam wird eine Einladung entworfen (Anlass, Datum. Von wann bis wann? Wo? Wie kommt man dahin?)
- Neujahrsgruß (oder Weihnachtsgruß) an die Eltern eines Brieffreundes/einer Brieffreundin (an den Schuldirektor).

usw.

Dazu müssen Sie die Schüler mit den für solche Anlässe üblichen Wendungen vertraut machen.

Aufgabe 120

Bitte notieren Sie wichtige Redemittel und überlegen Sie sich eine Übung, um den Schülern zu zeigen, wie man jemandem schriftlich

- *zum Geburtstag,*
- *zur Hochzeit,*
- *zum bestandenen Examen/Abitur/Führerschein*

gratuliert und was man

- *zu Weihnachten oder zu Neujahr schreibt.*

Textvorlagen wie die folgende eignen sich gut als kommunikativer Auslöser.

Aufgabe 121

Bitte machen Sie selbst die Probe.

Klagenfurt, den 15.7.90

Lieber François,
herzlichen Dank für Deine Glückwünsche zu meinem Abitur. Ich bin froh, daß ich diese aufregende Prüfungszeit hinter mir habe.
Herzlichst,

Deine Petra

Lackamp/Portius-Pradelli (1994), 29

Kommt ein Brieffreund oder eine Austauschklasse zu Besuch, ist das eine gute Gelegenheit, vorher in der Klasse kleine Mitteilungen schreiben zu lassen. Das folgende Beispiel gibt wieder Leitpunkte vor.

kleine Mitteilungen

> Eine Austauschschülerin ist zu Besuch. Am Nachmittag geht sie alleine in die Stadt. Abends wollt ihr gemeinsam zu Abend essen. Aber du musst plötzlich weg. Schreib eine Nachricht für sie:
> - Entschuldige dich.
> - Schreib, warum du plötzlich weg musstest.
> - Sag, wo sie etwas zu essen findet.
> - Sag, was sie machen könnte, bis du wiederkommst.
> - Sag, wann du zurückkommst.

Schüler, die im Unterricht fehlen, könnten Sie auch hin und wieder auffordern, auf Deutsch ein Entschuldigungsschreiben zu verfassen. (In Deutschland dürfen Schülerinnen und Schüler ab 16 Jahren ihre Entschuldigungsbriefe selbst schreiben.)

2.6.5 Persönliche und formelle Briefe: *Wo liegt der Unterschied?*

Bisher haben wir nur darüber gesprochen, wie Schüler in einer frühen Phase des Spracherwerbs lernen, **persönliche** Briefe zu schreiben. Daneben gibt es aber auch den öffentlichen Bereich, in dem Briefe eine andere Funktion haben und einer strengeren Normierung unterliegen. Dabei unterscheiden wir zwischen formellen und halbformellen Briefen. Formelle Briefe, wie z. B. Bewerbungsschreiben oder Kündigungsschreiben, unterliegen einer strengen Normierung. Die Nichteinhaltung bestimmter Normen kann sogar „bestraft" werden. Im Falle des Bewerbungsschreibens zum Beispiel scheidet derjenige Kandidat möglicherweise sofort aus, dessen Schreiben nicht einmal den formalen Anforderungen genügt, das Kündigungsschreiben einer Firma oder eines Vermieters kann ungültig sein, wenn bestimmte Normen nicht eingehalten werden.

formelle Briefe

Unter halbformellen Briefen* verstehen wir nichtpersönliche Briefe, wie z. B. Anfragen, Zimmerreservierungen, Kartenbestellungen, Beschwerden u. Ä., bei denen zwar gewisse Schreibnormen üblich sind, deren Nichtbeachtung in der Regel aber nicht sanktioniert, allenfalls vom Empfänger belächelt wird.

halbformelle Briefe

Geschäftsbriefe können beiden Bereichen zugehören. Das Schreiben von Geschäftsbriefen ist jedoch nicht Gegenstand des allgemeinen Deutschunterrichts. Deshalb werden wir Ihnen hier auch keine Anleitungen für das Schreiben von Geschäftsbriefen geben. Anders sieht es im berufsbezogenen Deutschunterricht aus. Für das Schreiben von Geschäftsbriefen gibt es spezielle Literatur (einige Titel finden Sie in den Literaturhinweisen in Kapitel 6.2). Anleitungen zum Schreiben von Geschäftsbriefen finden Sie auch in Lehrwerken für Wirtschaftsdeutsch verschiedener Verlage.

Geschäftsbriefe

Allgemeine briefliche Anfragen, z. B. bei Touristen-, Städte- und Regierungs-Informationsstellen, bei Museen, Fundbüros, Hotels, Pensionen oder Jugendherbergen u. Ä., kann man aber auch im allgemeinen Deutschunterricht üben, am besten in Form einer konkreten Bitte um Auskunft oder Material. In der Fernstudieneinheit *Kontakte knüpfen* gibt Rainer Ernst Wicke wertvolle Tipps, Hinweise und Adressen.

⇒

Auch für das Schreiben formeller Briefe können Sie in der Regel auf Vorwissen* und Vorerfahrungen der Lernenden zurückgreifen, die ja aus ihrer muttersprachlichen Lebens- und Schreibpraxis wissen, dass es Unterschiede zwischen persönlichen und formellen (amtlichen) Briefen gibt. Sie müssen also nicht zeigen, **dass** es Unterschiede gibt, sondern **wie** diese Unterschiede im Deutschen selbst und im Vergleich zur Muttersprache aussehen. Dabei können auch interkulturelle Aspekte ins Spiel kommen.

Vorwissen der Lernenden

So sollen halbamtliche oder amtliche Schreiben im Deutschen in möglichst unpersönlichem Stil geschrieben und rein sachbezogen sein. In anderen Ländern mit anderen Schreibtraditionen können dagegen andere Maßstäbe gelten (siehe dazu unser Beispiel auf Seite 159f.). Es ist sehr wichtig, dass Sie Ihren Schülerinnen und Schülern solche Unterschiede bewusst machen.

interkulturelle Aspekte

Sensibilisierung für die Unterschiede

Eine erste Sensibilisierung für die sprachlichen Unterschiede zwischen einem persönlichen Brief und einem halbformellen Schreiben kann die Gegenüberstellung zweier solcher Briefe leisten.

Unterschiede zwischen persönlichen und (halb)formellen Briefen

Als Beispiel für einen persönlichen Brief könnten Sie – sofern keine andereren geeigneten Briefe zur Verfügung stehen – den Brief von Sophie Kratsch (S. 148) heranziehen. Das hier abgedruckte Beispiel für eine halbformelle Anfrage stammt aus dem Lehrwerk *Sprachbrücke 1* (Mebus u. a. 1987). (Das Sprachinstitut Lila in Lilastadt ist fiktiv.)

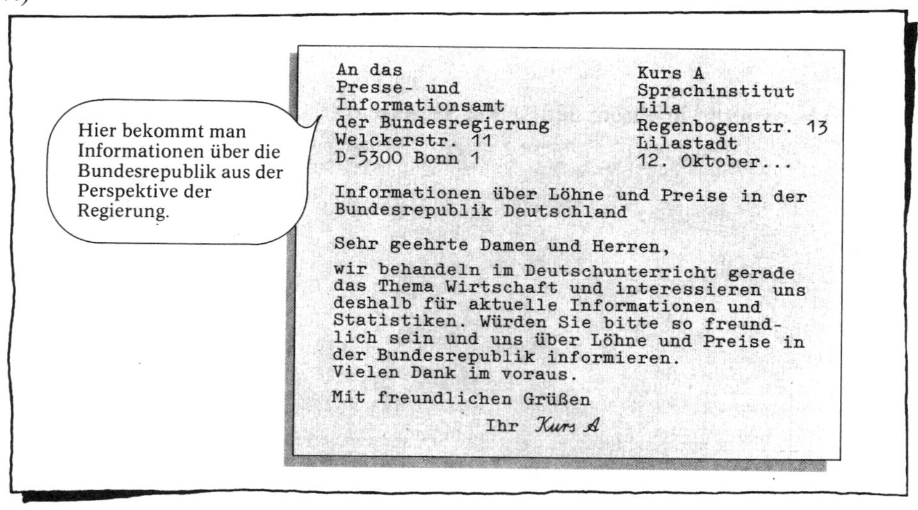

An das
Presse- und
Informationsamt
der Bundesregierung
Welckerstr. 11
D-5300 Bonn 1

Kurs A
Sprachinstitut
Lila
Regenbogenstr. 13
Lilastadt
12. Oktober...

Informationen über Löhne und Preise in der Bundesrepublik Deutschland

Sehr geehrte Damen und Herren,

wir behandeln im Deutschunterricht gerade das Thema Wirtschaft und interessieren uns deshalb für aktuelle Informationen und Statistiken. Würden Sie bitte so freundlich sein und uns über Löhne und Preise in der Bundesrepublik informieren.
Vielen Dank im voraus.

Mit freundlichen Grüßen

Ihr Kurs A

Mebus u. a. (1987), 167

Lassen Sie die Lernenden die Merkmale des halbformellen Schreibens im Vergleich zum persönlichen Brief selbst herausfinden: Nennung des Anliegens (ohne das früher übliche *Betrifft:* oder *Betreff:*, Anrede, „Bitt-Formel" *Würden Sie bitte so freundlich sein, ...* Dank, Gruß).

Brief-Salat

Eine vertiefte Wahrnehmung der Unterschiede ermöglicht die folgende Übung. Hier sollen die durcheinander gewürfelten Teile eines persönlichen und eines zweiten halbformellen Briefes (Anfrage) sortiert und – um den Sachverhalt etwas anschaulicher zu machen – dem jeweils passenden Bild zugeordnet werden.

Bitte probieren Sie es selbst!

Aufgabe 122

Mit den folgenden Sätzen können Sie zwei verschiedene Briefe schreiben.

1. *Welche Briefteile passen zusammen? Und in welcher Reihenfolge? Nummerieren Sie die Briefteile (Brief A: 1, 2, 3 ..., Brief B: a, b, c).*
2. *Schreiben Sie dann die beiden Briefe und vergessen Sie nicht die Zeichensetzung.*
3. *Welcher Brief passt zu Illustration A, welcher zu Illustration B?*

A	B	
☐	☐	*Hast du Lust, am Samstag mit mir ins Kino zu gehen?*
☐	☐	*Es kostet DM 36,00*
☐	☐	*Mit freundlichen Grüßen*
☐	☐	*Lieber Peter*
☐	☐	*Deshalb schreibe ich Ihnen diesen Brief*
☐	☐	*Horst Braun*
☐	☐	*Ich habe dich angerufen, aber du warst nicht da*
☐	☐	*Sehr geehrter Herr Professor*
☐	☐	*Das wäre toll*
☐	☐	*Deshalb schreibe ich dir diesen Brief*
☐	☐	*Das von Ihnen gesuchte Buch erscheint in der nächsten Woche*
☐	☐	*Herzliche Grüße*
☐	☐	*Leider kann ich Sie telefonisch nicht erreichen*
☐	☐	*deine Inge*

Anrede- und Abschiedsformeln

Für unterschiedliche Anrede- und Grußformeln haben Sie Ihre Schülerinnen und Schüler mit den vorangegangenen Übungen schon sensibilisiert. Die folgende Aufgabe lenkt die Aufmerksamkeit noch einmal auf diese Briefkonventionen. Finden Sie jedes Mal eine eindeutige Lösung?

verschiedene Grußformeln

Aufgabe 123

Sie schreiben Briefe an verschiedene Personen.
a) Wie reden Sie diese Personen an?
b) Wie verabschieden Sie sich von diesen Personen?

Sie schreiben

1. *an Ihren Deutschlehrer/Ihre Deutschlehrerin,*
2. *an Ihren Brieffreund/Ihre Brieffreundin,*
3. *an das Fremdenverkehrsbüro in ...,*
4. *an das Uhrenmuseum in ...,*
5. *an einen Ihnen unbekannten Herrn Müller,*
6. *an den Direktor einer Partnerschule, dessen Namen Sie nicht kennen,*
7. *an den Leiter des Auslandsamts der Universität ...*

Redemittel

Vielleicht brauchen Ihre Schüler einige Sprachangebote für diese Übung. Hier sind sie:

Lieber Herr ... ,	*Liebe Frau ... ,*
Sehr geehrter Herr ... ,	*Sehr geehrte Frau ... ,*
Liebe ... ,	*Lieber ... ,*
Hallo,	
Sehr geehrte Damen und Herren,	
Tschüss!	
Mit freundlichem Gruß	*Mit freundlichen Grüßen*
Herzlichen Gruß	*Herzliche Grüße*
Ihr/Ihre ...	*dein/deine ...*

Beim Vergleich zwischen persönlichen und eher formellen Briefen können Ihre Schüler eine Redemittelliste anlegen und fortschreitend ergänzen.

Redemittelliste

Redemittelliste:

	persönlicher Brief	**halbformeller Brief**
Anrede	*Lieber Herr ... ,* *Liebe ...*	*Sehr geehrter Herr ... ,*
Gruß	*Mit freundlichen Grüßen* *Herzliche Grüße*	*Mit freundlichen Grüßen*
Bitte	*Bitte schicken Sie mir ...* *Bitte schick mir ...*	*Würden Sie bitte so freundlich sein, ...*
Dank	*Vielen Dank, dass ...* *Ich danke Ihnen, dass ...*	*Vielen Dank im Voraus.* *Vielen/Besten Dank für Ihre Mühe.*
Bedauern	*Es tut mir Leid, dass ...*	*Ich bedaure, Ihnen mitteilen zu müssen ...* *Zu unserem großen Bedauern ...*
usw.		

Nach diversen Vorübungen sollen Ihre Schülerinnen und Schüler schließlich selbst einen formellen Brief schreiben, je kommunikativer, d. h. je realer, desto besser. Ihre Schüler können zum Beispiel selbst an verschiedene Institutionen schreiben und um Informationen und Material bitten. Dazu müssen Sie ihnen Adressen zur Verfügung stellen.

Literaturhinweis

⟸

Zahlreiche Adressen und Hinweise zur Materialbeschaffung finden Sie in Heft 15 der Zeitschrift *Fremdsprache Deutsch* (1995, 28 – 30: *Die ersten Stunden und Wochen Deutschunterricht*) sowie in der bereits erwähnten Fernstudieneinheit *Kontakte knüpfen* von Rainer Ernst Wicke (Kapitel 9).

Sie sollten die Deutschlernenden in abwechselnden Kontexten (halb)formelle Briefe schreiben lassen. Wichtig sind dabei die Motivation der Schüler und die kommunikative Einbettung. Ein Beispiel für eine kommunikative Einbettung bietet die folgende Übung aus der *Schreibschule* von Lackamp/Portius-Pradelli (1994). Diese Aufgabe ist deshalb reizvoll, weil sie die Chronologie auf den Kopf stellt (der diesem Schreiben vorangegangene Brief muss rekonstruiert werden) und gleichzeitig die sprachlichen Mittel zur Bewältigung der Aufgabe zur Verfügung stellt. Ob es unter kommunikativen Gesichtspunkten sinnvoll ist, die verlorene Brille „so genau wie möglich zu beschreiben", möchten wir zwar bezweifeln, und *Ihres Briefes* wird wohl ein Druckfehler sein: *ihres Briefes* muss es heißen.

Über die gegebene Aufgabe hinaus möchten wir Ihnen empfehlen, den Lernenden strukturierende Hilfen anzubieten.

Die Aufgabe lautet dann:

Aufgabe 124

1. *Bitte lesen Sie den Brief, den der Geschäftsführer des Hotels „Steigenberger Frankfurter Hof" an Frau Maria da Silva geschrieben hat.*
2. *Suchen Sie dann mit Hilfe der W-Fragen alle Informationen aus diesem Schreiben heraus, die Ihnen Aufschluss darüber geben, was Maria da Silva an das Hotel geschrieben hat. Einige Informationen fehlen. Welche?*

Wer? ______________________

hat

Was? ______________________

Wann? ______________________

Wo? ______________________

(Wie?) ______________________________

(Warum?) ______________________________

verloren?

3. *Schreiben Sie dann mit Hilfe dieser Informationen Maria da Silvas Brief an das Hotel. Ergänzen Sie die fehlenden Informationen frei (wann die Brille verloren wurde, wohin die Brille geschickt werden soll). Achten Sie auf die formalen Aspekte (Absender, Anschrift, Datum, Anrede, Schlussformel) und den Stil.*

STEIGENBERGER FRANKFURTER HOF

FRANKFURT AM MAIN

Frankfurt, den 15. 9. 92

Frau Maria da Silva
Rua Lisboa 5
COIMBRA/PORTUGAL

Ihr Schreiben vom 12. 8. 92, Ihre verlorene Brille

Sehr geehrte Frau da Silva,

wir bedauern, Ihnen mitteilen zu müssen, daß Ihre Sonnenbrille trotz gründlicher Suche in Zimmer 25 und im Frühstücksraum nicht gefunden worden ist.

Mit freundlichen Grüßen

Hotel Steigenberger Frankfurter Hof
Hermann Krüger, Geschäftsführer

Aufgabe 5: *Wie muß der Brief aussehen, den Maria da Silva an das Hotel Steigenberger Frankfurter Hof geschrieben hat? Die wichtigsten Informationen Ihres Briefes finden Sie im Antwortbrief des Hotels. Beschreiben Sie so genau wie möglich die verlorene Brille.*

nach: Lackamp/Portius-Pradelli (1994), 122

Weiteres Vorgehen im Unterricht:

unterschiedliche Schreibtraditionen

Im Lösungsschlüssel (S. 214) schlagen wir Ihnen eine mögliche Briefversion vor, die der Textsorte entspricht. Weisen Sie bei der Besprechung auf den sachlichen Stil und die sachliche Präsentation der Fakten hin. Um dieses Stilelement deutlich hervorzuheben, können Sie den deutschen Brief gegebenenfalls mit einer Briefversion kontrastieren, die persönliche Elemente enthält, die in einem deutschen Kontext deplatziert wirken, in Ländern mit anderen Schreibtraditionen aber durchaus gebräuchlich sein könnten.

Beispiele

Zum Beispiel:

Sehr geehrte Damen und Herren,

wie geht es Ihnen? Mir geht es gut, bis auf meine Brille, die ich in Ihrem Hotel vergessen habe.

Und:

Wie ist das Wetter in Frankfurt? Ist es noch immer warm und sonnig? Hier in Lisboa ist der Himmel blau, und die Sonne brennt vom Himmel.

Ich wünsche Ihnen viel Spaß bei Ihrer Arbeit und grüße Sie herzlich

Ihre …

In Ländern mit einer von der deutschen stark abweichenden Schreibtradition können Sie die Lernenden auch zunächst bitten, den Brief der Maria Silva so zu schreiben, wie es bei ihnen üblich ist. Danach werden der eigene und der deutsche Brief aus dem Lösungsschlüssel verglichen. Oder Sie bilden zwei Gruppen in der Klasse. Die eine Gruppe schreibt den Brief, wie es in ihrem Land üblich ist. Die andere Gruppe schreibt so, wie sie glaubt, dass es in Deutschland üblich ist. Danach werden die beiden Briefe miteinander und mit dem Brief im Lösungsschlüssel verglichen.

Wichtig ist, dass die Lernenden in der Übungsphase die benötigten Hilfen bekommen, dass Sie kleinschrittige Angebote machen, aus denen gegebenenfalls ausgewählt werden kann. Wenn die Lernenden Informationen zum methodischen Vorgehen (z. B. Arbeit mit *W*-Fragen) bekommen, erleben sie den eigenen Schreibprozess bewusster und erfahren gleichzeitig, dass sie auf diese Weise besser schreiben lernen.

Eine weitere Übung, die demselben Ziel dient, übernehmen wir von Diethard Köster (1994, 196). Die Übung besteht darin, auf der Folie eines vorgegebenen Modelltextes einen Paralleltext und schließlich einen Text mit persönlichen Daten zu schreiben.

1. Schritt:

Aufgabe 125

Giuseppe muss eine Bewerbung schreiben. Da er Schwierigkeiten hat, fragt er seine Freundin Giulia, die schon sehr gut Deutsch kann. Giulia gibt ihm ihre Bewerbung und sagt:
„Hier hast du ein Modell; die Änderungen musst du aber selber machen.“

Giulias Text	***Giuseppes Daten***
Sehr geehrte Damen und Herren,	
hiermit beziehe ich mich auf Ihr Schreiben vom 22. dieses Monats und bewerbe mich um die Stelle als Sekretärin.	– *Anzeige in der Tageszeitung* – *letzten Montag* – *Maschinenbau-Ingenieur* – *bald: Diplom machen*
Ich habe gerade mein Abitur bestanden …	…

Schreiben Sie mit Hilfe des Modells die Bewerbung von Giuseppe.

nach: Köster (1994), 196

2. Schritt:

Hier wird der Bezug zur Lebenswelt der Lernenden hergestellt; ausgehend von fiktiven oder realen Ausschreibungen für Ferienjobs schreiben die Lernenden mit Hilfe des Modells eine kurze Bewerbung für sich selbst.

IHR VERDIENST

HEIMBÜROVERDIENST! Adr.-Schreiben p. Hand o.
Schreibmaschine pro Adr. DM 1,-, Datenerf. auf PC.
Selbst. v. zu Hause aus. Ausführl. Info gg. öS 50,-
Schein/EC: Fa. Chianese, Schrimpfstr. 1-1/3, D-82131
Gauting

TELEFONHEIMARBEIT mit persönl. Zeiteinteilung für
techn. geschulte Leute mit freundl. Umgangston. Sie kön-
nen am Tel. perfekt techn. Hilfe im Bereich Hard & Soft-
ware, Telekommunikation u. Büro-Electronic bieten!
Dann sind Sie bei uns richtig. Damen u. Herren jeden
Alters, Raum Wien & Umgebung herzlich willkommen.
Bewerbungen (mit techn. Wissensstand) an: 1061 Wien,
PF 232, KW "TechnikXline"

Viele verschiedene Heimtätigkeiten zu vergeben (Schreiben, Handarbeiten, Basteln, Computer) Gratis-Infoblatt
gegen Rückkuvert gleich anfordern. Es ist sicher für jeden
etwas dabei. Sommer Heidemarie, Johann Böhmstr. 45,
8605 Kapfenberg.

Gesucht: Pizzakoch u. Helfer (ev. tageweise) sowie Zu-
stellfahrer u. Telefonisten (ev. stundenweise). "Ciao", 3.,
Barmherzigengasse 9, tägl. 12-17 Uhr.

Haben Sie sich schon überlegt, wie Sie die
AUFMERKSAMKEIT

Botendienstfahrer für ganz-halbtags sowie Teilzeit (auch
abends) gesucht. Auch eigenes Fahrzeug (Bus, Auto, Mo-
ped, Fahrrad). Vorzustellen täglich ab 17 Uhr. 1070 Wien,
Burggasse 20.

aus: *Bazar.* Wiener Kleinanzeigen (1998)

Die Organisation einer Sprachreise bietet ebenfalls eine gute kommunikative Schreibsituation für Deutschlernende. Eine Anzeige für *ABC-Sprachreisen* aus einer Zeitung liefert in dem Mittelstufenlehrwerk *em* (Perlmann-Balme/Schwalb 1997) die Vorlage für eine Übung zum Schreiben einer formellen Anfrage. Die Übung setzt die Kenntnis der entsprechenden Redemittel für verschiedene Briefformen voraus. Sie bietet die Gelegenheit, diese Redemittel und diverse Register zu rekapitulieren (Aufgabe 3).

Aufgabe 126

Bitte führen Sie die Übung selbst durch.

1 Lesen Sie die folgende Anzeige aus einer Tageszeitung.

2 Formeller Brief

Sie interessieren sich für eine Sprachreise und schreiben eine Anfrage an *ABC-Sprachreisen.* Dazu finden Sie unten einige Sätze. Markieren Sie, welche der folgenden Textbausteine (a, b, oder c) Sie für Ihren Brief verwenden können. Es passt immer nur ein Satz.

Anrede
- a Hallo,
- b Liebe Frau ...,
- c Sehr geehrte Damen und Herren,

Worum geht es?
- a ich danke Ihnen für Ihr Interesse an Sprachreisen.
- b ich habe gerade Ihre Anzeige in der Zeitung gelesen.
- c ich freue mich, dass Sie mir so ein günstiges Angebot machen können.

Was will ich?
- a Ich interessiere mich für einen Deutschkurs für Erwachsene. Als Zusatzangebot wünsche ich mir ein abwechslungsreiches Sportprogramm (möglichst Segeln oder Reiten).
- b Ich bin 21 Jahre alt und kann schon ziemlich gut Deutsch. Meine Hobbys sind Segeln und Reiten.
- c Können Sie mir bitte mitteilen, ob Sie auch Kurse für Erwachsene haben, wo man auch reiten oder segeln oder Ähnliches kann.

Was muss passieren?
- a Ich würde mich freuen, wenn Sie Interesse an meinem Angebot hätten und verbleibe ...
- b Bitte schicken Sie mir Ihren Katalog an die oben angegebene Adresse.
- c Ich hoffe, Sie können mir ein günstiges Angebot machen.

Gruß
- a Alles Liebe
- b Hochachtungsvoll
- c Mit freundlichen Grüßen

3 Notieren Sie in der Übersicht, aus welchem Grund die beiden anderen Sätze für Ihren Brief nicht passen.

passt sprachlich nicht	Begründung
a Hallo	Bei einem offiziellen Brief wählt man eine höfliche, distanzierte Anrede.

passt inhaltlich nicht	Begründung
a ich danke ...	In einer Anfrage will man etwas bekommen, man bedankt sich nicht.

Perlmann-Balme/Schwalb (1997), 56

Die Situation, dass man etwas verloren oder liegen gelassen hat (wie in Aufgabe 124 auf S. 158f.), ist den Lernenden sicher vertraut, ein – wenn auch fiktives – Schreiben aus diesem Anlass (z. B. an ein städtisches Fundbüro oder an die Bahn u. Ä.) knüpft an persönliche Erfahrungen der Lernenden an. Eine Bewerbung auf Deutsch um einen Ferienjob vielleicht weniger; Beschwerden, z. B. über erlebte Mängel bei Urlaubsreisen mit Eltern oder Freunden, könnten auch zum Erfahrungsschatz von Deutschlernenden gehören. Wenn das in Ihrer Klasse der Fall ist, könnten Sie den folgenden Musterbrief zum Anlass nehmen, einen Beschwerdebrief in Ihrem Unterricht schreiben zu lassen.

Wie würden Sie mit diesem Modell im Unterricht arbeiten?

Aufgabe 127

Bitte skizzieren Sie ein mögliches Vorgehen im Unterricht.

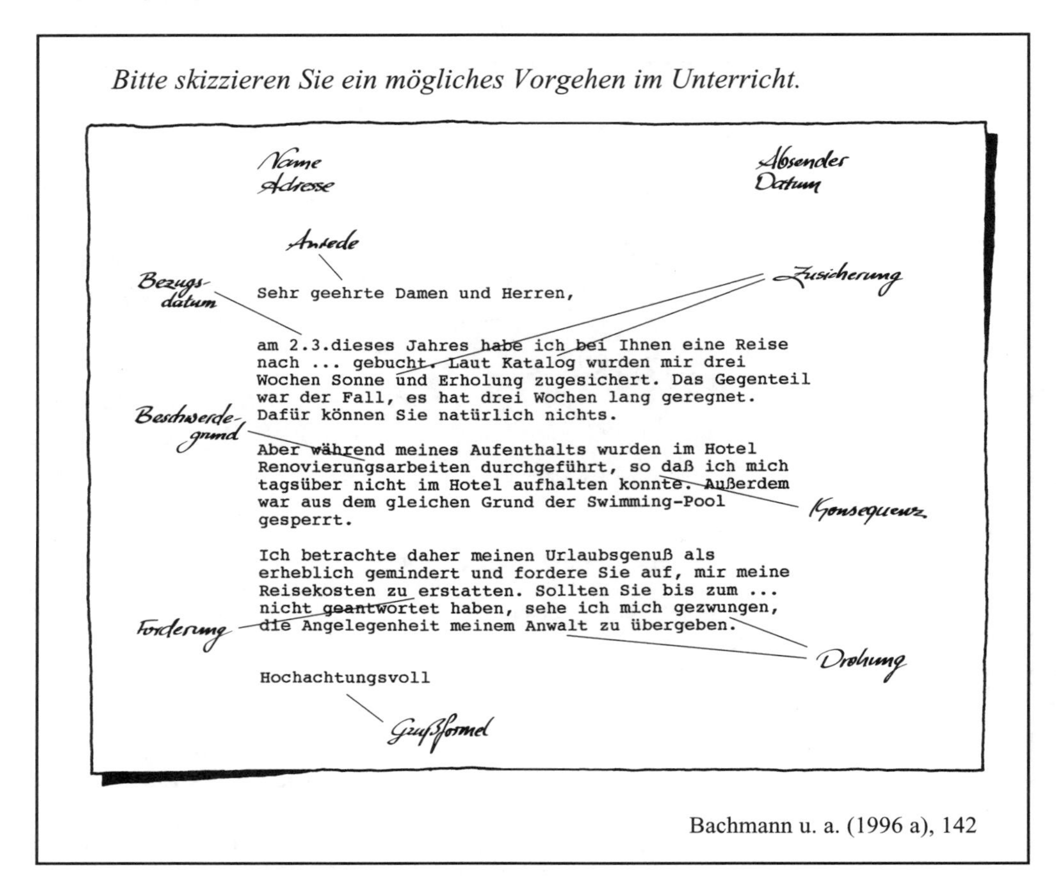
Sehr geehrte Damen und Herren,

am 2.3.dieses Jahres habe ich bei Ihnen eine Reise nach ... gebucht. Laut Katalog wurden mir drei Wochen Sonne und Erholung zugesichert. Das Gegenteil war der Fall, es hat drei Wochen lang geregnet. Dafür können Sie natürlich nichts.

Aber während meines Aufenthalts wurden im Hotel Renovierungsarbeiten durchgeführt, so daß ich mich tagsüber nicht im Hotel aufhalten konnte. Außerdem war aus dem gleichen Grund der Swimming-Pool gesperrt.

Ich betrachte daher meinen Urlaubsgenuß als erheblich gemindert und fordere Sie auf, mir meine Reisekosten zu erstatten. Sollten Sie bis zum ... nicht geantwortet haben, sehe ich mich gezwungen, die Angelegenheit meinem Anwalt zu übergeben.

Hochachtungsvoll

Bachmann u. a. (1996 a), 142

2.6.6 Leserbrief und Protokoll

In diesem Kapitel möchten wir noch drei weitere Textsorten ansprechen, die sich besonders gut für das kommunikative Schreiben im Deutschunterricht eignen: Kummerkastenbrief mit Ratgeberbrief und Protokoll.

Kummerkastenbrief – Ratgeberbrief

Die Textsorten *Kummerkastenbrief – Ratgeberbrief* findet man in vielen Zeitschriften, besonders aber in Jugendzeitschriften (in Deutschland z. B. *Bravo*, *Mädchen*, *Girl*, *Brigitte, Young Miss* usw.). Sicher sind auch Ihre Schülerinnen und Schüler mit diesen beiden Textsorten vertraut.

Kummerkastenbrief

Hier ein Beispiel für einen „Kummerkastenbrief":

Die Jungs hänseln mich wegen meiner Zahnspange

Seit etwa einem Jahr habe ich eine feste Zahnspange. Dadurch redet man anders und ein bisschen undeutlich. Mir selbst macht das nichts aus, meinen Freundinnen auch nicht, aber die Jungs aus meiner Klasse verarschen mich damit und haben mir schon einen fiesen Spitznamen verpasst. Wenn sie 's mir wenigstens ins Gesicht sagen würden, aber sie drehen sich um und lästern mit ihren Kumpels – so laut, dass ich es höre. So was nagt am Selbstbewusstsein. Anfangs hab ich's absichtlich überhört, aber das halte ich nicht durch. Im Tanzkurs komme ich relativ leicht mit Jungs in Kontakt, aber in der Schule bin ich schon richtig gehemmt.

Was soll ich bloß tun?

Diane, 14

Ob man in einer Klasse „echte" Kummerkastenbriefe schreiben lassen kann, halten wir für fraglich, dazu müsste ein außerordentlich gutes Klima in der Klasse herrschen. Warum aber nicht einmal fiktive Kummerkastenbriefe schreiben lassen? In einem „Brainstorming" (siehe Kapitel 2.1.2, S. 45f.) könnten Sie Ideen für Themen in der Klasse sammeln (*Ich werde immer rot, wenn ... ; Ich liebe sie, aber sie schaut mich nicht einmal an; Hilfe! Meine Nase ist zu groß/klein/dick* usw.). Die Themen werden auf Zettel geschrieben, jede/r zieht ein Thema und schreibt nun einen fiktiven Kummerkastenbrief. Diese Briefe werden eingesammelt und neu verteilt. Jetzt schreibt jede/r einen echten Ratgeberbrief.

Rückverweis

Ratgeberbrief

Aufgabe 128

Welche Merkmale der Textsorte „Ratgeberbrief" könnten diese Textsorte für den Schreibunterricht besonders attraktiv machen?

Leserbriefe

Die meisten dieser Merkmale gelten auch für Leserbriefe ganz allgemein, deshalb ist diese Textsorte gut für das Schreiben im Deutschunterricht geeignet. Wie beim Ratgeberbrief sollte der Text, auf den die Schülerinnen und Schüler reagieren sollen, an das Vorwissen der Lernenden anknüpfen, so dass sie wirklich etwas dazu zu sagen haben, und er sollte so beschaffen sein, dass eine ganz persönliche Stellungnahme gefordert ist. Beides erhöht die Motivation beim Schreiben.

Leitpunkte

Auch bei Ratgeber- und Leserbrief können Sie den Inhalt und Umfang durch Vorgaben/ Leitpunkte, die die Lernenden in ihrem Brief aufgreifen sollen, steuern.

Aufgabe 129

Bitte entwerfen Sie drei bis vier Leitpunkte für den Ratgeberbrief zum Thema „Zahnspange":

Kummerkastenbriefe sind natürlich zeit- und ortsgebunden, d. h., nicht alle Themen, die in deutschsprachigen Jugendzeitschriften von Jugendlichen angesprochen werden, eignen sich für den Einsatz im Deutschunterricht in allen Ländern. Was für Ihre Lerngruppe geeignet ist, können Sie am besten vor Ort entscheiden. (Einen Leserbrief zum Thema Konzentrationsstörungen vor dem Abitur haben wir auf S. 114/209 abgedruckt.)

Protokoll

Das Schreiben von Protokollen kann im Unterricht manchmal ganz natürlich geübt werden, z. B. zu Diskussionen

- über Probleme im Deutschunterricht, über Lerntechniken oder über allgemeine Themen,

aber auch

- zu Projektplanungen,
- zur Planung von Klassenreisen, Ausflügen, Klassenfesten, Elternabenden

usw.

Nutzen Sie entsprechende Gelegenheiten. Die Fähigkeit, ein Protokoll schreiben zu können, könnte für Ihre Deutschlernenden später durchaus von Nutzen sein (z.B. im Studium oder bei Anstellung in einer deutschen Firma).

Es gibt verschiedene Arten von Protokollen. Zunächst genügt es, folgende Protokollarten zu unterscheiden:

Ergebnisprotokoll

- **Ergebnisprotokoll:** hält im Wesentlichen die abschließende Entscheidung fest *(Nach einer längeren Diskussion wurde Folgendes beschlossen ...)*, evtl. auch ein wichtiges Zwischenstadium. Während der Diskussion müssen kaum Notizen gemacht werden, das Ergebnis muss präzise festgehalten werden.

Verlaufsprotokoll

- **Verlaufsprotokoll:** hält auch die Phasen der Entscheidungsfindung und unterschiedliche Meinungen von Diskutierenden fest. Wichtige Diskussionspunkte müssen während der Diskussion schriftlich festgehalten werden.

Unfallprotokoll

- **Unfallprotokoll,** eine Sonderform des Verlaufsprotokolls: hält fest, wie es zu dem Unfall gekommen ist.

Form eines (deutschen) Protokolls:
Das Protokoll hat einen „Kopf", einen Textteil und einen Schluss.

Aufgabe 130

In der linken Spalte sehen Sie den „Kopf" eines Protokolls und einen Schluss. Bitte notieren Sie in der rechten Spalte die Bestandteile. (Ähnlich könnte eine Aufgabe für Ihre Deutschlernenden lauten.)

„Kopf" des Protokolls

Protokoll zur Diskussion:
Abiturreise „ja" oder „nein"? ____________________

Ort: *Kursraum D* ____________________
Datum: *15. 3. 1998*
Beginn: *15 Uhr*
Ende: *15.30 Uhr*
Teilnehmer: *Klasse 9 B, Herr Richter (Klassenlehrer)* ____________________
Abwesend: *Peter, Christina* ____________________
Diskussionsleiterin: *Ulla (Klassensprecherin)*
Protokoll: *Jenny* ____________________

(Textteil)

Schluss

Wien, den 17. 3. 1998 gez. Jenny ____________________

Textteil

Der schwierigste Teil eines Protokolls ist der Textteil. Wichtige Merkmale des Textteils beim Ergebnisprotokoll:

- am Anfang evtl. Präzisierung des Themas,
- genaue Darstellung des Ergebnisses, eventuell Abstimmungsergebnis,
- sachliche, möglichst objektive Darstellung,
- keine persönlichen Meinungen des Protokollanten,
- keine Wiedergabe von Meinungen der Diskutierenden, ausgenommen eventuell eine sehr abweichende Meinung zum Endergebnis,
- keine wörtliche Rede, keine Dialogform,
- Zeitform: Präteritum,
- Ergebnis und Zusammenfassung: häufig Passiv.

Der Textteil des Protokolls in Aufgabe 130 könnte lauten:

> Zur Diskussion stand die Frage, ob die Klasse nach der Abiturprüfung noch eine gemeinsame Klassenreise machen sollte oder nicht. Zuerst waren die meisten dagegen. Dann erzählte Herr Richter von seinen positiven Erfahrungen mit anderen Klassen. Nach längerer Diskussion wurde abgestimmt: Nun waren 15 dafür, 5 dagegen. Es wurde beschlossen, dass wir in der Woche nach der Abiturprüfung eine einwöchige Klassenreise nach Rom machen.

„Kopf" und Schluss eines Verlaufsprotokolls sind wie beim Ergebnisprotokoll. Der Textteil ist jedoch sprachlich deutlich schwieriger (Wiedergabe der unterschiedlichen Meinungen im Konjunktiv). Während Ergebnisprotokolle schon im Grundstufenunterricht geschrieben werden können, sollte man Verlaufsprotokolle erst mit (sehr) fortgeschrittenen Deutschlernenden schreiben.

Rückverweis

Zum Thema *Textsorten/Textmuster* möchten wir Sie auch an unsere Ausführungen in Kapitel 2.3.8 erinnern.

2.6.7 Zwischen Banalität und Fiktionalität

Verfremdung

Kommen wir noch einmal auf das „Briefeschreiben" zurück. Deutsche Briefe ins Zielsprachenland zur Beschaffung von Informationen können im „wirklichen Schülerleben" eine gewisse Rolle spielen, doch die Thematik erschöpft sich bald. Solche Schreibanlässe können aber auch verfremdet, fiktionalisiert werden. Dafür braucht man häufig etwas komplexere Aufgabenstellungen. Es spricht dann auch nichts dagegen, diese in der Muttersprache vorzugeben, denn es geht um das Schreiben des Briefes und nicht darum, dass die fremdsprachliche Formulierung der Aufgabe verstanden wird. Die Verwendung der Muttersprache in solchen Fällen hat vor allem zwei Vorteile:

Verfremdung

- Die Aufgabe ist unmissverständlich, und jedem Schüler, jeder Schülerin, ist deutlich, was zu tun ist.
- Die Lernenden werden nicht in Versuchung geführt, aus der Aufgabe Formulierungen in ihren Brief zu übernehmen; sie müssen die Aufgabe mit den ihnen zur Verfügung stehenden sprachlichen Mitteln realisieren.

Wir zeigen ihnen nun zwei Aufgabenbeispiele zum Briefeschreiben in verfremdeten „Realsituationen“. Beide Aufgaben bieten strukturierende Hilfen an.

Beispiel 1:

Ein Brief ans Verkehrsbüro oder: Wie werde ich noch schöner und noch intelligenter?

Beispiel

In der Zeitung hat Ihr Vater gelesen, dass es in München ein Bad gibt, das Wunder wirkt: Es macht Kranke gesund, Alte jung, Hässliche schön, Dumme intelligent, Dicke dünn usw. Ein Bad mit sensationellen Resultaten. Zu dem Bericht gab es dieses Bild.

© Egginger, in: Süddeutsche Zeitung vom 22./23.11.1997, 35

Ihre Eltern können kein Deutsch, deshalb müssen Sie einen Brief schreiben und um nähere Informationen bitten:

- Sie fragen, ob es einen Prospekt mit näheren Informationen gibt.
- Auf jeden Fall möchten Sie über die Kosten für die ganze Familie informiert werden und ob es ein verbilligtes Familienangebot gibt.
- Sie möchten wissen, wie Unterkunft und Verpflegung geregelt sind.
- Sie möchten wissen, ob das Bad Ihre Probleme lösen kann (schlechte Noten in der Schule usw.) und die Ihrer Familie (welche Wünsche gibt es da?).

Denken Sie an die Anrede und die Grußformel.

Ausgehend von dem Foto könnten die Lernenden auch eine Anzeige für eine Zeitung entwerfen, in der das Bad sensationell oder seriös dargestellt wird (siehe auch das Beispiel in Aufgabe 97, S. 112). Allerdings sollten Sie zuvor deutschsprachige Anzeigen in Ihrem Unterricht behandelt haben (vgl. dazu Lohfert 1983; Lohfert/Schweckendiek 1989).

Rückverweis

Beispiel 2:
Der erste Brief auf dem Mond

Beispiel

Auf der Illustration von Gary Larson sehen Sie Henry, einen amerikanischen Astronauten. Er liest einen Brief ...

Larson (1988), 51

Überlegen Sie zuerst:

Wer hat den Brief geschrieben?

Warum wurde der Brief geschrieben?

Um **was für einen** Brief handelt es sich? (Abschiedsbrief, Dankesbrief, Beschwerdebrief ...)

Was steht in dem Brief?

a) Sammeln Sie Ideen, die Sie stichwortartig aufschreiben.
b) Schreiben Sie dann zu den Stichwörtern alles, was Ihnen sonst noch dazu einfällt.
c) Ordnen Sie dann nach dem folgenden Schema:

	Stichwörter
Ort/Datum	
Anrede	
Inhalt	
Schlusssatz	
Gruß	

d) Schreiben Sie nun den Brief ganz.

Der Inhalt des Originals ist übrigens nur zum Teil bekannt. Gary Larson druckte den Beginn des Briefes ab; er lautet:

» Lieber Henry: Wo warst du bloß?
Wir haben gewartet und gewartet, bis wir uns
schließlich entschlossen ... «

Larson (1988), 51

Und zum Schluss: *Liebes Rotkäppchen*

Briefe an Autoren oder literarische Figuren

Wenn Sie mit Ihren Schülern einen literarischen Text gelesen haben, könnten diese dem Autor bzw. der Autorin einen realen oder fiktiven Brief schreiben. Über den Inhalt des Briefes sollten Sie vorab mit den Schülern diskutieren: Welche Fragen haben wir? Welche Lektüreeindrücke möchten wir mitteilen? usw. Handelt es sich um einen lebenden Autor, sollte man den Brief auch tatsächlich abschicken, in vielen Fällen erhält man auch eine Antwort.

Eine attraktive Aufgabe besteht darin, einer literarischen Figur des gelesenen Textes einen Brief zu schreiben, in dem unterschiedliche Aspekte angesprochen werden können: Ausdruck von Sympathie/Antipathie, Reaktionen auf verschiedene Aspekte des Textes (Verhalten der Personen, Probleme, Ansichten usw.), Fragen zu Hintergründen, nicht Mitgeteiltem, nicht Verstandenem usw.

Es muss aber auch nicht immer eine Figur aus einem literarischen Text sein. Briefe kann man auch schreiben an

- seine Traumfrau/seinen Traummann,
- eine Phantasie- oder eine Filmfigur (z. B. Superman),
- eine deutsche „mythologische" Figur, z. B. den Weihnachtsmann, den Osterhasen, die Loreley usw., und zwar am besten immer dann, wenn die Lehrbuchlektion gerade etwas zu dem Thema anbietet oder es zu der Jahreszeit passt.

Rückverweis

Die genannten Formen der Verfremdung eignen sich selbstverständlich nicht nur zum Briefeschreiben. Gerade Märchen bieten eine Fülle anderer Möglichkeiten. Über Verfremdungen u. Ä. haben Sie ja auch einiges beim Thema *Kreatives Schreiben* in Kapitel 2.5 gelesen.

3 Was tun mit den Fehlern?

3.1 „Ein Glück, dass Schüler Fehler machen“?

Dass beim Lernen Fehler gemacht werden, ist eine Binsenwahrheit, dass man durch Fehler lernt, eine Lebensweisheit. Dass man auch beim Lernen einer Fremdsprache durch Fehler lernt, wird häufig vergessen: „Ein Glück, daß Schüler Fehler machen“, so sieht es Hans-Jürgen Krumm (1990). Doch Fehler werden in der Schule mit Übungen „bekämpft“, wer Fehler macht, wird mit einer schlechten Note bestraft. Dass die Sprech- und Schreiblust der Fremdsprachenlernenden dadurch nicht unbedingt gefördert wird, liegt auf der Hand.

Auch die Wahrnehmung von „Schreiben in der Fremdsprache“ ist in der Perspektive vieler Lehrerinnen und Lehrer zunächst durch die Fehler bestimmt, die dabei gemacht werden.

Fragen zum Thema *Fehler*

Vor einer Fortbildungsveranstaltung zum Thema *Schreibfertigkeit für italienische Deutschlehrer* haben wir um Fragen gebeten, die während der Veranstaltung behandelt werden sollten. Die meisten Fragen, die notiert wurden, bezogen sich nicht auf den Aspekt *Wie kann man das Schreiben lehren?*, sondern auf den Bereich *Fehler und Fehlerkorrektur*. Vielleicht sind einige der Fragen auch Ihre Fragen? Wenn Sie noch weitere Fragen haben, dann ergänzen Sie bitte die Liste.

- Soll ich orthographische Fehler auch bewerten?
- Fehlertypen und unterschiedliche Bewertung?
- Korrektur nicht nur als Bewertung, sondern als Hilfe zur Vermeidung künftiger Fehler?
- Klassifikation der Fehler?
- Gewichtung? Wenn ja: wie?
- Fehler in der Aufgabe verbessern oder nur unterstreichen?
- Welche Fehler sind schlimmer, grammatische oder lexikalische?
- Soll alles korrigiert werden?
- Muss die Zahl der Fehler in Bezug auf die Länge des Aufsatzes gesehen werden?
- Wie korrigiere ich Fehler?
- Was tun mit Schülern, die Korrekturen oft gar nicht registrieren?
- Ich bin oft nicht sicher, ob Ausdrücke der Schüler richtig oder falsch sind, und weiß nicht, ob ich sie korrigieren oder akzeptieren soll.
- Wie korrigiere ich Interferenzfehler*?
- ...

Obwohl das Thema *Fehler und Fehlerkorrektur* in unserem Seminar nur einen Nebenschwerpunkt bilden sollte, haben die Fragen uns nicht sehr überrascht. Bei geschriebenen Texten liegen die Fehler sichtbar vor, sie sind nicht „flüchtig“ wie bei der gesprochenen Sprache, sondern sie haben Dauer. Das provoziert eine Korrektur, das bietet aber auch Chancen zur Korrektur. Schriftliche Fehler lassen sich einfacher und störungsfreier korrigieren als mündliche. Sie sind eindeutig „festgehalten“ und festzustellen, die Korrektur findet nach dem Schreiben statt und stört so nicht den Prozess selbst. Ein Nachteil: Häufig bekommen die Lernenden die Korrektur erst lange, nachdem der Text geschrieben wurde, „... der Zusammenhang (ist) meistens bereits verblaßt, aus dem heraus der Text geschrieben und die einzelnen sprachlichen Entscheidungen getroffen worden sind“ (Portmann 1991, 539f.). Im Mündlichen dagegen kommt es zu rascheren „Rückmeldungen“.

Wenn man die Fragen, die die Lehrerinnen und Lehrer zu Beginn unseres Seminars gestellt haben, aufmerksam liest, stellt man fest, dass sich in diesen Fragen vor allem eine große Verunsicherung hinsichtlich der **Bewertung** von Fehlern und verschiedener Fehlertypen manifestiert. Dieser Aspekt der Fehlerbewertung und -gewichtung ist für Unterrichtsziele im Bereich der *Schreibfertigkeiten* besonders wichtig. Wir werden ihn deshalb später noch aufgreifen und einige Überlegungen daran anknüpfen.

Zunächst möchten wir aber noch einmal auf unsere Behauptungen am Anfang dieses Kapitels zurückkommen und Sie nach Ihrer Einstellung zu Fehlern fragen: Sind Fehler für Sie z. B. ein lästiger Störfaktor, ein notwendiger Bestandteil des Lernprozesses oder ein Beweis für die Faulheit und das Versagen der Lernenden? Oder auch ein Hinweis auf das Versagen des Lehrers/der Lehrerin sogar auf eigenes Versagen?

Einstellungen zu Fehlern

Was sagen Fachleute und andere Lehrerinnen und Lehrer dazu?

Die folgenden Aussagen zum Fehler finden Sie zu einem großen Teil so oder ähnlich in der Fachliteratur oder sie entsprechen der Meinung von Fremdsprachenlehrern.

Aufgabe 131

Kreuzen Sie bitte auf der angegebenen Skala an, welche Aussage Ihrer eigenen Auffassung wie entspricht, und überlegen Sie warum.

	am meisten 1	2	3	am wenigsten 4	5
1. Der Fehler ist die Sünde des Lernenden.					
2. Ein einmal gemachter Fehler lebt weiter. Er ist wie ein Virus, der sich auf die anderen Lernenden der Lerngruppe überträgt. Es müssen daher grundsätzlich alle Fehler korrigiert werden, damit kein Lernender in dem Glauben gelassen wird, die fehlerhafte Aussage sei richtig.					
3. Es kommt darauf an, von vornherein zu verhindern, dass Lernende Fehler machen. Dies erreicht man durch eine sinnvolle Anordnung der Progression im Lehrwerk und verstärktes Üben in fehlerträchtigen Bereichen.					
4. Das Tödlichste für den Fremdsprachenunterricht ist es, fehlerfreie Leistungen von den Lernenden zu erwarten. Das tötet die Sprech- bzw. Schreibbereitschaft.					
5. Fehler zeigen die Kreativität des Lernenden beim Umgang mit der Sprache an, d. h., sie weisen darauf hin, dass er Analogien bildet, Übertragungen aus anderen Sprachen vornimmt und Hypothesen über Regeln erstellt.					
6. Fehler sind ein hervorragendes Instrument zur Diagnose. Sie zeigen dem Lehrer, was der Lernende noch nicht verstanden hat und in welchen Bereichen noch zusätzliche Übungen zu machen sind.					
7. Fehler gehören einfach zur Lernersprache. In bestimmten Stadien des Lernprozesses treten immer wieder die gleichen Fehler auf.					
8. Wer viel arbeitet, macht viele Fehler, wer wenig arbeitet, macht wenig Fehler, wer keine Fehler macht, der ist ein faules Schwein. (Volksmund)					

nach: Kleppin (1998), 49

Die obige Sammlung von Äußerungen zu Fehlern und die sich daran anschließende Aufgabe haben wir aus der Fernstudieneinheit *Fehler und Fehlerkorrektur* von Karin Kleppin übernommen. Kapitel 3 dieser Fernstudieneinheit behandelt *Die schriftliche Fehlerkorrektur*, bezieht sich also direkt auf unser Thema. Wir möchten Ihnen aber auch die Kapitel 2.1 zu den Bereichen *Fehlererkennung* und *Fehlerkennzeichnung* sowie Kapitel 2.2 mit der ausführlichen Beschreibung von *Fehlerursachen* als Voraussetzung zur erfolgreichen *Fehlerbearbeitung* wärmstens zur Lektüre empfehlen. In den genannten Kapiteln finden Sie alles, „was Sie schon immer über Fehler wissen wollten", viele Antworten auf die Fragen der italienischen Deutschlehrer und -lehrerinnen von Seite 168, und alles, was dort steht, ist auch in unserem Zusammenhang eminent wichtig. Da Sie sich dort also profund in die Fehlerthematik einarbeiten können, brauchen wir das hier nicht zu wiederholen, können wir es uns leisten, bestimmte Aspekte der Fehlerthematik zu vernachlässigen, andere sehr kurz zusammenzufassen und dafür für unser Thema besonders wichtige Linien im Umgang mit Fehlern herauszuarbeiten. Dabei stützen wir uns in einer ganzen Reihe von Punkten auf die oben genannte Fernstudieneinheit.

⇒

Betrachten wir noch einmal die in Aufgabe 131 aus der Fachliteratur gesammelten Aussagen 1. – 7. zum Fehler. Überrascht hat Sie womöglich, dass sehr unterschiedliche

Standpunkte vertreten sind. Woran soll man sich nun halten? In der Tat spiegeln sich in diesen Äußerungen historische Entwicklungen in der Fehlerforschung.

Fehlerforschung

Fehler wurden von der Forschung und von Lehrern jahrzehntelang als „Mangel, Schwäche, persönliches Versagen" oder „Defizit" angesehen (vgl. dazu Hasler 1991, vor allem 93 – 112, 150 – 171). Sie wurden mit Übungen, Strafen („x-mal abschreiben" usw.) bekämpft oder mit schlechten Noten sanktioniert und dienten als Selektionsinstrument. Fehler entschieden über Erfolg oder Misserfolg; wer (zu) viele Fehler machte, blieb sitzen oder musste die Schule verlassen.

Inzwischen steht zumindest die Forschung Fehlern anders gegenüber: Fehler sieht man als entwicklungsspezifische Notwendigkeiten, sie sind etwas Selbstverständliches. Ein Kind, das Deutsch als seine Muttersprache lernt, reduziert die Komplexität der Regeln, indem es zum Beispiel alle Partizip-Perfekt-Formen auf *-t* bildet: *eingeschlaft*, *getrinkt*, *gelauft*, *hingefallt* usw. Reduktion* ist gleichzeitig Übergeneralisierung*: Das Kind wendet eine Regel auch dort an, wo sie nicht gilt.

Was für den Mutterspracheneerwerb gilt, gilt auch für den Fremdsprachenerwerb: Jeder Lernende durchläuft Stufen, in denen er systematische Fehler macht, *„stage of systematic errors"*, wie Pit Corder (1973, 271) eine solche Zwischenstufe nennt.

Fehler sind Zwischenetappen im Lernprozess, sie verweisen auf wichtige Lehr- und Lernprobleme (Äußerung 6). Sie zeigen, was noch nicht „sitzt", was noch einmal und vielleicht anders, erklärt werden muss, denn „Lehrer brauchen Fehler, um zu erkennen, wo sie im Unterricht Akzente setzen sollen" (Krumm 1990, 99). In der Sprachlehrforschung, einem verhältnismäßig jungen Fach (seit Anfang der 70-er Jahre) spricht man auch von *kreativen Fehlern* (Äußerung 5).

kreative Fehler

Kreative Fehler sind „richtige" Fehler, Fehler also, bei denen der Lernende richtig gedacht hat. (Ein Beispiel aus der Wortbildung: *zähmen – Zähmung*; *kränken – Kränkung*; *sich grämen –* ***Grämung***; dieses Wort finden Sie in keinem Wörterbuch: es existiert nicht). Für eine solche kreative Wortschöpfung sollten Sie den Erfinder loben, ihm aber selbstverständlich auch dabei helfen, den Fehler in Zukunft zu vermeiden. Auch dazu sagen wir im Folgenden noch etwas.

3.2 Fehlerkorrektur und Textbearbeitung

3.2.1 Fehler und Fehlerkorrektur

Stellenwert von Fehlern im Schreiblehrprozess

Rückverweis

„Fehler sind Zwischenetappen im Lehr- und Lernprozess" – diese Aussage ist der Schlüsselsatz für die Arbeit am und mit dem Fehler im Schreiblehrprozess, wie wir ihn in dieser Fernstudieneinheit beschrieben haben. Wenn Entwürfe von Texten immer wieder überprüft und überarbeitet, Textteile umgeschrieben oder neu geschrieben werden (siehe Kapitel 2.4, S. 116ff.), dann entstehen immer neue „Zwischentexte", die nicht mehr (und nicht weniger) sind als Etappen auf einem Weg. In einem solchen offenen Konzept vom Schreibenlernen spielen Fehler eine andere Rolle und sind anders zu bewerten als in der Vorstellung vom geschriebenen Text als einem abgeschlossenen Endprodukt, das zur Beurteilung (und nicht selten zur **Ver**urteilung) freigegeben ist. Wenn es unser Ziel ist, **das Schreibvermögen der Lernenden** mit Hilfe bestimmter Strategien und Übungen **kontinuierlich zu verbessern**, dann verliert der Fehler seinen Schrecken und wird zum Durchgangsstadium auf dem Weg zum Ziel. So gesehen erscheint der Fehler als „heilsame Irritation", die den Impuls auslöst, „nach besseren Lösungen zu suchen"; dies schließt die Frage nach Fehlerursachen und Mitteln und Wegen der Fehlerbeseitigung selbstverständlich mit ein. Die Fehlerkorrektur erscheint in dieser Betrachtungsweise nicht als Ziel der Arbeit am Text, sondern als ein – nicht unwichtiger – Teil einer umfassenderen Textbearbeitungsphase.

Bewertung und Gewichtung von Fehlern im Schreiblernprozess

Diese Betrachtungsweise führt uns zu einer interessanten Frage, zu der Frage nämlich, welche Art von Fehlern eine besonders „fruchtbare Irritation" darstellt, indem die Fehler z. B. Bearbeitungsaktivitäten auslösen und zu Lösungen führen, die für die Entwickung des Schreibvermögens der Lernenden besonders effektiv sind. Und damit sind wir bei der Frage der Bewertung und Gewichtung von Fehlern im Schreiblernprozess. Im Folgenden werden wir dazu einige Vorschläge machen.

Die erste Frage, die wir uns auf dem Weg dorthin stellen müssen, lautet: Welche Fehler, die gewertet und gewichtet werden sollen, gibt es überhaupt?

Fehlerklassifizierung

In der schon in Kapitel 3.1 erwähnten Fernstudieneinheit *Fehler und Fehlerkorrektur* listet Karin Kleppin im Rahmen Ihres Vorschlags zur Fehlerklassifizierung (und -kennzeichnung) verschiedene Fehlertypen auf (vgl. Kleppin 1998, Kapitel 2.3, besonders S. 40ff. und Kapitel 3.3.2, S. 58/59). Für unsere Zwecke übernehmen wir hier die übersichtliche Kurzdarstellung von S. 58/59. (Die ausführliche Übersicht mit den Beispielsätzen finden Sie in Kleppin, S. 144).

Aufgabe 132

Typen von Fehlern (Vorschlag zur Fehlermarkierung in Schülerarbeiten in der linken Spalte):

Fehlermarkierung	**Fehlertypen/-kategorien**	**effektive Bearbeitungs-aktivitäten +/–**
A	Ausdruck	
Art	**Art**ikel	
Bez	syntaktischer oder semantischer **Bez**ug	
Gen	**Gen**us	
I	**I**nhalt	
K	**K**asus	
Konj	**Konj**unktion	
M	**M**odus	
mF	**m**orphologischer **F**ehler	
Mv	**M**odal**v**erb	
Präp	**Präp**osition	
Pron	**Pron**omen	
R	**R**echtschreibung	
Sb	**S**atz**b**au	
St	**S**atz**st**ellung	
Stil	**Stil**	
T	**T**empus	
W	**W**ortwahl	
Z	falsche oder fehlende **Z**eichensetzung	
√	Fehlen von Elementen	
├─┤	überflüssige Elemente, die zu streichen sind	
↶	Umstellung	

Kleppin (1998), 58/59

1. *Bitte überlegen Sie im Hinblick auf unsere bisherigen Ausführungen, ob in der obigen Tabelle alle Kategorien von Fehlern genannt werden, die beim Schreiben von Texten ins Spiel kommen können. Wenn Sie diese Frage verneinen: Welche Kategorien könnte (oder sollte) man Ihrer Meinung nach noch nennen?*
2. *Welche der genannten Fehlerkategorien, inklusive der von Ihnen hinzugefügten, lösen besonders „effektive Bearbeitungsaktivitäten" im Hinblick auf die kontinuierliche Entwicklung des Schreibvermögens der Deutschlernenden aus?*

   Markieren Sie diese mit einem + in der rechten Spalte der Fehlertypen-Tabelle. Markieren Sie diejenigen Kategorien, die Sie für nicht so relevant für diese Fragestellung halten, mit einem Minuszeichen –.

Wahrscheinlich ist Ihnen bei der Betrachtung der Fehlerklassen aufgefallen, dass sich die genannten Kategorien vor allem auf die Wort- (Gen, Art, K, R, W) und die Satzebene (St, Sb) beziehen. Einige der genannten Kategorien könnten auch auf die Textebene bezogen werden, so z. B.:

Konjunktion:

Generell fehlerhafte (oder ungenügende) Verwendung von Konjunktionen (Konnektoren) in bestimmten Texten (argumentative Texte, chronologische Texte ...); Aneinanderreihung von Hauptsätzen.

Tempus:

Beispielsweise fehlerhafter Tempusgebrauch bei bestimmten Textsorten; temporale Bezüge stimmen insgesamt nicht.

Satzstellung, Satzbau, Umstellung:

Zum Beispiel keine Umstellung bei Satzanschlüssen.

Stil:

Kann sich auf den ganzen Text beziehen: Stil ist unbeholfen, nur Aneinanderreihung von Hauptsätzen; mündlicher Sprachgebrauch.

Welche Kategorien von „Fehlern" haben Sie in Aufgabe 132 als fehlend genannt? Es müssten solche Kategorien sein, die sich aus den Merkmalen zusammenhängender Texte ableiten und die in verschiedenen Stadien des Schreiblehrprozesses eingefordert werden können, z. B.:

Rückverweis3

- inadäquate **Referenzen**, Verwendung der immer gleichen Bezeichnung (siehe Kapitel 2.2.5),
- keine Variation in den **Satzanschlüssen**, d. h. immer gleicher Satzaufbau: Subjekt, Verb, Ergänzungen (siehe Kapitel 2.2.1),
- inadäquate oder unzureichende Verwendung von **Konnektoren**, Aneinanderreihung von Einzelsätzen (siehe Kapitel 2.2.2 und 2.2.3),
- keine **Variation** in Wortwahl und Ausdruck,
- kein erkennbarer oder nicht überzeugender **Textaufbau** (Einführungsphase, Hauptteil, Schlussphase, Textzusammenhang, Absätze, Argumentationsstruktur, Chronologie usw., siehe Kapitel 2.3.8),
- **Textsorte** verfehlt: Aufbau, Wahl der Sprachmittel, interkulturelle Unterschiede (siehe Kapitel 2.3.8),
- kein oder inadäquater **Leserbezug** (siehe Kapitel 2.3.8 und 2.6),
- mangelnde **Verständlichkeit** insgesamt: kommunikative Komponente, ungenügende Realisierung der Textintention.

Nun mögen Sie hier die Frage stellen, ob es sich bei diesen Kategorien überhaupt um „Fehler" handelt. Die Beantwortung dieser Frage hängt davon ab, welchen „Fehlerbegriff" man zugrunde legt (zum *Fehlerbegriff* vgl. Kleppin 1998,15ff.). Wir sind der Meinung, dass beim Schreibfertigkeitstraining, das ja auf das Schreiben von Texten zielt, nicht nur die Wort- und Satzebene, sondern auch die Textebene zu berücksichtigen ist. Und wenn typische Merkmale von Texten gelehrt werden, dann sind diese auch Teil der Anforderungen, die beim Schreiben von Texten zu stellen und zu bewerten sind.

Beim Vergleich der Fehlerkategorien auf der Wort- und Satzebene mit den Fehlerkategorien der Textebene zeigt sich unter dem Aspekt der *Fehlerbehandlung* ein grundlegender Unterschied: Während die Fehlerkorrektur auf der Wort- und Satzebene eher punktuelle Einzelphänomene **berichtigt**, geht es auf der Textebene um die **Gesamtheit der Textintention und Textrealisierung**. Während es auf Wort- und Satzebene um *falsch* oder *richtig* geht, geht es auf der Textebene eher um Fragen der Textbearbeitung, um die Kategorien *gelungen – weniger gelungen – nicht gelungen*. Damit kommen wir zu unserer zweiten Frage von Aufgabe 132 zurück: Punktuelle Fehlerberichtigungen, wie z. B. bei Rechtschreibung, Artikel und Genus oder bei morphologischen Fehlern, führen zu relativ oberflächlichen, kurzfristigen Bearbeitungsaktivitäten (einen Buchstaben korrigieren, einen Blick ins Wörterbuch oder in eine Grammatiktabelle werfen). Fehler in den Bereichen Tempus, Modus, Konnektoren, Textaufbau, Textsorte usw. lösen dagegen satzübergreifende, textumfassende und textübergreifende Bearbeitungsaktivitäten aus, da dabei allgemeine Textmerkmale berücksichtigt werden müssen.

Erinnern wir uns an den Schülertext zum Bild der älteren Frau in Kapitel 2.2.5, S. 81. Auf der morphologischen und auf der Satzebene enthält der Text kaum Fehler. Die Aneinanderreihung von Hauptsätzen, der Einstieg in den Text mit dem Pronomen *sie*, dann die inadäquaten (weil textstilistisch unbeholfenen) Referenzen *Sie ... Sie ... sie* waren jedoch Auslöser für eine umfassende Textbearbeitung, die sogar zur Neuformulierung einzelner Passagen führte.

Im Folgenden möchten wir unsere Darlegungen an einem weiteren Beispiel konkretisieren.

Phasen der Fehlerkorrektur und Textbearbeitung

Den folgenden Text eines chinesischen Studenten, der einen Brief auf Deutsch an einen fiktiven Briefpartner geschrieben hat, haben wir der Fernstudieneinheit *Fehler und Fehlerkorrektur* entnommen. Wir wollen ihn hier unter einem weiterführenden Aspekt betrachten.

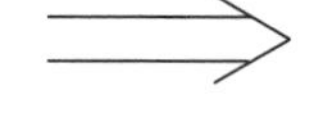

Aufgabe 133

Wort und Satzebene

Bitte führen Sie an dem Brief zwei getrennte Korrekturgänge durch:

1. *Fehlerkorrektur auf der Wort- und Satzebene:*
   a) *Markieren Sie die Fehler und schreiben Sie die Korrekturzeichen (siehe Tabelle S. 171) an den linken Rand.*
   b) *Schreiben Sie danach die Berichtigung an den rechten Rand des Textes.*

Fehlerkorrektur auf der Wort- und Satzebene:

Liebe Peter

Ich habe seit zwei Wochen in China geblieben. Tong-ji Universität liegt in Shanghai. Hier ist alles für mich neuig. Ich habe eines neue Leben angefangen. chinesische Sprache ist viel schwieriger zu lernen als andere Fremdsprache. ... Trotzdem habe ich schon viele Freunden, die sehr freundlich für mich sind. ... Im Unterricht habe ich nicht genug verstanden, weil meine chinesische Sprache nicht sehr gut ist. Deshalb habe ich nach dem Unterricht sehr fleißig, Chinesisch zu lernen. ... Ich habe sehr eilig. Nächste Mal werde ich ausführlich das Leben in China schreiben.

Viele Grüße von

Dein Ei-zhong Xu

nach: Kleppin (1998), 57

Textebene

2. *Überarbeitung auf der Textebene:*
   Welche Aspekte würden Sie bei der Überarbeitung auf der Textebene berücksichtigen? Welche Formulierungsvorschläge würden Sie machen? Überarbeiten Sie bitte den Text. Schreiben Sie die Begründung für Ihre Textbearbeitungen auf den rechten Rand.

Ihre Vorschläge zur Überarbeitung auf der Textebene:

Liebe Peter

Ich habe seit zwei Wochen in China geblieben. Tong-ji Universität liegt in Shanghai. Hier ist alles für mich neuig. Ich habe eines neue Leben angefangen. chinesische Sprache ist viel schwieriger zu lernen als andere Fremdsprache. ... Trotzdem habe ich schon viele Freunden, die sehr freundlich für mich sind. ... Im Unterricht habe ich nicht genug verstanden, weil meine chinesische Sprache nicht sehr gut ist. Deshalb habe ich nach dem Unterricht sehr fleißig, Chinesisch zu lernen. ... Ich habe sehr eilig. Nächste Mal werde ich ausführlich das Leben in China schreiben.

Viele Grüße von

Dein Ei-zhong Xu

nach: Kleppin (1998), 57

Was halten Sie von unserem Vorschlag, die Fehlerkorrektur, d. h. die Arbeit auf der Wort- und Satzebene, von der Arbeit auf der Textebene, d. h. der Textbearbeitung, zu trennen, wie wir es an unserem Textbeispiel gemacht haben? Natürlich ist die Unterscheidung der beiden Ebenen nicht in allen Fällen scharf zu trennen. Darauf haben wir in unseren Ausführungen schon hingewiesen. Im Einzelfall ist diese Unterscheidung auch nicht so wichtig. Wichtig ist, dass die Deutschlernenden auf der einen Seite **Fehler erkennen und korrigieren** und auf der anderen Seite **Hilfe erhalten** beim Auf- und Ausbau guter Texte und Textformulierungen.

Wichtige Hinweise zur Fehlerkorrektur auf der Wort- und Satzebene:

Fehlerkorrektur auf der Wort- und Satzebene lernzielorientiert

➤ Wenn Sie Schreibübungen zu ganz bestimmten Teilbereichen durchführen (z. B. Rechtschreib-Diktat, Übung zu Referenzen, zu Konnektoren, zu Satzanschlüssen und Wortstellung), dann ist eine lernzielorientierte Korrektur in jedem Fall nicht nur angebracht, sondern ist sie eine Konsequenz des Übungstyps. Um mit Butzkamm zu reden: „Wer sich zu formbezogenem Üben entschließt, hat sich auch für genaue, förmliche Korrektur entschieden" (1989, 136).

Rückverweis

Fehlertoleranz

➤ Bei Schreibaufgaben, bei denen der Schreibende versucht, etwas darzustellen, mitzuteilen, wie zum Beispiel in den Schreibübungen in den Kapiteln 2.3, 2.5, 2.6 dieser Fernstudieneinheit, ist es wichtig, Fehlertoleranz zu üben. Auf keinen Fall sollten alle Fehler und diese vielleicht auch noch rot angestrichen werden. Das entmutigt, demotiviert, ist der beste Weg zu verhindern, was erreicht werden soll: dass Schülerinnen und Schüler sich frei und mit Freude zum Thema äußern, dass sie ihre Gedanken originell und kreativ zu Papier bringen – statt mit der Absicht, um jeden Preis Fehler zu vermeiden.

repräsentative Fehler

Hinweis

➤ Streichen Sie einige wichtige repräsentative Fehler an (siehe Kapitel 3.3) und besprechen Sie diese in der Klasse (siehe auch unsere Vorschläge zur Selbstkorrektur unter C, S. 176ff.). Gezielte Fehlerdiagnose und effektive Fehlertherapie sind die wesentlichen Voraussetzungen dafür, den Lernprozess zu fördern.

Orthographie

➤ Natürlich sollte im Rahmen von Übungen, die schriftliche Kompetenz aufbauen, auch auf orthographische Richtigkeit geachtet werden. Bei freieren Aufgaben sollte das Markieren und die Korrektur von Fehlern aus den Bereichen *Interpunktion, Orthographie und Morphologie* sehr behutsam erfolgen. Stattdessen sollten Sie gelungene Formulierungen hervorheben. In Untersuchungen wurde festgestellt, dass Schüler, die positive *(Das ist besonders gelungen!)* und negative Rückmeldungen bekamen, auf Korrekturen viel angenehmer reagierten und größere Lernfortschritte machten, als Schüler, die nur einseitig positive oder negative oder keine Rückmeldungen bekamen (vgl. Portmann 1991, 544).

Gewichtung

➤ Es gibt Fehler unterschiedlicher Qualität, die Sie auch unterschiedlich gewichten sollten. Vor allem sollten „kreative Fehler" mit begründbaren stichhaltigen Hypothesen (Übergeneralisierungen) durchaus positiv bewertet werden.

hartnäckige Fehler

Flüchtigkeitsfehler

Rückverweis

➤ „Wichtige Fehler" sind Kompetenzfehler*, d. h. immer wieder auftauchende hartnäckige Fehler *(error)* – im Gegensatz zu so genannten „Performanzfehlern"*, d. h. Flüchtigkeitsfehlern, die ein Schüler selbst erkennen und verbessern kann *(mistake)*. „Wichtige Fehler" sind außerdem „lernleichte" Fehler, deren „Behandlung" zu schnellen Erfolgen führt (vgl. Bausch/Raabe 1978, 71) und „fruchtbare Fehler", bei deren Behandlung man viel lernt (vgl. S. 170f. in diesem Kapitel).

Schritte beim Umgang mit Fehlern

➤ Schüler (und Lehrer) müssen im Umgang mit Fehlern verschiedene Schritte berücksichtigen. Portmann unterscheidet (idealtypisch) fünf Schritte beim Erkennen und Behandeln von Fehlern (1991, 541): Der Schüler muss
  - den Fehler **als solchen** erkennen,
  - in der Lage sein zu bestimmen, um **welchen Typ Fehler** es sich handelt (Orthographie, Genus, Wortstellung usw.),
  - erkennen, **warum** es sich um einen Fehler handelt und was er tun muss, um ihn zu verbessern,
  - den Fehler berichtigen,
  - dafür sorgen, dass er den Fehler **in Zukunft nicht mehr** macht bzw. leichter bemerkt.

➤ Fehler, die einen noch nicht behandelten Stoff betreffen, sollten von den Lehrerinnen und Lehrern stillschweigend verbessert werden. Das ist sinnvoller, als die falsche Form oder Wendung stehen zu lassen, da die Schüler annehmen dürfen, dass alles, was nicht korrigiert wird, richtig ist.

stillschweigende Korrektur

- In dubio pro reo *(Im Zweifelsfall für den Angeklagten)*: Haben Sie Zweifel, ob die Schüleräußerung richtig oder falsch ist, sollten Sie sie auf jeden Fall als korrekt akzeptieren.

„unsichere" Fehler

- Fehler, die Sie mit der ganzen Klasse besprechen, sollten „anonym" bleiben, also nicht einzelnen Schülern zugeordnet werden. Am besten sammeln Sie wichtige Fehler, besprechen diese dann in systematischen Zusammenhängen und bieten Übungen dazu an. Erklären genügt nicht! Die Übungen können mündlich oder schriftlich erfolgen, je nachdem, um was für Fehler es sich handelt und was Ihnen geeigneter erscheint.

„anonyme" Fehler

- In vielen Fällen können die Schüler Fehler, vor allem wenn es sich um Fehler auf der Wort- und Satzebene handelt, selbst erkennen und eigene Verbesserungsvorschläge machen. Diese Fähigkeit sollten Sie so oft wie möglich nutzen, da dann die Chance, dass der Fehler nicht mehr oder seltener gemacht wird, größer ist als bei Lehrerkorrekturen: Die Schüler müssen ihre eigenen und fremde Ressourcen (Erinnerung, logisches Denken, im Wörterbuch/in einer Grammatik/im Lehrbuch nachschlagen usw.) mobilisieren, die „Bearbeitungstiefe" ist also intensiver und nachhaltiger.

Bei der Selbstkorrektur kann man ganz unterschiedlich vorgehen:

Selbstkorrektur

A. Lehrergelenkte Verfahren

lehrergelenkt

- Der Lehrer unterstreicht die Fehler im Text ohne weitere Information und lässt die Schüler selbst korrigieren. Danach werden die Korrekturen im Plenum besprochen. Zu dieser Kategorie gehören vor allem Fehler aus Bereichen, die in den Unterrichtsstunden vorher systematisch behandelt worden sind.
- Der Lehrer kategorisiert die Fehler am Rand des Textes nach den den Schülern bekannten Typen (Kasus, Wortstellung usw.), ohne die Fehler zu unterstreichen. Die Schüler müssen die Kategorie also im Text erkennen. Das setzt Regelwissen voraus sowie die Kenntnis der Terminologie, eventuell auch nur der entsprechenden Terminologie in der Muttersprache.
- Der Lehrer streicht die Fehler an. Die Schüler klassifizieren die Fehler selbst nach Morphologie (Konjugation, Deklination usw.), Lexik (falscher Wortgebrauch), Syntax (Wortstellung im Satz). Jeder Schüler stellt fest, in welchem Bereich er die meisten Fehler gemacht hat. In der Fehlertherapie konzentriert jeder sich auf diese sensiblen Bereiche.
- Der Lehrer schreibt nur die Anzahl der Fehler unter die Arbeit und überlässt es den Schülern, die Fehler selbst zu finden.
- Der Lehrer benennt den Fehler explizit, z. B.: *denken an + Akk.* Das ist dann sinnvoll, wenn die entsprechenden Kenntnisse noch nicht vorhanden sind.
- Der Lehrer korrigiert selbst in den Text hinein. Das ist bei Formulierungsfragen, stilistischen Ausdrücken, bei festen Redewendungen, die noch nicht als bekannt vorausgesetzt werden können (z. B. *Staub wischen* statt *Staub putzen*) sinnvoll, es sei denn, Sie gehen stillschweigend über den Fehler hinweg.
- Zu einem fehlerhaften Schülertext erstellt der Lehrer eine fehlerfreie Version, gegebenenfalls auch mit stilistischen Verbesserungen. In Kleingruppen werden die Texte verglichen, die Schüler analysieren und bestimmen den Fehlertyp (grammatischer Fehler, falsches Wort, ungeschickte Formulierung usw.). Dabei können die Schüler den Lehrer fragen, warum er das so formuliert hat usw.

B. Korrigieren in Partner- oder Gruppenarbeit

Korrektur in Partner- und Gruppenarbeit

Lassen Sie so oft wie möglich den „gesammelten Sachverstand" von Gruppen arbeiten. Die „Fehlerjagd" in Partnerarbeit oder in Gruppen wird von den Lernenden weniger negativ gesehen (sie macht sogar Spaß) als die Konfrontation mit Fehlern, die die Lehrenden angestrichen haben. Bei Minigruppen und Partnergruppen sollten Sie darauf achten, dass das Sprachkönnen der Gruppenmitglieder nicht zu unterschiedlich ist, damit jeder die Chance hat, Fehler beim anderen zu finden. Andererseits sollten auch nicht nur „schwache" oder nur „starke" Schüler zusammenarbeiten, denn schwächere Schüler können von der Diskussion mit den stärkeren etwas lernen. Normalerweise können stärkere Schüler auch die eigenen Fehler besser korrigieren als schwächere Schüler. Unter Umständen müssen Sie in der Klasse differenzieren: Während die einen ihre Fehler selbst korrigieren, können Sie mit den anderen vorbereitete Korrekturen besprechen. (Zahlreiche Vorschläge zur Differenzierung im Unterricht finden Sie in der Fernstudieneinheit *Sozialformen und Binnendifferenzierung*).

- Partnerarbeit: Da man oft seine eigenen Fehler nicht sieht (man liest das richtig, was man falsch geschrieben hat), tauschen die Schüler ihre Arbeiten aus: Jeder bearbeitet den Text eines Mitschülers. Der Text kann auch noch an einen Dritten weitergereicht werden. Wenn der Text zurückgegeben wird, muss der Korrektor den Fehler, den er angestrichen hat, erklären. Je nach Kenntnisstand und Fähigkeiten der Schüler können auch verschiedene der oben genannten Verfahren angewandt werden (Fehler nur unterstreichen, Fehler kategorisieren, Verbesserungsvorschläge machen usw.).
- Alle Schüler bearbeiten denselben Text. Auch dabei kann man in Partnergruppen arbeiten. Anschließend werden die gefundenen Fehler im Plenum besprochen. Ein Modelltext wird gemeinsam erstellt.

  Variante: Wettbewerb: Wer (welche Gruppe) findet die meisten Fehler?
- In Gruppen werden mehrere ausgewählte Texte bearbeitet.
- Um Schüler dafür zu sensibilisieren, dass es wichtigere und weniger wichtige Fehler gibt, können Sie folgende Aufträge erteilen:
  - Suchen Sie mit Ihrem Partner/Ihrer Partnerin in dem korrigierten Text die beiden wichtigsten und die beiden unwichtigsten Fehler. Begründen Sie Ihre Entscheidung.
  - Welche Fehler hätten Sie selbst korrigieren können, welche nicht?
  - Erstellen Sie eine Hitparade der zehn wichtigsten/unwichtigsten Fehler.

Auf diese Weise findet eine intensive Auseinandersetzung mit dem Fehler statt und es wächst die Chance, bewusst damit umzugehen. Das wiederum erhöht die Chance, dass er in Zukunft vermieden wird (vgl. Portmann 1991, 545).

Natürlich können Sie die Verfahren von A und B in unterschiedlicher Weise miteinander kombinieren und sich auch noch andere Verfahren ausdenken. (Viele Hinweise hierzu finden Sie in der Fernstudieneinheit *Fehler- und Fehlerkorrektur* in Kapitel 3.3.5.)

Selbstkorrekturen

C. Einige wichtige Gesichtspunkte für Selbstkorrekturen

- Selbstkorrekturen sind nur möglich bei Fehlern, die von den Lernenden auch tatsächlich erkannt und dann auch selbst korrigiert werden können. Häufig handelt es sich dabei um so genannte „Ausrutscher" oder „Leichtsinnsfehler" oder Fehler, die durch noch unvollkommene Automatisierung von bereits bekannten Strukturen entstanden sind. (In Kapitel 3.3.5 der Fernstudieneinheit *Fehler und Fehlerkorrektur* werden eine Reihe von Korrekturübungen vorgeschlagen, mit denen Ihre Schülerinnen und Schüler das Korrigieren lernen können.)

  Selbstkorrekturen beziehen sich meist eher auf formale Aspekte (Artikel, Kasus, Morphologie, Rechtschreibung, einfache Syntaxregeln wie Verbstellung oder Umstellung von Subjekt/Verb, Verbrektion, Gebrauch der richtigen Präposition usw.).
- Selbstkorrekturen stärken das Selbstbewusstsein der Lernenden und nehmen den Fehlern den Schrecken. Wer eigene Fehler selbst entdeckt und selbst korrigiert, hat die Fehler sozusagen „wieder gutgemacht" und kann sich eher dazu bekennen.
- Selbstkorrekturen erhöhen die Wahrscheinlichkeit, dass derselbe Fehler seltener oder gar nicht mehr gemacht wird.
- Wenn die Lernenden auf diese Weise das Korrigieren üben, üben sie gleichzeitig das korrigierende Überlesen ihrer eigenen Texte bei benoteten Klassenarbeiten (Schularbeiten).

➤ Wenn Korrekturen in Partnerarbeit oder in der Gruppe durchgeführt werden, werden Argumente ausgetauscht, an die man sich später erinnert. Das ist positiv für zukünftige Fehlervermeidung.

➤ Die schwächeren Schüler lernen von den besseren Schülern in der Gruppe. Die besseren Schüler lernen beim Erklären der Fehler noch dazu.

Die Selbstkorrekturen müssen natürlich noch einmal vom Lehrer überprüft werden – vor allem in den ersten Lernjahren. Das bedeutet insgesamt mehr Arbeit. Aber dieser Mehraufwand lohnt sich, da selbst entdeckte und selbst korrigierte Fehler einen größeren Lerneffekt bewirken.

Bei der Besprechung von Selbstkorrekturen können die Lernenden ihre eigene Fehlerklassifizierung vornehmen:

- Fehler, die ich selbst korrigieren kann („unnötige Fehler"),
- Fehler, bei denen ich Hilfe brauche („unvermeidbare Fehler"),
- Fehler, bei denen ich etwas lerne („produktive Fehler").

3.2.2 Textbearbeitung: Wege und Ziele

Wenn wir eine normale Schulbildung erfolgreich durchlaufen haben, schreiben wir in der Muttersprache annähernd „fehlerlos", in der Regel gelingt es uns auch, auszudrücken, was wir ausdrücken wollen. Wer eine Fremdsprache lernt, macht beim Schreiben Fehler, und meist klafft zwischen dem, was er oder sie mitteilen will, und der sprachlichen Realisierung eine große Lücke.

Divergenz zwischen Mitteilungsbedürfnis und Ausdrucksfähigkeit

Während die Fehlerkorrektur dazu dient, eine größtmögliche sprachliche Richtigkeit zu erreichen, kann die weiterführende Textbearbeitung helfen, „... die Divergenz zwischen Mitteilungsbedürfnis und Ausdrucksfähigkeit zu überbrücken. Die Schüler zeigen mit ihren (noch fehlerhaften) Texten, was sie schreiben wollen – Lehrer und Mitschüler helfen dann, das ‚Produkt' so zu verbessern, daß es am Ende dann korrekt und vorzeigbar ist" (Krumm 1989, 8).

Zwar haben wir oben vorgeschlagen, Fehlerkorrektur und Textbearbeitung in der Unterrichtspraxis zu trennen, in der Realität besteht zwischen diesen beiden Vorgängen jedoch kein Gegensatz. Textbearbeitung beginnt, lange bevor das erste Wort, der erste Satz hingeschrieben wird, schon im Kopf bei den ersten Überlegungen zum geforderten Thema. Das gilt sowohl für das Schreiben in der Muttersprache als auch in der Fremdsprache. Textbearbeitung ist ein fortlaufender Prozess des „Ringens um den bestmöglichen Ausdruck", beim Fremdsprachenlernenden gehört die ständige Fehlersuche und Fehlerkorrektur von Anfang an dazu: „Man liest den geschriebenen Text noch einmal durch, verbessert orthographische und grammatikalische Fehler, formuliert um, findet treffendere Ausdrücke, entdeckt stilistische Unebenheiten, verschiebt Textstellen von hinten nach vorn, vom Anfang in die Mitte" usw. (siehe Kapitel 2.4, S. 121 unter *Entwurf*).

Für die Phase der bewussten Überarbeitung des schließlich niedergeschriebenen Textes möchten wir dennoch bei dieser Trennung bleiben: Für objektiv feststellbare Fehler können die Lernenden die Verantwortung übernehmen; bessere Formulierungen, gelungenere Textrealisierungen können am ehesten im Prozess gemeinsamer kontinuierlicher Arbeit an Texten erreicht werden. Auch geht es bei der Textbearbeitung – anders als bei der Fehlerkorrektur (*falsch/richtig*) – darum, verschiedene mögliche sprachliche Mittel und deren Wirkung auszuprobieren.

Wie kann diese gemeinsame Arbeit aussehen und was kann dabei geleistet werden?

Erinnern Sie sich: Im ersten Teil dieses Kapitels haben wir einen Text in getrennten Schritten nach „Fehlerkorrektur auf Wort- und Satzebene" und „Textbearbeitung" (S. 173ff.) besprochen. Daraus lassen sich grundlegende Prinzipien für die Überarbeitung von Schülertexten ableiten, die wir im Folgenden noch ergänzen wollen.

Literaturhinweis

Weiterführende Anregungen zu diesem Thema finden Sie in Heft 137/1996 der Zeitschrift *Praxis Deutsch*, das dem Thema *Schreiben: Texte und Formulierungen überarbeiten* (Baurmann/Ludwig 1996) für den muttersprachlichen Deutschunterricht gewidmet war.

Hinweise für die Textbearbeitung

1. Textbearbeitungen kann man auch schon an relativ einfachen Texten in einem frühen Lernstadium durchführen (siehe z. B. Aufgabe 60, S. 75).
2. Textbearbeitungen werden zunächst nur an einzelnen ausgewählten Schülertexten in der Klasse durchgeführt. Später können die Schüler ihre eigenen Textbearbeitungen durchführen (z. B. mit Hilfe eines Fragerasters, siehe unten).
3. Zwischen Fehlerkorrektur und Textbearbeitung sollte eine gewisse Zeitspanne liegen, damit die notwendige Distanz zum eigenen Text – Voraussetzung der Überarbeitung – entstehen kann. Wenn der Text verhältnismäßig viele Fehler enthielt, dann sollte er noch einmal fehlerfrei neu geschrieben werden (auf Folie, wenn Sie die Textbearbeitung gemeinsam in der Klasse vornehmen, von jedem einzelnen Schüler, wenn in Gruppen oder individuell gearbeitet wird).
4. Es genügt am Anfang auch, wenn man nur eine oder zwei wichtige Textstellen (z. B. Satzanschluss, Satzverknüpfung durch Konnektor) überarbeitet.
5. Beim gemeinsamen Überarbeitungsprozess übernehmen Lehrer und Mitschüler die Rolle von „Fremdlesern", stellen bei Unklarheiten Fragen, machen Kommentare und geben Impulse (eventuell in der Muttersprache). Wichtig ist, dass die Lehrer-Schüler-Leser die Fragen und Kommentare nicht als Kritik formulieren, sondern als Hilfen und Vorschläge zur Revision des Textes.

Fragen und Kommentare zu Schülertexten

Solche Fragen und Kommentare können sein:

a) **Textinhalt**: *Was wolltest du sagen?*

b) **Textintention**: *Was wolltest du mit deinem Text erreichen?*

c) **Formulierungen/Wortwahl**:
   - *Was meinst du mit dieser Formulierung/diesem Ausdruck?*
   - *Warum hast du das so ausgedrückt?*
   - *Kann man das genauer/einfacher/anders ausdrücken?*
   - *Gibt es da auch ein anderes Wort dafür?/Könnte man das nicht auch so sagen?*
   - *Das klingt wie gesprochene Sprache.*

d) **Leserbezug**:
   - *Ich als Leser fühle mich nicht angesprochen.*
   - *Könnte man den/die Leser direkt(er) ansprechen?*
   - *Könnte man den Text vielleicht spannender machen? Wie?*

e) **Textaufbau**:
   - *Der Aufbau deines Textes ist mir nicht klar.*
   - *Warum fängst du damit an? Ich würde so anfangen.*
   - *Hier sollte/könnte man einen Absatz machen.*
   - *Mir fällt ein guter Schlusssatz ein.*

f) **Zu Satzstrukturen**:
   - *Kann man die Logik/die Argumentation besser herausarbeiten?*
   - *Kann man die Sätze etwas variieren?*

usw.

6. Wichtig ist, dass der zugrunde liegende Text bei dieser Arbeit nicht abgewertet wird, sondern als ein wichtiges Stadium im Prozess des Schreibenlernens dargestellt wird.
7. Die Textbearbeitung sollte verschiedene Möglichkeiten, wie man etwas schreibend darstellen und ausdrücken kann, aufzeigen: Menschen schreiben verschieden und die Überarbeitungsvorschläge des Lehrenden sind immer auch Ausdruck einer individuellen Schreibweise.
8. Für die Textbearbeitung muss genügend Zeit eingeplant werden.
9. Die überarbeiteten Texte sollten in Reinschrift in einer Dokumentenmappe, die allen zugänglich ist, gesammelt werden. Der Lerneffekt ist größer, wenn der Ausgangstext oder die Ausgangstexte dem endgültigen Text vorangestellt werden.

Ziele von Textbearbeitung

Wege und Ziele der Textbearbeitung haben wir dieses Kapitel überschrieben. Einige Wege haben wir beschrieben, die Ziele sind eher immanent genannt. In der folgenden Aufgabe möchten wir Sie zunächst bitten, wichtige Ziele der Textbearbeitung im

Unterricht aus dem bisher Gesagten herauszuarbeiten. Der zweite Teil der Aufgabe schickt Sie dann auf eine Rallye quer durch die bisherigen Kapitel dieser Fernstudieneinheit.

Aufgabe 134

> 1. *Bitte formulieren Sie in einigen wenigen Sätzen oder stichwortartig Ziele der Überarbeitung von Schülertexten im Fremdsprachenunterricht Deutsch: Was kann und/oder soll damit erreicht werden?*
> 2. *Rallye durch die Fernstudieneinheit:*
>   *Bitte gehen Sie zurück zu Kapitel 2.1 dieser Fernstudieneinheit. Blättern Sie von da an die einzelnen Kapitel durch und schauen Sie sich noch einmal die verschiedenen Übungen an, die wir mit Ihnen bearbeitet haben: Welche der Übungsansätze können auch bei der Textbearbeitung eingesetzt werden? Notieren Sie die Übungsthemen sowie Kapitel- und Seitenangaben (oder Nummer der Aufgabe).*
>   *Zum Beispiel:*
> - *Kapitel 2.2.1: Satzgliedstellung, Satzanfänge S. 55ff. und Aufgabe 43*
> - *Kapitel 2.2.2: Übungen zu den Konnektoren, Aufgaben 48 und 49*

selbstständige Textbearbeitung durch die Lernenden

Wenn Sie mit Ihren Schülerinnen und Schülern schon einige Male gemeinsam in der Klasse Schülertexte überarbeitet („redigiert") haben, können Sie sie auch einmal bitten, ihre Texte selbstständig zu redigieren. Dazu können die Texte entweder in der Klasse ausgetauscht oder in Gruppen bearbeitet werden („fremde Leser lesen mit fremden Augen" und: „vier oder sechs oder acht Augen sehen mehr") oder aber jeder Schüler überarbeitet den eigenen Text. Zu versuchen, den eigenen Text quasi „mit fremden Augen zu lesen" ist eine gute Übung, die auch nützlich ist, um das Überlesen des eigenen Textes bei Klassenarbeiten zu lernen. Um eigene Texte zu überarbeiten, ist jedoch eine gewisse innere, am besten natürlich auch zeitliche Distanz zum eigenen Text erforderlich. Um diese Distanz herzustellen, kann z. B. die innere Vorstellung einer „Schreibkonferenz" für die Schülerzeitschrift oder auch für eine offizielle bekannte Zeitschrift helfen. Bei den ersten Versuchen sollte man den (von Fehlern befreiten) Text erst einige Tage liegen lassen, so dass sich eine gewisse Distanz von selber einstellt.

Überarbeitungshilfe für die Lernenden

Für die Überarbeitung der eigenen Texte könnten Sie den Schülerinnen und Schülern eine „Überarbeitungshilfe" zur Verfügung stellen, die sich aus den in der Lösung zu Aufgabe 133/2. auf S. 217 aufgelisteten Punkten ableiten lässt.

Aufgabe 135

> *Versuchen Sie bitte, eine Text-Überarbeitungshilfe für Ihre Schülerinnen und Schüler zu erarbeiten. Im Lösungsschlüssel auf Seite 217 finden Sie unseren Vorschlag.*

Textbearbeitung in Gruppen

Im Sonderheft 1996 der Zeitschrift *Praxis Deutsch*, das zahlreiche sehr fundierte und anregende Beiträge unter dem Thema *Schreiben: Konzepte und schulische Praxis* versammelt (allerdings mit Bezug auf den muttersprachlichen Deutschunterricht), fanden wir einen Vorschlag für Textüberarbeitungen in Gruppen, den wir Ihnen hier weitergeben möchten (vgl. Böttcher/Wagner 1996, 85f.): Der Schülertext, der bearbeitet werden soll, wird in die Mitte eines DIN A3-Blattes (oder größer) geklebt. Jedes Gruppenmitglied hat eine normale Kopie des Textes und wählt eine Textstelle für einen Verbesserungsvorschlag. Dieser wird auf ein Blatt geschrieben und ausgeschnitten. Die Vorschläge werden nun zu den entsprechenden Stellen des Originals auf dem großen Bogen geklebt. Alle entscheiden gemeinsam, welche Verbesserungen akzeptiert werden.

Zur Vertiefung und Abrundung unseres Themas möchten wir Ihnen Kapitel 3.5 *Die nachträgliche Besprechung von korrigierten schriftlichen Produktionen* und Kapitel 3.6 *Wie kann man die schriftlichen Korrekturen noch effektiver machen* in der Fernstudieneinheit *Fehler und Fehlerkorrektur* zur Lektüre empfehlen.

⟹

3.3 Bewertung und Gewichtung

Aufgabe 136

Vergessen Sie einen Moment einmal alles, was wir bisher besprochen haben, und notieren Sie ganz spontan, was Ihnen zu dem folgenden Begriffspaar einfällt. (Vielleicht haben Sie auch die Möglichkeit, das Assoziogramm einem Kollegen/einer Kollegin oder Ihren Schülern vorzulegen.)

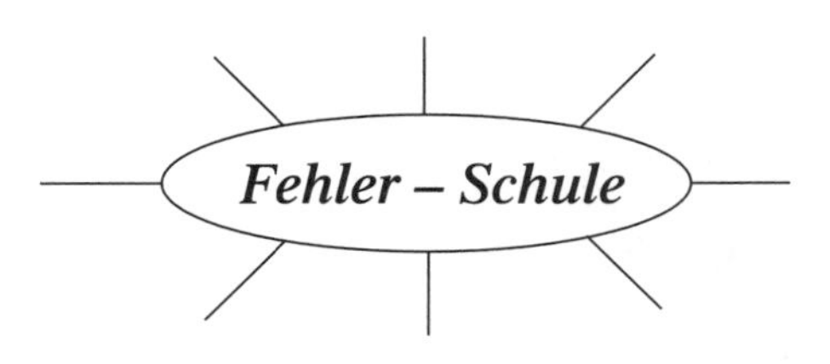

Haben wir Recht mit der Vermutung, dass einer der ersten Begriffe, wenn nicht sogar der erste, den Sie oder andere notiert haben, *Note* oder *Benotung* war?

Fehler und Fehlerkorrektur sind im schulischen Unterricht, in dem Leistungen in der Regel mit Hilfe von Noten gemessen werden, eng mit dem Benoten und das heißt natürlich auch mit dem Gewichten von Fehlern verknüpft.

Unterrichtsziele und Benotung

Fehlergewichtung und Bewertung sind jedoch keine im luftleeren Raum schwebenden, absoluten Größen, sondern sie stehen immer im Kontext bestimmter Unterrichtsziele und -methoden. Ist das primäre Unterrichtsziel zum Beispiel die *gelungene mündliche Kommunikation in Alltagssituationen* wie in den Anfängen des kommunikativ orientierten Deutschunterrichts, dann werden Fehler in der mündlichen Kommunikation schwerer gewichtet als Fehler in schriftlichen Texten. Andererseits können allgemeine Kriterien wie *Verständlichkeit* einerseits oder *sprachliche Richtigkeit* andererseits je nach Unterrichtsziel höher oder niedriger bewertet werden.

In einem Schulsystem wie dem deutschen oder dem österreichischen zum Beispiel, das schriftliche Leistungen traditionell höher bewertet als mündliche, setzt sich die Jahresnote in einer Fremdsprache in der Regel zu zwei Dritteln aus der Bewertung schriftlicher Arbeiten und zu einem Drittel aus der Bewertung mündlich erbrachter Leistungen zusammen, wobei – nebenbei gesagt – die mündliche Leistung nicht unbedingt immer mit „Kommunikationsfähigkeit in der Fremdsprache“ gleichzusetzen ist (häufig beinhaltet sie auch richtige Antworten bei Fragen zur Grammatik im Unterricht, bei der Besprechung von Hausaufgaben usw.).

Höherbewertung des Schriftlichen

Die Höherbewertung des Schriftlichen hängt wohl auch damit zusammen, dass schriftliche Fehler „dingfest zu machen“ und nachprüfbar sind. Die Bedeutung des schriftlichen Fehlers als Maßstab der Leistungsmessung führt häufig dazu, dass schriftliche Fehler überhaupt höher bewertet werden im Vergleich zu den mündlichen „flüchtigen“ Fehlern.

Gegen die übermäßige Bewertung von Fehlern als Maßstab der allgemeinen Leistungsmessung und Benotung haben wir uns mit unserem Schreiblehrmodell (Schreiben als kontinuierlich fortschreitende Entwicklung und Entfaltung der Schreibfähigkeit der Lernenden) im Grunde in der ganzen vorliegenden Fernstudieneinheit ausgesprochen – hoffentlich mit einigem Erfolg. Bei der Entwicklung der Schreibfertigkeit verstehen wir den **Fehler als notwendige Etappe im Lehr-/Lernprozess**, als Hilfe zur steten Verbesserung des Schreibvermögens und als Hilfe zur zukünftigen Fehlervermeidung. Das bedeutet, dass viele Texte geschrieben und auch viele Fehler gemacht werden, **ohne dass diese benotet werden**. Es sind Texte, bei denen Fehler markiert, kommentiert und gemeinsam bearbeitet werden in einem noten- und damit auch angstfreien Raum. Das gilt natürlich in besonderem Maße für das kreative und freie Schreiben, bei dem die Motivation, die natürliche Freude und Lust am Schreiben eine wichtige Rolle spielen (siehe Kapitel 2.5).

Fehler als notwendige Etappe im Lehr-/Lernprozess

Rückverweis

Aber natürlich wissen wir auch, dass es schriftliche Arbeiten gibt, die benotet werden müssen. Das können Zwischentests zur Leistungsmessung, benotete Schul- oder Jahresarbeiten, Zwischen- oder Abschlussprüfungen sein.

In vielen Ländern gibt es für reguläre Jahresarbeiten, für Zwischen- und Abschlussprüfungen verschiedener Schultypen etablierte Bewertungssysteme. Die Fragen der italienischen Deutschlerinnen und -lehrer, die wir ganz am Anfang dieses Kapitels (S. 168) aufgelistet haben, bezogen sich im Wesentlichen auf die üblichen Zwischentests und Schularbeiten.

Bewertungssysteme

Dazu wollen wir im Folgenden einige weitere Überlegungen anstellen:

Eine wichtige Rolle bei der Bewertung von Fehlern spielt ihre Gewichtung. Darunter versteht man die Frage, welche Fehler eher „leicht zu nehmen sind", im Hinblick auf die Note also gar nicht oder kaum ins Gewicht fallen, und welche Fehler gravierend(er) sind – eine der Italienischlehrerinnen nannte sie „schlimmere Fehler" – und damit also zu einer schlechteren Benotung führen.

Gewichtung von Fehlern
„leichte" Fehler – „gravierende" Fehler

Überprüfen Sie sich zuerst einmal selbst. Denken Sie dabei an unseren Bezugsrahmen, d. h. an die kontinuierliche Entwicklung der Fähigkeit der Deutschlernenden, deutsche Texte zu schreiben.

Aufgabe 137

Beurteilen Sie bitte die Kategorien von Fehlern in der folgenden Tabelle. Kreuzen Sie die für Sie infrage kommende Rubrik an:

- *Welche Fehlerkategorien würden Sie nur markieren, aber für die Benotung wenig oder gar nicht berücksichtigen?*
- *Welche Fehlerkategorien halten Sie für besonders gravierend, so dass sie die Benotung auf jeden Fall negativ beeinflussen?*
- *Bei welchen Fehlern trifft für Sie weder das eine noch das andere zu, d. h.: Die Fehler werden einfach gezählt (neutral).*

Haben Sie noch andere Fehlerkategorien? Dann ergänzen Sie bitte die Liste.

Fehlerkategorien	***wird markiert, fällt aber nicht ins Gewicht***	***gravierender Fehler***	***neutral***
mangelnde Verständlichkeit (kommunikationsbehindernde Fehler)			
Fehler in der Sprachrichtigkeit (Grammatik, Orthographie, Zeichensetzung), aber gute Verständlichkeit			
elementarer Verstoß gegen Lexik und Morphologie			
Syntaxfehler			
Fehler, die man auf der gegebenen Lernstufe nicht mehr machen darf			
Fehler, die eine bestimmte Person immer wieder macht			
„Ausrutscher" einer bestimmten Person (Flüchtigkeitsfehler)			
Fehler, die immer wieder gemacht werden, obwohl sie im Unterricht schon häufig besprochen wurden („hartnäckige Fehler")			
Fehler zu einem Punkt, der gerade in den letzten Unterrichtsstunden ausführlich behandelt wurde			
Fehler in der Textsorte, sonst wenig Fehler			

Fehlerkategorien	*wird markiert, fällt aber nicht ins Gewicht*	*gravierender Fehler*	*neutral*
keine Textgliederung erkennbar, sonst wenig Fehler			
wenige Satzverbindungen, zu einfache Sätze für die Lernstufe			
mehrere „kreative" Fehler in Wörtern und Wendungen			
stark umgangssprachlich			

Natürlich kann man die Kategorien auch kombinieren: *Verständlichkeit + Textgliederung* zum Beispiel oder *stark umgangssprachlich + Fehler in der Textsorte*. Die Entscheidung, welche Fehler Sie schwerer oder leichter gewichten, hängt von der Adressatengruppe, vom Unterrichtsziel und Ihrem gegenwärtigen Unterrichtsschwerpunkt ab.

Als allgemeine Orientierungen kann man festhalten:

Orthographie

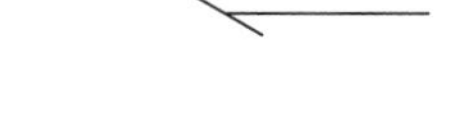

1. Beim Unterrichtsziel *Schreibfertigkeit* spielt die Orthographie, d. h. das äußere Erscheinungsbild des Textes, eine gewisse Rolle, innerhalb der Orthographie kann man auch noch zwischen schwereren und leichteren Fehlern unterscheiden. In der Fernstudieneinheit *Fehler und Fehlerkorrektur* nennt Karin Kleppin als Kriterium für einen leichten Fehler zum Beispiel *Wäre der Fehler, wenn man die Stelle vorlesen würde, hörbar?* Bei der Groß- und Kleinschreibung wäre das zum Beispiel nicht der Fall, das wäre also nach diesem Kriterium ein leichter Fehler.

kommunikations-behindernde Fehler

2. Fehler, die die Kommunikation behindern oder erschweren, „mangelnde Verständlichkeit" also (man versteht nicht, was der Schreiber eigentlich ausdrücken will), sind sicher schwerwiegender zu beurteilen als Fehler aus dem grammatischen Bereich, bei denen der Leser trotzdem alles problemlos versteht. Anders formuliert: Die (gelungene) Mitteilungsabsicht kann wichtiger sein als sprachliche Richtigkeit.

„hartnäckige" Fehler

3. Fehler, die ein bestimmter Schüler immer wieder macht, können auch sprachliche Phänomene betreffen, die einen Schüler auf der Erwerbsstufe, auf der er sich befindet, noch überfordern. Hier kann eine Isolierung des Fehlers und ein gezieltes, intensives und sinnvolles (kontextuelles) Üben Abhilfe schaffen.

Flüchtigkeitsfehler

4. „Ausrutscher" bei einem ansonsten guten Schüler oder einer Schülerin sind in der Regel geringer zu bewerten als hartnäckige Fehler.

Fehler in Bezug auf bestimmte Lernziele

5. Fehler zu einem bestimmten Stoff, der gerade gezielt behandelt und geübt wurde, (z. B. Zeichensetzung, Satzverbindungen usw.) sind schwerer zu bewerten als andere Fehler in derselben Arbeit.

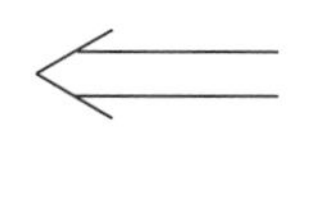

Man könnte diese Liste fortsetzen. Wahrscheinlich legen Sie bei Ihrer Arbeit noch eine ganze Reihe eigener oder in Ihrem Schulbereich geltender Orientierungen zugrunde. Wir möchten es an dieser Stelle erneut bei einem Hinweis auf die Fernstudieneinheit *Fehler und Fehlerkorrektur* belassen. Dort werden in Kapitel 3.4 Fragen der *Fehlerbewertung und -gewichtung* ausführlich diskutiert.

Grundlagen für das „Testen und Bewerten schriftlicher Leistungen" werden vor allem in den beiden Fernstudieneinheiten *Testen und Prüfen in der Grundstufe, Einführungstests und Sprachstandsprüfungen* (Prüfungen) und *Probleme der Leistungsmessung, Lernfortschrittstests in der Grundstufe* (schriftliche Tests im Unterricht) erarbeitet.

Literaturhinweis

Wer sich schnell einen Überblick verschaffen möchte, sei auch noch auf Heft 19 der Zeitschrift *Fremdsprache Deutsch* (Altmayer 1998) zum Thema *Benoten und Bewerten* hingewiesen.

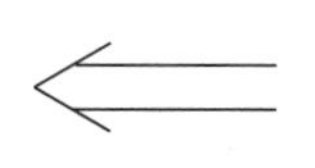

In der Fernstudieneinheit *Probleme der Leistungsmessung, Lernfortschrittstests in der Grundstufe* unterscheidet Sibylle Bolton drei Ebenen der Bewertung (Bolton 1996, 132 – 134, 185):

Bewertungsraster

– die Ebene der *sprachlichen Richtigkeit*, gekoppelt mit dem Kriterium *Verständlichkeit* (Grammatik, Wortschatz, Orthographie/Interpunktion),

- die Ebene der *kommunikativen Angemessenheit* (Leserorientierung, Wirkung, besonders bei Briefen aber nicht nur),
- die Ebene des *Textaufbaus*.

Wir fügen eine vierte Ebene hinzu:
- die Ebene des *Unterrichtskontextes* (Fehler, die sich aus der Unterrichtssituation und dem Lernstand der einzelnen Schüler ergeben).

Bewertungsebene *Unterrichtskontext:*

Fehler in Bezug auf den Unterrichtskontext

- der Unterrichtsstoff ist gut verarbeitet, keine Fehlerauffälligkeiten (positive Bewertung),
- einige vermeidbare Leichtsinnsfehler (kein Einfluss auf die Bewertung),
- kreative Sprachverarbeitung führt zu interessanten Wortbildungen/grammatischen Konstruktionen (kein negativer Einfluss auf die Bewertung),
- mehrere elementare Verstöße gegen Grundstufengrammatik und Grundstufenwortschatz, die auf dieser Lernstufe nicht mehr gemacht werden dürfen (negativer Einfluss auf die Bewertung),
- macht immer wieder den-/dieselben (elementaren) Fehler (negative Bewertung),
- der neue Stoff ist kaum/nicht verarbeitet (negative bis sehr negative Bewertung).

Schlussbemerkungen:

Im Rahmen der „Entwicklung von Schreibfertigkeit" lag unser Hauptaugenmerk nicht auf der „Jagd nach Fehlern" und nicht auf der Benotung. Deshalb haben wir diesen Bereich nur in groben Linien und zusammenfassend behandelt und Sie für eine eingehendere Beschäftigung mit der Fehlerthematik und Leistungsmessung auf andere Publikationen verwiesen. Uns war dagegen wichtig zu zeigen, wie eine Arbeit aussehen kann, die zu einer kontinuierlichen Verbesserung der Schreibkompetenz von Deutschlernenden führt.

Damit sind wir am Ende dieser Fernstudieneinheit angelangt. Zum Thema *Schreiben am Computer* finden Sie entsprechende Ausführungen in der Fernstudieneinheit *Computer im Deutschunterricht*.

⟹

Bevor wir Sie nun in den Unterrichtsalltag entlassen, möchten wir Ihnen aber noch einige Ratschläge mit auf den Weg geben, die Hans-Jürgen Krumm auf der Basis einer von G. Westhoff entwickelten „Negativliste für das Lesen" für das Schreiben formuliert hat und die ganz gut zu dem passen, was wir u. a. vermitteln wollten.

Regeln zur Verhinderung des Schreibens in der Fremdsprache

1. Sorge dafür, daß jedes Wort richtig geschrieben wird. Das fördert das Wort-für-Wort-Denken und führt zu schwachen Schreibern.
2. Vermeide assoziatives Schreiben, sorge dafür, daß der gesamte Text stets vorgeplant wird – das überfordert die Schreibanfänger gründlich und läßt sie resignieren.
3. Erwecke bei den Schülerinnen und Schülern den Eindruck, daß sie Fehler um jeden Preis vermeiden müssen. Sie schränken sich dann beim Schreiben, um keine Fehler zu machen, mit Sicherheit ein und schreiben nicht alles, was sie sonst schreiben würden.
4. Verbessere die Fehler deutlich sichtbar (z. B. rot) im Text. Dies verstärkt die Schreibängstlichkeit der Schüler.

Gegenthese:

Gib den Lernenden Gelegenheit, einen eigenen Schreiblernprozeß in der Fremdsprache zu durchlaufen. Laß sie viele Schreiberfahrungen im Deutschen sammeln und hilf ihnen, diese Erfahrungen zu erweitern.

Krumm (1989), 7; nach: Westhoff (1984), 63

4 Lösungsschlüssel

Aufgabe 2

einen geringen Wert: 117; einen sehr geringen Wert: 53; keinen Wert: 22

Aufgabe 5

1.

Lösung zu Übung 1:

○ Lehmann.
□ Hallo? Wer ist da bitte?
○ Lehmann.
□ Lehmann? Ist da nicht 77 65 43?
○ Nein, meine Nummer ist 77 35 43.
□ Oh, Entschuldigung.
○ Bitte, bitte. Macht nichts.

Lösung zu Übung 5:

Liebe Sabrina, nächsten Samstag feiere ich meinen Geburtstag, 2, 5, 7, 6, 8, 4, 3, 1.

2.

	Übung 1	Übung 2	Übung 3	Übung 4	Übung 5
a) Schreiben ist das Ziel *(Zielfertigkeit)*		X	X		X
b) Das Übungsziel ist:		Personalpronomen als Verweismittel	einen ersten Brief an einen Partner schreiben: Kennenlernen		Grußformel für einen Brief identifizieren und an die richtige Stelle schreiben
a) Schreiben ist Mittel, um andere Ziele zu realisieren *(Mittlerfertigkeit)*	X	X		X	X
b) Das Übungsziel ist/ Die Übungsziele sind:	Dialogteile einander zuordnen	Personalpronomen üben		reine Grammatikübung: Komparativ	Sätze in eine chronologisch richtige Reihenfolge bringen

Aufgabe 6

reale Schreibsituationen

Schreiben als Ziel	Schreiben als Mittel für andere Zwecke
– Brief (Klassenparnerschaft, persönliche Briefpartner/-partnerinnen) – Postkarte – Notiz – Entschuldigungsschreiben für Deutschlehrerin – (Gruppen-)Tagebuch – Protokoll – Lerntagebuch – kleine Mitteilungen in der Klasse – Einladung zur Klassenparty – Glückwünsche – Formblätter – Bewerbungen für Ferienjob – Schreiben an Jugendherberge – Reservierung von Campingplatz ...	– Stichwörter (beim Hörverstehen) (bei Telefongesprächen) (zur Vorbereitung eines Referats/Vortrags im Deutschunterricht) (Notizen beim Zuhören eines Referats/Vortrags) (Prüfungsvorbereitung) – Erinnerungshilfen – Übungen zur Prüfungsvorbereitung – Überprüfen von Wortschatz – Hausaufgaben machen ...

Beim Lernen im Zielsprachenland gibt es mehr reale Schreibanlässe als beim Lernen im Heimatland.

Aufgabe 8
Raster A

	Übungstyp	Übungsziel	Schreibleistung
Ü 1	Diagramm ausfüllen	Auswertung eines vorgegebenen Briefes (LV); gelenktes Lesen	deutsche Städtenamen schreiben (Orthographie)
Ü 2	vorgegebenes Raster ergänzen	Auswertung eines vorgegebenen Briefes (LV)	(Ab)Schreiben von Datumsangaben, Städtenamen, ganze Sätze schreiben
Ü 4	Verbformen in einer Tabelle ergänzen	grammatische Bewusstmachung	einzelne Verbformen schreiben
Ü 5	Lückentext: Dialog ergänzen	vorgegebene Verben in Kontext einordnen	Lücken ergänzen: Einzelwörter (ab)schreiben
Ü 7	Dialog ergänzen	vorgegebene Dialogteile einander zuordnen	ganze Sätze schreiben
Ü 17	Lückentext: Brief	Mehrwortlücken frei ergänzen	Satzteile frei schreiben
Ü 23	Brief mit Hilfe von Leitpunkten schreiben	wesentliche Teile eines Briefes weitgehend selbstständig schreiben	einen längeren Text mit eigenen Inhalten selbstständig schreiben

Aufgabe 9
Raster B

Schreiben ist

	Mittel	Wozu?	Ziel	Welches?
Ü 1	✗	Textauswertung; Leseverstehen	?	Rechtschreibung von Städtenamen
Ü 2	✗	Textauswertung und Grammatik (*ihr/wir*)	?	Einüben von Rechtschreibung (visuell + motorisch)
Ü 4	✗	grammatische Bewusstmachung		
Ü 5	✗	Verstehenskontrolle; Einüben von Grammatik (*ihr/wir*)		
Ü 7	✗	Zuordnung von Fragen und Antworten	?	Einüben mittels Schreibaktivität (visuell + motorisch)
Ü 17			✗	Lücken mit eigenen Inhalten ergänzen
Ü 23			✗	Brief mit Hilfe von Leitpunkten schreiben

Raster C

	Themen **(Ü 2)**	***sowieso*** **(Ü 3 + Ü 5)**	***Kontakte Deutsch***
Unterschied	Übung bezieht sich auf fremde, erwachsene Personen	Es geht zwar um fremde, aber jugendliche Personen; Ü 3 kann auch auf die einzelnen Schüler bezogen werden zur Vorbereitung auf einen eigenen Brief. Die Jugendlichen können sich selbst einbringen.	Es geht zwar um fremde jugendliche Personen; die ganze Übungssequenz zielt jedoch darauf, dass zum Schluss ein eigener Brief mit persönlichen Daten geschrieben wird. Die Jugendlichen können sich selbst einbringen.
für Jugendliche besser geeignet		✗	✗
(besonders) gut geeignet, die Schreibfertigkeit zu üben		Ü 3 gut geeignet	besonders gut geeignet: Übungssequenz, ausgehend vom Lesen/Verstehen eines Briefes bis zum Schreiben eines eigenen Briefes

Aufgabe 11

	Differenzierung (Möglichkeiten)
Tempo	Die schnelleren Schüler schreiben einen längeren Text (sie erhalten andere Vorgaben) oder bekommen eine zusätzliche Aufgabenstellung bzw. beschäftigen sich nach Abschluss der Schreibübung mit einem anderen Thema.
Niveau	Die besseren Schüler bekommen eine anspruchsvollere Aufgabenstellung (bzw. weniger Vorgaben, z. B. keine Leitpunkte), die schwächeren Schüler bekommen mehr Vorgaben als Hilfen (z. B. Leitpunkte).
Interessen	Jeder Schüler schreibt im Rahmen der jeweiligen Vorgaben über das, was ihn besonders interessiert (z. B. über sein Hobby, seine Zukunftsträume, seine Einstellung zu … usw.). Formen: freie Äußerungsmöglichkeiten (freier Text), mehrere Themenvorschläge, unterschiedliche Bildvorlagen usw.
Arbeitsformen	Berücksichtigung unterschiedlicher Lerntypen: visuell-motorisch: Einprägen von Inhalten/ Wortschatz durch Schreiben und Schriftbild; ganzheitlich-assoziativ: freies Schreiben; systematisch-analytisch: systematischer, schrittweiser Aufbau von Teilfertigkeiten; sozial-kommunikativ: Schreiben in Gruppen vs. Schreiben in Einzelarbeit usw.

Aufgabe 12

Die wichtigsten Punkte, die für das Schreiben im Fremdsprachenunterricht sprechen:
- kommunikative Bedürfnisse
- unterrichtspraktische Bedürfnisse
- lernpsychologische Überlegungen
- Schreiben als Hilfe bei der Strukturierung geistiger Handlungen

Aufgabe 13

	Schreiben als Produkt	**Schreiben als Prozess**
Textsorten	z. B.: Geschäftsbrief, Einkaufszettel, Test, Zeitungsnachricht, Liebesbrief	z. B.: Tagebuch, Notizen
Ziel(e)	Informationsvermittlung	Erkenntnisgewinn, Strukturierung geistiger Handlungen
Charakteristik	A teilt B etwas mit. Das Produkt des Schreibens vermittelt Informationen. **linearer Vorgang**	Der Schreibende entwickelt beim Schreiben seine Gedanken. Schreiben führt zu Erkenntnissen, Vergegenständlichung der Gedanken, Verlangsamung der Abläufe. **konzentrischer Vorgang** (Kreisbewegung)

Aufgabe 14/15

	Hauptsatz	**Konnektor**	
1 a	*er hat …*	*und* *aber* *denn* *doch* *jedoch* *oder* *sondern*	*er hat …*
Beispielsatz:	*In Geislingen ist es toll*	*und*	*meine Gastfamilie ist sehr nett.*
1 b	*er hat …*	*deshalb* *dann* *trotzdem* *also* *da* *deswegen* *darum*	*hat er …*
Beispielsatz:	*Ich habe schon viele Freunde.*	*Trotzdem*	*habe ich nachts Heimweh.*

	Hauptsatz	Konnektor	
2	*er hat …*	*weil* *obwohl* *dass* *als* *bevor* *damit* *(so) dass* *ehe* *nachdem* *ob* *wie* *während* *wenn* *womit*	*er … hat.*
Beispielsatz:	*Er blieb ein Jahr länger in Geislingen,*	*weil*	*es ihm dort so gut gefiel.*

1. Assoziogramm mit Wortbündeln:

Aufgabe 16

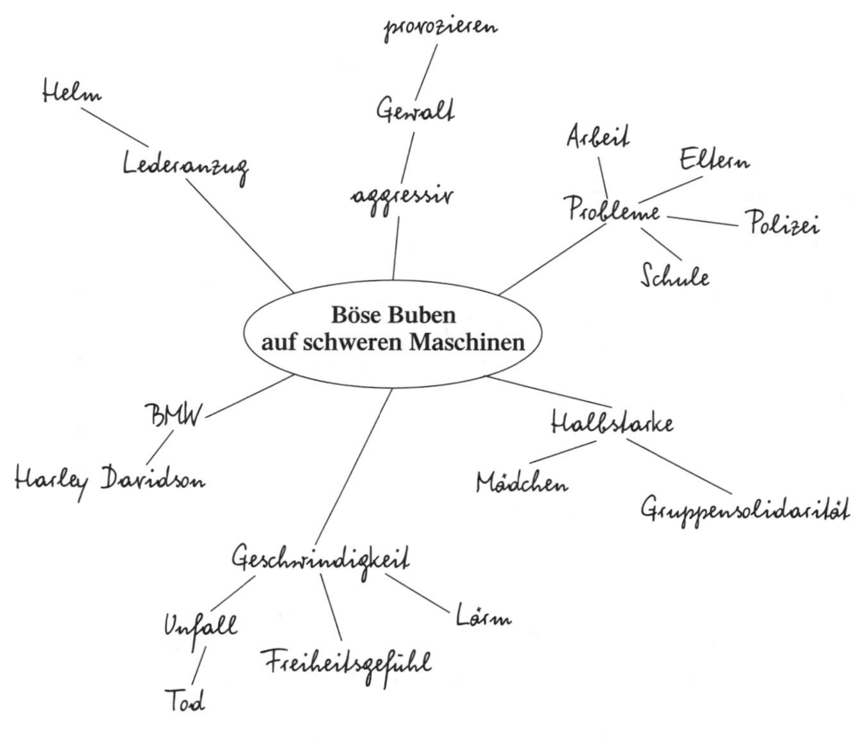

2. Kurze Sätze:

Sie sind aggressiv.
Sie haben Probleme – mit den Eltern.
– mit der Polizei.
– in der Schule.
Sie bilden Gruppen.
Man nennt sie Halbstarke.
Sie provozieren die Leute.
Sie beeindrucken die Mädchen.
Sie sind stolz auf ihre BMW-Maschine.
Sie lieben die Geschwindigkeit.
Sie fahren zu schnell.

3. bis 5.: Inhaltliche Reihenfolge und Ergänzungen

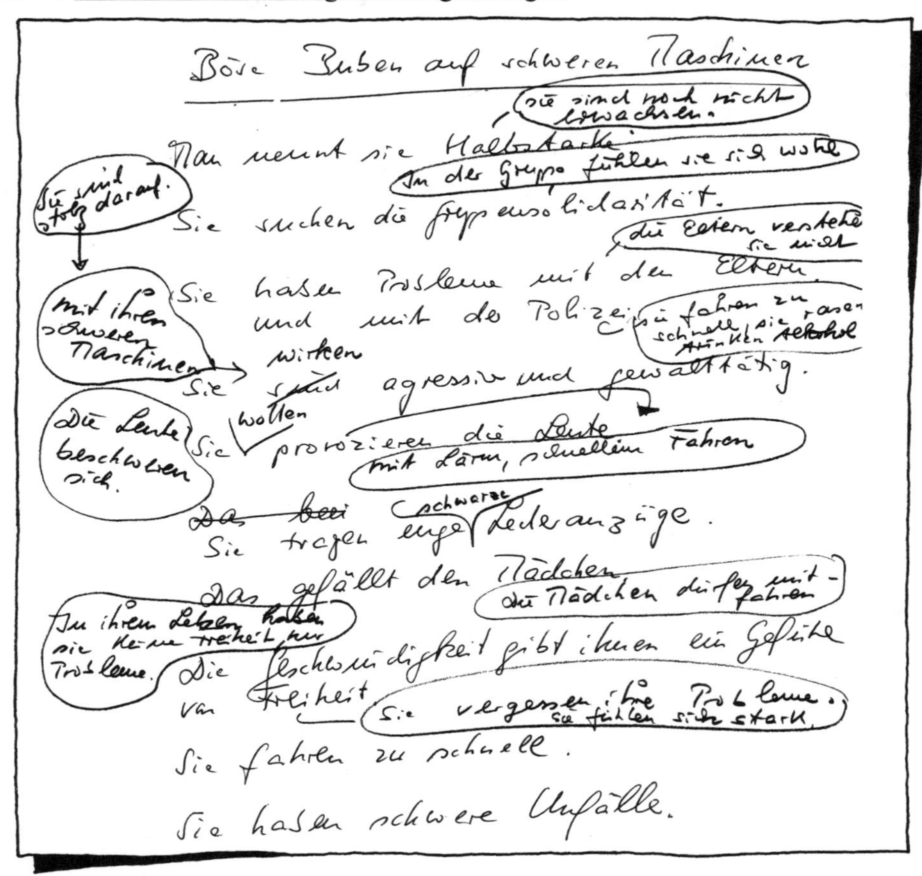
Böse Buben auf schweren Maschinen

Sie sind noch nicht erwachsen.

Man nennt sie Halbstarke

In der Gruppe fühlen sie sich wohl

Sie sind stolz darauf.

Sie suchen die Gruppensolidarität.

die Eltern verstehen sie nicht

Sie haben Probleme mit den Eltern und mit der Polizei

sie fahren zu schnell, sie rasen, trinken Alkohol

mit ihren schweren Maschinen

Sie ~~sind~~ wirken agressiv und gewalttätig.

Die Leute beschweren sich.

Sie wollen provozieren die Leute

mit Lärm, schnellem Fahren

~~Da bei~~

Sie tragen enge schwarze Lederanzüge.

Das gefällt den Mädchen

die Mädchen dürfen mitfahren

In ihrem Leben haben sie keine Freiheit nur Probleme.

Die Geschwindigkeit gibt ihnen ein Gefühl von Freiheit

Sie vergessen ihre Probleme.

sie fühlen sich stark.

Sie fahren zu schnell.

Sie haben schwere Unfälle.

6. Die „Geschichte": *Böse Buben auf schweren Maschinen*

6. Böse Buben auf schweren Maschinen

Die „bösen Buben" sind eigentlich gar nicht „böse", es sind „Halbstarke". Man nennt sie so, weil sie noch nicht erwachsen sind, aber sich stark fühlen wollen. Weil ihre Eltern sie nicht verstehen, treffen sie sich in Gruppen. ~~In der Gruppe~~ Dort finden sie Solidarität. Sie sind stolz auf ihre schweren Maschinen (~~es sind~~ BMW oder Harley Davison) ~~Motorräder~~ ~~Sie haben ... weil sie so groß und schön sind~~. Mit diesen Maschinen fahren sie schnell und agressiv, um die Leute zu provozieren. Deshalb bekommen sie auch häufig Probleme mit der Polizei, denn die Leute beschweren sich über den Lärm und das ~~schnelle~~ rücksichtslose Fahren. ~~Aber~~ Doch die Geschwindigkeit gibt ihnen ein Gefühl von Freiheit. Dann vergessen sie ihre Probleme. ~~und fühlen sich stark~~. Obwohl sie ~~ihre~~ sehr ~~Maschinen~~ gut ~~beher~~ fahren können, gibt es immer wieder Unfälle und Tote. Dann fragen sich alle, wie das passieren konnte!

Aufgabe 17

	direktive Ansätze	textlinguistische Ansätze	prozessorientierte Ansätze
Kennzeichen	– stark steuernd – mehr oder weniger stark reproduktiv	– textlinguistische Fragestellung: *Was macht einen Text zum Text?* – kommunikative Fragestellung: *Wer schreibt wie für wen?*	– Das Schreiben von Texten und der Schreibende stehen von Anfang an im Mittelpunkt, das Hauptaugenmerk liegt auf dem Prozess des Schreibens selbst.
Stärken	– Schüler weiß genau, was er schreiben soll. – Überschaubare Strukturen und Einzelelemente werden geübt.	– Textkonstituierende Merkmale werden erarbeitet. – Die Textanalyse steht im Mittelpunkt.	– Durch den schrittweisen Aufbau wird sichtbar, wie Texte aus Wörtern und Sätzen entstehen. – bewusster Umgang mit Schreibprozessen – Der ganze Text kommt in den Blick.
Schwächen	– Meist werden nur vorgegebene Strukturen reproduziert. – zeigen nicht den Weg vom reproduktiven zum freien Schreiben – keine Übungen zur Struktur von Texten – Auf einmal werden Texte verlangt.	– Die Frage, wie mit dem Wissen über Texte Schreibkompetenz aufgebaut werden kann, wird nicht befriedigend beantwortet.	– Die Gefahr besteht, dass Teilfertigkeiten nicht genügend geübt werden. – Die Gefahr besteht, dass das Endergebnis nicht genügend weiterbearbeitet wird. (besonders wichtig: Umgang mit Fehlern!)

Aufgabe 18

	Übung 1	Übung 2
Geübt wird:	Ausfüllen eines Formulars (= reale Textsorte)	Vorübung für einen persönlichen Brief
Art der Schreibaufgabe	Formular ausfüllen, d. h. vorstrukturierten Text ergänzen mit personenbezogenen Angaben	Lückentext: Briefstruktur und Satzstrukturen sind vorgegeben, nur die persönlichen Angaben müssen eingesetzt werden; gelenktes Schreiben: rezeptiv-produktiv
Die Aufgabe ist – sehr sinnvoll. – durchaus sinnvoll. Begründung:	sehr sinnvoll, denn die Bewerbung für ein Sprachkursstipendium ist eine wichtige Textsorte für Deutschlernende	durchaus sinnvoll, denn sie stellt einen möglichen Zwischenschritt auf dem Weg zum freien Schreiben dar

Aufgabe 20

Beispiele:

für *und*: ***U**nd **n**un **d**u! Udo nimmt Dosenbier.*

für *Blumen*: ***B**arbara **l**acht **u**nd **m**uss **e**inmal **n**iesen.*

Sie sehen: Je länger das Wort ist, das Sie vorgeben, desto schwieriger wird die Aufgabe und desto mehr Zeit benötigen die Lernenden, um sie zu lösen.

Aufgabe 22

1. Durch das vorgegebene Schema werden nicht nur die Bezeichnungen, sondern auch die Stellung der einzelnen Familienmitglieder in der Familienstruktur verdeutlicht.
2. Vorteil: Aktivieren von Vorwissen, aktive Erarbeitung des Wortschatzes.
3. Im Gespräch (verbale Phase) werden die Lernenden
   a) sich ihres bereits vorhandenen oder noch fehlenden Wissens bewusst,
   b) erarbeiten sie bewusst die Wortbedeutungen und die Beziehungen der Familienmitglieder,
   c) profitiert jeder vom Wissen des anderen.

Hier ist das komplette Schema:

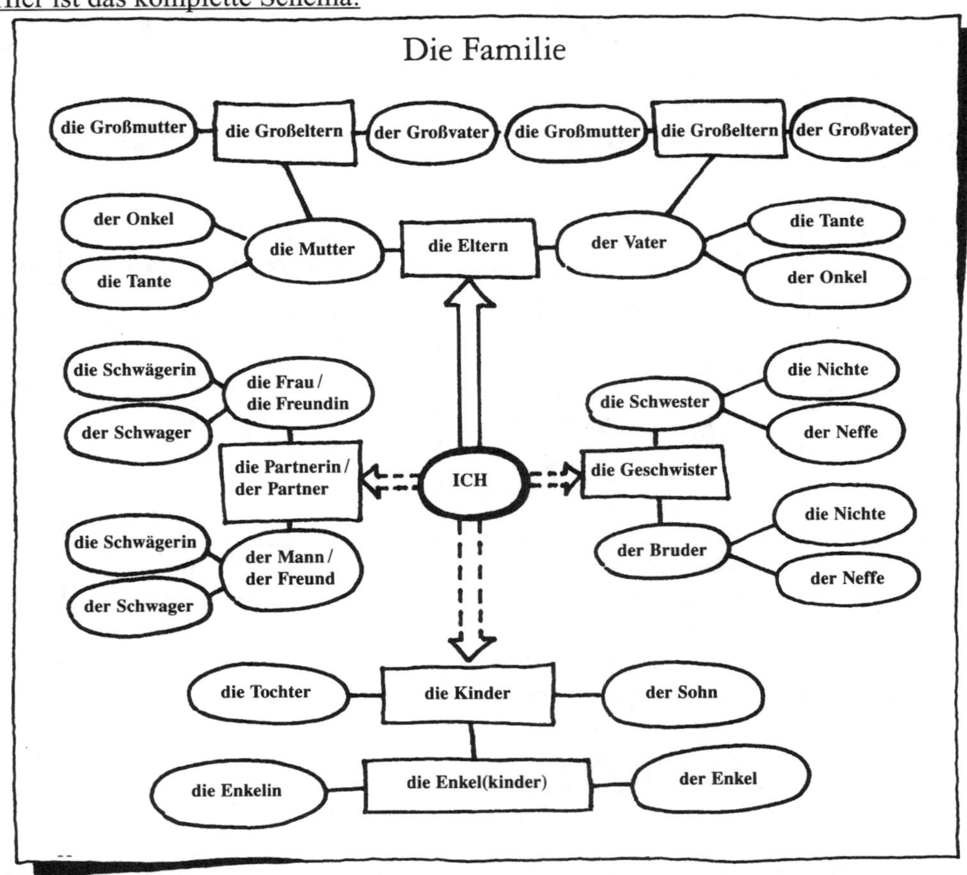

Häublein u. a. (1995), 22

Aufgabe 24

Mögliche Schüleraufgabe: Bitte ergänzen Sie das Raster mit Hilfe des Textes.

Was findet man in einer Wohnung?

Grundausstattung	**zum Repräsentieren**	**Wozu braucht man das?**
Stuhl	*Sessel* *Couchgarnitur*	*zum Sitzen*
Tisch	*Esstisch/Schreibtisch/* *Spieltisch*	*zum Essen/Schreiben/Spielen*
Bett	*Schlaflandschaft*	*zum Schlafen*
Schrank	*Schrankwand*	*für die Siebensachen*

(kursiv: mögliche Schülerlösungen)

Aufgabe 26

Mögliche Organisation der Bearbeitung der Übungssequenz in der Klasse:

1. Die Übungen zu den Subthemen werden in Zweier- oder Dreiergruppen durchgeführt.
2. Die Übungsblätter werden zwischen den Gruppen ausgetauscht, so dass jede Gruppe ein neues Thema hat.
3. Die verschiedenen Gruppen stellen im Plenum Fragen zu den Themen der anderen, wenn sie ein Wort nicht kennen oder wenn sie mit der Lösung nicht einverstanden sind. Der Lehrer/die Lehrerin berichtigt, erklärt usw.
4. Die „Reise im Kopf" macht jeder für sich.

Wichtiger Hinweis: Wenn der Text in derselben Stunde noch geschrieben werden soll, darf die vorbereitende Übung(ssequenz) nicht zu lange dauern, da sonst Ermüdungserscheinungen auftreten. Längere Übungssequenzen sollten besser in der Unterrichtsstunde vorher durchgeführt werden. Dann kann der Wortschatz zu Hause im Übungskontext noch einmal gelernt werden.

Beispiel zum Thema *Essensvorbereitung und Essen* — Aufgabe 27 a

Gemüse/Fleisch/Zwiebeln klein schneiden
den Teig/das Gemüse usw. vorbereiten
die Milch aufkochen
das Essen/die Suppe/den Brei kochen
das Fleisch/den Fisch/das Spiegelei braten
den Tisch decken/abdecken/abräumen
die Suppe/die Soße abschmecken/würzen

Aufgabe 27 b

Das geht nicht:
a) *baden*; b) *schwierig*; c) *zu schwierig*; d) *blond*; e) *nimmt*; f) *gut laufen*

Aufgabe 27 c

2. *eine breite, runde Nase*
   eine unförmige, große Nase
   hässliche, gelb(lich)e Zähne
   helle, stechende Augen
   sanfter Blick
   kräftiges, volles Haar
   unreine Haut
   runde, volle Wangen
   ein rundes Kinn
   breite Schultern

Aufgabe 28

Unsere Lösung:

1. Das Assoziogramm:

gratulieren
Rose — rot, Dornen
Geburtstag
Geschenk
Liebe

nach: Bachmann u. a. (1996 a), 42

2. Der Text:

Heute bin ich 17 geworden! Am Nachmittag hatte ich ein paar Freundinnen eingeladen, als es plötzlich klingelte. Vor der Tür stand Stefan mit einem Strauß herrlicher roter Rosen. *Herzlichen Glückwunsch!*, sagte er und gab mir den Strauß. (Rote Rosen = Liebe!)

Aufgabe 29

	Assoziogramm	**Brainstorming**	**Mind-map**
Merkmale	1. Einzel- oder Gruppenarbeit 2. Spontane Einfälle zu einem Thema werden gesammelt und in Form eines „Wortigels“ angeordnet. 3. Danach eventuell Ausbau und Bündelung von Begriffen.	1. Gruppenarbeit 2. Ungeordnete Sammlung von Ideen: Alles ist erlaubt. 3. Danach wird sortiert nach inhaltlichen Schwerpunkten, Zuordnen von Oberbegriffen u. Ä.	1. Einzel- oder Gruppenarbeit 2. Hierarchische Gliederung, Symbol: Baum: Stamm, Äste, Zweige. 3. Dient zur Analyse der Gliederung von Texten oder zur Gliederung von Textproduktion.

Aufgabe 31

Liebe Marianne!
Vielen Dank für Deinen Brief.
Ich heiße Manuela Lieske und bin 1,53 m groß. Mein Haar ist blond und meine Augen sind graublau. In meiner Freizeit spiele ich mit meiner Freundin Birgit. Manchmal lese ich auch.
Ich habe keinen Hund, aber einen Hamster. Mein Hamster heißt Fransi und wiegt 100 gramm. Außerdem habe ich eine Schwester. Sie ist 17 Jahre alt, und ich bin 13 Jahre alt. Mein Vater ist Verwaltungsangestellter bei der Stadt Berlin und heißt Klaus. Meine Mutter heißt Gisela.
Ich würde mich freuen, wenn Du mir mal wieder schreibst.
Deine Manuela

Aufgabe 32

1. Mir ist in der Schule mal was sehr Komisches passiert.
2. Ich glaub’, das war in der zweiten Kasse, oder so.
3. Wir hatten hinter unserer Schule so ’nen Garten, und da haben wir oft in der Pause gespielt.
4. Einmal hab’ ich da ein paar Schnecken entdeckt, und als die Pause dann rum war, hab’ ich sie einfach in das Klassenzimmer mitgebracht und in meinem Pult versteckt.
5. Im folgenden Unterricht hab ich dann natürlich dauernd an meine Schnecken gedacht und als wir dann ...

Aufgabe 33

1. Beim Dosen-Diktat wird die Rechtschreibung sehr intensiv geübt:
   – Der richtige Text wird insgesamt dreimal gelesen (visuell wahrgenommen): das Schriftbild prägt sich ein.
   – Der Text wird erinnert und dann geschrieben.
   – Die Partner/innen sprechen über die Schreibung und diskutieren eventuelle Fehlerursachen.
   – Es werden nicht Defizite festgestellt, sondern Fortschritte gemacht.
2. Dieses Vorgehen ist eher für jüngere Lerngruppen geeignet.

Aufgabe 34

Es war einmal ein kleiner Junge. Der war erkältet, denn er hatte sich nasse Füße geholt und niemand konnte begreifen, wo er sie herbekommen hatte, weil es ganz trockenes Wetter war. Nun zog seine Mutter ihn aus, brachte ihn zu Bett und dann ließ sie die Teemaschine hereinkommen, um ihm eine gute Tasse Holundertee zu machen, denn das wärmt. Im selben Augenblick kam der alte Mann zur Tür herein, der ganz oben im Haus wohnte und ganz allein lebte, denn er hatte weder Frau noch Kinder. Er hatte aber alle Kinder so gern und wußte so viele Märchen oder andere Geschichten zu erzählen, daß es eine Lust war. …

nach: Häcker/Häcker-Oswald (1996), 36

Aufgabe 35

„Aufstehen! Es ist schon spät!", hörte ich meine Mutter rufen. Ich antwortete: „Heute ist doch Sonntag! Warum muss ich auch heute so früh aufstehen?" „Susanne hat Recht!", rief mein Vater. „Wir bleiben heute ja zu Hause!" Meine Mutter meinte dann: „Aber das ist kein Grund, einfach faul im Bett liegen zu bleiben." „Wollen wir spazieren gehen?", fragte ich die Großmutter. „Ich weiß nicht", antwortete sie, „es ist heute so kalt." „Wenn du willst", sagte mein Bruder, „gehen wir heute Abend ins Konzert."

nach: Jenkins u. a. (1992), 113

Aufgabe 36/37.2.

2. Text B:

Der Traum der Königstochter

Es war einmal ein König. Dieser König hatte eine Tochter. Die Tochter hatte jede Nacht einen Traum: Ein Drache wollte sie rauben. Der König befragte alle Psychologen in seinem Land. Aber keiner konnte die Bedeutung erklären. Die Tochter wurde immer trauriger. Eines Tages lernte sie einen jungen Psychologiestudenten kennen. Er erklärte ihr die Bedeutung des Traums. Da freute sich die Prinzessin. Sie heiratete den Studenten und studierte auch Psychologie. Sie bekam ein Kind, nachdem sie das Examen hatte. Es sieht ein bißchen aus wie ein Drache. Aber sie hat es bisher noch nicht gemerkt.

Bornebusch u. a. (1989), 209

3. Nominativ- (Subjekte) und Akkusativergänzungen (Objekte) ausgetauscht.

Aufgabe 37

3. Die Akkusativergänzungen (Objekte) sind Träger der neuen Information. Diese steht (in der Regel) nicht am Satzanfang, sondern gegen Satzende (nach dem Verb.)

Aufgabe 38

Hauptthema: *Der Traum der Königstochter*
Subthema 1: *Der König*
Subthema 2: *Die Tochter des Königs*
Subsubthema 2 a: *Die Heirat mit dem Psychologiestudenten und das Kind*

Aufgabe 39/40/41

1. Die Nennung der Themen, meist das Subjekt des Satzes, in Zeile 7: Genitivattribut.
2.

Der Traum der Königstochter

Es war einmal ein König.
Dieser König hatte eine Tochter.
Die Tochter hatte jede Nacht einen Traum:
Ein Drache wollte sie rauben.
Der König befragte alle Psychologen in seinem Land.
Aber keiner konnte die Bedeutung erklären.
Die Tochter des Königs wurde immer trauriger.

Eines Tages
lernte ___sie___ einen jungen Psychologiestudenten kennen.
___Er___ erklärte ihr die Bedeutung des Traums.
Da freute sich die Prinzessin.
___Sie___ heiratete den Studenten und Psychologie
studierte ___sie___ auch.
___Sie___ bekam ein Kind,
nachdem ___sie___ das Examen hatte.
___Es___ sieht ein bißchen aus wie ein Drache.
Aber ___sie___ hat es bisher noch nicht gemerkt.

Text A: *Heike*

Aufgabe 42

1. **Aufgabenstellung:**

Schreibt den Text neu. Beginnt jeden Satz mit einer neuen Zeile.

Schülerlösung:
1. *Heike Pösche ist 16 Jahre alt und Gymnasiastin.*
2. *Sie möchte später Architektin oder Fotografin werden.*
3. *In ihrer Freizeit spielt sie intensiv Volleyball.*
4. *Sie reitet gern, spielt Klavier und freut sich im Sommer auf das Segeln.*
5. *Heike träumt von einem Bauernhof mit vielen Tieren und einer Menge Kinder.*

2. **Textstruktur:**

Schaut die Sätze an. Was steht am Anfang jeder Zeile, d. h. am Anfang der Sätze? Unterstreicht die Satzglieder am Anfang mit einem Farbstift.

Schülerlösung:

			Th + was über das Thema gesagt wird
Satz 1:	*Name*	*Heike Pösche*	Th +
Satz 2:	*Personalpronomen*	*Sie*	
Satz 3:	*Zeitangabe (wann?)*	*In ihrer Freizeit*	+ Th +
Satz 4:	*Personalpronomen*	*Sie*	Th +
Satz 5:	*Name*	*Heike*	Th +

Was steht hinter dem Verb? Unterstreicht mit einem anderen Farbstift.

Lehrerhinweis:

Viermal fängt der Satz mit der Nennung von Heike an. Heike ist das Thema des Textes. In jedem Satz wird etwas über das Thema gesagt. Man kann das auch zeichnen (Zeichnung neben den Text.), sieht ein bisschen aus wie eine Gabel; häufig bei Personenbeschreibung. In Satz 3 erkennen wir dieselbe Struktur, aber der Satz fängt anders an.

3. Worauf müssten Sie die Lernenden noch aufmerksam machen?

Lehrerhinweis:
- 3 Variationen beim Subjekt: Voller Name, Vorname, Personalpronomen: Abwechslung im Ausdruck!!!
- Bei Satz 3 steht ein anderes Satzglied am Satzanfang. Könnte man auch sagen: Sie spielt intensiv Volleyball in ihrer Freizeit? (Gabel!). Ja.

Warum steht hier etwas anderes am Anfang? Abwechslung!!! Hervorhebung. Was passiert mit dem Thema/der Nennung von Heike? – Es/Sie wandert hinter das Verb.

4. **Produktive Schreibaufgabe:**

Schreibt nun eine Personenbeschreibung über euch selbst oder eine andere Person. Versucht, wie im Textbeispiel, die Satzanfänge zu variieren. (Wenn ihr wollt, könnt ihr zunächst alle Sätze untereinander schreiben, auch gleiche Satzanfänge benutzen. Dann überlegt ihr euch Variationen für die Satzanfänge und schreibt den Text fortlaufend neu.)

Text B: *Vrenelis Gärtli*

1. **Aufgabenstellung:**

Schreibt den Text von Zeile 1 bis Zeile 6 neu. Beginnt jeden Satz mit einer neuen Zeile.

Schülerlösung:

Satz 1: Vor langer, langer Zeit wohnte eine Witwe im Glarnerland.
Satz 2: Sie hatte eine große, schöne Alp auf dem Glärnisch,
Satz 3: und sie verbrachte dort jeden Sommer zusammen mit ihrer Tochter Vreneli.
Satz 4: Vreneli gefiel das Leben auf der Alp sehr gut.
Satz 5: Jeden Tag half sie ihrer Mutter bei der Arbeit.
usw.

2. **Textstruktur:**

   a) Was steht am Anfang der Sätze?

   Schülerlösung:

   Satz 1: Vor langer, langer Zeit (Temporalangabe)
   Satz 2: Sie (= eine Witwe)
   Satz 3: und sie (= eine Witwe)
   Satz 4: Vreneli
   Satz 5: Jeden Tag (Temporalangabe)

   = unterschiedliche Satzanfänge, 2 mal Temporalangabe

   b) Markiert die Personen, von denen etwas gesagt wird, mit einem farbigen Kreis (verschiedene Farben). Verbindet die Kreise mit Linien. (Man sieht die Personen durch den Text „wandern".)

   c) Sie schreiben den Text nun so an die Tafel, dass Sie die Struktur verdeutlichen können, und zeichnen die Treppe bei Satz 3 und 4.

   Eine Witwe wohnte im Glarnerland.
   Sie hatte eine schöne Alp.
   Sie verbrachte dort jeden Sommer mit ihrer Tochter Vreneli.
   Vreneli gefiel das Leben auf der Alp.

3. Worauf müssten Sie die Lernenden noch aufmerksam machen?
   - Satz 3 beginnt mit *und* – Wortstellung
   - In Märchen gibt es häufig Temporalangaben am Satzanfang.
   - „Gabel" oder „Treppe" im zweiten Textabschnitt? Lassen Sie die Schüler selbst suchen. (Lösung: Satz 1 – 3: Gabel, Satz 3/4: Treppe; Satz 5: Rückkehr zum Gabelmodell, aber Temporalangabe am Satzanfang).

4. **Produktive Schreibaufgabe:**

   Schreibt das Märchen ein Stück weiter. Achtet auf die Satzanfänge.

   Eine andere Möglichkeit, die (je nach Können Ihrer Schülerinnen und Schüler) vielleicht leichter zu bewältigen ist: Sie geben einzelne Satzteile vor, mit deren Hilfe die Schülerinnen und Schüler das Märchen weiterschreiben sollen, den letzten Satz sollen sie dann frei schreiben, z. B.:

   1. *traurig/war/sie/sehnte sich/denn/sie/nach dem Leben/in den Bergen*
   2. *der Frühling/endlich/als/wiederkam/zogen/mit den Kühen/Vreneli und ihre Mutter/auf die Alp*
   3. *Vreneli/den ganzen Sommer über/glücklich/war*
   4. *im Herbst/Vreneli/wollte/nicht/die Alp verlassen*
   5. *sie/wollte/Blumen pflanzen/auf dem Berg/oben*
   6. *Vrenelis Mutter/aber/nicht/ihre Tochter/alleine lassen/wollte*
   7. *bei Nacht/Vreneli/stieg/auf den Berg/heimlich*
   8. + 9. …

   Lösung: Sie war traurig, denn sie sehnte sich nach dem Leben in den Bergen. Als der Frühling endlich wiederkam, zogen Vreneli und ihre Mutter mit den Kühen auf die Alp. Vreneli war den ganzen Sommer über glücklich. Im Herbst wollte Vreneli die Alp nicht verlassen. Sie wollte auf dem Berg oben Blumen pflanzen. Vrenelis Mutter wollte ihre Tochter aber nicht alleine lassen. Bei Nacht stieg Vreneli heimlich auf den Berg. … (Wie die Geschichte weitergeht, erfahren Sie in Kapitel 2.2.2, S. 69).

Aufgabe 43

Der Text in der rechten Spalte ist der Originaltext. Auffallend sind die stark betonten Satzanfänge, mit denen der Journalist versucht, seinen Text für die Leser spannend zu machen.

Satz 1: *Mit Schädelbrummen …*
Satz 3: *Im selben Moment …*
Satz 4: *Bewusstlos …*
Satz 6: *Den Täter …* (sehr auffällig: die Akkusativergänzung am Satzanfang)
Satz 8: *Bekleidet …*

Aufgabe 44

Übungsformen für die Bedeutung von Satzanfängen, z. B.:

- Alle Sätze eines Textes untereinander schreiben und analysieren, welche Satzglieder am Satzanfang (Position 1) stehen.
- Zwei Textversionen einander gegenüberstellen wie beim Zeitungstext in Aufgabe 43, die Satzanfänge vergleichen und die Wirkung analysieren.
- Die Sätze eines Textes in die Einzelbestandteile/Satzglieder auflösen und durcheinander würfeln (*kam/sie/am Morgen …*). Danach muss der Text aus diesen Vorgaben rekonstruiert werden.

Aufgabe 45

1. *obwohl*; 2. *denn*; 3. *dann*; 4. *während*; 5. *da*; 6. *doch*; 7. *weil*; 8. *und*; 9. *aber*; 10. *nachdem*; 11. *dann*; 12. *bevor*; 13. *denn*

Aufgabe 47

Lückentext	Der Übungstyp ist eher	offene Sätze
☐	produktiv	☒
☒	rezeptiv-produktiv	☐
☐	schülerorientiert	☒
☐	kreativ	☐
☒	geeignet für Kontrolle	☐

Aufgabe 48

	Version A (Original)	**Version B** (Bearbeitung)
Unterschiede	Sätze und Satzteile sind durch Konnektoren verbunden.	enthält keine Konnektoren
leichter/ schwieriger zu verstehen	Leichter zu verstehen: Die logischen Beziehungen zwischen den Aussagen werden klar ausgedrückt, z. B. Chronologie Z. 2: *Als sie weitergehen wollte, knickte sie ein …*	Der Leser muss selbst die Beziehungen zwischen den Aussagen herstellen. Das Verstehen ist erschwert.
grammatisch einfacher/leichter – Warum?		Grammatisch einfacher, da der Text keine Konnektoren, keine komplizierten Nebensätze oder Verbstellungen usw. enthält.
Welche Version ist „schöner“? – Warum?	Schöner, weil es eine richtige Erzählung ist; der Text ist geschmeidiger, spannungsreicher: langsamer Erzählrhythmus und spannungssteigernde Elemente wechseln einander ab.	Text wirkt holprig, ungeschickt erzählt; keine Abwechslung zwischen langsameren und schnelleren Phasen.

Aufgabe 49

a) Er findet Regen schön.
b) Der Regen stört ihn nicht beim Spazierengehen:
Er geht spazieren, obwohl es regnet.
c) Später beginnt es zu regnen, er will vorher noch spazieren gehen:
Er geht spazieren, bevor es regnet.
d) *Er geht spazieren, dann regnet es.*

Aufgabe 50

Satzversion A

1 [Kostas war ein Student aus Griechenland.
Kostas machte einmal eine Reise durch Deutschland.

2 [Kostas besuchte viele Städte.
Kostas wollte das Leben auf dem Lande kennenlernen.
Kostas wanderte über Felder und Wiesen.

3 [Kostas war glücklich.
Das Wetter war schön.
Die Landschaft gefiel Kostas gut.

4 [Eines Tages kamen plötzlich viele Wolken aus dem Westen.
Kostas war im Schwarzwald.
Schon nach einer Viertelstunde war der Himmel ganz dunkel.

5 – Es begann kräftig zu regen.

6 [Kostas näherte sich zum Glück einem Dorf.
Das Dorf konnte Kostas Schutz vor dem Regen bieten.

[Diese Sätze werden verknüpft.

Kostas immer gleiche Nennung: der Name des Studenten

Textversion A	Grammatische Struktur
1 [Kostas, ein Student aus Griechenland, machte einmal eine Reise durch Deutschland. Er be-	Apposition
2 [suchte viele Städte, aber er wollte auch das	Konnektor – adversativ
Leben auf dem Lande kennenlernen, und so	Konnektor – kopulativ + Partikel
wanderte er über Wiesen und Felder. Er war	→
3 [glücklich, denn das Wetter war schön und die	Konnektor – kausal
Landschaft gefiel ihm gut.	Konnektor – kopulativ
4 [Eines Tages, als er im Schwarzwald war, ka-	→ Konnektor – temporal
men plötzlich viele Wolken aus dem Westen,	Konnektor – kopulativ
und schon nach einer Viertelstunde war der	
5 – Himmel ganz dunkel. Und dann begann es	→ 2 Konnektoren – kopulativ + temporal
6 [kräftig zu regnen. Zum Glück näherte sich	→ Satzgliedumstellung
Kostas gerade einem Dorf, das ihm Schutz vor	→ Relativsatz
dem Regen bieten konnte.	

Rückverweis

☐ Der Student wird nur zweimal mit seinem Namen bezeichnet, in allen anderen Fällen wird mit Hilfe von Personalpronomen auf ihn „verwiesen" (siehe Kapitel 2.2.5).

→ Die Pfeile weisen auf die veränderte Wortstellung hin.

Aufgabe 52

Mögliche Satzversion Teil C:

Kostas nahm einen Bleistift.
Kostas zeichnete auf eine Serviette einen Pilz.
Kostas hatte Appetit auf Pilze.
Der Wirt sah die Zeichnung.
Der Wirt nickte mit dem Kopf.
Der Wirt ging aus der Gaststube.
Kostas freute sich auf das Essen.
Kostas freute sich besonders auf die Pilze.
Kostas freute sich zu früh.
Der Wirt brachte Kostas keine Pilze.
Der Wirt brachte Kostas … einen Regenschirm.

Dahl/Weis (1988), 867

Möglichkeit A: Aufgabe 53

- Den Text in Einzelsätzen schreiben.
- Die Schüler vergleichen die Einzelsätze mit dem Originaltext und stellen die Unterschiede fest.
- Die Konnektoren und andere Textelemente im Originaltext, die zur Verknüpfung der Einzelsätze verwendet wurden, werden unterstrichen.
- Die grammatischen Stichwörter werden notiert.

Möglichkeit B:

- Den Text in Einzelsätzen schreiben.
- Die Schüler erstellen aus den Einzelsätzen eine Textversion.
- Verschiedene Textversionen werden in der Klasse verglichen, die beste wird ausgewählt und gemeinsam korrigiert.
- Die Schülerversion wird mit dem Originaltext verglichen und besprochen.

Aufgabe 55

2. Eine alte Dame, die auf dem Zebrastreifen steht, sieht entsetzt die Lichter des Autos auf sich zukommen.
3. Einen Augenblick später kommt das Auto kurz vor dem Zebrastreifen auf der regennassen Straße ins Schleudern.
4. Das Auto erfasst die hilflose Dame mit der Stoßstange und reißt sie zu Boden.
5. Blass vor Schreck steigt der angetrunkene Fahrer aus dem Wagen und kommt der auf dem Boden liegenden Dame zu Hilfe (um der auf dem Boden liegenden Dame zu helfen).

Sie werden gemerkt haben, dass es mehrere Möglichkeiten gibt, die Sätze miteinander zu kombinieren.

Mögliche Lösung: Aufgabe 56

1. Beispiel 1 a) + b):
   Ein kleines schwarzes Auto fährt kurz vor Mitternacht auf die Kreuzung.
   Beispiel 2 a) + b) + d):
   Eine alte Dame steht auf dem Zebrastreifen und sieht die Lichter des Autos auf sich zukommen.
   Beispiel 3 a) + b):
   Einen Augenblick später kommt das Auto auf der regennassen Straße ins Schleudern.
   Beispiel 4 a):
   Das Auto erfasst die hilflose Dame mit der Stoßstange.
   Beispiel 5 a) + c) + e):
   Der angetrunkene Fahrer steigt aus dem Wagen und hilft der auf dem Boden liegenden Dame.
2. Adjektivdeklination (Beispiel 1, 2, 4, 5), Konnektor *und* (Beispiel 2, 5), Satzgliedstellung: Zeitangabe vor Ortsangabe (Beispiel 1), Subjekt nach dem Verb bei Zeitangabe am Satzanfang (Beispiel 3).

Eine solche Übung mit dem Thema *Unfall/Verkehr* könnte sicher schon Ende des ersten Lernjahrs in den Unterricht integriert werden.

Aufgabe 57

1. Ein junger Mann kam gestern nachmittag auf die Polizeistation in der Herderstraße.
2. Er wollte eine schwarze Tasche, die er in der Hauptpost gefunden hatte, abgeben. (Er wollte eine in der Hauptpost gefundene schwarze Tasche abgeben.)
3. Die Polizisten öffneten die Tasche und fanden darin eine große Summe Geld.

Die Geschichte:

Gestern nachmittag kam ein junger Mann auf die Polizeistation in der Herderstraße und wollte eine schwarze Tasche, die er in der Hauptpost gefunden hatte, abgeben. Als die Polizisten die Tasche öffneten, fanden sie eine große Summe Geld.

Aufgabe 58

Mögliche Lösungen:

Die Aufgabenstellung:

Machen Sie aus den Einzelsätzen einen zusammenhängenden Text, einen Unfallbericht.
Gruppe A schreibt den Polizeibericht.
Gruppe B schreibt den Bericht aus der Sicht eines Augenzeugen.
Gruppe C schreibt aus der Sicht der alten Dame.
Gruppe D schreibt aus der Sicht des Fahrers.
Wenn Sie aus der Perspektive einer bestimmten Person schreiben, müssen Sie eventuell etwas weglassen oder etwas hinzufügen oder vielleicht auch die Reihenfolge der Einzelsätze umstellen. Achten Sie auf Unterschiede in den Texten: Ein Polizeibericht ist anders als der Bericht eines Augenzeugen oder von unmittelbar am Unfall beteiligten Personen.

Beispieltexte:

a) Polizeibericht: sachlich ohne persönliche Meinungsäußerung
Kurz vor Mitternacht fuhr Herr X mit seinem Auto auf die Kreuzung ...straße/...straße. Frau Y überquerte gerade die ...straße auf dem Zebrastreifen. Das Auto kam auf der regennassen Straße ins Schleudern und erfasste die alte Dame. Herr X war zwar angetrunken, aber er stieg sofort aus und half der hilflosen Dame wieder auf die Beine.

b) Augenzeugenbericht: bemüht sich um Sachlichkeit, bringt sich selbst ins Spiel
Es war kurz vor Mitternacht. Ich war gerade auf dem Nachhauseweg. Da sah ich, wie ein kleines schwarzes Auto auf die Kreuzung fuhr und plötzlich ins Schleudern kam. Auf dem Zebrastreifen überquerte gerade eine alte Dame die Straße. Ich sah, wie sie von dem Auto erfasst wurde und stürzte. Ich wollte zu ihr eilen, um ihr zu helfen. Als ich sie erreichte, hatte der Fahrer des Wagens ihr schon wieder auf die Beine geholfen.

c) Die alte Dame: persönliches Erleben, emotional
Ich überquerte gerade die ...straße, da sah ich plötzlich die Lichter eines Autos auf mich zukommen. Ich spürte einen Stoß und stürzte zu Boden. Aber da war auch schon jemand bei mir und half mir wieder auf die Beine. Ich glaube, es war der Fahrer. Zum Glück hatte ich nichts gebrochen!

d) Der Fahrer: persönliches Erleben, Rechtfertigungsversuche
Kurz vor Mitternacht fuhr ich auf die Kreuzung ...straße/...straße. Es regnete und die Sicht war schlecht. Plötzlich kam mein Wagen auf der regennassen Straße ins Schleudern und ich spürte einen Stoß. Es gelang mir, den Wagen sofort zum Halten zu bringen. Ich stieg aus und half der alten Dame wieder auf die Beine. Zum Glück hatte sie nichts gebrochen.

Aufgabe 59

1. Mögliche Aufgabenstellung:

Bilden Sie aus den einzelnen Sätzen der Übungsabschnitte einen einzigen Satz, der alle Informationen enthält.

Beispiel Text 1:

1. *Machu Picchu ist eine Stadt.*
   a) Die Stadt liegt in Peru.
   b) Die Stadt ist eine alte Inka-Stadt.
   c) Die Stadt ist weltberühmt.
   → mögliche Schülerlösung: Machu Picchu ist eine weltberühmte, alte Inka-Stadt in Peru.
2. *In Machu Picchu sollte ein Konzert stattfinden.*
   a) Es war ein Gedenkkonzert für John Lennon.
   b) John Lennon war ein Beatle-Mitglied.
   c) John Lennon wurde ermordet.
   → mögliche Schülerlösung: In Machu Picchu sollte ein Gedenkonzert für den ermoderten John Lennon, der früher ein Beatle-Mitglied war, stattfinden.
3. *Das Konzert wurde verboten.*
   a) Die peruanischen Behörden hatten Angst.
   b) Viele Menschen wurden erwartet.

c) Die Ruinen von Machu Picchu werden beschädigt.
→ mögliche Schülerlösung: Weil die Behörden Angst hatten, dass die vielen Menschen die Ruinen von Machu Picchu beschädigen würden, wurde das Konzert verboten.

Beispiel Text 2:

1. *Ein Mann fand einen Goldklumpen.*
   a) Der Mann war Goldsucher.
   b) Der Mann lebte in Ausstralien.
   c) Es war kurz vor Weihnachten.
   d) Er fand das Gold mit Hilfe eines Metalldetektors.
   → mögliche Schülerlösung: Ein Goldsucher in Australien fand mit Hilfe eines Metalldetektors kurz vor Weihnachten einen Goldklumpen.
2. *Das Gold ist viel wert.*
   a) Das Gold wiegt 2150 Gramm.
   b) Es lag unter einer Erdschicht.
   c) Die Erdschicht war 5 Zentimenter dick.
   d) Das Gold hat einen Wert von 50 000 DM.
   → mögliche Schülerlösung: Das Gold, das 2150 Gramm wiegt und einen Wert von 50 000 DM hat, lag unter einer 5 Zentimeter dicken Erdschicht.

Beispiel Text 3:

1. *Amrita Jhaveri ist ein indisches Fotomodell.*
   a) Sie präsentiert ein Halskollier.
   b) Das Kollier ist aus dem 17. Jahrhundert.
   b) Es stammt aus dem Besitz eines Maharadschahs.
   → mögliche Schülerlösung: Das indische Fotomodell Amrita Jhaveri präsentiert ein Halskollier aus dem 17. Jahrhundert, das aus dem Besitz eines Maharadschas stammt..
2. *Das Kollier soll versteigert werden.*
   usw.

2. Differenzierungsmöglichkeiten:
- Bessere Schüler können aufgefordert werden, auf der Basis der kombinierten Sätze einen Zeitungsartikel zu schreiben. (Der Zeitungsartikel wird dann mit den Originaltexten verglichen.)
- Reduzierung oder Erweiterung des Informationsangebots

Zum Beispiel Text 2:

Erweiterung des Informationsangebots:

1. *Ein Mann fand einen Goldklumpen.*
   - Der Mann war 50 Jahre alt.
   - Der Mann war Vater.
   - Der Mann hatte 5 Kinder.
   - Die Frau des Mannes war vor einem Jahr gestorben.
   - Der Mann lebte von der Sozialhilfe.
   → mögliche Schülerlösung: Ein 50-jähriger australischer Goldsucher, Vater von 5 Kindern, dessen Frau vor einem Jahr gestorben war und der von der Sozialhilfe lebte, fand …

usw.

Reduzierung des Informationsangebots:

1. *Ein Mann fand einen Goldklumpen.*
   a) Der Mann war Goldsucher.
   b) Der Mann lebte in Australien.
   → mögliche Schülerlösung: Ein Goldsucher in Ausstralien fand einen Goldklumpen.

Aufgabe 60

Variante 1: Ich bin in Lindau, einer Stadt in Süddeutschland, gewesen. Dort bin ich in eine Sprachschule gegangen, weil ich Deutsch lernen wollte. Meine Freundin Gynn und ich sind drei Wochen da gewesen.

Variante 2: Ich bin drei Wochen mit meiner Freundin Gynn in Lindau, einer Stadt in Süddeutschland, gewesen. Dort sind wir auf eine Sprachschule gegangen, um Deutsch zu lernen. Wir sind zwar jeden Tag zur Schule gegangen, aber ich weiß nicht, ob wir so viel gelernt haben.

Aufgabe 61
Arbeitsblatt 3

Übung 1:

a) Hans — Inge
ihm — sie
er — ihr

b) Hans möchte den ganzen Tag mit Inge, die ihm sehr gut gefällt, zusammen sein. Oder: Hans möchte den ganzen Tag mit Inge zusammen sein, weil sie ihm sehr gut gefällt.

Übung 2:

a) ich — Freundin
meine — Conny
ich — sie

b) Das ist meine Freundin Conny, die ich sehr lieb habe.

Aufgabe 62
Arbeitsblatt 4

1. a)

drei holländische Soldaten
sie ihrer

b) Einen 100-Kilometer-Ausflug mit einem Panzer machten am Wochenende drei holländische Soldaten von ihrer Kaserne in Bergen nach Hamburg.

2. a)

Soldaten	*Panzer*
drei Ausflügler sie ihrem	er ihm Leopard II

b) Zum Beispiel: Polizisten fanden die Soldaten im Panzer, der mit eingeschalteter Warnblinkanlage auf einem Parkstreifen stand. Die drei Ausflügler schliefen seelenruhig in ihrem Leopard II, mit dem sie nachts um 3 nach Hamburg losgebraust waren.

3. a)

Soldaten	*Militärpolizei*
sie ihnen	die

b) Sie wurden der holländischen Militärpolizei übergeben, die mit ihnen zurück in die Kaserne fuhr.

Aufgabe 63/65

Herr K.	*ein Mensch*	*ein Entwurf*
Sie Sie Ich	ihm er? ihm? Wer?	er? ihm Wer?

Die unterstrichenen Pronomen sind korrekt. Die anderen bietet Brecht als Alternative an, um den Leser und dessen Weltwissen zu verunsichern.

Aufgabe 64

Zweideutig ist die Zuordnung der grammatischen Form; das Weltwissen, d. h. das Wissen darum, dass ein Entwurf einem Menschen ähnlich werden kann, aber nicht ein Mensch einem Entwurf) hilft, den Satz – nach einem Augenblick des Zögerns – richtig zu verstehen.

Aufgabe 66

Der Löwe, der fliegen wollte

Es war einmal ein Löwe, der beneidete einen Adler um seine Flügel. Er ließ den Adler zu sich bitten, und als der Adler in der Löwenhöhle erschien, sagte der Löwe: »Gib mir deine Flügel, und ich will dir dafür meine Mähne geben.«

»Wo denkst du hin, Bruder«, erwiderte der Adler. »Ohne Flügel kann ich ja nicht mehr fliegen.«

»Na wennschon«, meinte der Löwe. »Ich kann auch nicht fliegen, und trotzdem bin ich der König der Tiere. Und warum bin ich der König der Tiere? Weil ich eine so prachtvolle Mähne habe.«

»Gut«, sagte der Adler, »einverstanden. Aber zuerst gib mir die Mähne.«

»Komm her und nimm sie mir ab«, forderte der Löwe ihn auf.

Der Adler ging näher heran, und der Löwe drückte ihn blitzschnell mit seiner großen Pranke zu Boden. »Her mit den Flügeln«, knurrte er.

So raubte der Löwe dem Adler die Flügel, behielt jedoch seine Mähne. Der Adler war recht verzweifelt, bis er schließlich auf eine List verfiel.

Aufgabe 67

Liebe Barbara,

du hast morgen Geburtstag. Ich habe dich nicht vergessen. Deshalb habe ich dir ein neues Kleid gekauft. Ich bringe dir das Kleid morgen. Heute habe ich leider keine Zeit.

Herzlichen Glückwunsch zum Geburtstag und alles Gute, deine Tante Inge.

Aufgabe 68

Herr Vogd	*der erste Mensch*
seiner	der
Er	einen jungen Mann
ihm	der
er	sein
Ich	Sie
unser Spaßvogel	Der Gefragte
mir	mir
den komischen Vogel	ich
Ihnen	Ich

Aufgabe 69

Mögliche Aufgabe:
Der Text handelt von „Leo". (Leo ist Leonardo Di Caprio, der Filmheld der *Titanic*). Im Text wird „Leo" mit verschiedenen Bezeichnungen benannt. Schreibt die Bezeichnungen untereinander.

Lösung: Leo – von ihm – der süßeste Junge – er – Seine (Augen) – sein (Lächeln) – er – ihn – als Schauspieler – als Mensch

Aufgabe 70

1. Schreibt in die Lücken verschiedene Ausdrücke für *Kleidung.*
2. Originaltext: a) *billiges Zeug*; b) *Markenkleidung*; c) *Kleider*

Aufgabe 71

Lösungsvorschlag:

Die Frau, nennen wir sie Hanna, ist etwa 45 Jahre alt, aber sie sieht älter aus, denn sie hat ein schweres Leben gehabt. Sie lebt allein und ist sehr einsam. Ihr Mann ist schon gestorben und die Witwe arbeitet nun 7 Stunden am Tag als Putzfrau in einem großen Krankenhaus. *Dort* verdient sie gut, und sie hat genug zum Leben.

Die Kinder sind schon verheiratet und leben im Ausland. Hanna ist im Alter religiös geworden und geht jeden Sonntag in die Kirche. *Jeden Abend* denkt die Mutter von drei Kindern an die Vergangenheit, an die Zeit, als sie mit ihrer ganzen Familie zusammenlebte und glücklich war. *Vor kurzem* hat die 45-Jährige eine Anzeige in der Zeitung aufgegeben: *nun* hofft sie auf ein Lebenszeichen ihrer Kinder.

(Die eingezeichneten Linien zeigen, wie Inhaltliches im weiteren Text in der Benennung aufgegriffen wird. Weisen Sie gegebenenfalls auch auf die (hier kursiv hervorgehobenen) Satzanfänge hin, die den Text stilistisch verbessern.)

Aufgabe 72

	darauf soll verwiesen werden	**Referenzwort**	**darauf wird verwiesen**
Text 1	zu den Soldaten verpflichten	das	jetzt werde ich Vater
richtiger Satz	kann ich die Verpflichtung noch …		

	darauf soll verwiesen werden	Referenz-wort	darauf wird verwiesen
Text 2	Liebhaber	ihn	Ehemann
richtiger Satz	den Liebhaber dann zu heiraten		
Text 3	–	das Schwein	meine Tochter
richtiger Satz	weil das Schwein geschlachtet wird, kann meine Tochter …		

Aufgabe 73

Wortschatz: für Aussehen, Gestalt, Körperteile, vielleicht Kleidung

Grammatik: Präsens, Konnektoren *(und, aber, weil)*, Pronomina, einfache Wortstellungsregeln, Satzanfänge

Aufgabe 74

Aufgabe a: ist leichter, gelenkte Übung, gibt Gliederung vor, gibt Redemittel vor

Aufgabe b: freiere Aufgabe, Stichpunkte/Gliederungspunkte müssen selbst erstellt werden, gibt keine Redemittel vor, ist auf die Welt der Schüler bezogen (Wahl der Person)

Aufgabe 75

Ein Beispiel für die Arbeitsschritte 1 – 5

Rollen: genervter Nachbar, Freund

Zu 1.: Nachbar müde, Nacht nicht geschlafen, Freund besorgt, Nachbarin nachts um 12 gebadet und gesungen, Freund findet das toll

Zu 2.: Der Dialog	**Zu 3.**: Charakterisierung
A: Mensch, was ist denn mit dir los? Wie siehst du denn aus?	*besorgt*
B: Hast du 'ne Ahnung! Ich hab die halbe Nacht kein Auge zugemacht!	*stöhnend*
A: Was war denn los?	*neugierig, gespannt*
B: Du weißt doch, meine Nachbarin, die Blonde, setzt sich doch tatsächlich mitten in der Nacht in die Badewanne und singt ...	*genervt*
A: Was! Find ich toll! Setzt sich mitten in der Nacht in die Badewanne und singt … Was singt sie denn?	*bewundernd, sehr interessiert*
B: Ich bin von Kopf bis Fuß auf Liebe eingestellt …	*singt selber*
A: Sag mal, kannst du mich nicht mal mit ihr bekannt machen?	*auffordernd*

Zu 4.: „Mensch, was ist denn heute mit dir los?", fragte Uwe ganz besorgt seinen Freund Konrad. „Wie siehst du denn aus?" Konrad stöhnte: „Hast du 'ne Ahnung! Ich hab die ganze Nacht kein Auge zugemacht!" – „Was war denn los?", fragte Uwe voller Neugier. Gespannt wartete er auf die Antwort. Aber Konrad war nur genervt: „Du weißt doch …"

Zu 5.: Uwe und Konrad saßen schon um 7 Uhr morgens an ihrem Computer in der Druckerei. Uwe arbeitete sehr konzentriert. Von Zeit zu Zeit hörte er seinen Freund stöhnen. Besorgt wandte er sich ihm zu und fragte: „Mensch, was ist denn …" usw.

Aufgabe 76

1. In einer Geschichte mit Lücken die fehlenden Teile ergänzen.
2. Geschichte weiterschreiben.
3. Geschichte kurz vor dem Ende abbrechen und einen Schluss schreiben lassen.
4. Textüberleitungen (z. B. von einem Kapitel zum nächsten) schreiben.
5. Nur Anfangs- und Schlusssatz einer Geschichte vorgeben.

Hier der Originaltext:

Aufgabe 77
Arbeitsblatt 5

Ärztin schrieb gesunde Schülerinnen krank

Bayreuth – Ein „Geheimtipp“ war monatelang bei Schülerinnen eine 40 Jahre alte Ärztin. Sie schrieb nämlich gesunde Schülerinnen krank. So konnten die Schülerinnen „offiziell“ die Schule schwänzen. Der Direktor einer Schule schöpfte Verdacht. Er informierte die Kriminalpolizei. Der Polizei erzählten die Mädchen alles. Zum Beispiel, dass das Wartezimmer der Ärztin oft voll von Schülerinnen war. Die Ärztin wurde angeklagt. Ein Bayreuther Richter verurteilte sie zu 20 000 Mark Geldstrafe.

Eine spanische Schülerin schrieb folgende Geschichte:

Aufgabe 78

Sophie auf halbem Weg

Als erstes ließ Sophie sich ihre langen Haare
abschneiden, obwohl ihre Eltern dagegen waren.
Sie hatte ihre kurzen Haare grün gefärbt und
nur schwarze Kleidung getrögt. Außerdem
ließ sie sich einige Löcheln auf ihrem Körper
machen um Ohrringe zu tragen: acht auf
ihrem linken Ohr und eins auf ihrem Nabel.
Ihre Eltern waren ganz dagegen, aber sie
tat es jedenfalls, es war ihre Haare und
ihrer Körper. Sophie's Eltern wollten sie ihre
Schwester als Beispiel beizubringen. Ihre Schwes
ter, Olga, war perfekt: sie war klug, hübsch
und hatte schon Jura an der Universität beendet
Sophie war nie eine gute Studentin. Sie bestehte
immer alle Prüfungen aber hatte immer schlechte
Noten als ihre Schwester gekriegt. Sie dachte,
daß sie nie die Abitur bestehen würde. Sie
hatte genug von ihrer Eltern und ihrer perfekten
Schwester, und darüber hinaus veränderte sie
sich, aber nur physisch, weil sie noch
studieren wollte. Sophie wollte an der Universität Kunstgeschichte lernen, aber dafür brauchte
sie die Abitur zu bestehen.
Nach zwei Jahren im Gymnasium bestandte
sie die Abitur und könnte sie an der Universität anzufangen.
Fünf Jahre sind seitdem schon vorbei, und
heutzutage ist sie in einer moderne Kunstgalerie
als Verkaufsleiterin gestellt. Obwohl sie noch
ihre Ohrringe und schwarze Kleidung trägt,
sie will etwas mit ihrer Haare machen. Neuer
dings will sie sich die Haare wieder wachsen
lassen. Obwohl die Eltern dafür sind.

© Saskia Bachmann (1997)

Aufgabe 79
Arbeitsblatt 6

Wer?		Hypnotiseur Casella
	hat	
Was?		dem Jungen geholfen
Wann?		gestern
Wo?		in Palermo
Wie?		durch Telefongespräch
Warum?		weil Junge hypnotisiert war
	getan	

Aufgabe 80
Arbeitsblatt 7

Eine Möglichkeit, diese Aufgabe zu beantworten, wäre:

Wer?		Hans Stuck
	hat	
Was?		Serum transportiert
Wann?		im Winter, 6 Uhr nachmittags
Wo?		von Ollon nach Turin, Alpen
Wie?		schnell, im Privatwagen
Warum?		um Kind zu retten
	getan	

Aufgabe 81

Mögliche Lösung:

Serum kam rechtzeitig
Rennfahrer Hans Stuck fuhr um das Leben eines Kindes

Der berühmte Rennfahrer Hans Stuck fuhr gestern mit seinem Privatwagen von Montreux nach St. Moritz, als er wegen eines Bergrutsches einen Umweg über den St. Bernhard machen musste. In einer tollkühnen Fahrt brachte er eine Frau aus Turin, die für ihr todkrankes Kind in Montreux ein Serum geholt hatte, noch rechtzeitig ans Bett ihres Kindes.

Hans Stuck wollte gestern im Privatwagen mit seinem Mechaniker von Montreux zum Rennen nach Cuneo fahren. Plötzlich war wegen eines Bergrutsches die Straße gesperrt, so dass er einen Umweg von zweihundert Kilometern über den großen St. Bernhard fahren musste. Da keine Züge mehr fuhren, nahm er in Ollon eine weinende Frau mit, die in Montreux das rettende Serum für ihr todkrankes Kind bekommen hatte. Das Kind musste dieses Serum innerhalb von sechs Stunden bekommen. Die vierhundertzwölf Kilometer quer durch die schnee- und eisbedeckten Berge musste Stuck in einer rasenden Fahrt in nur 6 Stunden zurücklegen. Der Rennfahrer fuhr, wie er selber sagte, die gefährlichste Fahrt seines Lebens, ohne sich und die Mitfahrer zu schonen. Kurz vor Ablauf der sechs Stunden erreichten sie gerade noch rechtzeitig das Haus der Familie, wo der Arzt und der Vater des Kindes schon verzweifelt warteten. Das Kind wurde gerettet.

Aufgabe 82

Mit den „6 W" kann man

1. die Hauptinformationen herausfinden
2. die Schlüsselwörter finden
3. Wichtiges von Unwichtigem unterscheiden
4. den Text strukturieren

Aufgabe 83

2. Die Geschichte ist aus der Perspektive des allwissenden (auktorialen) Erzählers geschrieben.

Aufgabe 84
Arbeitsblatt 8

4. **Strukturskizze**

Richter nennt Sündenregister:

Lehrer *schwänzt Unterricht*
gibt Schülern Ohrfeigen
leitet unerlaubt Surf-Schulen
belästigt Schülerinnen
usw.

Reaktion Partei 1	Reaktion Partei 2
Lehrer: möchte Rente, bleibt stumm	Schulreferat: möchte Lehrer entlassen
Anwalt: Lehrer ist krank	er ist nicht krank er ist psychisch gestört
er ist nicht schuld	er bekommt keine Rente

Zu Ihrer Information:
Um Sie nicht zur Nachahmung zu ermuntern, informieren wir Sie über den Ausgang des Gerichtsverfahrens: Der Lehrer wurde aus dem Schuldienst entlassen.

Komplettes Flussdiagramm zum Zeitungstext: Aufgabe 85

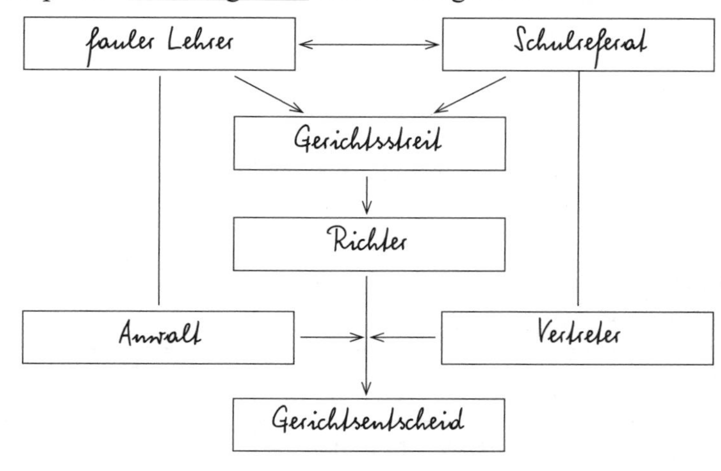

1. Techniken, um Wichtiges von Unwichtigem zu unterscheiden: Aufgabe 86
   a) Thema-Wörter, d. h. Wörter, die schon im Titel genannt werden, unterstreichen
   b) Schlüsselwörter/Träger der Hauptinformationen im Text unterstreichen
   c) Unwesentliches wegstreichen, so dass das Wichtige stehen bleibt
   d) Arbeit mit den „6 W“: die Antworten auf die Fragen unterstreichen
2. Techniken, um Inhalte zu verkürzen:
   a) Kategorien bilden
   b) abstrahieren: Oberbegriffe finden
   c) Beispiele nur zitieren: *z. B.*, *usw.*, *o. Ä.*

1. Das wäre ein möglicher Sprechblasendialog: Aufgabe 87

Bild 1: Vater: *Hans, was schaust du dir denn da an? Das ist doch nichts für dich.*
Sohn: *Doch, das ist spannend. Erst küssen sie sich, dann schießen sie …*

Bild 2: Vater: *Nein, wir schauen uns ein anderes Programm an, da kommt die Sportschau, Bayern München spielt.*
Sohn: *Du immer mit deiner blöden Sportschau. Die verlieren ja doch!*

Bild 3: usw.

Vorschlag zur Einführung der Vokabeln: Aufgabe 88

– Sie zeigen nur Bild 1 und Bild 3 über Tageslichtprojektor (OHP). Dazu geben Sie einen inhaltlichen Impuls (Assoziogramm):

  Kinder ——————> **Fernsehen** <—————— Eltern

– Sie lassen die Bilder beschreiben.
– Was ist zwischen den Bildern passiert?
– Um welche Sendungen wird wohl gestritten?
– Die Vokabeln und Ideen werden dem Assoziogramm zugeordnet.

Aufgabe 90

Die Schülerinnen und Schüler müssen folgende Redemittel kennen, um die Geschichte schreiben zu können:

Konnektoren: *weil, als, nachdem ...*

Redemittel zu den Bildern:

a) *Hunger/Durst haben*
b) *Wo kann man ... ?*
Gibt es ... ?
c) *immer geradeaus*
an ... vorbei
den Weg zeigen
d) *Taxi nehmen*
zum Flughafen
erstaunt sein
e) *große Augen machen*
kein Wort sagen
f) *landen in*
g) *wunderbares Essen*
bestes Restaurant
h) *sich bedanken*
sich verabschieden
i) *um die Ecke*
j) *der Bratwurstverkäufer*
das Brötchen
die Bratwurst
k) *sich schnell bücken*
sich verstecken

Aufgabe 91

1. Planen; 2. Schreiben; 3. Überarbeiten

Aufgabe 92

a) 2. Frage; 3. Antwort und Eingrenzung auf einen Fall/Bereich; 4. die Geschichte, das Beispiel; 5. Folgen; 6. Frage; 7. „Antwort"

Aufgabe 93

1. *Textmuster*: Polizeiliche Suchmeldung mit Personenbeschreibung

Wer kennt den Jungen?	Frage: Präsens	Einführung
Gestern fiel ... und redete kein Wort.	kurzer Bericht: Präteritum	Hauptteil
Der Junge ist ... Marke Adidas.	Personenbeschreibung: Präsens	
In einer Plastiktüte ... Max Frisch.	Bericht: Präteritum	überraschender Schluss

Die Suchmeldung enthält zwei weitere Textsorten mit entsprechenden Textsortenmerkmalen: *Bericht* mit Präteritum und *Personenbeschreibung* im Präsens.

2. Möglicher Paralleltext: Gestern kam der neue Deutschlehrer zum ersten Mal in die Klasse. Er hatte einen riesigen Rucksack dabei mit Deutsch-Materialien. Er sieht lustig aus ...

Aufgabe 94

Text 1

1. Textsorte: Zeitungsnachricht
2. Überschrift, Untertitel, 6 W, Nachricht/Bericht
3. Zeitungsnachrichten beziehen sich in der Regel auf etwas, was schon vergangen ist, deshalb: Präteritum.
4. Wer? Wann? Was? Wo? Wie? Warum? (Die Reihenfolge kann sich auch ändern.)
5. In der 3. Person Singular: „Der Hypnotiseur ... Er ..."
6. Der Verfasser beschreibt sachlich und ohne persönliche Stellungnahme, was geschehen ist.
7. In Zeitungsnachrichten wird in der Regel in der indirekten Rede berichtet, um den Eindruck von Sachlichkeit und objektiver Berichterstattung zu erwecken (Sensationspresse: häufig direkte Rede).

Aufgabe 95

Text 2

1. Textsorte: persönlicher Erlebnisbericht
2. Grobgliederung:
   - Einleitung mit Vorstellung des Ich-Erzählers und der Ausgangssituation (Absicht, Ort)
   - Hauptteil mit „erregendem Moment", d. h. der Beschreibung der Situation, die die weitere Handlung auslöst *(Ich muss in sechs Stunden in Turin sein)*, und ansteigender Spannungskurve (Polizeikontrolle, Eis, zugeschneite Straße)

– Schluss mit glücklichem Ende

Anmerkung: Eine Erzählung, die so linear und spannungsgeladen auf das (glückliche) Ende hin erzählt wird, eignet sich gut dazu, eine ausdifferenzierte Gliederung zu erarbeiten, z. B. in Form einer Strukturskizze, die die Dramatik der Ereignisse sichtbar macht. Sie könnten Ihre Schülerinnen und Schüler dazu ermuntern, bei der Planung und Gliederung ihrer Textproduktion hin und wieder ähnliche Strukturskizzen zu entwickeln (siehe auch Kapitel 2.4). Einen Vorschlag zu einer Strukturskizze zum „Stuck-Text" finden Sie am Ende dieser Aufgabe.

Rückverweis

3. Eine Erlebniserzählung steht oft im Präteritum. Auch der Text von Hans Stuck beginnt im Präteritum, wechselt dann aber ins Präsens (Z. 4), um die Dramatik zu erhöhen und dem Leser das Gefühl zu vermitteln, er sei unmittelbar am Erlebnis beteiligt. Im ganzen Text wechselt der Erzähler ständig zwischen Präsens und Präteritum hin und her.
4. In der ersten Person Singular *(Ich wollte)*. Das bewirkt eine stärkere Identifikation mit dem Erzähler.
5. Der Erzähler bewertet direkt und indirekt: *Ich glaube meinen Worten selbst nicht* (Z. 17), *dass ich mich selber wundere* (Z. 30), *die tollste Fahrt meines Lebens* (Z. 36), *habe ich mehr Angst geschwitzt* (Z. 46)
6. Ein Drittel des Textes steht in der direkten Rede. Das verstärkt den Eindruck unmittelbarer Dramatik und verleiht dem Text Lebendigkeit.

Vorschlag für eine **Strukturskizze** zur detaillierten Gliederung des Textes von Hans Stuck:

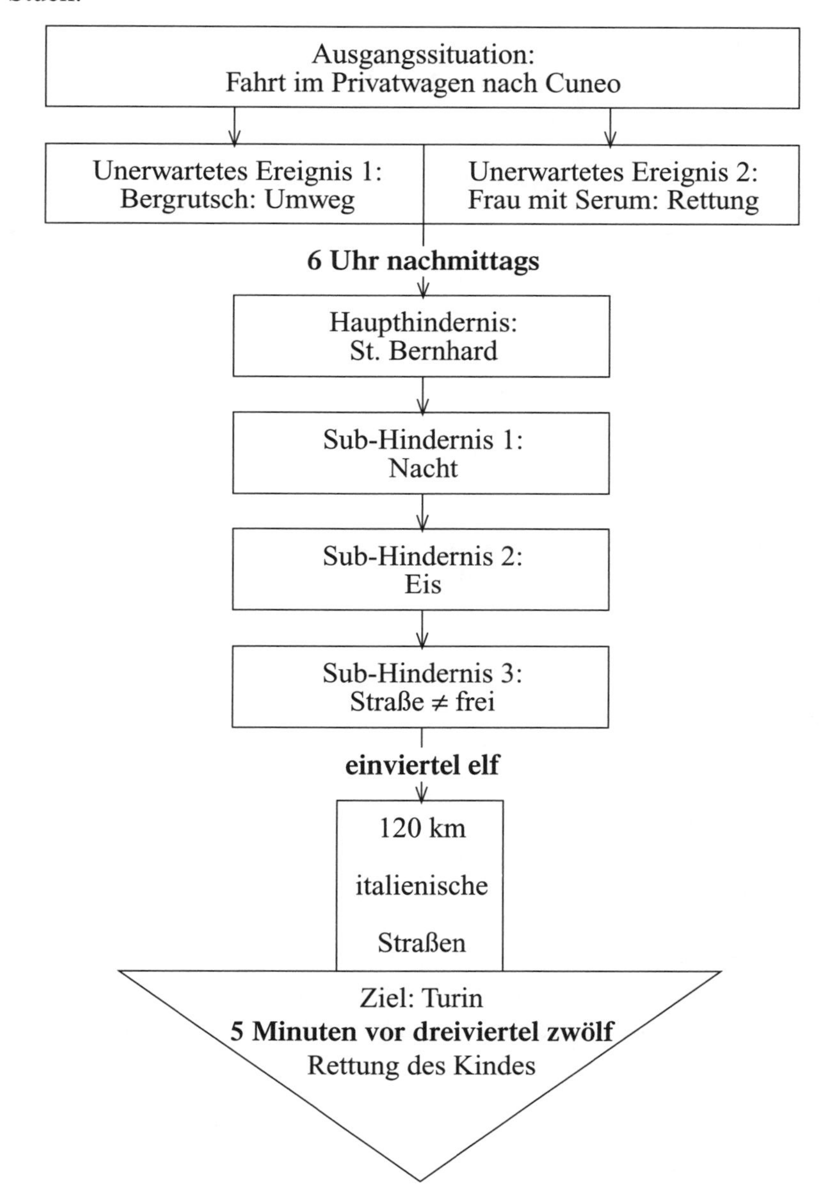

Aufgabe 97

	Nachricht	**Erlebniserzählung**
Worum geht es bei dieser Textsorte?	Berichterstattung: Darstellung von Gegenständen, Zuständen, Personen, Tätigkeiten und Vorgängen	Darstellung eines bestimmten Geschehens, von Vorgängen und Tätigkeiten, auch Darstellung von fiktiven Situationen, Personen, Ereignissen, Erlebnissen
Welche Funktion hat der Text? Welche Absicht hat der Schreiber?	sachliche Information des Lesers, keine persönliche Stellungnahme	– sachliche Darstellung oder – Darstellung mit persönlicher und emotionaler Bewertung, Beeinflussung des Lesers
Wie wirkt der Text auf den Leser?	Der Leser kann sich die Gegenstände vorstellen und die Vorgänge nachvollziehen, fühlt sich informiert.	Der Leser wird neugierig, lässt sich vom Autor führen und unterhalten, erlebt Spannung, Anteilnahme, Erleichterung usw.
Wie ist die Struktur des Textes? a) *Aufbau:* b) *Stil:* c) *Tempus:*	a) systematisch (Wer? Was? Wann? Wo?) und chronologisch: von außen nach innen, vom Vordergründigen zu den Hintergründen, vom Globaleindruck zu den Einzelheiten b) sachlich, kurz, ökonomisch, indirekte Rede c) Präteritum: Eindruck von Objektivität: So war es!	a) häufige Reihenfolge auch die „6 W“, chronologisch: Einleitung (erste Orientierung: Personen, Ort, Zeit) Hauptteil (Entwickeln der Ereignisse mit steigender Spannungskurve) Schluss (Abschlusspointe, beruhigender Ausklang, Bewertung) b) lebendig, ausschmückend, emotional, dramatisierend, direkte Rede c) wechselnde Tempora: häufig beginnend mit dem Präteritum, dann Wechsel zum Präsens, auch Perfekt; wechselnde Distanzierung und emotionale Nähe

Aufgabe 98

a) Richtige Reihenfolge der Absätze:

Einführungsteil	D	Elkes Berufsziel: Begründung
erster Absatz	A	Konkretisierung
zweiter Absatz	C	Meinung der Eltern: Vater
dritter Absatz	E	Meinung der Mutter
Schluss	B	Bedeutung der Meinung der Eltern: Begründung

b) Die Absätze sind sowohl thematisch als auch sprachlich miteinander verknüpft. Thematische Verknüpfung: siehe a); sprachliche Verknüpfung: Elke – Ihr Traum – Ihre Eltern: der Vater – die Mutter – die Meinung der Eltern ..., denn ...

Der ganze Text:

Tischlerin will sie werden

Elke ist sechzehn und steht kurz vor dem Hauptschulabschluss. Sie weiß genau, was sie werden will: Tischlerin. Schon als kleines Mädchen hat sie mit dem Großvater viel gebastelt und in seiner Tischlerwerkstatt hübsche Holzarbeiten gemacht.

Ihr Traum ist es, einmal Holzmöbel zu bauen. Sie möchte später eine eigene Werkstatt haben und selbstständig sein. Vorher muss sie aber in die Lehre gehen und die Meisterprüfung bestehen! Ein langer Weg!

Ihre Eltern finden das gar nicht gut. „Ein schöner Büroberuf ist doch viel besser für dich“, sagt der Vater. „Die Ausbildung dauert nicht so lange, und du machst dich nicht so schmutzig.“

„Ja“, sagt die Mutter, „und im Büro hast du auch immer Gelegenheit, einen netten Mann kennen zu lernen. Tischlerin! Das ist doch kein Beruf für ein Mädchen: den ganzen Tag im Arbeitsanzug, mit Schwielen an den Fingern!“

Die Meinung der Eltern ist wichtig, denn sie müssen ja den Ausbildungsvertrag mit der Firma unterschreiben.

„Außerdem“, sagt die Mutter, „bist du als Tischlerin den ganzen Tag nur mit Männern zusammen – da wirst du einiges hören müssen!“ Das weiß Elke, denn sie hat schon ein Praktikum in einer Tischlerwerkstatt gemacht. Sie weiß aber auch, dass die Mäner bald wieder vernünftig wrden, wenn sie sich nicht um das dumme Gerede kümmert.

„Welcher Mann wird schon eine Tischlerin heiraten?“, fragt die Mutter triumphierend.

Elke lacht: „Das lass mal meine Sorge sein! Mit sechzehn mache ich mir darüber noch keine Gedanken.“
Sie ist ganz sicher: Tischlerin will sie werden!

nach: Bieler/Weigmann (1994), 21

Absätze im Text markieren Aufgabe 99

Hier der Text mit Absätzen:

FRAGEN SIE DR. BERGEDORFER

1 Ich bin im letzten Schuljahr und bereite mich auf mein Abitur vor. In sechs Wochen sind die schriftlichen Klausuren, und deshalb brauche ich Ihren Rat.

2 Nach den Sommerferien hat es angefangen. Ich wurde immer nervös, wenn ich an das Abitur dachte. Obwohl ich bis dahin zu den Besten in der Klasse gehört habe, war ich auf einmal öfter unkonzentriert und konnte auch manchmal Fragen nicht beantworten, obwohl ich zu Hause alles gewusst hatte. In der letzten Mathematik-Arbeit habe ich nur 7 Punkte bekommen, obwohl mein Durchschnitt bei 12 Punkten, also 2+, liegt.

3 Ich hatte immer mehr das Gefühl, dass meine Mitschüler Konkurrenten oder sogar Feinde waren. Es kam mir so vor, als ob sie sich hinter meinem Rücken über mich unterhalten würden. Deshalb bin ich auch allgemein unsicherer geworden.

4 Dann kamen diese schrecklichen Träume nachts. Ich saß z. B. in einer Mathematik-Klausur und mir fiel keine einzige Formel mehr ein. Dann habe ich versucht, von meinem Nachbarn abzuschreiben, aber der Lehrer hat das gemerkt und hat mir die Prüfungsblätter weggenommen und gesagt:„Jetzt hast du keine Chance mehr.“ Danach wachte ich mit wild kopfendem Herzen auf.

5 Mein Vater und mein Großvater sind Ärzte, und mein Vater möchte unbedingt, dass ich später seine Praxis übernehme. Aber wenn ich keine guten Noten im Abitur bekomme, kann ich auch nicht Medizin studieren.

6 Können Sie mir helfen?

Ute B., Darmstadt

Vorderwülbecke (1998), 73

Die Themen der Absätze:

a) 1. Eröffnungsphase; 2. Einleitung: Thema; erste Begründung: mangelnde Konzentrationsfähigkeit; 3. Angst vor den Konkurrenten; 4. schreckliche Albträume nachts; 5. aufgezwungene Berufswahl; 6. Hilferuf

b) Die Abschnitte sind sowohl thematisch als auch durch einige sprachliche Überleitungen miteinander verknüpft.

Thematische Verknüpfung:

Das Hauptthema des Briefes sind Probleme bei der Abiturvorbereitung, der 2. Absatz nennt ein Unterthema, nämlich die Unkonzentriertheit, der 3. Absatz nennt ein weiteres Unterthema, nämlich die Angst vor den Mitschülern, der 4. Absatz nennt als nächstes Unterthema die schlechten Träume mit Beispielen. Der 5. Absatz liefert die Begründung für die Probleme und führt damit zum Hauptthema zurück.

Sprachliche Verknüpfung/Überleitung zwischen 2. und 3. Absatz *immer mehr*, 3. und 4. Absatz *und.*

Aufgabe 100

1. Jeder Absatz enthält im Rahmen des Gesamthemas ein „Unterthema“ („Mikrothema“).
2. Jeder Absatz ist mit den vorhergehenden inhaltlich und/oder sprachlich verknüpft. Die Mikrothemen werden von Absatz zu Absatz „weitergereicht“: Das Haupthema entwickelt sich so von Absatz zu Absatz.
3. Mit dem einleitenden Satz wird der Inhalt eines Absatzes festgelegt. Häufig werden Zeit, Ort und Handlungsträger genannt. Die darauf folgenden Sätze führen den Gedanken weiter (eventuell mit Beispielen), bis zum letzten Satz, der das Mikrothema abschließt.

Aufgabe 101

Verfahren zur Behandlung textsortenspezifischer Textmerkmale:

1. Eine Textsorte in eine andere umschreiben lassen.
2. Bestimmte Textmuster an Textvorlagen erarbeiten lassen. Danach sollen die Lernenden einen eigenen Text nach diesem Muster schreiben.

3. Durch den Vergleich zwischen Texten der Ausgangs- und der Zielsprache kulturell unterschiedlich geprägte Textmuster erarbeiten lassen.
4. Dieselbe Information (Geschichte) in verschiedenen Textsorten schreiben lassen.

Aufgabe 102

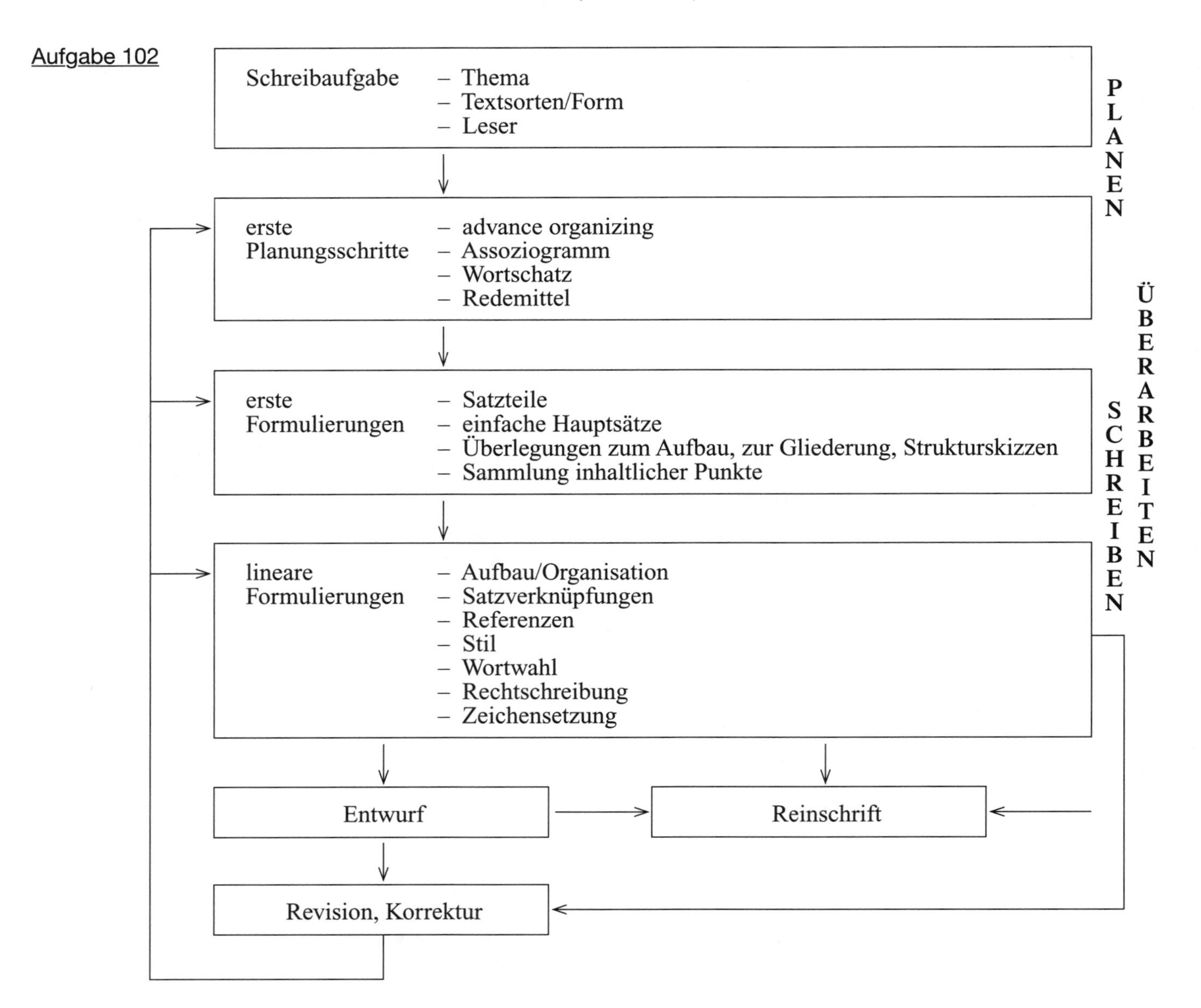

Aufgabe 106

Vorschlag für Schülerhinweise:

Schreiben Sie etwas zu dem Bild (Geschichte, Tagebucheintrag, Dialog, Zeitungsartikel, Reportage, Interview ...). Lassen Sie zunächst Ihre Gedanken spielerisch schweifen:

Zeichnen Sie einen Kreis in die Mitte eines Blatts Papier. Welches Wort kommt Ihnen zuerst in den Sinn? Schreiben Sie es in den leeren Kreis. Betrachten Sie das Bild und gruppieren Sie dabei neue Wörter und Wendungen um diesen Mittelpunkt. Wo gibt es Zusammenhänge, weiterführende Gedanken? Markieren Sie Beziehungen durch Linien und Pfeile.

Variation: Sie können auch zwei Kreise zeichnen, schreiben Sie in den einen Kreis das Wort *Autobahn*, in den anderen das Wort *Dinosaurier* (= phantastisches Binom).

Kleine Hinweise, um der Phantasie „auf die Sprünge zu helfen“:

– Faktor „Zeit“: kurz vorher – gegenwärtige Situation – kurz nachher
– Perspektivenwechsel: Dinosaurier, Autoinsassen
– Woher?/Wohin?
– Wer macht was auf dem Bild?
– Wo sind Sie?

Verwenden Sie für Ihren Text nur diejenigen Teile des Clusters, die sich in den Zusammenhang fügen, lassen Sie den Rest unberücksichtigt.

Das Gedicht schrieb Sandra, 14 Jahre alt, für den *Musenalp-Express* (Sommer 1993, 5): Aufgabe 108

Morgens kann ich nicht essen,
weil ich dich liebe.
Mittags kann ich nicht essen,
weil ich dich liebe.
Abends kann ich nicht essen,
weil ich dich liebe.
Nachts kann ich nicht schlafen,
weil ich Hunger habe.

Voraussetzungen für kooperative Textproduktion: Aufgabe 110

- motivierendes Thema (oder Bildimpuls), zu dem die Gruppenmitglieder etwas wissen
- Konfliktfähigkeit
- Teamfähigkeit
- gewisse Reife
- sich gut kennen und miteinander arbeiten können
- kooperatives Klima
- Bereitschaft, sich selbst einzubringen und sich nicht hinter den anderen zu verstecken

Vorteile des kooperativen Schreibens beim kollektiven Dialog: Aufgabe 111

- Kein Schüler ist für den ganzen Text verantwortlich. aber jedes Gruppenmitglied ist Mitautor mehrerer Texte.
- Das gemeinsame Schreiben macht Spaß, nicht zuletzt deshalb, weil jeder Schüler jedes Mal mit einem neuen, ihm unbekannten Text konfrontiert wird, in den er sich einlesen muss und an dessen Produktion er beteiligt ist.
- Die Schüler wenden bisher Gelerntes spielerisch an: Verweismittel (in der Reaktion auf die vorangehende Replik), Konnektoren usw.

Zu 4. Aufgabe 113

a) + b) Die Antwort ist eine Frage der Einstellung zu Noten. Natürlich kann man auch Gruppentexte benoten: Teamarbeit ist eine moderne Arbeitsform, die so genannte „Schlüsselqualifikationen“ voraussetzt. Auf jeden Fall profitieren alle davon, und auch die schlechteren Schüler haben am Ende etwas gelernt. Wenn ein gemeinsam erarbeitetes, gelungenes Ergebnis durch eine gute Note honoriert wird, so steigert das auch die Motivation. Allerdings sollten Sie darauf achten, von Anfang an einigermaßen homogene Gruppen zu bilden.

c) stimmt auf jeden Fall

d) stimmt auch

Beispiele für realitätsnahe schriftliche Kommunikationssituationen: Aufgabe 114

Wer? **Rolle des/der Schreibenden**	***Wem?*** **Rolle des Kommunikationspartners/der -partnerin**	***In welcher Situation?*** **(Anlass)**	***Zu welchem Zweck?*** **(Absicht/Ziel)**
Brieffreund	Brieffreundin	erster Kontakt	sich gegenseitig vorstellen; erstes Kennenlernen
Schülerin	Deutschlehrer	Lehrer liegt im Krankenhaus	schriftliche Grüße
Auskunftsuchender	Verwaltung der Jugendherberge in Heidelberg	Planung eines Ferienaufenthaltes in Deutschland	möchte wissen, ob es im Juli noch Platz in der Jugendherberge in Heidelberg gibt
Brieffreund	Brieffreundin	– weiteres Kennenlernen: Hobbys, z. B. Briefmarkensammeln	– Austausch von Briefmarken

Wer? **Rolle des/der Schreibenden**	*Wem?* **Rolle des Kommunikationspartners/der -partnerin**	*In welcher Situation?* **(Anlass)**	*Zu welchem Zweck?* **(Absicht/Ziel)**
		– Besuch in Deutschland: Abholung vom Flughafen (oder Besuch des Brieffreundes)	– genaue Personenbeschreibung zum Zweck der Identifizierung am Flughafen
Auskunftsuchender	– Verkehrsamt der Stadt X – Bundespresseamt – Schutzgemeinschaft „Deutscher Wald“ usw.	Unterrichtsprojekt	Informationen erhalten – über die Stadt X – über die Bundesrepublik Deutschland – über den Waldschadensbericht (anfordern)
Leser/Leserin eines Jugendbuchs	Autor/Autorin des Jugendbuchs	Klassenlektüre im Deutschunterricht	Fragen zum Buch an den Autor/die Autorin
Schüler/ Schülerin	Deutschlehrer/ Deutschlehrerin	Studienaufenthalt des Deutschlehrers in Österreich	von der Klasse erzählen

Aufgabe 115

2. a) Ihr schreibt an einen Brieffreund/eine Brieffreundin, der/die auch Deutsch lernt. Berichtet über
   - eure Klasse
   - eure Schule.

   b) Ihr macht eine Klassenparty und wollt euren Deutschlehrer/eure Deutschlehrerin auch einladen. Die Party findet bei eurem Klassenkameraden ... zu Hause statt. Schreibt die Einladung:
   - Wann findet die Party statt?
   - Wo?
   - Wie kommt man dorthin?

   Schreibt, dass ihr euch freut, wenn der Lehrer/die Lehrerin kommt.

Aufgabe 116

2. Die Klasse: Anzahl der Schüler, Anzahl der Stunden pro Tag/pro Woche, an welchen Tagen, Nachmittagsunterricht, Unterrichtsfächer, Lieblingsfächer.
3. Der Deutschunterricht: Stunden pro Woche, das Deutschbuch, der Deutschlehrer/ die Deutschlehrerin, Hausaufgaben, Klassenarbeiten.

Aufgabe 117

Beispiel: *Tagesablauf*

1. Vorschlag für das erste Lernjahr:
   Du schreibst einen Brief an deinen Brieffreund/deine Brieffreundin. Erzähl ihm/ihr, was du gestern gemacht hast:
   - Wann bist du aufgestanden? Wann bist du in die Schule gegangen? Welche Fächer hast du gehabt? Was hast du am Nachmittag gemacht (Hausaufgaben, Freund/Freundin besucht ...)? Wann bist du ins Bett gegangen?
   - Frage den Briefpartner, was er gestern gemacht hat.
   - Vergiss nicht die Anrede und den Gruß.

   Anmerkung: Durch die ausformulierten Fragen werden die Leitpunkte und die Strukturen vorgegeben. (*Ich bin um ... aufgestanden* usw.)
2. Vorschlag für das zweite Lernjahr:
   Du schreibst einen Brief an deinen Brieffreund/deine Brieffreundin. Schreib über deinen Tagesablauf, z. B.
   - wann du aufstehst,
   - wann du in die Schule gehst,
   - an welchen Tagen du Nachmittagunterricht hast,
   - was du sonst noch machst (z. B. Hausaufgaben, Sport, Musikunterricht, Freunde besuchen, Disko ...),

– wann du abends normalerweise ins Bett gehst.

Anmerkung: Die Leitpunkte sind vorgegeben, aber die Lernenden müssen die Vergangenheitsformen selbst bilden.

3. Vorschlag für das dritte Lernjahr:
   Du schreibst an deinen Brieffreund/deine Brieffreundin. Berichte über deinen Tagesablauf:
   – vormittags: Aufstehen, Schule, Stunden
   – nachmittags: Hausaufgaben, Freizeit
   – abends: … ? …

   Anmerkung: Es sind keine Leitpunkte, sondern nur Stichworte vorgegeben. Die Gestaltung des Briefes ist frei.

Aufgabe 120

Die wichtigsten Redemittel:

Geburtstag: Herzlichen Glückwunsch/Alles Gute zum Geburtstag! Ich wünsche dir/Ihnen Gesundheit und viel Glück im neuen Lebensjahr.

Hochzeit: Herzlichen Glückwunsch zur Vermählung!

Examen: Herzlichen Glückwunsch zum bestandenen Examen!

Weihnachten: Frohes Fest! Frohe/Fröhliche Weihnachten! Ich wünsche euch/Ihnen ein schönes(, gesegnetes) Weihnachtsfest.

Neujahr: Alles Gute zum neuen Jahr!

Aufgabe 122

Brief A:

Lieber Peter,
ich habe dich angerufen, aber du warst nicht da. Deshalb schreibe ich dir diesen Brief. Hast du Lust, am Samstag mit mir ins Kino zu gehen? Das wäre toll.
Herzliche Grüße
deine Inge

Brief B:

Sehr geehrter Herr Professor,
leider kann ich Sie telefonisch nicht erreichen. Deshalb schreibe ich Ihnen diesen Brief. Das von Ihnen gesuchte Buch erscheint in der nächsten Woche.
Es kostet DM 36,00.
Mit freundlichen Grüßen
Horst Braun

Aufgabe 123

1. a) Lieber Herr … /Liebe Frau … ,
   b) Mit freundlichen Grüßen/Herzliche Grüße
   (Ihr/Ihre)
2. a) Lieber … /Liebe … , Hallo, … ,
   b) Tschüs/Herzliche Grüße
   dein/deine

3. + 4. a) Sehr geehrte Damen und Herren,
   b) Mit freundlichen Grüßen

5. a) Sehr geehrter Herr Müller,
   b) Mit freundlichem Gruß/Mit freundlichen Grüßen
6. a) Sehr geehrter Herr Direktor,
   b) Mit freundlichem Gruß
7. a) An den Leiter des Auslandsamts der Universität Frankfurt
   b) Mit freundlichem Gruß

Aufgabe 124

Wer? Maria da Silva
hat
Was? eine Sonnenbrille (näher beschreiben)
Wann? (Angaben müssen ergänzt werden)
Wo? Zimmer 25 oder Frühstücksraum
verloren.

Weitere *W*-Informationen: Wohin schicken? Welche Unkosten entstehen?

Und so könnte der Brief lauten:

Maria da Silva
Rua Lisboa 5
Coimbra/Portugal

An den
Steigenberger Frankfurter Hof
Kaiserplatz
D-60311 Frankfurt am Main *Coimbra, den 12.8.92*

Sehr geehrte Damen und Herren,

vom 31.7. bis 2.8. hatte ich in Ihrem Hotel ein Zimmer gemietet. Jetzt stelle ich fest, dass ich am Abreisetag entweder in meinem Zimmer (Nr. 25) oder im Frühstücksraum meine Sonnenbrille habe liegen lassen Sie ist von der Firma Soniblend, hat grünes Spiegelglas und grüne Bügel.

Wenn Sie die Brille gefunden haben, wäre ich Ihnen dankbar, wenn Sie sie mir an meine Adresse schicken würden. Anfallende Unkosten übernehme ich gerne.

Vielen Dank und freundliche Grüße

Maria da Silva

Aufgabe 126

2. c, b, a, b, c (oder b)

Aufgabe 127

Mögliches Vorgehen im Unterricht:

1. Knüpfen Sie zunächst an die Erfahrungswelt der Lernenden an: Sammeln Sie erlebte oder erdachte Beschwerdegründe und -situationen an der Tafel.
2. Überlegen und sammeln Sie in der Klasse, was in einen Beschwerdebrief hineingehört. Legen Sie eine Tabelle an. In der linken Spalte sammeln Sie diese Inhaltspunkte an der Tafel. Das könnte dann so aussehen:

   Beschwerdebrief
   a) Situation: Ort, Datum
   b) Anlass, Grund der Beschwerde
   c) negative Konsequenzen für den Briefschreiber
   d) Forderung an den/die Verantwortlichen
3. Zeigen Sie den Musterbrief über Tageslichtprojektor (OHP). Bearbeiten Sie die Inhaltspunkte und die entsprechenden Formulierungen.
4. Die Lernenden notieren die Inhaltspunkte des Musterbriefs in der rechten Spalte.
5. Die Lernenden unterstreichen im Musterbrief die für die Sprachhandlung *schriftliche Beschwerde* typischen Redemittel und Strukturen: Alternativen in Bezug auf andere oben genannte Beschwerden werden besprochen:
   wurde mir zugesichert/bestätigt … ; das Gegenteil war der Fall/leider war das nicht der Fall; aber … ; so dass … ; außerdem, zwar … aber … ; dazu kam … ; betrachte als erheblich gemindert/gestört/… ; fordere Sie auf … zu erstatten/zu reparieren/ zu …; sollte nicht … , sehe ich mich gezwungen/veranlasst, die Angelegenheit meinem Anwalt zu übergeben/gerichtlich gegen Sie vorzugehen/meine Kosten zurückzuverlangen …
6. Die Schülerinnen und Schüler schreiben zu einem von ihnen selbst gewählten Anlass (am besten aus eigener Erfahrung) einen Beschwerdebrief.
7. Eine Möglichkeit wäre auch, Beschwerdebriefe zu fiktiven, surrealistischen Anlässen schreiben zu lassen; z. B. Beschwerdebrief an die Kaffeemaschine, weil sie ohne Ankündigung den Dienst verweigert hat … /an den Dinosaurier auf S. 129, weil er Ihr schönes Auto zertrümmert hat/Ihnen die Aussicht versperrt hat …

Aufgabe 128

Merkmale der Textsorte *Ratgeberbrief*:

1. Ein Thema und ein Text mit spezifischem Wortschatz sind vorgegeben.
2. Der Kummerkastenbrief gibt den Rahmen und die Leitpunkte für alle Lernenden vor. Die Ausgangsbedingungen und Lösungen sind dadurch vergleichbar.
3. Die Briefe erfordern eine persönliche Reaktion und Stellungnahme, d. h., die

Schülerinnen und Schüler können sich auf ihr eigenen Erfahrungen, ihr eigenes Wissen beziehen.
4. Zwei Fertigkeiten werden verknüpft: Lesen – Verstehen – Schreiben.

Aufgabe 129

1. Versucht, Diane das Verhalten der Jungs zu erklären.
2. Wie soll Diane auf das Verhalten der Jungs reagieren?
3. Wie könnten die Freundinnen Diane unterstützen?
4. Sollte man den Jungs nicht eine Lehre erteilen?

Aufgabe 130

Protokoll zur Diskussion: **Abiturreise „ja“ oder „nein“?**	Thema
Ort: *Kursraum D* Datum: *15. 3. 1998* Beginn: *15 Uhr* Ende: *15.30 Uhr*	Zeit und Ort
Teilnehmer: *Klasse 9 B, Herr Richter (Klassenlehrer)* Abwesend: *Peter, Christina*	Teilnehmer
Diskussionsleiterin: *Ulla (Klassensprecherin)* Protokoll: *Jenny*	Diskussionsleitung Protokollant/in
(Textteil)	
Wien, den 17. 3. 1998 gez. Jenny	Datum und Unterschrift

Aufgabe 132

1. siehe die Tabelle unten 2.
2.

Fehlermarkierung	Fehlertypen/-kategorien	effektive Bearbeitungsaktivitäten +/–
A	Ausdruck	+
Art	Artikel	–
Bez	syntaktischer oder semantischer **Bez**ug	+
Gen	**Gen**us	–
I	**I**nhalt	+
K	**K**asus	–
Konj	**Konj**unktion	+
M	**M**odus	+
mF	**m**orphologischer **F**ehler	–
Mv	**M**odal**v**erb	+/–
Präp	**Präp**osition	–
Pron	**Pron**omen	+
R	**R**echtschreibung	–
Sb	**S**atz**b**au	+
St	**S**atzs**t**ellung	+
Stil	**Stil**	+
T	**T**empus	+
W	**W**ortwahl	+
Z	falsche oder fehlende **Z**eichensetzung	–
√	Fehlen von Elementen	?
⊢—⊣	überflüssige Elemente, die zu streichen sind	?
↶	Umstellung	+
Dazu: **Ref**	**Ref**erenzen	+
Sa	**Sa**tzanschlüsse	+
E	**E**inzelsätze, wenig Verknüpfungen	+
TA	**T**ext**a**ufbau	+
LB	**L**eser**b**ezug	+
TI	**T**ext**i**ntenion	+
VW	**V**ariation im **W**ortschatz	+

nach: Kleppin (1997), 58/59

Aufgabe 133

1. Fehlerkorrektur auf der Wort- und Satzebene:

Gen	Liebe Peter	
T, V Art	Ich habe seit zwei Wochen in China geblieben. Tong-ji Universität liegt in Shanghai. Hier	bin … in China. Die
mF, K, V Art	ist alles für mich neuig. Ich habe eines neue Leben angefangen. chinesische Sprache ist	neu, ein neues, Die …
K	viel schwieriger zu lernen als andere Fremdsprache. … Trotzdem habe ich schon viele	Fremdsprachen
K, Präp	Freunden, die sehr freundlich für mich sind. … Im Unterricht habe ich nicht genug	Freunde … zu mir
M	verstanden, weil meine chinesische Sprache nicht sehr gut ist. Deshalb habe ich nach	muss
Z, V, Pron, R, K	dem Unterricht sehr fleißig, Chinesisch ~~zu~~ lernen. … Ich habe sehr eilig. Nächste mal	Chinesisch lernen, es; Nächstes
V, Präp	werde ich ausführlich das Leben in China schreiben.	über
	Viele Grüße von	
K	Dein Ei-zhong Xu	deinem

2. Überarbeitung auf der Textebene:

Lieber Peter,
ich bin seit zwei Wochen in China, und zwar in Shanghai. Dort besuche ich die Tong-ji Universität.

Hier ist alles neu für mich, und ich habe das Gefühl, ein neues Leben anzufangen.
Die chinesische Sprache ist viel schwieriger zu lernen als andere Fremdsprachen.
Obwohl ich noch nicht gut Chinesisch kann, habe ich schon viele nette Freunde.

Im Unterricht verstehe ich nicht alles, weil mein Chinesisch noch nicht so gut ist.
Deshalb muss ich nach dem Unterricht fleißig Chinesisch lernen.

Im Augenblick habe ich es sehr eilig, nächstes Mal werde ich ausführlich über das Leben in China berichten.

Und du? Wie geht es dir? Schreib mir mal!

Viele Grüße
von deinem ...

Vergleich der Textfassungen und Begründung:

1. Korrigierte Fassung	**2. Textbearbeitung** Formulierungsvorschlag	**Begründung**
Ich bin seit zwei Wochen in China. Die Tong-ji Universiät liegt …	Ich bin seit zwei Wochen in China, und zwar in Shanghai. Dort besuche ich die Tong-ji Universität.	– Nach der allgemeinen Ortsangabe die konkrete nennen. Danach folgt, was man dort tut.
	ABSATZ	
Hier ist alles für mich neu. Ich habe …	Hier ist alles neu für mich, und ich habe ein neues Leben angefangen (und ich habe das Gefühl, ein neues Leben anzufangen).	– Präpositionale Ergänzung nachgestellt. Verknüpfung der beiden Sätez durch *und*: Die zweite Aussage *(neues Leben)* hängt unmittelbar mit der ersten *(alles ist neu)* zusammen.
… Trotzdem … , die sehr freundlich zu mir sind.	(Obwohl ich noch nicht gut Chinesisch spreche), habe ich schon viele nette Freunde.	– Begründung wird noch einmal aufgenommen; Ausdruck: Man sagt: *die Freunde sind nett.*
	ABSATZ	
Im Unterricht habe ich nicht genug verstanden, weil …	Im Unterricht verstehe ich nicht alles, weil mein Chinesisch noch nicht so gut ist.	– Präsens: Es ist jeden Tag im Unterricht so. Man sagt: *Mein Chinesisch ist* oder *Meine Chinesischkenntnisse sind noch nicht so gut.*
Deshalb bin ich nach dem Unterricht …	Deshalb muss ich nach dem Unterricht fleißig Chinesisch lernen.	– *etwas fleißig lernen müssen* ist eine übliche Wendung.
Ich habe es sehr eilig.	Im Augenblick habe ich es sehr eilig.	– Klingt verbindlicher.

1. Korrigierte Fassung	2. Textbearbeitung Formulierungsvorschlag	Begründung
…	**ABSATZ** Und du? Wie geht es dir? Schreib mir mal!	– Es gehört zu einem Brief, sich auch nach dem Adressaten zu erkundigen.

Aufgabe 134

1. Ziele der Überarbeitung von Schülertexten:
   Es genügt nicht, nur die Fehler in den Schülertexten zu korrigieren. Durch weiterführende Bearbeitungen der eigenen Texte sollen die Schülerinnen und Schüler ihre schriftliche Ausdrucksfähigkeit kontinuierlich weiterentwickeln. Dabei sollen sie auch verschiedene Sprachmittel für dieselben Inhalte kennen lernen (z. B. Wortschatz) und derenWirkung auf andere (Mitschüler, Lehrer) erproben. In der Textbearbeitungsphase lernen sie, Abstand von ihrem Text zu gewinnen und ihn mit „fremden Augen" zu betrachten. Die Textbearbeitung kann ihnen das Gefühl vermitteln, dass Texte eigentlich nie abgeschlossen sind, sondern sich in einem Prozess der Entwicklung befinden. Sie erfahren dabei, dass das Überlesen und Überarbeiten sinnvoll ist. Bei der Textbearbeitung werden schülereigene und schülertypische Ausdrucksweisen aufgegriffen, besprochen, gegebenenfalls bestätigt oder verbessert. Das kann zu nachhaltigen Leistungsverbesserungen führen.
2. Rallye: Weitere Übungsansätze, die bei der Textbearbeitung verwendet werden können:
   - Kapitel 2.1.1, Aufgabe 27: thematisch gebundene Wortschatzübungen, Übungen zu üblichen Kombinationen von Wörtern (Kollokationen)
   - Kapitel 2.1.2, S. 46: nachträglich Mind-map zum eigenen Text erstellen, um die inhaltliche Struktur des eigenen Textes zu analysieren und zu verbessern
   - Kapitel 2.2.2, Aufgabe 50: Einzelsatzversion und Textversion vergleichen
   - Kapitel 2.2.2, Aufgabe 51: Aus Einzelsätzen eine Zusammenfassung machen
   - Kapitel 2.2.3, Aufgabe 55: Satzkombinationen, aus mehreren Sätzen einen Satz machen
   - Kapitel 2.2.4: Kombination von Sätzen
   - Kapitel 2.2.5: Übungen zu Referenzen und „Stellvertretern"
   - Kapitel 2.2.6, S. 86: Vergleichen von Texten
   - Kapitel 2.3.3, S. 106ff.: Aufgabe 79 – 82: Arbeit mit den „6 W"
   - Kapitel 2.3.8, Textsorte überprüfen; S. 110f.: Arbeit mit Textschablonen, um den eigenen Text zu analysieren und zu verbessern
   - Kapitel 2.3.8, S. 112ff.: Aufbau von Texten in Absätzen
   - Kapitel 2.4, S. 117ff.: Leserbezug usw.

Aufgabe 135

Vorschlag für eine **Text-Überarbeitungshilfe** für Schülerinnen und Schüler:

Diese Hilfe könnte z. B. in Form von Fragen gestaltet sein.

Inhalt	– Habe ich alles gesagt, was ich sagen wollte?
Textaufbau/ Gliederung	– Einführungsphase? – Hauptteil? Schluss? Andere Gliederungsprinzipien? – Gibt es Absätze?
Textsorte	– Ist sie erkennbar? – Stimmen die Merkmale?
Leserbezug	– Wer ist mein fiktiver Leser? – Habe ich ihn einbezogen/angesprochen? – Will ich etwas erreichen? Wie kann ich das erreichen?
Sätze	– Benutze ich immer nur Hauptsätze? – Werden die logischen Bezüge durch Satzverknüpfer (Konnektoren) verdeutlicht? – Gibt es auch zu lange Sätze, die unklar sind?

Satzanfänge	– Sind die Satzanfänge immer gleich (immer Subjekt am Anfang) oder variabel? Stimmt die Satzgliedstellung (bekannte Information/neue Information)?
Referenzen	– Benutze ich wechselnde Referenzen?
Wortwahl	– Benutze ich immer dieselben Wörter für eine Sache/eine Person? Kann ich mehr variieren?
Tempus	– Stimmen die Tempusformen: Präsens/Präteritum/Perfekt/ Plusquamperfekt?
Sprachgebrauch	– Ist es Schriftsprache oder benutze ich mehr gesprochene Sprache?

Aufgabe 137

So würden wir uns entscheiden:

Fehlerkategorien	wird markiert, fällt aber nicht ins Gewicht	gravierender Fehler	neutral
mangelnde Verständlichkeit (kommunikationsbehindernde Fehler)		✗	
Fehler in der Sprachrichtigkeit (Grammatik, Orthographie, Zeichensetzung), aber gute Verständlichkeit			✗
elementarer Verstoß gegen Lexik und Morphologie		✗	
Syntaxfehler			✗
Fehler, die man auf der gegebenen Lernstufe nicht mehr machen darf		✗	
Fehler, die eine bestimmte Person immer wieder macht			✗
„Ausrutscher“ einer bestimmten Person (Flüchtigkeitsfehler)	✗		
Fehler, die immer wieder gemacht werden, obwohl sie im Unterricht schon häufig besprochen wurden („hartnäckige Fehler“)		✗	
Fehler zu einem Punkt, der gerade in den letzten Unterrichtstunden ausführlich behandelt wurde		✗	
Fehler in der Textsorte, sonst wenig Fehler			✗
keine Textgliederung erkennbar, sonst wenig Fehler			✗
wenige Satzverbindungen, zu einfache Sätze für die Lernstufe			✗
mehrere „kreative“ Fehler in Wörtern und Wendungen	✗		
stark umgangssprachlich		✗	

5 Glossar

advance organizer, der (engl.) (S. 118): Materialien und/oder Aktivitäten zur Aktivierung des Vorwissens (→) der Lernenden.

Assoziogramm, das (S. 27): (Auch: → **Wortspinne,** → **Wortigel**). Man sammelt spontan Ideen/Einfälle/Assoziationen zu einem „Reiz" (Stichwort, Bild, Thema). (→ Brainstorming, → Clustering, → Mind-map).

bildgesteuerte Übungen (Pl.) (S. 38): Für die Durchführung einer Übung/Aufgabe werden Abbildungen vorgegeben.

Binnendifferenzierung, die (S. 20): (Auch: **innere Differenzierung**). Im Hinblick auf unterschiedliche (→) Lerntypen, unterschiedliche Interessen und Unterschiede im Leistungsniveau werden Schülern einer Lerngruppe unterschiedliche Lernangebote gemacht.

Brainstorming, das (S. 45): (engl. *brain* = Gehirn; *storm* = Sturm). Einsatz in Gruppen: Alle Einfälle zu einem Thema werden zunächst ungeordnet gesammelt, dann nach Kategorien geordnet. (→ Assoziogramm, → Clustering, → Mind-map).

Brief, der:
- **formeller** (S. 19): Offizieller Brief, bei dem die Einhaltung bestimmter Gestaltungs- und Formulierungsmuster erwartet wird, z. B. bei Geschäftsbriefen, Bewerbungsschreiben, Kündigungsschreiben. Die Nichteinhaltung dieser Regeln kann für den Briefschreiber mehr oder weniger schwerwiegende (juristische, persönliche u. ä.) Konsequenzen haben.
- **halbformeller** (S. 155): Zum Beispiel Anfrage bei einem Betrieb/einer Institution/Behörde, weniger offizielle Geschäftsbriefe. Auch hier gibt es gewisse Form- und Stilregeln, deren Nichtbeachtung aber in der Regel keine negativen Folgen hat.
- **informeller** (S. 19): Privater Brief.

Clustering, das (S. 128): (engl. *cluster* = Büschel, Haufen). Beim Clustering werden die Assoziationen zu Ideennetzen gebündelt (= Wortbündel). (→ Assoziogramm).

die 6 W (S. 92): Sechs *W*-Fragen: *Wer? Was? Wann? Wo? Wie? Warum?*

direktive Ansätze (Pl.) (S. 30): Schreibdidaktische Ansätze, bei denen das Schreiben stark durch Vorgaben gelenkt wird. (→ textlinguistische Ansätze, → prozessorientierte Ansätze).

Erzähler, der (auktoriale/allwissende) (S. 94): (Auch: **Er-Erzähler**). Steht über der von ihm geschaffenen fiktiven Welt und „weiß alles" (Außen- und Innensicht der Figuren).

Fehler, der:
- **Interferenzfehler** (S. 168): Entsteht durch falsche Übertragungen von der Muttersprache auf die Fremdsprache (Wortschatz, Aussprache, Strukturen usw.).
- **Kompetenzfehler** (S. 174): Immer wieder auftauchender hartnäckiger Fehler, der vom Lernenden nicht selbst erkannt werden kann.
- **Performanzfehler** (S. 174): „Flüchtigkeitsfehler", der vom Lernenden selbst erkannt und eventuell korrigiert werden kann.

Fertigkeit Schreiben, die (S. 5): (Auch: **Schreibfertigkeit**). Eine der so genannten vier „(Sprach-)Fertigkeiten" (*Hörverstehen, Leseverstehen, Sprechen* und *Schreiben*). Während *Hörverstehen* und *Leseverstehen* häufig als „rezeptive" Fertigkeiten bezeichnet werden, werden *Sprechen* und *Schreiben* als „produktive" Fertigkeiten bezeichnet. Im Fremdsprachenunterricht unterscheidet man zwischen (→) „Schreiben als Mittlerfertigkeit" und (→) „Schreiben als Zielfertigkeit".

finites Verb, das (S. 26): Konjugierte Verbform: Person, Tempus, Modus; infinite Verbformen: Infinitiv, Partizipien.

Flussdiagramm, das (S. 97): Schematische Darstellung, mit der die Struktur eines Textes graphisch veranschaulicht werden kann.

Gebrauchsregel, die (S. 27): Beschreibt, in welchen Verwendungszusammenhängen eine grammatische Form angewandt wird.

Graphem, das (S. 21): (griech. *graphein* = schreiben). Kleinste bedeutungsdifferenzierende Einheit des Buchstabensystems einer Sprache, z. B. h – m in <u>H</u>aus – <u>M</u>aus; sch – k in <u>Sch</u>uss – <u>K</u>uss. (→ Phonem).

Grundstufe, die (S. 5): **1.** Gängige Bezeichnung für einen nicht näher spezifizierten Lernzeitraum vom Beginn des Sprachunterrichts an bis zur Beherrschung bestimmter Grundfertigkeiten und Grundstrukturen. **2.** Bezeichnung für den Lernweg von Nullkenntnissen bis zum *Zertifikat Deutsch als Fremdsprache*, Grundstufen-Abschlussprüfung der Goethe-Institute und Volkshochschulen. **3.** Spezifische Bezeichnung für Kursstufen (Grundstufe I, II, evtl. III) in der Erwachsenenbildung (z. B. in Volkshochschulen, an Goethe-Instituten).

Hemisphärenmodell, das (S. 127): In den 70er-/80er-Jahren schrieb die Hirnforschung den beiden Hirnhälften unterschiedliche Wahrnehmungs- und Informationsverarbeitungsstrategien zu *(split-brain)*; linkshemispärisch: rational-analytisch; rechtshemisphärisch: emotional-ganzheitlich.

Input-Hypothese, die (S. 66): Stephen Krashen (1985) sah im „verständlichen Input", also in dem Sprachmaterial, das die Lernenden hörend und lesend aufnehmen, den einzigen Faktor für Fortschritte beim Erwerb einer Fremdsprache.

Interferenz(en), die (S. 125): Unterschiede (in Strukturen, Wortschatz, Aussprache, → Textmuster, Schreibtraditionen) zwischen Muttersprache und Fremdsprache, die das Erlernen und die korrekte Anwendung der Fremdsprache (häufig auch negativ) beeinflussen.

Inversion, die (S. 26): Umstellung von Subjekt und Verb, z. B. bei vorangestellter Zeitangabe: *Er kommt morgen. Morgen <u>kommt er</u> bestimmt.*

Kollokationen (Pl.) (S. 42): Übliche Kombination von Wörtern in einer Sprache, z. B. *Hund + bellen*; *Wolf + heulen*.

Kommunikation in Realsituationen, die (S. 139): (→ Schreibsituationen, reale) Kommunikation in Lebenssituationen, in denen Menschen in Kontakt miteinander treten, z. B. außerhalb des Unterrichts: „jemanden auf der Straße treffen und fragen, wie es ihm geht", „eine Karte aus dem Urlaub an die Eltern schreiben". Im Unterricht selbst: „Gründe für das Zuspätkommen angeben", „nach der Bedeutung eines fremdsprachlichen Wortes fragen" usw.

kommunikative Lehrwerke (Pl.) (S. 5): Lehrwerke für den (→) kommunikativen Fremdsprachenunterricht.

kommunikativer Ansatz, der (S. 22): Unterrichtsmethode des (→) kommunikativen Fremdsprachenunterrichts.

kommunikativer Fremdsprachenunterricht, der (S. 5): Unterricht, der die Fähigkeit, sich in der fremden Sprache (mündlich und schriftlich) verständlich zu machen und diese zu verstehen, in den Mittelpunkt stellt.

kommunikativer (situativer) Rahmen, der (S. 150): <u>Allgemein</u>: Gesamtheit der situativen Gegebenheiten, unter denen (schriftliche oder mündliche) Kommunikation stattfindet: Situation, Zeit, Ort, Mitteilungsabsichten der Kommunikationspartner, ihre persönliche Beziehung, soziale Stellung usw. (Wer wo wann wie mit wem zu welchem Zweck?). <u>Für das Briefeschreiben im Fremdsprachenunterricht</u>: Präzise Angaben zu den situativen und kommunikativen Rahmenbedingungen eines Briefes, der geschrieben werden soll (Absender, Adressat, Situation, Zweck des Schreibens usw.).

kommunikative Übungen (Pl.) (S. 147): <u>Allgemein</u>: Übungen, die reale Kommunikationsanlässe und -bedürfnisse im Unterricht in Simulationen („als-ob"-Situationen) aufgreifen (z. B. „einen fiktiven deutschsprachigen Brief verstehen") und die Lernenden durch entsprechende Verfahren auf die reale Kommunikation außerhalb des Unterrichts vorbereiten (einen echten deutschsprachigen Brief verstehen). <u>Im engeren Sinne</u>: Übungen, bei denen reale Kommunikation im Klassenzimmer selbst initiiert wird (z. B. Vorbereiten einer Klassenkorrespondenz, Gespräch über das Lernen).

Konjunktion, die (S. 65): (Auch: **Konjunktor**). Verbindet Hauptsätze (*und, oder, denn* usw.). (→ Subjunktion).

Konnektor, der (S. 11): (Auch: **Bindewort**, das, **Satzverknüpfer**, der). Verbindungswort, mit dessen Hilfe die inhaltlichen/logischen Beziehungen zwischen Satzteilen (z. B. *und, oder, denn, aber*) und verschiedenen Sätzen (z. B. *weil, darum, obwohl, bis, dass*) ausgedrückt werden. Konnektoren haben unterschiedliche Funktionen:

- **koordinierend/kopulativ** (S. 65): Gleichwertiges verbinden *(und, sowie)*
- **adversativ** (S. 65): etwas Gegensätzliches ausdrücken *(jedoch, aber)*
- **kausal** (S. 65): begründen *(weil)*
- **final** (S. 65): ein Motiv, ein Ziel angeben *(damit)*
- **konditional** (S. 65): eine Bedingung angeben *(falls)*
- **konzessiv** (S. 65): einen Gegengrund nennen *(obgleich)*
- **temporal** (S. 65): einen zeitlichen Bezug ausdrücken *(nachdem, während)*

Konnotation, die (S. 44): Traditionelle Mit- und Nebenbedeutung eines Wortes, z. B. *Kerzenlicht* = romantisch, gemütlich.

Lay-out, das (S. 93): Gestaltung von Texten/Büchern. Bestimmte (→) Textsorten haben ein typisches Lay-out, z. B. Zeitungsnachrichten, Telegramm, Brief u. a.

(inhaltliche) Leitpunkte (Pl.) (S. 151): Angaben dazu, was in einem Text/Brief geschrieben werden soll.

Lerntyp, der (S. 20): Menschen lernen verschieden. Der visuelle (optische) Lerntyp lernt besser mit Hilfe von bildlichen Darstellungen, der imitativ-auditive Lerntyp über das Hören, der Systematiker geht am liebsten analytisch vor. Die meisten Menschen lernen kombiniert (über mehrere „Kanäle").

Mind-map, die (S. 45): (engl. *mind* = Verstand, Geist; *map* = Landkarte). Gedanken und Schlüsselbegriffe werden hierarchisch gegliedert („Baumstruktur"). (→ Assoziogramm, → Brainstorming).

optisch-graphomotorischer Gedächtnistyp, der (S. 21): Die Koppelung von Schriftbild (visuelle Komponente) und Motorik (die Bewegung der Hand beim Schreiben) erhöht die Behaltensleistung. (→ Lerntyp).

Overlay, das (S. 146): Auflegefolie; das heißt, man legt verschiedene Folien übereinander.

Paradigmenwechsel, der (S. 33): (das *Paradigma* = System, Muster); Systemwechsel. Völlig neue Betrachtungs- und/oder Herangehensweise.

Phonem, das (S. 21): (griech. *phonema* = Laut). Kleinste bedeutungsdifferenzierende Einheit des Lautsystems einer Sprache, z. B./a/–/aa/in Ass – aß,/g/–/k/in Gasse – Kasse. (→ Graphem).

pragmatisch/Pragmatik, die (S. 22): Die Pragmatik fragt nach der Funktion von sprachlichen Äußerungen in konkreten Verwendungszusammenhängen. (→ Sprache als soziales Handeln).

Proformen (Pl.) (S. 75): (→) Referenzmittel.

prozessorientierte Ansätze (Pl.) (S. 22): Schreibdidaktische Ansätze, bei denen nicht das Produkt (der fertige Text), sondern der Prozess des Schreibens im Mittelpunkt steht. (→ direktive Ansätze, → textlinguistische Ansätze → Schreibprozess).

Reduktion, die (S. 170): (→) Übergeneralisierung.

Referenzmittel, das (S. 55): (= **Referenzen**, = → **Verweismittel**, = → **Proformen**). Sprachliche Elemente, die Bezüge im Text herstellen, indem sie rückverweisend oder vorausweisend Vor- oder Nacherwähntes aufgreifen. Die häufigsten Referenzmittel sind Pronomen, die sich auf nominale Elemente beziehen, z. B. rückverweisend: *Der Mann, den du auf dem Bild hier siehst, ist mein Vater. Er ist vor drei Jahren gestorben*. Andere Referenzmittel sind z. B. *folgend-* (vorausweisend): *Am folgenden Beispiel kann man zeigen, wie* ... oder Adverbien: *Der Mann kam ins Krankenhaus. Dort* ...

Register, das (S. 11): Sprachvariante für unterschiedliche Adressaten und Situationen: *Wie* man etwas (*wann*) *zu wem* sagt. Z. B.: Zu einem guten Kollegen: *Ich kann doch rauchen oder?* In einer offiziellen Besprechung: *Würde es Ihnen etwas ausmachen, wenn ich rauche?* Registerunterschiede spielen auch beim Schreiben eine große Rolle, z. B. (→) formelle Briefe versus (→) informelle Briefe.

Rezeptionsästhetik, die (S. 33): (lat. *recipere* = aufnehmen, empfangen). Sie geht davon aus, dass der Sinn eines literarischen Textes nicht vorgegeben („textimmanent") ist, sondern dass der Leser – in Verschmelzung seiner Erwartungshaltung und der zeitlichen und (kultur-)räumlichen Rezeptionsbedingungen mit dem Text – den Sinn bildet.

Rhema, das (S. 56): (→) Thema-Rhema-Gliederung.

Rolle, die (S. 149): Innerhalb der verschiedenen sprachlichen Aktivitätsfelder übernehmen wir wechselnd unterschiedliche soziale Rollen oder Funktionsrollen, z. B. Kunde/(Verkäufer), Eingeladener/Gastgeber.

Satzverknüpfer, der (S. 61): (→) Konnektor.

Schreiben, das:

- **Schreiben als Mittlerfertigkeit/Schreiben als Zielfertigkeit** (S. 8): Schreiben (und Sprechen) im Sprachunterricht sind häufig nur Mittel zum Zweck, z. B.: eine schriftliche Grammatikübung zur Festigung von Grammatikformen = Mittlerfertigkeit, eine Übung zur Verbesserung des schriftlichen Ausdrucks = Zielfertigkeit. Beim Ausfüllen eines Lückentextes kann Schreiben Mittlerfertigkeit sein, z. B., wenn es um das formalgrammatische Problem „Adjektivendungen" geht; Schreiben kann Zielfertigkeit sein, wenn (→) Teilfertigkeiten geübt werden.
- **freies Schreiben** (S. 18/126): (Auch: **freier schriftlicher Ausdruck**). Sich zu einem Thema (evtl. mit Hilfe einiger inhaltlicher Stichpunkte) schriftlich frei äußern; wird manchmal auch synonym zu *kreatives Schreiben* verwendet.
- **gelenktes Schreiben** (S. 18): Schreibaufgaben zu Teilfertigkeiten, z. B. Einzelsätze durch Konnektoren verbinden, Textkonstruktion nach engen Vorgaben, einen Paralleltext schreiben.
- **kommunikativ orientiertes Schreiben** (S. 139): (Auch: **mitteilungsbezogenes Schreiben**). Schreiben an einen bestimmten Adressaten, dem man etwas mitteilen möchte, z. B. Brief, Nachrichtenzettel, Glückwusch u. Ä.
- **kreatives Schreiben** (S. 18/126): Freies Schreiben, häufig ausgehend von Assoziationen zu einem

gegenständlichen, bildlichen oder sprachlichen Impuls oder auf der Folie literarischer Vorlagen. (→ Assoziogramm, → Brainstorming, → Clustering, → Mind-map).

- **personales Schreiben** (S. 29/126): In der Fachliteratur zur Bezeichnung von Schreibaktivitäten, bei denen die Lernenden sich und den anderen etwas von sich selbst mitteilen (z. B. in Briefen oder beim → freien, → kreativen Schreiben).

Schreibkompetenz, die (S. 5): Fähigkeit der Lernenden, in fremdsprachlichen Texten die eigenen Mitteilungsabsichten auszudrücken und gleichzeitig darauf zu achten, dass Orthographie, Redemittel, grammatische Strukturen, (→) Textmerkmale, (→) Textkohärenz usw. stimmen.

Schreibprozess, der/Schreiben als (konzentrischer) Prozess (S. 22/23): (*konzentrisch* = in einer kreisförmigen Bewegung auf einen Punkt hinstrebend). Im Mittelpunkt steht nicht das Produkt (Brief, Erlebnisbericht usw.), sondern der Prozess des Schreibens (und der Schreibende selbst): die Entwicklung und Strukturierung der Gedanken, die Suche nach dem passenden Wort und der gelungenen Formulierung, die Organisation der textlinguistischen Elemente, verschiedene Überarbeitungsprozesse.

- **Rekursivität und Diskontinuität des Schreibprozesses** (S. 121): Der Schreibprozess ist gekennzeichnet durch Reflexionsphasen mit Rückblicken auf bereits Entworfenes, Geschriebenes (= rekursiv) und Unterbrechungen, Abrüche, Neuanfänge (= diskontinuierlich).

Schreibsituationen, reale (Pl.) (S. 11/20): Gemeint sind damit vor allem Situationen außerhalb des Deutschunterrichts, in denen Deutschlernende schriftlich auf Deutsch kommunizieren müssen (oder wollen), z. B. Briefaustausch mit einem deutschen Briefpartner, Anfrage zu einem Feriensprachkurs, Feriengrüße an den Deutschlehrer, u. Ä.

semantisch (S. 65): (= die Bedeutung betreffend; **Semantik, die**). Lehre von den Bedeutungen sprachlicher Zeichen.

Sozialisation, die (S. 108): Ergebnis der Summe der Einflüsse (z. B. Erziehung durch die Eltern, Bildungssystem, herrschende gesellschaftliche Normen und Werte usw.), die Menschen von Geburt an in einer ganz bestimmten Weise prägen.

Sprache als soziales Handeln, Sprachhandeln, das (S. 22): Konzept von Sprache, das von der pragmatischen Linguistik (*sociolinguistics*) entwickelt wurde: Mit Sprache treten wir in Kontakt mit anderen, verständigen uns gegenseitig, versuchen, Wirkungen zu erzielen. Wie wir das im Einzelnen tun, hängt davon ab, mit wem, wo, warum, wozu wir sprechen oder schreiben. Auf dieser Auffassung von Sprache basiert der (→) kommunikativ orientierte Fremdsprachenunterricht.

Sprachwissen, das (S. 26): Wissen über die Sprache, z. B. Regelwissen, Wortschatzkenntnisse usw.; demgegenüber steht das **Sprachkönnen**, d. h. die Anwendung der Sprache in konkreten Situationen.

Stammprinzip, das (S. 48): Wörter derselben Wortfamilie haben denselben Stamm, z. B. er ge<u>stand</u> – Ge<u>ständ</u>nis – ge<u>ständ</u>ig. Neue Rechtschreibung: St<u>a</u>nge – St<u>ä</u>ngel (statt: St<u>e</u>ngel).

Subjunktion, die (S. 65): (Auch: **Subjunktor**). Verbindet Hauptsätze mit Nebensätzen und Nebensätze mit Nebensätzen (*weil, damit, obgleich* usw.). (→ Konjunktion).

Teilfertigkeit, die (S. 11): Beim schrittweisen Aufbau von Sprachfertigkeiten werden zunächst verschiedene Teilfertigkeiten isoliert geübt, Beispiel *Fertigkeit Schreiben*: Orthographie, Wort- und Satzstellung, Satzanfänge, (→) Referenzmittel, (→) Konnektoren usw.

Textbauplan, der (S. 54): **1.** (→) Textmuster einer bestimmten (→) Textsorte; **2.** (Individuell gestalteter) Aufbau eines Textes.

Textkohärenz, die (S. 56): Terminus der Textlinguistik: textbildender Zusammenhang von Sätzen, der alle Arten satzübergreifender, grammatischer und semantischer Bezüge umfasst.

Textkompetenz, die (S. 66): Das Wissen um die Struktur von Texten.

textlinguistische Ansätze (Pl.) (S. 31): Schreibdidaktische Ansätze, bei denen die Struktur von Texten (z. B. pronominale Verkettungen, logische Verknüpfungen, Argumentationsmuster, Leserbezug usw.) analysiert und mit Hilfe entsprechender Schreibaufgaben geübt wird. (→ Teilfertigkeiten, → direktive Ansätze, → prozessorientierte Ansätze).

Textmerkmal(e), das (S. 107): Charakteristikum einer (→) Textsorte, zum Beispiel: <u>Brief</u> – Datumsangabe, einleitende und abschließende Grußformeln; <u>Zeitungsbericht</u> – Schlagzeile, Unterzeile, Kurzfassung des wesentlichen Inhalts (fett gedruckt), Volltext. Die verschiedenen Textmerkmale ergeben ein bestimmtes (→) Textmuster.

Textmuster, das (S. 107): Gesamtheit der (→) Textmerkmale einer (→) Textsorte.

Textsorte, die (S. 106): Gruppe von Texten mit bestimmten gemeinsamen (→) Textmerkmalen, die unter anderem durch (→) Textsortenkonventionen und die Zielsetzung des Textes bedingt sind, z. B. Lebenslauf, Beschwerde, Bahnhofsdurchsage, Vortrag, Zeitungsmeldung (Sach- und Gebrauchs-Textsorten), Märchen, Feuilleton, Reportage usw. (literarische oder literarisierende Textsorten).

Textsortenkatalog, der (S. 107): Liste verschiedener (→) Textsorten, die im Rahmen eines Curriculums, eines Lehrplans oder als Voraussetzung für eine bestimmte Prüfung im Unterricht behandelt werden sollen.

Textsortenkonventionen (Pl.) (S. 54): Traditionelle, in einem bestimmten Sprach-/Kulturraum geltende (→) Textmuster für bestimmte (→) Textsorten, z. B. kulturgeprägte Schreibtraditionen für Bewerbungen, wissenschaftliche Arbeiten, das Verfassen von Sach- und Gebrauchstexten usw.

textsortenspezifisch (S. 33): Der (→) Textsorte entsprechend.

Thema-Rhema-Gliederung von Texten, die (S. 58): Über die Satzgrenze hinausgehende Mitteilungsstruktur von Texten (= kommunikative Gliederung): **Thema** = in der Regel der bekannte Sachverhalt, **Rhema** = in der Regel ein neu eingeführter Sachverhalt.

Übergeneralisierung, die (S. 170): Hierunter versteht man die Ausweitung einer fremdsprachlichen Kategorie oder Regel auf Phänomene, auf die sie nicht zutrifft, z. B. die Übertragung einer Begriffskomponente *(Sport treiben)* auf Zusammenhänge, in denen sie nicht vorkommt *(Musik treiben* statt: *Musik machen)*.

Verweismittel, das (S. 10): (→) Referenzmittel.

Vorwissen, das (S. 155): Wissen, das die Lernenden schon in den Unterricht mitbringen oder im Unterricht erworben haben. Das Vorwissen hilft beim Verstehen und Lösen von Aufgaben. (→ advance organizer).

Wortbündel, das (S. 27): (→) Clustering.

Wortigel, der/Satzigel, der (S. 45): (→) Assoziogramm.

Wortspinne, die/Satzspinne, die (S. 45): (→) Assoziogramm.

Zielfertigkeit, die (S. 8): (→) Schreiben.

6 Literaturhinweise

(In Kapitel 6 finden Sie einige Titel, die von den Bedingungen des muttersprachlichen Deutschunterrichts ausgehen. Diese Werke enthalten jedoch auch Anregungen und Ideen, die für den Unterricht in der Fremdsprache Deutsch adaptiert werden können.)

6.1 Siglen für zitierte Zeitschriften:

BH = *Der Bunte Hund.* Magazin für Kinder in den besten Jahren. Weinheim und Basel: Beltz.

DD = *Der Deutschunterricht.* Beiträge zu seiner Praxis und wissenschaftlichen Grundlegung. Seelze: Friedrich Verlag in Zusammenarbeit mit Klett.

DaF = *Deutsch als Fremdsprache.* Zeitschrift für Theorie und Praxis des Deutschunterrichts für Ausländer. Berlin/München: Langenscheidt.

DfU = *Der fremdsprachliche Unterricht.* Grundlagen, Unterrichtsvorschläge, Materialien. Seelze: Friedrich Verlag in Zusammenarbeit mit Klett.

FD = *Fremdsprache Deutsch.* Zeitschrift für die Praxis des Deutschunterrichts. München: Klett Edition Deutsch/Goethe-Institut.

FU = *Fremdsprachenunterricht.* Berlin: Volk und Wissen.

Info DaF = *Informationen Deutsch als Fremdsprache.* Hrsg. vom Deutschen Akademischen Austauschdienst in Zusammenarbeit mit dem Fachverband Deutsch als Fremdsprache. München: iudicium.

OBST = *Osnabrücker Beiträge zur Sprachtheorie.* Hrsg. von Jürgen Erfurt und Angelika Redder.

PD = *Praxis Deutsch.* Zeitschrift für den Deutschunterricht. Seelze: Friedrich Verlag in Zusammenarbeit mit Klett.

ZD = *Zielsprache Deutsch.* Zeitschrift für Unterrichtsmethodik und angewandte Sprachwissenschaft. Ismaning: Hueber.

6.2 Theoretische und praxisorientierte Literatur zum Thema *Schreiben*

ABEGG, Birgit (1997): *100 Briefe Deutsch für Export und Import. Langenscheidts Musterbriefe.* Berlin/München: Langenscheidt.

ABEL, Brigitte u.a. (1989): *Sprachbrücke 1*, Arbeitsheft, Lektionen 8 – 15. München: Klett Edition Deutsch.

ALBERS, Hans-Georg/BOLTON, Sibylle (1995): *Testen und Prüfen in der Grundstufe, Einstufungstests und Sprachstandsprüfungen,* Fernstudieneinheit 7. Berlin/München: Langenscheidt.

ALTMAYER, Axel (1998): *Benoten und Bewerten.* In: FD, H. 19/1998.

AUFDERSTRASSE, Hartmut u. a. (1993 a): *Themen neu 1*, Lehrerhandbuch, Teil A. Unterrichtspraktische Hinweise. Ismaning: Hueber.

AUGST, Gerhard (1988): *Schreiben als Überarbeiten – Writing ist (!) rewriting oder Hilfe! Wie kann ich den Nippel durch die Lasche ziehen?.* In: DD, H. 3/1988: „Theorie des Schreibens", S. 51 – 62.

AUGUSTIN Viktor/HAASE Klaus (1980): *Blasengeschichten.* Frankfurt/M.: Pädagogische Arbeitsstelle des Deutschen Volkshochschul-Verbandes (Holzhausenstr. 21, D-60322 Frankfurt/M., Bestellnr. 425 und 426).

BACHMANN, Saskia u. a. (1996 a): *Sichtwechsel Neu 2.* München: Klett Edition Deutsch.

BACHMANN, Saskia u. a. (1996 b): *Sichtwechsel Neu 3.* München: Klett Edition Deutsch.

BAURMANN, Jürgen/LUDWIG, Otto (1996): *Texte und Formulierungen überarbeiten.* In: PD, H. 137/1996: „Schreiben: Texte und Formulierungen überarbeiten", S. 13 – 21.

BAUSCH, Karl-Richard/RAABE, Horst (1978): *Zur Frage der Relevanz von kontrastiver Analyse, Fehleranalyse und Interimsprachenanalyse für den Fremdsprachenunterricht.* In: WIERLACHER, Alois (Hrsg.): *Jahrbuch Deutsch als Fremdsprache*, Bd. 4. Heidelberg: Julius Groos, S. 56 – 75.

BEREITER, Carl (1980): *Development in writing.* In: GREGG/STEINBERG (Hrsg.) 1989, S. 73 – 93.

BLIESENER, Ulrich (1987): *Summary Writing. Ein Übungselement in der Schreiberziehung.* In: DfU, H. 2/1987, S. 5 – 8.

BOCK, Heiko/MÜLLER, Jutta (1990): *Grundwortschatz Deutsch.* Berlin/München: Langenscheidt.

BOHN, Rainer (1987): *Schreiben – eine sprachliche Haupttätigkeit im Unterricht Deutsch als Fremdsprache.* In: DaF, H. 4/1987, Leipzig: Herder-Institut, S. 233 – 238.

BOHN, Rainer/SCHREITER, Ina (1989): *Sprachspielereien für Deutschlernende.* Leipzig/Berlin/München: Verlag Enzyklopädie/Langenscheidt.

BOHN, Rainer (1999): *Probleme der Wortschatzarbeit,* Fernstudieneinheit 22. Berlin/München: Langenscheidt.

BOLTON, Sibylle (1996): *Probleme der Leistungsmessung, Lernfortschrittstests in der Grundstufe.* Fernstudieneinheit 10. Berlin/München: Langenscheidt.

BÖRNER, Wolfgang/VOGEL, Klaus (Hrsg.) (1992): *Schreiben in der Fremdsprache. Prozeß und Text, Lehren und Lernen.* Bochum: AKS-Verlag (Bd. 10 der Reihe: Fremdsprachen in Lehre und Forschung).

BÖSEKE, Harry (1986): *Vier neue Schreibspiele. Schreibarbeit als emanzipatorische Arbeit.* In: BUNDESVEREINIGUNG KULTURELLE JUGENDBILDUNG (Hrsg.) (1996), S. 14 – 18.

BÖTTCHER, Ingrid/WAGNER, Monika (1996): *Kreative Texte bearbeiten.* In: PD: Sonderheft „Schreiben: Konzepte und schulische Praxis", S. 84 – 87.

BRANDI, Marie-Luise (1988): *Bild als Sprechanlaß. – Sprechende Fotos.* Paris/München: Goethe-Institut.

BRENNER, Gerd (1990): *Kreatives Schreiben: Ein Leitfaden für die Praxis. Mit Texten Jugendlicher.* Frankfurt/ M.: Scriptor.

BUNDESVEREINIGUNG KULTURELLE JUGENDBILDUNG E.V. (Hrsg.) (1996): *Ich geb's Dir schriftlich. Junge Leute schreiben.* Aktionen, Werkstätten, Wettbewerbe. Bundesvereinigung kulturelle Jugendbildung: Remscheid.

BURGER, Hermann (1986): *Die allmähliche Verfertigung der Idee beim Schreiben.* Frankfurter Poetik-Vorlesung. Frankfurt/M.: S. Fischer (Collection Band 48).

BUTZKAMM, Wolfgang (1989): *Psycholinguistik des Fremdsprachenunterrichts. Natürliche Künstlichkeit: Von der Muttersprache zur Fremdsprache.* Tübingen: Francke (UTB 1505).

COOPER, Thomas (1988): *Schreiben als Prozeß, oder „Zurück zur Natur" in der Didaktik des Schreibens im DaF-Unterricht.* In: LIEBER/POSSET (1988), S. 163 – 175.

CORDER, Pit (1973): *Introducing Applied Linguistics.* Harmondsworth: Penguin Books.

DAHL, Johannes/WEIS, Brigitte (1988): *Handbuch Grammatik im Unterricht.* München: Goethe-Institut.

Das Zertifikat Deutsch als Fremdsprache (1992). Hrsg. vom Deutschen Volkshochschul-Verband und vom Goethe-Institut.

DRÄXLER, Hans-Dieter (1997): *Handlungsorientierung im Fortgeschrittenenunterricht. Oder: Wie lässt sich Fortgeschrittenenunterricht curricular planen?.* In: FD, H. 16/1997 „Deutschunterricht mit fortgeschrittenen Jugendlichen", S. 12 – 16.

DUDDE, Ebba-Maria (1997): *„Man merkt, dass man mehr kann, als man glaubt." Deutsch lernen durch Freude am kreativen Schreiben.* In: FD, H. 16/1997, S. 56f.

DURAS, Marguerite (1994): *Schreiben.* Frankfurt/M.: Suhrkamp.

EHLERS, Swantje (1992): *Lesen als Verstehen,* Fernstudieneinheit 2. Berlin/München: Langenscheidt.

EHLERS, Swantje (1988): *Zusammenfassen literarischer Texte im Fremdsprachenunterricht.* In: LIEBER/POSSET (1988), S. 251 – 271.

EHLERS, Swantje/KAST, Bernd: *Arbeit mit literarischen Texten.* Unveröffentlichtes Manuskript.

EIGLER, Gunther (1985): *Textverarbeiten und Textproduzieren. Entwicklungstendenzen angewandter kognitiver Wissenschaft.* In: *Unterrichtswissenschaft.* Zeitschrift für Lernforschung in Schule und Weiterbildung, H. 4/ 1985. Ismaning: Hueber, S. 301 – 318.

ENGEL, Ulrich (1988): *Deutsche Grammatik.* Heidelberg: Julius Groos.

ESA, Mohammed/GRAFFMANN, Heinrich (1993): *Grammatikarbeit am Text. Einige textlinguistische Ansätze im Deutschunterricht.* In: FD, H. 9/1993 „Lebendiges Grammatiklernen", S. 25 – 34.

ESSER, Ruth (1997): *„Etwas ist mir geheim geblieben am deutschen Referat". Kulturelle Geprägtheit wissenschaftlicher Textproduktion und ihre Konsequenzen für den universitären Unterricht von Deutsch als Fremdsprache.* München: iudicium.

FAISTAUER, Renate (1997): *Wir müssen zusammen schreiben! Kooperatives Schreiben im fremdsprachlichen Deutschunterricht.* Innsbruck/Wien: Studien Verlag (Reihe: Theorie und Praxis – Österreichische Beiträge zu Deutsch als Fremdsprache, Bd. 1).

Fremdsprache Deutsch, H. 19/1998: „Benoten und Bewerten".

FRICK, René/MOSIMANN, Werner (1996): *Lernen ist lernbar. Eine Anleitung zur Arbeits- und Lern-technik.* Aarau: Verlag für Berufsbildung/Sauerländer.

FUNK, Hermann/KOENIG, Michael u. a. (1995): *sowieso,* Lehrerhandbuch 1. Berlin/München: Langenscheidt.

GERDES, Mechthild u. a. (1984): *Themen 1,* Lehrerhandbuch. Ismaning: Hueber.

GIESE, Heinz (1979): *Zur Erklärung des Schriftspracherwerbs – Aneignung sprachlicher Handlungsmuster.* In: OBST 11, S. 84 – 94.

GÖTZE, Lutz (1996): *Was muss ich über die neue Rechtschreibung der deutschen Sprache wissen? Informationen, Regeln, Diktate.* Ismaning: Verlag für Deutsch.

GRÄTZ, Ronald (Hrsg.) (1998): *Kunst und Musik im Deutschunterricht.* In: FD, H. 17/1997 „Kunst und Musik im Deutschunterricht", S. 4 – 8,

GREGG, Lee/STEINBERG, Erwin (Hrsg.) (1989): *Cognitive Processes in Writing.* Lawrence Erlbaum Associates, New York: Hillsdale.

GRÜNER, Margit/HASSERT, Timm (1999): *Computer im Deutschunterricht,* Fernstudieneinheit 14. Berlin/ München: Langenscheidt.

HÄCKER, Roland/HÄCKER-OSWALD, Renate (1996): *Neue Schreibung leicht gelernt.* Arbeitsheft zur Rechtschreibreform. Stuttgart: Klett.

HASLER, Herbert (1991): *Lehren und Lernen der geschriebenen Sprache* (Bd. 272 der Reihe: Erträge der Forschung). Darmstadt: Wissenschaftliche Buchgesellschaft.

HAYES, John/FLOWER, Linda (1980): *Identifying the Organization of Writing Process.* In: GREGG/STEINBERG (Hrsg.) (1989), S. 3 – 30.

HEBEL, Franz (1989): *Der Brief. Beiträge zum Deutschunterricht an beruflichen Schulen.* Unterrichtsvorschläge. Fuldatal: HILF.

HEID, Manfred (Hrsg.) (1989): *Die Rolle des Schreibens im Unterricht Deutsch als Fremdsprache.* Dokumentation eines Kolloquiums im Juli 1988 in Grassau (Obb.). München: iudicium.

HERINGER, Hans-Jürgen (1987): *Wege zum verstehenden Lesen. Lesegrammatik für Deutsch als Fremdsprache.* Ismaning: Max Hueber.

HERMANNS, Fritz (1988): *Personales Schreiben. Argumente für das Schreiben im Unterricht der Fremdsprache Deutsch.* In: LIEBER/POSSET (1988), S. 45 – 67.

Info DaF 5/1995.

KAMINSKI, Diethelm (1987): *Bildergeschichten. Aufgaben und Übungen.* Literarische Texte im Unterricht. München: Goethe-Institut.

KAMMANN, Petra (1993): *Variationen über ein Thema* (Interview mit Irene Dische). In: *Buchjournal* 4. Frankfurt/ M.: Buchhändler-Vereinigung, S. 14 – 17.

KAST, Bernd (1989 a): *Schreiben im Anfängerunterricht.* In: HEID (Hrsg.) (1989), S. 118 – 148.

KAST, Bernd (1989 b): *Vom Wort zum Satz zum Text. Methodisch-didaktische Überlegungen zur Schreibfertigkeit im Anfängerunterricht.* In: FD, H. 1/1989 „Schreiben", S. 9 – 16.

KAST, Bernd (1994): *Literatur im Anfängerunterricht.* In: FD, H. 11/1994: „Literatur im Anfängerunterricht", S. 4 – 13.

KAST, Bernd/MITZSCHKE, Matthias (1988): *Klassenkorrespondenz.* In: *Spracharbeit,* H. 2/1988. München: Goethe-Institut, S. 19 – 31.

KLEIST, Heinrich von (1959): *Über die allmähliche Verfertigung der Gedanken beim Reden.* In: *Sämtliche Werke.* München/Zürich: Droemersche Verlagsanstalt Th. Knaur, S. 784 – 788.

KLEPPIN, Karin (1997): *Fehler und Fehlerkorrektur,* Fernstudieneinheit 19. Berlin/München: Langenscheidt.

KÖSTER, Diethard (1994): *Lernmaterial für Mediotheken. Beispiel Schreibfertigkeit.* In: ZD, H. 4/1994, S. 188 – 200.

KRAMSCH, Claire (1993): *Context and Culture in Language Teaching.* Oxford: Oxford University Press.

KRASHEN, Stephen (1985): *The input hypothesis.* London: Longman.

KRINGS, Hans (1992): *Empirische Untersuchungen zu fremdsprachlichen Schreibprozessen.* Ein Forschungsüberblick. In: BÖRNER/VOGEL (Hrsg.) (1992), S. 47 – 77.

KRÜCK, Brigitte (1982): *Entwicklung des Schreibens als Bestandteil des kommunikativen Könnens im Englischunterricht.* In: FU H. 8/9/1982, S. 390 – 396.

KRUMM, Hans-Jürgen (1989): *Thema „Schreiben".* In: FD, H. 1/1989: „Schreiben", S. 5 – 8.

KRUMM, Hans-Jürgen (1990): *„Ein Glück, daß Schüler Fehler machen!" Anmerkungen zum Umgang mit Fehlern im lernerorientierten Fremdsprachenunterricht.* In: LEUPOLD Eynar/PETTER Yvonne (Hrsg.): *Interdisziplinäre Sprachforschung und Sprachlehre. Festschrift für Albert Raasch zum 60. Geburtstag.* Tübingen: Narr, S. 99 – 105.

KRUMM, Hans-Jürgen (1996): *Keine Weile – nichts als Eile? Die neue Rechtschreibung im Deutsch als Fremdsprache-Unterricht.* In: FD, H. 15/1996: „Redewendungen und Sprichwörter", S. 68/69.

KUHN, Barbara/OTTE, Susanne (1995): *Fremdperspektive als Lernziel. Am Beispiel von Bewerbungsunterlagen aus der Mongolei.* In: Info DaF, H. 5/1995, S. 523 – 531.

KUNKEL, Roland (1994): *Schreibexperimente – Handreichung zum phantasiegeleiteten, literarischen Schreiben.* Wiesbaden: Hessisches Institut für Bildungsplanung und Schulentwicklung (HIBS).

KWIATKOWSKI, Gerhard u. a. (Hrsg.) (1989): *Schülerduden. Die Literatur.* Ein Sachlexikon der Literatur. Mannheim: Bibliographisches Institut.

LENOIR, Astrid/LANGER, Jürgen (1995): *Briefe nach Berlin. Ein vergnügliches Projekt im Anfangsunterricht einer High School.* In: FD, H. 13/1995: „Die ersten Stunden und Wochen Deutschunterricht", S. 45 – 49.

LIEBNAU, Ulrich (1995): *EigenSinn. Kreatives Schreiben. Anregungen und Methoden.* Frankfurt/M.: Moritz Diesterweg.

LIEBER, Maria/POSSET, Jürgen (1988): *Texte schreiben im Germanistik-Studium.* (Bd. 7 der Reihe: Studium Deutsch als Fremdsprache – Sprach-Didaktik). München: iudicium.

LIST, Gudula (1995): *Zwei Sprachen und ein Gehirn. Befunde aus der Neuropsychologie und Überlegungen zum Zweitspracherwerb.* In: FD, Sondernummer 1995: „Fremdsprachenlerntheorie", S. 27 – 35.

LOHFERT, Walter (1983): *Werbung und Anzeigen.* Texte zur Landeskunde im Unterricht. München: Goethe-Institut.

LOHFERT, Walter/SCHWECKENDIEK, Jürgen (1989): *Werbung und Anzeigen.* Arbeitsbuch – Texte zur Landeskunde im Unterricht. München: Goethe-Institut.

LUDWIG, Otto (1988): *Zur Frage von Autonomie und Abhängigkeit geschriebener Sprache, erörtert am Beispiel schriftlicher Textformen.* In: NERIUS/AUGST (Hrsg.)(1988), S. 36 – 51.

LUDWIG, Otto/SPINNER, Kaspar (1992): *Schreiben zu Bildern.* In: PD, H. 113/1992: „Schreiben zu Bildern", S. 11 – 16.

LUNDIN KELLER, Siri (1997): *Klassenunterricht Adieu? Oder: Wie man fortgeschrittenen Jugendlichen helfen kann, ihre sprachliche Kompetenz weiterzuentwickeln.* In: FD, H. 16/1997: „Deutschunterricht mit fortgeschrittenen Jugendlichen", S. 26 – 30.

MELIEF, Ko (1989): *Klassenkorrespondenz: spannend, lehrreich, motivierend.* In: FD, H. 1/1989: „Schreiben", S. 24 – 26.

MISSLER, Bettina u. a. (1995): *Der Lebenslauf: Eine Textsorte im interkulturellen Vergleich.* In: GAL Bulletin 23/1995. Wuppertal: Bergische Universität/Gesamthochschule Wuppertal, S. 5 – 21.

MOSLER, Bettina/HERHOLZ, Gerd (Hrsg.) (1992): *Die Musenkussmischmaschine. 128 Schreibspiele für Schulen und Schreibwerkstätten.* Essen: Neue Deutsche Schule Verlagsgesellschaft.

MÜLLER, Bernd-Dietrich (1994): *Wortschatzarbeit und Bedeutungsvermittlung,* Fernstudieneinheit 8. Berlin/München: Langenscheidt.

MÜLLER, Dorothea (1989): *Einige Fragen des Schreibens im Russischunterricht.* In: DfU, H. 2/1989, S. 33 – 37.

MÜLLER, Karin (1988): *„Schreibe, wie du sprichst!" – Eine Maxime im Spannungsfeld von Mündlichkeit und Schriftlichkeit. Eine historisch-systematische Problemskizze.* In: NERIUS/AUGST (Hrsg.) (1988), S. 52 – 64.

MUMMERT, Ingrid (1989 a): *Nachwuchspoeten. Jugendliche schreiben literarische Texte im Fremdsprachenunterricht Deutsch.* München: Klett Edition Deutsch/Goethe-Institut.

MUMMERT, Ingrid (1989 b): *Freies Schreiben mit Phantasie. Literarisches Schreiben im Deutschunterricht.* In: FD, H. 1/1989: „Schreiben", S. 17 – 22.

Musenalp-Express. CH-6385 Niederrickenbach. Musenalp Verlag AG. (In diesem Magazin werden unzensiert und ohne Qualitätsauswahl alle von Jugendlichen eingesandten Texte und Fotos veröffentlicht.)

NERIUS, Dieter/AUGST, Gerhard (Hrsg.) (1988): *Probleme der geschriebenen Sprache.* Beiträge zu Problemen der geschriebenen Schriftlinguistik auf dem XIV. Internationalen Linguistenkongreß 1987 in Berlin (Bd. 173 der Reihe: Linguistische Studien, Reihe A: Arbeitsberichte). Akademie der Wissenschaften der DDR. Berlin: Zentralinstitut für Sprachwissenschaft.

NEUNER, Gerhard (1990/92/93): *Schreiben macht Spaß,* Heft 1/2/3. München: Klett Edition Deutsch.

PIEPHO, Hans-Eberhard (1988): *Schreiben im Unterricht Deutsch als Fremdsprache.* In: LIEBER/POSSET (1988), S. 383 – 392.

PIEPHO, Hans-Eberhard (1989): *Vier Buchstaben zum Diktat. Rechtschreibung im Deutschunterricht.* In: FD, H. 1/ 1989: „Schreiben", S. 38/39.

PINCAS, Anita (1982): *Teaching English Writing.* London: Mac Millan.

POMMERIN, Gabriele u. a. (1996 a): *Kreatives Schreiben. Handbuch für den deutschen und interkulturellen Sprachunterricht in den Klassen 1 – 10.* Weinheim und Basel: Beltz Verlag.

POMMERIN, Gabriele (1996 b): *Tanzen die Wörter in meinem Kopf. Kreatives Schreiben für den DaF-Unterricht.* Ismaning: Hueber.

PORTMANN, Paul (1991): *Schreiben und Lernen. Grundlagen der fremdsprachlichen Schreibdidaktik.* Tübingen: Max Niemeyer. (Reihe: Germanistische Linguistik, 122).

RAU, Hans Arnold (1988): *Schreibspiele und kreatives Schreiben mit chinesischen Germanistik-Studenten – 15 Schreibanregungen.* In: LIEBER/POSSET (1988), S. 453 – 468.

RICO, Gabriele (1984): *Garantiert schreiben lernen. Sprachliche Kreativität methodisch entwickeln – ein Intensivkurs auf der Grundlage der modernen Gehirnforschung.* Reinbek bei Hamburg: Rowohlt.

RIVERS, Wilga (1968): *Teaching foreign language skills.* Chicago: Chicago University Press.

RODARI, Gianni (1992): *Grammatik der Phantasie. Die Kunst, Geschichten zu erfinden.* Leipzig: Reclam. (Bd. 1431).

ROEDER, Erik (1997): *Wie schreibt man das?* Schülerheft zur neuen Rechtschreibung. Lichtenau: AOL-Verlag.

SACHS, Rudolf (1991): *Deutsche Handelskorrespondenz. Der Briefwechsel von Export und Import.* Ismaning: Hueber.

SANCHEZ, Karin Vilar (1995): *Text(sorten)kompetenzerweiterung im Deutschunterricht für Ausländer: Formale und funktionale Analyse sowie Gegenüberstellung verschiedener Textsorten.* In: ZD, H. 4/1995, S. 180 – 194.

SCHMIDT, Roland/LÖRSCHER, Marlies (1997): *Brainstorming und Mind-Mapping. Arbeitstechniken für Schule, Beruf und Studium.* In: FD, H. 16/1997: „Deutschunterricht mit fortgeschrittenen Jugendlichen", S. 52 – 54.

SCHERLING, Theo/SCHUCKALL, Hans-Friedrich (1992): *Mit Bildern lernen. Handbuch für den Fremdsprachenunterricht.* Berlin/München: Langenscheidt.

SCHLEMMINGER, Gerald (1985): *Der freie Text. Konzeption eines lehrbuchunabhängigen Fremdsprachenunterrichts.* In: MÜLLER, Bernd-Dietrich (Hrsg.): *Textarbeit – Sachtexte.* München: iudicium, S. 205 – 247.

SCHWEIKLE, Günther/SCHWEIKLE, Irmgard (Hrsg.) (1990): *Metzler Literaturlexikon. Begriffe und Definitionen.* Stuttgart: Metzlersche Verlagsbuchhandlung.

SCHWERDTFEGER, Inge Christine (1998): *Gruppenarbeit und innere Differenzierung,* Fernstudieneinheit 29 (Erprobungsfassung). München: Goethe-Institut.

SERENA, Silvia (1992): *Ihre Lieferung haben wir dankend erhalten ... Handelskorrespondenz im Deutschunterricht – ein Modell für die Praxis.* In: FD, Sondernummer 1992: „Berufsbezogener Deutschunterricht mit Jugendlichen", S. 30 – 36.

SPIER, Anne (mit Zeichnungen von Wiebke Wagenführ) (1981): *Mit Spielen Deutsch lernen.* Frankfurt/M.: Scriptor (Reihe: Lernen mit Ausländern. Unterrichtsmaterialien).

UR, Penny/WRIGHT, Andrew (1995): *111 Kurzrezepte für den Deutsch-Unterricht (DaF). Interaktive Übungsideen für zwischendurch.* Übersetzt und bearbeitet von Barbara Huter und Susanne Scharf. Stuttgart/Dresden: Klett.

VORDERWÜLBECKE, Anne/VORDERWÜLBECKE, Klaus (1995/1996): *Stufen international,* Lehr- und Arbeitsbuch, Bd. 1 und 2. Stuttgart: Klett.

WAAS, Margit/WAAS, Emil (Hrsg.) (1973): *Es fängt damit an, daß am Ende der Punkt fehlt. Stilblüten aus amtlichen und privaten Schreiben.* München: Deutscher Taschenbuch Verlag (dtv 962).

WAAS, Margit/WAAS, Emil (Hrsg.) (1976): *Sehr geehrter Herr Firma! Stilblüten aus amtlichen und privaten Schreiben.* München: Deutscher Taschenbuch Verlag (dtv 1160).

WEINRICH, Harald u. a. (1993): *Textgrammatik der deutschen Sprache.* Mannheim u. a.: Dudenverlag.

WELSH, Renate (1988): *„Gelt, wir haben Glück, daß ich da bin!" Erfahrungen mit Schreibwerkstätten.* In: *ide. Informationen zur Deutschdidaktik.* Zeitschrift für den Deutschunterricht in Wissenschaft und Schule. H. 4/1988: „Schreiben". Hrsg. von der Arbeitsgemeinschaft für Deutschdidaktik am Institut für Germanistik der Universität für Bildungswissenschaften Klagenfurt. Wien: VWGÖ-Verlag, S. 64 – 71.

WERDER, Lutz von (1990): *Lehrbuch des kreativen Schreibens.* Berlin: Institut für Interdisziplinäre Forschung und Kommunikation e.V.

WESTHOFF, Gerard (1984): *Arbeit mit Texten. Psychologische Einsichten und das Lesen im Deutsch-als-Fremdsprache-Unterricht.* Tübingen: DIFF.

WESTHOFF, Gerard (1997): *Fertigkeit Lesen,* Fernstudieneinheit 17. Berlin/München: Langenscheidt.

WICKE, Rainer Ernst (1995): *Kontakte knüpfen,* Fernstudieneinheit 9. Berlin/München: Langenscheidt.

WICKE, Rainer Ernst (1995): *Materialienbörse: Adressen und Hinweise.* In: FD, H. 13/1995: „Die ersten Stunden und Wochen Deutschunterricht", S. 28 – 30.

WOLFF, Dieter (1992): *Zur Förderung der zweitsprachlichen Schreibfähigkeit.* In: BÖRNER/VOGEL (Hrsg.) (1992), S. 110 – 134.

Zielsprache Deutsch, H. 4/1995.

Zentrale Mittelstufenprüfung (1996): „Prüfungsziele". Testbeschreibung. München: Goethe-Institut.

ZOPFI, Christa/ZOPFI, Emil (1995): *Wörter mit Flügeln. Kreatives Schreiben.* Bern: Zytglogge Verlag.

7 Quellenangaben

In einigen Fällen ist es uns trotz intensiver Bemühungen nicht gelungen, die Rechteinhaber von Texten und Bildern zu ermitteln. Für Hinweise, die uns helfen, die Copyright-Inhaber zu finden, wären wir dankbar.

ABEL, Brigitte u. a. (1989): *Sprachbrücke 1,* Arbeitsheft, Lektionen 8 – 15. München: Klett Edition Deutsch, S. 4.

AUFDERSTRASSE, Hartmut u. a. (1993a): *Themen neu 1,* Lehrerhandbuch, Teil A. Unterrichtspraktische Hinweise. Ismaning: Hueber, S. 6.

AUFDERSTRASSE, Hartmut u. a. (1993b): *Themen neu 2,* Arbeitsbuch. Ismaning: Max Hueber, S. 44.

AUGUSTIN, Viktor/HAASE, Klaus (1980): *Blasengeschichten.* Frankfurt/M.: Pädagogische Arbeitsstelle des Deutschen Volkshochschul-Verbandes (Holzhausenstr. 21, D-60322 Frankfurt/M., Bestellnr. 425 und 426).

AZ (Abendzeitung) vom 1.12.1988 und 24.1.1996.

BACHMANN, Saskia u. a. (1996a): *Sichtwechsel Neu 2.* München: Klett Edition Deutsch, S. 42/43.

Bazar. Wiener Kleinanzeigen (1998).

BIELER, Karl-Heinz/WEIGMANN, Jürgen (1994): *Konzepte Deutsch 1.* Berlin: Cornelsen, S. 21.

BOCK, Heiko u. a. (1992): *Themen neu 1,* Arbeitsbuch. München: Hueber, S. 11/12.

BOLTON, Sibylle (1996): *Probleme der Leistungsmessung, Lernfortschrittstests in der Grundstufe,* Fernstudieneinheit 10. Berlin/München: Langenscheidt, S. 81.

BORNEBUSCH, Herbert u. a. (1989): *Sprachbrücke 1,* Arbeitsbuch Brasilien. São Paulo: E.P.U., S. 185, 209.

BRANDI, Marie-Luise u. a. (1988); *Bild als Sprechanlaß. – Sprechende Fotos.* Paris/München: Goethe-Institut, S. 54.

Bravo Girl! Nr. 5/1998, S. 22.

BRECHT, Bertolt (1971): *Geschichten vom Herrn Keuner.* Frankfurt/M.: Suhrkamp, S. 33.

DAHL, Johannes/WEIS, Brigitte (1988): *Handbuch Grammatik im Unterricht.* München: Goethe-Institut, S. 856, 865 – 867, 869, 870.

DERLATH, Volker (1991): *Frau mit Revolver am Steuer.* In: Voller Ernst. Komische Fotos. Berlin: Voller Ernst (Katalog Nr.1).

dpa/WAZ 279 vom 19.11.1990.

DRÄXLER, Hans Dieter (1997): *Handlungsorientierung im Fortgeschrittenenunterricht. Oder: Wie lässt sich Fortgeschrittenenunterricht curricular planen?* In: FD, H. 16/1997 „Deutschunterricht mit fortgeschrittenen Jugendlichen", S. 14.

EISMANN, Volker u. a. (1993): *Die Suche,* Textbuch 1. Berlin/München: Langenscheidt, S. 115.

EISMANN, Volker u. a. (1994): *Die Suche,* Arbeitsbuch 1. Berlin/München: Langenscheidt, S. 172.

ENGEL, Ulrich (1988): *Deutsche Grammatik.* Heidelberg: Julius Groos, S. 122.

FAISTAUER, Renate (1997): *Wir müssen zusammen schreiben! Kooperatives Schreiben im fremdsprachlichen Deutschunterricht.* Innsbruck/Wien: StudienVerlag (Theorie und Praxis - Österreichische Beiträge zu Deutsch als Fremdsprache, Bd. 1), S. 176 f., 205/207.

FISCHER-MITZIVIRIS, Anni/JANKE-PAPANIKOLAOU, Sylvia (1995): *Blick.* Mittelstufe Deutsch für Jugendliche und junge Erwachsene, Lehrbuch Bd 1. Ismaning: Hueber, S. 93.

FRICK, René/MOSIMANN, Werner (1996): *Lernen ist lernbar. Eine Anleitung zur Arbeits- und Lerntechnik.* Aarau: Verlag für Berufsbildung, Sauerländer AG, S. 52.

FUHRMANN, Eike u. a. (1988): *Sprachbrücke 1,* Arbeitsbuch, Lektionen 1 – 7. München: Klett Edition Deutsch, S. 91.

FUNK, Hermann u. a. (1994): *sowieso,* Arbeitsbuch 1. Berlin/München: Langenscheidt, S. 8, 53.

FUNK, Hermann/KOENIG, Michael (1995): *sowieso,* Lehrerhandbuch 1. Berlin/München: Langenscheidt, S. 10.

Frankfurter Rundschau vom 17. 12. 1996.

FRIEDRICH, Caspar David (1817): *Zwei Männer am Meer bei Mondaufgang.* In FD, H. 1/1997 „Deutsch mit fortgeschrittenen Jugendlichen", S. 45.

GOETZ, Dieter u. a. (Hrsg.) (1998): *Langenscheidts Großwörterbuch Deutsch als Fremdsprache.* Berlin/München: Langenscheidt, S. 89, 90, 439.

GRAU, Helmut u. a. (1991): *Wegweiser.* Ein Lehrbuch für Jugendliche, Bd. 1. Santiago de Chile: Goethe-Institut, S. 46.

HÄCKER, Roland/HÄCKER-OSWALD, Renate (1996): *Neue Schreibung leicht gelernt.* Arbeitsheft zur Rechtschreibreform. Stuttgart: Klett, S. 36.

HÄUBLEIN, Gernot u. a. (1995): *MEMO. Wortschatz- und Fertigkeitstraining zum Zertifikat Deutsch als Fremdsprache.* Berlin/München: Langenscheidt, S. 12, 22, 62, 85.

HÄRTLING, Peter (1989): Fränze. Weinheim und Basel: Beltz, S. 31/32.

HECK-SAAL, Elisabeth/MÜHLENWEG, Regina (1990): *Deutsch 1.* Buenos Aires: Goethe-Institut, S. 122, 147.

HOPPER, Edward (1931): *Hotelzimmer;* © 1985, Collection Thyssen-Bornemiza.

JEAN, Georges (1991): *Die Geschichte der Schrift.* Ravensburg: Otto Maier, S. 84.

JENKINS, Eva-Maria u. a. (1992): *Sprachbrücke 2,* Arbeitsheft, Lektionen 6–10. München: Klett Edition Deutsch, S. 96, 113.

JUMA. Das Jugendmagazin, H. 3/1996. Mönchengladbach: Schwann-Bagel, S. 15/16.

KAST, Bernd (1989 b): *Vom Wort zum Satz zum Text. Methodisch-didaktische Überlegungen zur Schreibfertigkeit im Anfängerunterricht.* In: FD, H. 1/1989 „Schreiben“, S. 15/16.

KLEPPIN, Karin (1998): *Fehler und Fehlerkorrektur*, Fernstudieneinheit 19. Berlin/München: Langenscheidt, S. 49, 57–59.

KÖSTER, Diethard (1994): *Lernmaterial für Mediotheken. Beispiel Schreibfertigkeit.* In: ZD, H. 4/1994, S. 188, 195, 196.

KRUMM, Hans-Jürgen (1989): Thema „Schreiben“. In: FD, H. 1/1989, S. 5, 7.

LACKAMP, Monika/PORTIUS-PRADELLI, Helga (1994): *Die Schreibschule 1 und 2.* Frankfurt/M.: Diesterweg, S. 29, 122.

LARSON, Gary (1988): *Far Side Collection. Unter Büffeln.* München: Goldmann, S, 51.

LENOIR, Astrid/LANGER, Jürgen (1995): *Briefe nach Berlin. Ein vergnügliches Projekt im Anfangsunterricht einer High School.* In: FD, H. 15/1995: „Die ersten Stunden und Wochen Deutschunterricht“, S. 48/49.

LIEBNAU, Ulrich (1995): *EigenSinn. Kreatives Schreiben. Anregungen und Methoden.* Frankfurt/M.: Moritz Diesterweg, S. 58f.

LUNDIN KELLER, Siri (1997): *Klassenunterricht Adieu?Oder: Wie man fortgeschrittenen Jugendlichen helfen kann, ihre sprachliche Kompetenz weiterzuentwickeln.* In: FD, H. 16/1997: „Deutschunterricht mit fortgeschrittenen Jugendlichen“, S. 27.

MANZONI, Carlo (1983): *100 x Signor Veneranda.* München: Heyne, S. 132–134.

MARBUN, Eva-Maria u. a. (1993): *Kontakte Deutsch 1,* Lehrbuch. Bahasa jerman untuk sekolah menengah umum. Jakarta: Depdikbud, S. 18/19, 20–22, 84, 126.

MATTICCHIO, Franco. In: *Der bunte Hund.* Magazin für Kinder in den besten Jahren, Nr. 15/1986. Weinheim und Basel: Beltz, S. 5.

MEBUS, Gudula u. a. (1987): *Sprachbrücke 1.* München: Klett Edition Deutsch, S. 167.

Musenalp-Express, (1993), S. 5. CH-6385 Niederrickenbach. Musenalp Verlag AG.

NEUNER, Gerhard (1990/1992): *Schreiben macht Spaß,* Heft 1, Nr. 6, 40 und Heft 2, Nr. 3, 14. München: Klett Edition Deutsch.

NODARI, Claudio u. a. (1994): *Kontakt 1,* Textbuch. Zürich: Lehrmittelverlag des Kantons Zürich, S. 72, 73.

PAPAN (1980): *Bildergeschichte.* In: AUGUSTIN, Viktor/HAASE, Klaus: Blasen-Geschichten. Frankfurt/M: Pädagogische Arbeitsstelle des Deutschen Volkshochschulverbandes (Holzhausenstr. 21, 60322 Frankfurt/M, Bestellnr. 425 und 426), S. 19.

PERLMANN-BALME, Michaela/SCHWALB, Susanne (1997): *em. Hauptkurs.* Ismaning: Hueber, S. 56.

QUINO, (Joaquin Lavado) (1991): *Guten Appetit!* Cartoons von Quino. Oldenburg: Lappan.

REICHMUTH, Giuseppe, ohne Titel, Öl auf Leinwand, 80 x 110 cm.

RICO, Gabriele (1984): *garantiert schreiben lernen. Sprachliche Kreativität methodisch entwickeln – ein Intensivkurs auf der Grundlage der modernen Gehirnforschung.* Reinbeck bei Hamburg: Rowohlt, S. 35.

RODARI, Gianni (1992): *Grammatik der Phantasie. Die Kunst Geschichten zu erfinden.* Leipzig: Reclam, Bd. 1431, S. 22.

SCHMIDT, Roland/LÖRSCHER, Marlies (1997): *Brainstorming und Mind-Mapping. Arbeitstechniken für Schule, Beruf und Studium.* In: FD, H. 16/1997: „Deutschunterricht mit fortgeschrittenen Jugendlichen", S. 54.

SIMON-PELANDA, Hans (Hrsg.) (1994): *Materialien zur Landeskunde „Felsen und Burgen am Rhein".* München: Goethe-Institut, S. 7

Süddeutsche Zeitung vom 2. 10. 1997, 4./5. 10. 1997, 22./23. 11. 1997; © Foto: Karlheinz Egginger.

THURBER, James (1967): *75 Fabeln für Zeitgenossen.* Reinbek bei Hamburg: Rowohlt, S. 12.

VAN EUNEN, Kees u. a. (1989): *Deutsch aktiv Neu,* Lehrbuch 1 C. Berlin/München: Langenscheidt, S. 14.

VON DER GRÜN, Max (1983): *Friedrich und Friederike.* Geschichten. Darmstadt/Neuwied: Hermann Luchterhand, S. 31/32.

VORDERWÜLBECKE, Anne (1998): *Stufen international 3.* Handbuch für den Unterricht. Stuttgart: Klett, S. 73.

VORDERWÜLBECKE, Anne/VORDERWÜLBECKE, Klaus (1989): *Stufen,* Bd. 3: *Informationsaustausch.* München: Klett Edition Deutsch.

VORDERWÜLBECKE, Anne/VORDERWÜLBECKE, Klaus (1991): *Stufen,* Bd. 4: *Information und Diskussion.* München: Klett Edition Deutsch, S. 9, 50.

VORDERWÜLBECKE, Anne/VORDERWÜLBECKE, Klaus (1995/96): *Stufen international,* Lehr- und Arbeitsbuch, Bd 1 (S. 123) und Band 2 (S. 16). Stuttgart: Klett.

WAAS, Margit/WAAS, Emil (Hrsg.) (1973): Es fängt immer damit an, daß am Ende der Punkt fehlt. München: Deutscher Taschenbuch Verlag, o. S.

WAAS, Margit/WAAS, Emil (Hrsg.) (1976): *Sehr geehrter Herr Firma.* München: Deutscher Taschenbuch Verlag, o. S.

WAHRIG, Gerhard (1986): *Deutsches Wörterbuch.* München: Mosaik Verlag, S. 596, 924.

Angaben zum Autor

Bernd Kast war drei Jahre als Studienrat, danach 15 Jahre als Dozent für Deutsche Sprache und Literatur an einer pädagogischen Hochschule in Utrecht/Niederlande tätig. Seit 1987 arbeitet er im Goethe-Institut in München und z. Zt. in Santiago de Chile.

Beruflich schlägt sein Herz für die Didaktik des Deutschen als Fremdsprache.

Das Fernstudienprojekt DIFF – GhK – GI

Deutsches Institut für Fernstudienforschung an der Universität Tübingen
Postfach 1569
72005 Tübingen

Universität Gesamthochschule Kassel
FB 9 (Prof. Dr. Gerhard Neuner)
Postfach 10 13 80
34109 Kassel

Goethe-Institut, München
Bereich 54 FSP
Helene-Weber-Allee 1
80637 München